Couvertures supérieure et inférieure manquantes

VOYAGE
EN ÉGYPTE
ET
EN NUBIE

LIBRAIRIES DE MICHEL LÉVY FRÈRES

OUVRAGES DE J. J. AMPÈRE
FORMAT IN-8

L'HISTOIRE ROMAINE A ROME
AVEC DES PLANS TOPOGRAPHIQUES DE ROME A DIVERSES ÉPOQUES

Troisième édition — Quatre volumes

L'EMPIRE ROMAIN A ROME
COMPLÉMENT DE L'HISTOIRE ROMAINE A ROME

Deux volumes

CÉSAR
SCÈNES HISTORIQUES

Un volume

PROMENADE EN AMÉRIQUE
ÉTATS-UNIS — CUBA — MEXIQUE

Troisième édition — Deux volumes

MÉLANGES D'HISTOIRE LITTÉRAIRE
ET DE LITTÉRATURE

Deux volumes

VOYAGE EN ÉGYPTE ET EN NUBIE
Un volume

PARIS. — IMP. SIMON RAÇON ET COMP., RUE D'ERFURTH, 1.

VOYAGE
EN ÉGYPTE
ET
EN NUBIE

PAR

J. J. AMPÈRE

DE L'ACADÉMIE FRANÇAISE, DE L'ACADÉMIE DES INSCRIPTION
DE L'ACADÉMIE D'ARCHÉOLOGIE DE ROME
DE LA CRUSCA, ETC., ETC.

PARIS
MICHEL LÉVY FRÈRES, LIBRAIRES ÉDITEURS
2 BIS, RUE VIVIENNE, ET BOULEVARD DES ITALIENS, 15
A LA LIBRAIRIE NOUVELLE
—
1868

Droits de reproduction et de traduction réservés

AVANT-PROPOS

Ce n'est jamais sans un cruel serrement de cœur, que l'on conduit un ami à sa demeure dernière; bien plus cruel encore est celui que l'on ressent, lorsque, sur le bord de la tombe qui va se refermer sur l'homme que l'on aimait, on est appelé à lui adresser le suprême adieu, au nom d'une compagnie à laquelle il appartenait. En pareil moment, la douleur de l'éternelle séparation domine tout; à peine est-il possible de dire en quelques courtes phrases l'estime que l'on avait vouée à l'homme désormais perdu pour la science; on passe tristement sur les qualités de l'esprit, parce que l'on comprend qu'en face de la mort, ce sont les qualités de ce cœur qui ne bat plus, qu'il est juste de mettre en saillie. Cette contrainte de convenance, j'en ai souffert devant le cercueil d'Ampère ; on ne s'étonnera donc pas que j'éprouve une joie que je ne saurais cacher, lorsqu'il m'est enfin permis de parler à l'aise du savant et de l'ami qui m'a devancé au tombeau.

Quelle nature d'élite ! quel esprit fin et sagace ! quel cœur d'or !

Depuis bien des années déjà, nous étions unis par les liens d'une franche et solide amitié, sur laquelle ni le temps ni l'éloignement ne pouvait rien. De loin, comme de près, chacun de nous suivait avec un intérêt cordial, les travaux de l'ami absent, applaudissant aux heureux résultats obtenus, lui, rarement et pour cause, moi, bien souvent, et pour cause encore ! Hélas ! pourquoi faut-il que je sois aujourd'hui réduit à ne plus glorifier que des succès passés et dont le cours est à jamais arrêté !

Ampère appartenait à cette école profondément loyale, qui veut se rendre compte des découvertes d'autrui, et qui ne recule jamais devant un travail long et pénible, pour conquérir le droit de parler hautement et en connaissance de cause de ce que tant d'autres, par légèreté, par indifférence ou par paresse, se laissent aller à décrier ou même à nier à tout hasard. Ne vivons-nous pas dans un pays où les négateurs résolus sont en grande majorité, et ont plus de chance d'être écoutés que les timides affirmateurs ?

Ampère le savait à merveille, et honnête de cœur, comme il l'était, il se révoltait contre cette tendance déplorable. Joignez à cela une curiosité fiévreuse qui le poussait invinciblement à se rendre compte des mystères scientifiques dont les autres n'avaient aucun souci, parce qu'ils ne se sentaient pas, comme lui, capables de les pénétrer, et vous aurez le dernier mot de la vie scientifique d'Ampère, vie trop courte, hélas !

J'ai parfois entendu reprocher à cet homme éminent, l'éparpillement de ses efforts sur les sujets d'étude les plus disparates. Blâme ridicule des impuissants que la virilité d'autrui exaspère !

Oui ! c'est vrai ! bien des sujets divers ont tour à tour captivé l'esprit, rempli les veilles d'Ampère ; mais osez dire quel est celui des sujets abordés par lui, sur lequel il n'ait pas enfoncé un coup de griffe digne d'un lion ! Eunuques contempteurs, tâchez donc de l'imiter, au lieu de lui imputer à défaut ce qui chez lui fut une qualité merveilleuse !

Je n'ai pas le dessein d'énumérer ici toutes les sciences qu'Ampère a glorieusement cultivées, et non pas effleurées, ainsi qu'on voudrait le faire croire à la foule niaise qui ne vit que de jugements tout faits, qu'elle s'approprie à si bon marché. Je ne dois m'occuper ici que des études égyptiennes.

Les études égyptiennes! beau sujet, naguère, de dédains et de sarcasmes; car il n'y a encore que bien peu d'années que sarcasmes et dédains ont tourné à la honte des imprudents qui les mettaient en œuvre pour étouffer une des plus splendides découvertes de la science française. Ah! si le déchiffrement des hiéroglyphes eût été la propriété d'un Allemand ou d'un Anglais, on l'eût exalté sans aucun doute! Mais d'un Français, fi donc!

Ampère avait été témoin maintes fois de cet inconcevable parti pris, qui faisait dénier à notre illustre Champollion la découverte qui a fait de son nom un nom impérissable! A force de se heurter dans le monde à une incrédulité hautaine, Ampère comprit, avec sa finesse habituelle, que ce que l'on essayait de ridiculiser avec tant d'opiniâtreté, ne pouvait pas être d'une nullité absolue. Quelques hommes de savoir et de bonne foi, d'ailleurs, proclamaient hautement envers et contre tous, que Champollion avait fait preuve de génie, et que sa découverte était évidente comme la lumière du jour, pour quiconque se décidait à l'examiner d'un peu près. Dès lors, pour Ampère, le parti à prendre ne pouvait plus être le sujet de la moindre hésitation. — Je veux voir, par moi-même, ce qu'il y a au fond de ce débat étrange entre quelques individualités clair-semées et le vulgaire. Peut-être bien trouverai-je une fois de plus, que ce qui s'appelle légion n'est qu'une légion de mauvaise foi. — Voilà ce que se dit Ampère.

Entre une détermination adoptée par lui et l'exécution, il y avait, d'habitude, tout juste le temps rigoureusement nécessaire pour se mettre à l'œuvre. Les livres indispensables une fois rassemblés autour de lui, Ampère les dévora et se les assimila avec la sagacité qu'il apportait à tout ce qu'il entreprenait. En quelques semaines il savait à quoi s'en tenir ; sa conviction était faite, et si bien faite, qu'il n'eut plus qu'une pensée, plus qu'un désir : visiter la terre des Pharaons, et y recueillir de nouveaux matériaux, dignes d'entrer dans la construction du noble édifice dont il avait le droit maintenant de proclamer la splendeur.

Je viens de le dire, pour Ampère, le projet et l'exécution naissaient pour ainsi dire au même jour, à la même heure. Il partit donc et parcourut avec une curiosité infatigable cette vallée du Nil, si riche en monuments de tous les âges, que l'on peut, en quelque sorte, affirmer que jamais elle n'aura dit son dernier mot sur l'histoire de l'humanité.

Pendant bien des semaines, Ampère, accompagné d'un artiste de grand mérite, M. Durand, fouilla les recoins les plus obscurs des temples et des catacombes, relevant des textes ignorés, colligeant des myriades de notes qui devaient être les éléments d'un vaste dictionnaire de la langue égyptienne; mais la maladie vint l'étreindre de sa griffe impitoyable, et faillit le condamner à ne revoir jamais cette France qu'il adorait!

Après des mois passés entre la vie et la mort, il aborda à Marseille; puis il retrouva Paris et tous ceux qu'il aimait et qui le lui rendaient si bien.

Je le vois encore, faible, souffreteux, en proie à d'incessantes rechutes, et n'ayant pas le courage de renoncer au travail, de ne pas se livrer à la joie de compulser les trésors qu'il avait conquis au péril de sa vie, on peut le dire!

Je n'ai pas le moins du monde le dessein d'analyser les écrits égyptologiques d'Ampère. A Dieu ne plaise que j'essaye brutalement de les déflorer! Qu'on lise donc les premières pages de ce livre charmant, et, je ne crains pas de l'affirmer, on ira jusqu'au bout sans s'en douter, et l'on trouvera, en fin de compte, que l'œuvre aurait dû être plus longue.

J'ai commencé par repousser de toutes mes forces le reproche que certains esprits adressent à la mémoire d'Ampère, et ne voilà-t-il pas que, fatalement, j'en viens moi-même à déplorer que cet illustre et savant ami ait aussi promptement quitté une étude pour laquelle il était prédestiné ?

Oui, je le confesse, dût-on m'accuser d'incohérence, je regrette qu'Ampère n'ait pas poussé plus profondément le sillon magistral qu'il avait ouvert sur le sol de la science égyptologique. Je le regretterais bien plus encore, si cet abandon ne nous avait valu d'autres livres pleins de talent et de charme, comme tous ceux qui tombaient de sa plume ardente.

Ampère, s'il l'avait voulu, aurait contribué puissamment à mettre à la portée de tous une science que l'on n'ose plus décrier aujourd'hui, mais que l'on n'ose guère, non plus, aborder avec résolution. Il s'est contenté de laisser la porte entr'ouverte, après l'avoir franchie bravement, abandonnant à ceux qui viendraient après lui, le bonheur de puiser à pleines mains dans les trésors dont il lui avait suffi d'entrevoir la réalité et la merveilleuse richesse.

Pour toutes les sciences qu'il a abordées, c'est là ce qu'Ampère a toujours fait. Qui donc oserait l'en blâmer ?

F. DE SAULCY.

Paris, 6 janvier 1868.

INTRODUCTION

J'avais vu l'Italie, la Grèce et une partie de l'Asie Mineure; je voulais voir l'Égypte. En me préparant à cette excursion nouvelle, j'ouvris la Grammaire égyptienne de Champollion. J'avais entendu dire que Champollion était parvenu à lire les noms des Pharaons, des Ptolémées et des empereurs romains, gravés en caractères hiéroglyphiques sur les monuments de l'Égypte. Quelques personnes ajoutaient qu'il avait fait plus : qu'avec le secours du copte, débris de l'ancienne langue égyptienne, il avait pu retrouver des mots et déchiffrer des phrases; mais je voyais régner à cet égard une grande défiance parmi les savants, et une incrédulité générale parmi les gens du monde ; peu d'entre les premiers se risquaient à dire que la découverte de Champollion dépassât la lecture des noms propres ; cela même était contesté par plusieurs. Un certain public, ce public qui tour à tour admet sans preuve ce qui est absurde et rejette sans motif ce qui est certain, satisfait dans les deux cas, parce qu'il se donne le plaisir de trancher les questions en s'épargnant la peine de les examiner ; ce public qui croit aux Osages, quand ils viennent de Saint-Malo, mais qui ne croit pas aux Chinois, quand ils viennent de Pékin ; qui est fermement convaincu de l'existence de Pharamond, et n'est pas bien sûr que le latin et l'allemand puissent être de la même famille que le sanscrit ; ce public gobe-mouche quand il faut douter, esprit fort quand il faut croire, hochait et hoche encore la tête au nom de Champollion, trouvant plus commode et plus court de nier sa découverte que d'ouvrir sa grammaire.

J'étais assez disposé à m'en rapporter aux timides négations des doctes et aux doutes assurés des ignorants, quand un bon génie me fit rencontrer cette admirable grammaire. A ma grande surprise, je vis un système de lecture et d'interprétation justifié par de nombreux exemples. De la multitude de ces exemples résulta pour moi et, je ne crains pas de le dire, résultera pour tout esprit droit et sans prévention, la conviction que le secret de l'écriture hiéroglyphique n'est plus à trouver, que la *lecture* de la plupart des mots écrits en hiéroglyphes est certaine, que *le sens* d'un assez grand nombre de ces mots est découvert, que les règles essentielles de la grammaire hiéroglyphique, analogues dans leur ensemble aux règles de la grammaire copte, sont connues; qu'à l'aide de ces mots dont le sens a été découvert, et de cette grammaire dont les règles sont connues, on peut lire, sinon tous les textes, sinon des textes très-étendus, nul ne l'a fait jusqu'ici d'une manière satisfaisante, on peut lire, dis-je, des *phrases, plusieurs phrases de suite, avec une entière certitude.* Voilà où en est la science; elle n'est ni en deçà ni au delà.

Cette affirmation ne sera, je m'assure, démentie par aucun de ceux qui se sont occupés sérieusement et sans idée préconçue des travaux de Champollion; elle ne le sera en France ni par M. Lenormant, le digne compagnon de Champollion, dont il lui appartiendrait mieux qu'à personne de continuer l'œuvre parmi nous, ni par M. de Saulcy, dont les recherches sur le démotique ont fondé une nouvelle ère dans les études égyptiennes, et qui a rendu un si éclatant hommage à la découverte de Champollion, ni par la sévère critique de M. Letronne, ni par la vaste érudition de M. Raoul Rochette. Elle ne le sera en Angleterre ni par M. Wilkinson ni par M. Birch; elle ne le sera en Italie ni par M. Barucchi à Turin, ni par M. Migliarini à Florence, ni par le père Ungarelli[1] à Rome; elle ne le sera pas en Allemagne par M. Lepsius, qui vient d'éprouver la méthode de Champollion par trois années d'études au milieu des monuments de l'Égypte; elle ne le sera pas en Amérique par M. Gliddon, qui a passionné

---

[1] J'apprends avec douleur la mort de l'excellent et savant barnabite.

pour elle le public peu enthousiaste des États-Unis. Dans la mesure que j'ai indiquée, la lecture des hiéroglyphes est un fait acquis à la science; un fait qu'ont reconnu, parmi les illustres morts, de Sacy et Cuvier ; qu'un des plus illustres vivants, M. Arago, a proclamé dans l'éloge du rival de Champollion. Tant pis pour qui ne se rangera pas avec ces hommes célèbres du côté de l'évidence et de la justice.

Je devais commencer par cette profession de foi, car le principal objet du voyage qu'on va lire a été d'aller appliquer la méthode, et, s'il se pouvait, étendre la découverte de Champollion, d'aller étudier les principaux monuments de l'Égypte et de la Nubie à la lueur de ce flambeau éteint depuis quinze siècles qu'il a rallumé pour le monde. Avant lui, il était souvent impossible de connaître l'âge et la destination des monuments, les savants les plus respectables s'y trompaient. Si on n'accordait qu'une médiocre antiquité aux monuments élevés par Sésostris ou ses prédécesseurs, on reportait à l'époque la plus reculée le portique du temple de Dendéra, bâti sous Tibère; c'est qu'on n'avait pas lu sur les premiers les noms des anciens Pharaons, sur le second les noms des empereurs. Les peintures et les bas-reliefs étaient mal interprétés, faute d'entendre l'inscription hiéroglyphique, souvent très-claire, qui les explique : on prenait un triomphe pour un sacrifice, un dieu pour un prêtre, *le Pyrée pour un homme;* mais, grâce à la lecture des hiéroglyphes, si incomplète qu'elle soit encore, on sait quel est l'âge historique des monuments, à quelle divinité ils sont consacrés, de quel roi ils ont reçu les restes, car les monuments de l'Égypte sont à la fois des tableaux et des manuscrits; ce sont des tableaux avec une légende qui énonce le sujet comme dans les peintures du moyen-âge, ce sont des manuscrits éclaircis par des figures comme les livres *illustrés* de nos jours. Avec ce double secours, jamais de doute possible sur la destination d'un monument. On peut dès aujourd'hui lire sans nulle chance d'erreur les noms des dieux et même les formules dédicatoires de leurs temples, les noms des rois, ceux des particuliers, les termes qui expriment les professions, les degrés de parenté ; on sait donc toujours à quelle divinité appartient le temple dans lequel on se trouve, quel roi l'a fait construire, souvent même en quelle année de son règne il a été élevé. Quand un édifice renferme des parties d'origine diverse, on sait à quelle époque elles se rapportent, quel souverain a construit ou réparé chacune d'elles. Tout cela est indiqué avec une clarté parfaite par des formules bien connues et faciles à comprendre ; si on pénètre dans les tombeaux des rois, des reines, des princes, des prêtres, des juges, des grands dignitaires du palais ou des chefs de l'armée, on sait toujours quels furent le nom et le rang du mort auquel on rend visite. Le défunt est représenté entouré de sa famille, qui lui offre ses hommages ; les noms, les professions, les rapports de parenté de tous les membres, souvent très-nombreux, de cette famille, sont écrits à côté de chaque personnage ; les scènes de la vie ordinaire sont peintes ou sculptées sur les murs de ces innombrables demeures funèbres ; étude, gymnastique, fêtes, banquets, guerres, sacrifices, mort, funérailles, sont retracés fidèlement dans ces tableaux de mœurs, qui sont quelquefois des tableaux épiques. Toutes les conditions, tous les arts, tous les métiers, figurent dans cette vaste encyclopédie pittoresque, depuis le roi, le prêtre, le guerrier, jusqu'à l'agriculteur et à l'artisan. On voit dans l'exercice de leur art le peintre, le sculpteur, le musicien, le danseur, et dans l'exercice de leur industrie le tisserand, le cordonnier, le verrier; on voit des vétérinaires soignant des bestiaux, des manœuvres traînant un colosse, des esclaves pétrissant la brique ainsi que les Israélites. Ces galeries funèbres de peinture sont en même temps des musées d'antiquités. Tous les ustensiles, les instruments, les petits meubles relatifs aux diverses professions, aux divers besoins de la vie, existent en nature dans ce Pompeï colossal. Les bijoux, les parures, l'écritoire, la coudée, l'encensoir, jusqu'à des jouets d'enfant et des poupées, se trouvent dans les tombeaux comme pour éclairer l'étude par la comparaison des objets avec leur image; le mort lui-même est peint sur les parois funèbres, sa statue assise dans une niche, et son portrait reproduit par de nombreuses figurines ; il y a plus, l'hôte de ces demeures sépulcrales, si l'avidité des marchands de cadavres ne l'a pas arraché à son repos séculaire, est là pour vous recevoir, conservé par un art savant avec ses cheveux, ses dents, ses ongles, sa chair ; tout est vivant, même la mort.

Vous avez vu se dérouler l'existence égyptienne tout entière. Maintenant dans les tombes, surtout dans les tombes royales, sur les parois des sarcophages, sur les caisses des momies, sur les papyrus ensevelis avec elles, une autre série de peintures plus considérables, plus variées, et d'une richesse infinie, vont vous offrir l'histoire de l'âme après la mort, les épreuves qu'elle traverse, les jugements qu'elle subit, toutes les aventures enfin de cette pérégrination à travers des régions inconnues, à travers les étangs de feu et les champs destinés aux âmes heureuses, au milieu d'une foule innombrable de génies et de divinités funèbres. Ainsi la vie présente et la vie à venir, notre monde et l'autre, tout ce que les Égyptiens connaissaient de celui-ci et imaginaient de celui-là a été représenté mille fois par eux, et ces représentations subsistent. L'ancienne Égypte peut donc se retrouver dans ses ruines, nous parlant un double langage, complétant les représentations figurées par les inscriptions hiéroglyphiques, expliquant les inscriptions par le spectacle des objets qu'elles accompagnent, des scènes qu'elles traduisent. Lors même qu'on ne lit pas ces inscriptions, on sait en général à quoi se rapporte ce qu'on ne peut pas lire, on sait si ce qu'on a devant les yeux est une prière ou une dédicace, ou une commémoration historique; on sait, de plus, à quel dieu s'adresse cette prière, quel roi a fait cette dédicace, de quel événement cette légende a conservé la mémoire. Enfin, si l'on ne sait pas tout ce que disent les hiéroglyphes, on sait, et c'est beaucoup, ce qu'ils ne disent pas. On ne leur demande plus les secrets merveilleux, les connaissances supérieures dont on croyait depuis deux mille ans qu'ils renfermaient le mystère; il faut renoncer à y lire les oracles d'Hermès, comme le père Kircher, ou, comme on l'a fait de nos jours, les psaumes de David. Il n'y a, à vrai dire, que des inscriptions sur les monuments de l'Égypte : les unes religieuses, les autres historiques, les autres domestiques et privées; mais ces inscriptions sont sans nombre, et quelques-unes, grâce à leur étendue, peuvent passer pour des livres de religion ou des chapitres d'histoire. Nul n'ignore combien ont fourni de renseignements précieux sur l'antiquité les inscriptions grecques et latines en général si courtes, et dont les sujets ne dépassent pas un cercle assez restreint; que ne doit-on pas attendre de cette épigraphie colossale dont les pages et les volumes se déroulent sur les murs des palais et des temples, dans des proportions que sont loin d'atteindre les inscriptions tracées sur les murailles de Ninive ou les rochers de Bisitoun? Les lacunes que présente l'explication, encore incomplète, des hiéroglyphes correspondent aux lacunes qu'offrent les textes mutilés des inscriptions grecques et latines. On peut deviner ce qui reste obscur dans les premières au moyen de ce qui est déjà compris, comme on restitue dans les secondes, avec le secours des lettres et des mots qui restent, les lettres et les mots effacés, et il y a entre les inscriptions hiéroglyphiques et les inscriptions grecques et latines cette différence, à l'avantage des premières, que les lacunes qu'elles présentent peuvent être comblées avec le temps par les progrès de la science. Laissant de côté tous les textes dont le sens est douteux, et s'attachant à ceux dont le sens est certainement connu, on peut, en les rapprochant, en les comparant, les compléter, les éclairer les uns par les autres, et parvenir à en tirer quelques enseignements sur le peuple extraordinaire qui a tracé ces lignes si longtemps muettes. En un mot, on peut dès aujourd'hui appliquer l'étude des hiéroglyphes à deux objets : à l'histoire des événements et à l'histoire des idées, des mœurs de la société égyptienne.

Les travaux de Champollion ont montré le parti qu'on pouvait tirer de la lecture des noms de rois, comparés avec la liste que nous a laissée le prêtre égyptien Manéthon, pour rétablir la série chronologique des Pharaons. Depuis Champollion, beaucoup a été fait, beaucoup reste à faire dans cet ordre de recherches, même après le savant et ingénieux ouvrage dans lequel M. Bunsen vient de donner pour la première fois une série des règnes de toutes les anciennes dynasties depuis Menès. Des travaux importants sur ce vaste et difficile sujet sont près de paraître. On attend surtout avec impatience le Livre des Rois de M. Lepsius. L'abondance et la nouveauté des matériaux recueillis en Égypte et jusque dans la haute Nubie, la sagacité de l'auteur, prouvée par d'autres travaux, font espérer que la chronologie égyptienne, embrassée dans son ensemble, lui devra un véritable progrès.

L'étude des hiéroglyphes n'a donc pas été sans fruit pour l'histoire, comme on le répète encore un peu légèrement. La suite, la durée des règnes rapportées aux monuments qu'ils ont vu élever et aux grands événements qu'ils ont vu accomplir, tels que la prépondérance de Thèbes ou de Memphis, l'union ou la division des diverses parties de l'Égypte, l'invasion des pasteurs, tout cela, c'est de l'histoire. Outre les noms des Pharaons, ceux de leurs épouses, de leurs fils, de leurs filles, les noms des peuples qu'ils ont soumis, des pays qu'ils ont conquis, c'est aussi de l'histoire.

Si l'on trouve cette histoire trop pauvre, il en est une autre, selon moi, encore plus curieuse, et pour laquelle les matériaux abondent : c'est l'histoire des croyances, des institutions, des mœurs, et celle-ci est écrite sur toutes les pierres des monuments, sur tous les papyrus, sur toutes les caisses de momie, jusque sur les meubles et les ustensiles d'un usage journalier. D'après ce qu'on peut lire de ces inscriptions hiéroglyphiques, qui forment comme une littérature éparse sur les monuments, on peut dès à présent se faire une idée des croyances religieuses et morales, de l'organisation sociale et domestique des anciens Égyptiens ; on peut, sur ces objets importants, la religion, la société, la famille, l'industrie, compléter, modifier, et, sur beaucoup de points, corriger ce que les anciens nous ont appris, les anciens, si nouveaux par rapport à la vieille civilisation de l'Égypte, les anciens, qui trop souvent ont prêté leurs idées à un pays tardivement et toujours imparfaitement connu. Pour moi, je l'avoue, le plus grand intérêt qu'offrent les hiéroglyphes et les peintures qui les accompagnent, c'est de nous aider à percer au cœur de cette nation célèbre et mystérieuse que la Grèce, policée tant de siècles après elle, regardait comme son institutrice, et qui a pu agir aussi sur la Judée, cette autre maîtresse de l'humanité.

Quelle a été l'action de l'Égypte sur ces deux peuples, qui tiennent la plus grande place dans l'histoire de notre culture moderne, qui nous ont donné, l'un notre philosophie et nos arts, l'autre notre religion? Quels ont été les rapports de l'Égypte avec la Phénicie, l'Assyrie, l'Inde? Placée entre le monde asiatique et le monde grec, l'Égypte aurait-elle été soustraite aux influences de l'un, serait-elle demeurée sans action sur l'autre? Il est difficile de l'admettre. Et alors quel a été son rôle? D'où vient-elle? Jusqu'où sont allées ses colonies et ses conquêtes?

Quelle place sa mythologie et ses arts tiennent-ils dans l'histoire de la mythologie et des arts de la Grèce ? Toutes ces grandes questions ne peuvent être résolues, si l'on ne connaît à fond l'Égypte elle-même.

Or, ce n'est pas dans les témoignages souvent suspects des anciens, ou dans les systèmes presque toujours trompeurs des modernes, qu'il faut la chercher. Il faut demander l'Égypte à ses propres monuments avant d'étudier ses rapports avec Babylone, Jérusalem, Argos ; il faut l'observer chez elle, dans les deux expressions vivantes qu'elle a laissées, les tableaux qui aident à comprendre les hiéroglyphes, et les hiéroglyphes qui achèvent de faire comprendre les tableaux.

Tout cet ordre de recherches a été le but principal de mes explorations, mais n'a pas été leur but unique. Il n'y a pas seulement des hiéroglyphes en Égypte ; ce pays offre des sujets d'observation et de méditation que ne peut entièrement négliger un voyageur, quel qu'il soit, s'il a des yeux pour voir, une mémoire pour se souvenir, et un peu d'imagination pour rêver. Qui pourrait être indifférent aux tableaux de cette étrange nature des bords du Nil, au spectacle de ce pays-fleuve auquel ne ressemble nul autre pays? Qui ne serait ému en présence de ce peuple qui fit de si grandes choses et qui est réduit à une si extrême misère? Qui visiterait Alexandrie, le Caire, les pyramides, Héliopolis, Thèbes, sans être assailli des plus imposants souvenirs et des plus variés? Y a-t-il dans le monde un pays plus à part des autres pays et plus mêlé à leur histoire? La Bible, Homère, la philosophie, les sciences, la Grèce, Rome, le christianisme, les hérésies, les moines, l'islamisme, les croisades, la révolution française, presque tout ce qu'il y a eu de grand dans le monde se rencontre sur le chemin de celui qui traverse cette contrée mémorable. Abraham, Sésostris, Moïse, Hélène, Agésilas, Alexandre, Pompée, César, Cléopâtre, Aristarque, Plotin, Pacome, Origène, Athanase, Saladin, saint Louis, Napoléon, quels noms! quels contrastes! La Grèce et l'Italie en présentent moins peut-être et de moins frappants. L'Égypte, qui éveille tous les grands souvenirs du passé, intéresse encore dans le présent et dans l'avenir : dans le présent, par l'agonie de son douloureux enfantement ; dans l'avenir, par les destinées que l'Europe lui prépare quand elle l'aura prise, ce qui ne peut tarder. Pays fait pour occuper éternellement le monde, l'Égypte apparaît à l'origine des traditions de la Judée et de la Grèce. Moïse en sort, Platon y court. Elle attire la pensée et le tombeau d'Alexandre, la piété de saint Louis et la fortune de Bonaparte. Et aujourd'hui, pendant que j'écris ces lignes, l'objet de l'empressement un peu exagéré de Paris et de Londres, c'est le fils de Méhémet-Ali.

Tel est le pays à travers lequel je demande au lecteur de me suivre, offrant d'être pour lui un cicérone peut-être assez bien renseigné par l'étude et l'observation. En lui communiquant jour par jour mes impressions personnelles dans toute leur spontanéité, je m'efforcerai toujours de lui fournir le moyen de les compléter, de les redresser même en les comparant avec les observations des autres voyageurs qui m'ont précédé dans ce pays, tant visité depuis Hérodote jusqu'à

Champollion. Le tissu de cet ouvrage sera formé d'une double trame. On y trouvera ce que j'ai vu et senti sur place, et aussi le résultat des études que le spectacle des lieux m'a fait entreprendre et a pu féconder. Je voudrais que le voyage en Égypte, dont je donne aujourd'hui l'ébauche, fût un livre sur l'Égypte; je voudrais que ce livre fût dans son ensemble au niveau des connaissances acquises; je voudrais que, sur les sujets auxquels des études spéciales m'ont préparé, il pût aider aux progrès de la science et parfois les devancer un peu.

Paris, le 1ᵉʳ août 1846.

VOYAGE EN ÉGYPTE ET EN NUBIE

I

DÉPART DE MARSEILLE
ARRIVÉE A ALEXANDRIE

Marseille, 30 novembre 1844.

Me voilà à Marseille, et je crois toucher à l'Égypte. Marseille est maintenant à sept journées d'Alexandrie. Les noms des bateaux à vapeur qui rapprochent le Delta du Rhône et le Delta du Nil, ces noms sont eux-mêmes égyptiens : c'est le *Sésostris*, le *Rhamsès*, le *Luxor*. Je partirai demain sur *l'Alexandre*. Que cette gloire protége mon obscurité ! que le nom du conquérant soit d'un bon augure à mes petites conquêtes ! Je ne vais pas fonder une ville, mais travailler humblement aux fondements d'une science. Puisse la terre d'Égypte ne pas être la terre de mon sépulcre !

A Marseille, j'ai trouvé M. P. Durand, mon compagnon de voyage, qui m'y avait devancé[1]. Nous n'étions pas embarrassés de deux jours à passer dans la ville des Phocéens. Beaucoup d'emplettes et de préparatifs nous restaient à faire : au premier rang était la provision de papier non collé pour estamper. Rien n'est plus précieux pour le voyageur archéologue que cet estampage si simple, et dont on ne s'est malheureusement avisé que depuis peu de temps. Avec une feuille de papier, un verre d'eau, une brosse, on prend en quelques minutes l'empreinte d'une inscription ou d'un bas-relief ; c'est une sorte de typographie portative qui permet de multiplier à volonté les copies d'un original qu'on ne peut déplacer. Nulle transcription, nul dessin ne vaut cette reproduction mécanique. L'œil et la main de celui qui copie peuvent se lasser ou se tromper ; mais l'estampage n'est sujet ni aux distractions ni aux erreurs. Grâce à lui, on emporte moulé fidèlement et sûrement l'objet lui-même. Le papier à empreinte et la chambre claire sont les deux principaux instruments d'une reproduction exacte et

---

[1] Je dois à la généreuse amitié de M. Villemain d'avoir pu emmener avec moi cet homme distingué, qui est un excellent dessinateur.

facile des monuments. Le daguerréotype se présente avec des prétentions merveilleuses à la promptitude ; en fait, il est rarement d'un usage commode. Nous emportons cependant un de ces instruments ; mais on me dit qu'il ne sera pas si utile qu'il semblerait devoir l'être.

Avant de quitter Marseille, nous avons trouvé, M. Durand une figure égyptienne à dessiner, moi des hiéroglyphes à lire. En effet, le musée de cette ville possédait sans s'en douter, dans une statue en basalte noir dont la partie inférieure est mutilée, quoi? le portrait en pied d'une fille de Sésostris.

Il y a un an que, me trouvant à Marseille avec le docteur Roulin, le docteur me parla d'une statue égyptienne qu'il avait aperçue dans l'angle d'une petite salle par où l'on passe quand on va du musée à la bibliothèque. En me glissant par derrière la statue, entre elle et le mur, je m'assurai que sur l'appui postérieur auquel elle est accolée étaient gravés des hiéroglyphes. Il ne me fut pas difficile d'y reconnaître le prénom de Rhamsès le Grand, que l'on s'accorde à identifier avec Sésostris. Outre le prénom de ce Rhamsès, on voit derrière la figure en question les hiéroglyphes dont se compose ce qu'on appelle la bannière ou l'étendard, et qu'on pourrait appeler la devise de ce Pharaon. Il faut savoir que chacun des rois d'Égypte a, outre son nom de race et son nom propre, une devise tracée sur une sorte de drapeau. Ici le nom et la devise de Sésostris sont gravés sur la statue dont j'ai le premier signalé l'existence ; mais cette statue n'est pas celle d'un conquérant, c'est celle d'une femme. Qu'était à Sésostris cette femme qui porte son nom? Sa mère? La figure a trop de jeunesse ; d'ailleurs, nous connaissons les traits de la mère de Sésostris par une magnifique statue du Vatican. Les traits fiers et sombres de cette reine, marqués comme toujours d'un caractère individuel très-prononcé, ne rappellent point les traits adoucis de la statue de Marseille. Au reste, l'âge de celle-ci ne permet d'hésiter qu'entre une épouse et une fille de Sésostris. L'antiquité ne nous a rien dit des épouses de ce Pharaon, mais les monuments nous font connaître que, durant un règne qu'ils nous apprennent aussi avoir duré plus de soixante années, Sésostris eut au moins deux femmes. Est-ce une d'elles que représente notre statue? Si la partie inférieure de la figure n'avait pas péri, nul doute ne subsisterait à cet égard, car le nom de la princesse s'y pourrait lire accompagné de l'épithète *épouse* ou *fille royale* ; mais la mutilation du monument nous réduisant aux conjectures, on peut dire que l'extrême jeunesse de la figure convient mieux à une fille qu'à une femme du conquérant. Le front d'une reine porterait probablement le basilic, signe caractéristique de la royauté ; or, ce signe n'est pas ici. Nous contemplons donc probablement les traits d'une des treize filles de Sésostris, dont je verrai bientôt les images sculptées sur les parois du Memnonium à Thèbes, et du temple d'Essebouâh en Nubie, dont l'une, la princesse Batianté, m'attend ; figure colossale, au seuil de la grande salle de Karnac.

La statue de Marseille n'est point sans valeur sous le rapport de l'art. Les bras, en particulier, sont traités avec un sentiment remarquable, mais le mérite principal de cette sculpture est de porter écrit un nom qui est une date et une désignation d'origine. Les statues-portraits de grandeur naturelle, et surtout les statues de femmes, ne sont pas nombreuses dans les musées égyptiens. Il est déplorable que celle-ci soit reléguée dans un passage, et rencognée de telle sorte qu'on ne puisse sans beaucoup d'efforts lire l'inscription hiéroglyphique à laquelle elle doit son principal intérêt. M. Reynard, député de Marseille, si zélé pour tout ce qui concerne l'embellissement de cette ville, et qui, sous la Restauration, fut, avec le savant et spirituel docteur Cauvières, le fondateur de cet athénée où je m'honore d'avoir débuté dans la carrière de l'enseignement, M. Reynard ne saurait être indifférent au sort de la statue égyptienne de Marseille ; il m'a promis de la faire placer au milieu d'une salle, de manière qu'on puisse tourner autour et lire le nom de Sésostris[1]. Je ne serai content que quand je verrai tout à fait revenue à la lumière cette princesse égyp-

---

[1] Je rappelle de nouveau à M. Reynard cette promesse, qui, me dit-on, n'est pas encore accomplie. — Note de 1846.

tienne qu'un heureux hasard m'a fait découvrir. Puisse cette première rencontre avec l'Égypte sur le sol de France porter bonheur à mes explorations futures dans le pays des Pharaons !

12 décembre, en vue de la côte d'Égypte.

On ne peut plus dire, comme au temps d'Homère : Le voyage d'Égypte est long et difficile. Rien de plus aisé, au contraire, que de s'embarquer à Marseille sur les bateaux à vapeur qui partent chaque mois. En sept jours, peut-être en six, on sera comme je le suis à cette heure en vue de la côte d'Égypte[1]. Si j'en ai mis douze à venir de Marseille, c'est que j'ai employé une semaine à revoir les antiquités égyptiennes de Rome et à visiter celles de Naples.

. . . .

Arriverons-nous aujourd'hui à Alexandrie ? Le cœur me bat à cette question que j'entends poser et discuter auprès de moi. Il faut être à l'entrée des passes avant la nuit pour que le pilote arabe puisse sortir du port et venir nous chercher. La nuit approche ; on est dans l'incertitude ; tous les regards sont fixés vers le point de la côte où de moment en moment on s'attend à voir surgir Alexandrie. A l'ouest, quelques bandes jaunes s'étendent horizontalement au-dessus de la mer,

---

[1] On tente en ce moment des expériences dont le but est d'arriver à faire en cinq jours le trajet de Marseille à Alexandrie. — Note de juillet 1846.

grise comme les nuages ; mais une déchirure laisse voir un lambeau de ciel parfaitement vert, tel que Bernardin de Saint-Pierre dit l'avoir remarqué sous les tropiques. L'Orient perce le voile. Des poissons volants nous offrent aussi un spectacle nouveau qui commence à dépayser nos regards ; leur vol est un vol véritable, leurs nageoires brunes se meuvent d'un battement continu comme des ailes ; on dirait des moineaux quand ils rasent la terre avant de s'abattre. Le temps est doux, l'air léger et suave. Une longue rive blanche, à peine visible au-dessus des flots, c'est tout ce qu'on aperçoit de cette terre d'Égypte dont nous sommes si proches. On dirait, au bout des lagunes de Venise, la ligne faiblement ondulée du Lido.

Il est permis de se souvenir de Venise, en saluant Alexandrie. Alexandrie fut au moyen âge le principal marché où Venise s'approvisionnait des denrées orientales qu'elle revendait à l'Europe. Le fondateur du siège épiscopal d'Alexandrie devait être le protecteur et le parrain de la république de Saint-Marc. Une tradition qu'il est impossible de défendre fait siéger saint Marc à Aquilée, avant Alexandrie. Au quatorzième siècle (1329), les Vénitiens s'emparèrent de l'évangéliste qui devait leur être un patron si glorieux. Pour dérober le corps du saint, ils usèrent d'une étrange ruse : ils le couvrirent de jambons, le protégeant ainsi contre les recherches des musulmans de toute l'horreur qu'inspire à ceux-ci une chair pour eux immonde ; bon tour de marchands accoutumés à frauder la douane. Les îles s'ouvraient devant les reliques de celui qui avait fait parler la lune pour refuser un culte idolâtre et proclamer le vrai Dieu. Ces reliques semblaient transporter l'héritage d'Alexandrie dans cette Venise, destinée à être dans les temps modernes le lien de l'Orient et de l'Occident, comme la cité d'Alexandre le fut pour l'ancien monde.

Mais les approches d'Alexandrie éveillent de plus vieux souvenirs. L'île de Pharos, autrefois séparée de la terre et qui lui est maintenant unie, l'île de Pharos est déjà dans Homère. L'Égypte apparaît à l'horizon de la tradition grecque comme elle m'apparaît en ce moment à l'horizon de la Méditerranée, brillant théâtre de cette tradition brillante, c'est-à-dire comme une terre entrevue à peine à travers les flots et la nuit.

On s'est laissé embarrasser fort mal à propos par un vers d'Homère, qui place cette île de Pharos à une journée de l'Égypte. On a supposé un immense accroissement du Delta entre le temps d'Homère et celui d'Alexandre ; mais, comme j'aurai occasion de l'établir d'après les meilleures autorités, ce grand accroissement n'est qu'une chimère. Après avoir voulu faire violence à la nature, on a voulu faire violence à la langue, en supposant que le mot *Égypte* désignait ici le Nil, et qu'il s'agissait de la distance de l'île, non au rivage le plus proche, mais à l'embouchure du fleuve.

Le Nil, en effet, s'appelle *Aiguptos* dans Homère, le mot *Neilos* ne paraît que dans Hésiode ; mais M. Letronne ayant fait voir que toutes les fois que les anciens se servent de l'expression *Aiguptos* pour désigner le Nil et non le pays d'Égypte, ils y ajoutent le mot fleuve, il a été prouvé que c'était bien de la terre d'Égypte et nullement de l'embouchure du Nil que l'île de Pharos était éloignée d'une journée, d'après Homère. Ceux qui voulaient à tout prix faire accorder la nature et le poëte, qu'on est en effet assez accoutumé à voir d'intelligence avec elle, ne se sont pas tenus pour battus, et l'on a prêté à Homère l'idée beaucoup trop ingénieuse d'avoir voulu peindre, non ce qui était de son temps, mais ce qu'il supposait avoir existé plus anciennement, pour accommoder sa description à l'âge des événements racontés dans son poëme. Rien, il faut le reconnaître, n'est moins dans le génie de l'épopée primitive qu'un pareil calcul. Le chanteur ou les chanteurs à qui nous devons l'*Odyssée* ne faisaient ni de la couleur historique, ni de la couleur locale, et ne s'inquiétaient pas plus d'un anachronisme que les peintres du quinzième siècle. Virgile, poëte d'une époque savante, le siècle d'Auguste, disciple d'une école savante, l'école alexandrine, Virgile ne se fait point scrupule de mettre dans la bouche d'Énée une description de la ville d'Agrigente étalant ses immenses murailles, telle que lui-même l'avait contemplée sans doute quand il faisait son voyage de Grèce, mais comme Énée eût eu quelque peine à la peindre plusieurs siècles avant qu'elle fût fondée. Il y avait une explication plus simple et plus vraie à donner de l'inexactitude d'Homère : c'était de n'en point donner du tout. Homère, peintre si fidèle des lieux qu'il connaissait, s'est trompé sur la situation de l'île de Pharos, parce qu'il ne connaissait point l'Égypte. Il a placé cette île à une journée du rivage qu'elle touche, comme Shakespeare a mis un port de mer en Bohême, et comme le chroniqueur Glaber a fait rouler des glaçons par le Nil ; mais il y a des savants qui ne consentiront jamais à dire d'un auteur favori ce qu'ils ne permettent à personne de dire d'eux-mêmes : Il s'est trompé.

L'Égypte est pour Homère un pays merveilleux et inconnu, comme l'Inde le fut pour les Grecs et pour le moyen âge. Le passage de l'*Iliade* sur Thèbes aux cent portes, par chacune desquelles sortaient deux cents chars, paraît interpolé. L'Égypte de l'*Odyssée* n'est pas moins fantastique. Elle est placée au delà d'une mer que les oiseaux ne peuvent franchir en une année. Les migrations des oiseaux qu'on ne voyait revenir qu'au bout d'un an, ont peut-être donné lieu à cette fable par une exagération qui aurait confondu le terme de leur passage avec l'époque de leur retour. Du reste, si l'on admettait cette distance comme on a fait pour celle de l'île de Pharos, il faudrait reculer l'Égypte jusqu'à la Nouvelle-Hollande.

Quelques traits de la peinture homérique ne manquent pas d'une certaine vérité. La tradition est rarement tout à fait mensongère, comme elle n'est jamais tout à fait véridique. Il y avait aussi dans les *merveilles de l'Inde* ancienne et moderne quelques détails vrais au milieu de mille fables. Dans le récit d'Ulysse [1], les Égyptiens figurent comme un peuple civilisé, humain, riche, avancé dans les arts, et les Grecs comme des pirates venus pour tenter un coup de main sur les bords du Nil. Au moment où ils vont être exterminés par les habitants comme ils le méritent, ils doivent leur salut à la générosité du roi, et conservent leur liberté au milieu du peuple qu'ils ont voulu piller. Déjà se montre ici une notion confuse de l'antériorité de la civilisation égyptienne et de cette justice tant vantée depuis.

La terre d'Égypte était donc pour les Grecs du temps d'Homère une terre de merveilles ; mais, avant de la bien connaître, ils s'étaient empressés, suivant l'usage, de la rattacher à leurs traditions poétiques : ils conduisirent Hélène sur les bords que devait enchanter Cléopâtre. Hélène en rapporta ce précieux népenthès qui, « mêlé au vin de la coupe, endormait la colère et la douleur, et ne permettait pas pour tout un jour de verser des larmes, même à ceux qui auraient perdu un père ou une mère, ou qui auraient vu un frère ou un fils chéri égorgé sous leurs yeux. » Il me semble impossible de

---

[1] *Odyssée*, liv. XIV. v. 246 et suiv.

ne pas reconnaître dans le népenthès d'Hélène le *hachich* si usité aux bords du Nil, et dont on commence à parler en Occident. Le hachich, auquel un poëte arabe disait, sans se douter qu'il répétait Homère : « Repousse loin de moi tous les chagrins et les maux les plus amers [1], » le hachich ne se mêle point au vin, mais on le prend en buvant, et son effet paraît être de délivrer l'âme de toute impression pénible, et d'exciter en elle un sentiment de joie sans motif et sans bornes [2].

On sait que le Vieux de la montagne se servait du hachich pour plonger dans une ivresse délicieuse ceux qu'il voulait armer contre ses ennemis, et que de là est venu le mot français assassin. « L'effet du hachich, dit M. de Sacy, était de leur procurer un état extatique, une douce et profonde rêverie, pendant laquelle ils jouissaient ou s'imaginaient jouir de toutes les voluptés qui embellissent le paradis de Mahomet. » Les jardins enchantés où le Vieux de la montagne faisait porter les jeunes gens étaient, pense M. de Sacy, un fantôme produit par l'imagination de ces jeunes gens enivrés par le hachich, et qu'on avait longtemps bercés de

---

[1] Sylv. de Sacy, *Chrest. arabe*, liv. I, p. 215.
[2] Pietro della Valle avait déjà eu l'idée que le hachich pourrait être le népenthès d'Homère (*Journ. des Sav.*, 1829, p. 80). Makrisi dit bien que la découverte des propriétés enivrantes du chanvre ne remonte qu'au septième siècle de l'hégire; mais M. de Sacy la croit plus ancienne. Dès le temps d'Hérodote, on employait les grains du chanvre pour se procurer une ivresse semblable à celle de l'opium. (Mongez, *Journ. des Sav.*, 1825, p. 176.)

l'image de ce bonheur[1]. » On peut croire que la première idée des jardins d'Armide a été empruntée à la description de ces jardins fantastiques, embellis encore par les récits de la croisade ; le philtre d'Hélène aurait produit les enchantements d'Armide.

La douceur des fruits de l'Égypte est peut-être entrée pour quelque chose dans ce qu'Homère a dit des propriétés merveilleuses du lotos, qui faisait oublier à ceux qui s'en nourrissaient le charme de la patrie. On place le pays des lotophages un peu à l'ouest de la côte d'Égypte, et on reconnaît l'arbre merveilleux dans le jujubier ; mais il ne faut pas oublier que la plante sacrée des Égyptiens s'appelait aussi lotos, qu'avec la racine de cette plante, qui est le nénuphar, on peut préparer une sorte de pain. Sans doute l'on confondait, dans l'idée qu'on se faisait du lotos, et le nénuphar d'Égypte et quelque autre plante dont le fruit devait être très-sucré. Bien que la plupart des botanistes anciens et modernes s'accordent à retrouver ce fruit délicieux dans la baie du jujubier, je crois qu'à l'idée qu'on se formait du lotos se mêlait une notion vague de plusieurs autres fruits encore plus doux, peut-être les dattes, peut-être les bananes, dont les chrétiens d'Égypte[2], au moyen âge, exprimant aussi par une fable l'incomparable douceur, disaient que c'était le fruit pour lequel Adam avait renoncé au paradis.

[1] *Mém. de l'Institut*, IV, p. 61.
[2] *Viaggio di Frescobaldi*, p. 85.

La tradition homérique a placé aussi sur ces bords le mythe de Protée ; la patrie véritable de ce personnage obscur est l'Égypte ; c'est celle que connaît Homère[1]. Cet être singulier me semble avoir été pour les Grecs une personnification merveilleuse de l'antique sagesse de l'Égypte. Dans cette supposition, son nom *Proteus* (le premier) exprimerait l'idée, de bonne heure accréditée, que l'Égyptien était le plus ancien comme le plus éclairé des peuples. Les mille formes qu'il prenait tour à tour feraient allusion aux métamorphoses symboliques de la divinité qui se montrait en Égypte sous des figures variées et monstrueuses.

Le mythe de Protée, personnage antique, difforme et savant, ne rendant ses oracles que vaincu dans une lutte laborieuse après avoir étonné par des apparences bizarres, ce mythe me paraît avoir été chez les Grecs comme le premier écho de la renommée que dès lors répandait au loin la sagesse égyptienne enveloppée de symboles étranges. Je dirai bientôt ce que je pense de cette sagesse tant vantée ; mais, quelle qu'elle fût, elle a gardé son secret jusqu'à nous. Aujourd'hui seulement nous pouvons espérer d'entendre sa voix, aujourd'hui qu'elle a commencé à rendre ses oracles,

---

[1] Une médaille du nome de Ménélaïs, et représentant un Harpocrate dont le corps se termine en crocodile, a fourni à M. Lenormant des considérations neuves et ingénieuses sur les rapprochements et les confusions que les Grecs ont pu faire entre les divinités égyptiennes et les personnages de la tradition hellénique. (*Musée des Antiquités égyptiennes*, p. 67.)

aujourd'hui que, par de si puissants et de si persévérants efforts, Champollion a enchaîné Protée.

Un phare moderne s'élève sur le rocher de Pharos, qui a donné son nom à tous les phares. Un tel édifice ne pouvait dater que de l'époque grecque. L'Égypte, ennemie des étrangers, se plaisait à les voir repoussés par les bas-fonds et les écueils de ses rivages, et n'eût rien fait pour leur en faciliter l'accès; mais, dès que les Grecs ont posé le pied sur le rivage d'Égypte, elle éleva dans les airs cette lumière, symbole de l'éclat qu'Alexandrie allait répandre sur le monde. Le phare fut construit par ordre du second des Ptolémées, l'ami des lettres et des arts. On sait que l'architecte Sostrate s'était assuré, par une supercherie ingénieuse et légitime, l'immortalité qu'il méritait; on sait comment il avait tracé sur l'enduit fragile du monument l'inscription officielle en l'honneur du roi, et sur la pierre durable une inscription en son propre honneur; inscription qui, dès le temps de Strabon, était seule visible, et qui, ainsi que l'a très-bien montré M. Letronne, n'aurait pu être telle que l'ont vue Strabon et Lucien, si elle n'avait pas eu l'origine qu'ils lui ont donnée. Déjà au quatrième siècle la légende, qui commençait à se former autour du nom de Cléopâtre, attribuait à cette reine la fondation d'un monument plus utile que les magnificences insensées dans lesquelles elle épuisait ses trésors pour amuser Antoine, d'un monument sans lequel la grande richesse et par suite la grande importance d'Alexandrie n'eussent pas été possibles.

Les dimensions du phare ont été exagérées par les anciens et surtout par les Arabes. On lui a donné une base et une hauteur qui surpasseraient celles de la grande pyramide. M. Letronne a fait bonne justice de ces exagérations, et a ramené la hauteur du phare d'Alexandrie à peu près à celle de la tour de Cordouan[1]. Pourtant, ce qui reste certain, d'après toutes les descriptions et tous les récits, c'est qu'il ne faut pas se représenter le phare d'Alexandrie comme une tour ordinaire, mais comme un édifice de forme pyramidale à plusieurs étages rentrants dont chacun était entouré par une galerie extérieure, tel que la pyramide de Meidoun et les pyramides mexicaines, tel que le phare romain de Boulogne, qui existait il y a cent cinquante ans[2]. Le phare d'Alexandrie s'élevait, dit Hérodien, comme un catafalque. Tout devait avoir un aspect funèbre dans ce pays des grands monuments de la mort; mais il ne contenait pas les trois cents appartements où l'on s'égarait, dont parlent les auteurs arabes, et qui me semblent être nés d'une confusion avec ce que l'on racontait du labyrinthe de Mœris. Au reste, les auteurs orientaux font mille récits merveilleux du phare comme des pyramides. Ils

---

[1] Environ cent cinquante pieds. Traduction de Strabon, t. V, p. 329, note. Saint-Genis donne à la tour de Cordouan plus de cent soixante-quinze pieds.

[2] V. Montfaucon, *Mém. de l'Acad. des Inscript.*, VI, p. 581.

racontent, par exemple, pour donner une idée de sa hauteur, qu'un certain vizir fit monter à son sommet un homme auquel il ordonna de laisser tomber une pierre quand il verrait disparaître le soleil, et que la pierre tomba à l'heure de la seconde prière de nuit.

Ces fables suffiraient à prouver que ce curieux monument a survécu à la conquête musulmane. De plus, les musulmans énumèrent les tremblements de terre qui ont ébranlé et entamé sa masse de siècle en siècle jusqu'en 1303. Au douzième siècle, Edrisi et Abdallatif parlent du phare comme existant de leur temps. Il en est de même d'Abulféda, qui visita plusieurs fois l'Égypte au commencement du quatorzième siècle. On est donc certain que cette merveille de l'antiquité était encore debout à cette époque. D'après une tradition arabe qui peut avoir plus d'importance que celle que je rappelais tout à l'heure, il aurait existé au sommet du phare d'Alexandrie un miroir, construit par un ouvrier chinois, au moyen duquel on découvrait au loin tous les vaisseaux. Ce miroir, ouvrage merveilleux d'Aristote, et talisman de la ville d'Alexandrie, dans lequel on voyait *le ciel, la terre et toute la nature*, pourrait bien n'être pas plus réel que le miroir des Pharaons, au moyen duquel ils apercevaient tout ce qui se passait dans leur empire, et que plusieurs autres miroirs magiques dont il est question au moyen âge; car, comme dit agréablement le père Montfaucon, c'est assez le génie des Orientaux d'inventer des choses si déraisonnablement fabuleuses. Cependant un savant distingué et point crédule, M. Libri[1], a considéré comme admissible que le miroir fût un télescope placé sur le phare d'Alexandrie. Il ne faut pas oublier que divers passages tirés des auteurs anciens et des écrivains du moyen âge donnent lieu de penser que le grossissement des objets au moyen de certains miroirs était connu avant la découverte de Galilée[2]. Or, il paraît certain à M. Libri qu'un instrument analogue à un télescope existait à Raguse plusieurs siècles avant Newton; et Burratini, architecte italien, qui a visité Alexandrie au dix-septième siècle, regarde cet instrument, conservé à Raguse, comme celui qui était à Alexandrie du temps des Ptolémées. La supposition de Burratini est hardie, ce me semble, et sa justesse n'est rien moins que démontrée. Dans tous les cas, si l'on admettait l'existence d'un télescope sur le phare d'Alexandrie, ce ne pourrait être, comme le dit M. Libri, qu'à l'époque

---

[1] *Histoire des sciences mathématiques en Italie*, t. I p. 221.

[2] Sénèque connaissait les miroirs grossissants. (*Quæst. nat.*, liv. I, c. xv.) Roger Bacon avait conçu la possibilité de discerner de fort loin des objets très-menus *en raison de la grandeur de l'angle sous lequel ils seraient aperçus*. Dans la seconde partie du *Roman de la Rose*, qui contient une sorte d'encyclopédie des connaissances du temps, il est parlé, d'après le *Livre des Regards*, d'Alhacen (vers 1234), de certains miroirs, dont la puissance grossit et rapproche merveilleusement. Il faut avouer que, dans une lettre docte et spirituelle (*Magasin encyclopédique*, mai 1760), M. Boissonade combat plusieurs tentatives faites par divers savants pour prêter à l'antiquité ou au moyen âge, à Ptolémée ou à Gerbert, un instrument semblable à un télescope.

arabe et non au temps des Ptolémées, car, si un tel instrument eût existé dès lors, les auteurs anciens l'eussent mentionné parmi les merveilles tant célébrées d'Alexandrie.

Aujourd'hui la première chose qu'on aperçoit de la mer, c'est la grande colonne appelée si improprement *colonne de Pompée*. Elle paraît comme une voile, disent les portulans; puis, en approchant, on voit se dresser les mâts de vaisseaux qui semblent fichés dans le sable et font ressembler la ville d'Alexandrie, suivant la judicieuse comparaison du docteur Robillard, à un paquet d'aiguilles plantées sur une pelote jaune. Des moulins à vent couvrent les hauteurs voisines de la ville; les Français ont construit les deux premiers, les autres sont l'œuvre du pacha; les Français n'ont fait que rapporter à l'Orient ce qu'ils en avaient reçu au temps des croisades, et rendre à l'Égypte une invention de l'Égypte. La côte est trop plate pour que la ville puisse se présenter avec avantage. Venise seule, bien que bâtie au ras des flots, est d'un effet admirable; elle le doit à ses clochers et à ses dômes. Alexandrie ne nous frappe point par son aspect, elle ne nous attire que par son nom, ses souvenirs, et par l'espoir d'une nuit sans roulis et sans mal de mer.

Mais entrerons-nous ce soir dans la rade? Déjà sous cette latitude le jour baisse rapidement. Une petite barque s'avance vers nous, elle apporte le pilote arabe... Non, elle s'éloigne, on s'était trompé. Notre capitaine, M. de Brun, dont la hardiesse est connue, parle de s'aventurer sans pilote dans les passes, témérité que le pacha naguère a punie de mort sur un officier égyptien. Cependant un autre bateau se dirige vers nous : cette fois c'est le pilote qui approche. Dieu veuille qu'il soit de la race de ces pilotes égyptiens que Philon disait habiles à conduire les vaisseaux, comme les cochers du cirque à guider les chars! Le musulman prend place sur une des roues à côté du capitaine. Le grand turban blanc, les amples vêtements du premier, forment avec la casquette bleue et l'uniforme étriqué du second un contraste qui n'est pas à l'avantage de l'Europe. Nous admirons la belle et sérieuse figure de l'Arabe, qui promène sur la mer un regard attentif comme sur un livre connu, mais difficile ; on avance prudemment, car la nuit est venue. Tour à tour on fait marcher la machine et on ralentit son mouvement; enfin le bâtiment s'arrête, nous sommes dans la rade d'Alexandrie.

Ce port où nous entrons est celui que les Grecs appelaient *du bon retour*, parce que, tourné vers l'ouest, les vents les plus ordinaires et le grand courant qui vient de Gibraltar y poussent naturellement les vaisseaux. Autrefois réservé aux musulmans, Méhémet-Ali l'a ouvert aux chrétiens, qui jusque-là devaient se contenter du port de l'est, moins profond et moins sûr. Nous ne prendrons terre que demain; mais quelques passagers impatients veulent dès ce soir aller avec les officiers faire une visite au consulat. Empressé de poser le pied sur la terre d'Égypte, je les suis. Notre petite embarcation circule à travers les vaisseaux de la flotte, qui dessinent leurs masses noires sur le ciel étoilé. Aucun bruit, aucune lumière ne nous révèle l'approche de la ville endormie ; nous nous dirigeons en tâtonnant, pour ainsi dire, vers cette cité célèbre, qui semble se cacher ; nous abordons furtivement dans ce port qu'animait le commerce du monde ; je saute à terre, je suis en Égypte. A terre, le même silence m'attendait. La nuit, les villes d'Orient sont muettes et ténébreuses ; point de bruit dans les rues, aucune voix qui sorte des maisons, aucune lumière aux fenêtres ; les boutiques sont fermées, les bazars déserts. A dix heures, Alexandrie me semblait presque inhabitée ; seulement quelques groupes accroupis fumaient silencieusement, quelques figures noires enveloppées du burnous blanc glissaient dans les ténèbres. Ce calme rend plus sensible encore le contraste du présent et du passé. Quelle différence entre cette ville sans bruit, sans voix, et cette Alexandrie dont les festins de Cléopâtre animaient les nuits bruyantes, où deux mille ans plus tôt j'aurais pu, à pareille heure, rencontrer la folle reine, comme dit Amyot, *battant le pavé* avec Antoine ! Ici ce n'était pas encore la gravité de l'Égypte, c'était une population mêlée de Grecs, de Juifs, de Romains, d'indigènes, une population de matelots et de soldats, de prêtres et de sophistes. Jéhova, Jupiter, Sérapis, tous les cultes, toutes les langues, tous les costumes, toutes les idées, toutes les erreurs, toutes les sagesses, tous les délires de l'ancien monde, se heurtaient et s'agitaient comme en tumulte dans cette ville qui à cette heure semble morte, qui en effet l'était naguère, mais qui commence à revivre. Demain, je verrai Alexandrie, je l'entendrai; ce soir, je ne connais encore que son sommeil et son silence.

Mais, si du présent on remonte au passé, comme tout ce silence va s'animer! comme toute cette solitude va se remplir! Je ne pense pas qu'il y ait dans le monde une seule ville, Rome comprise, qui recueille et concentre des souvenirs si nombreux et si divers. Je me bornerai à citer trois noms, les trois plus grands peut-être de l'histoire, et qui ne se sont jamais rencontrés qu'ici : qu'on me montre une autre ville fondée par Alexandre, défendue par César et prise par Napoléon.

Alexandrie, 10 décembre.

Le silence d'hier soir a complétement disparu, la plage est couverte d'une foule bruyante; les âniers se disputent les nouveaux débarqués avec des gestes frénétiques et des cris étourdissants, au milieu desquels on distingue quelques mots de français; les douaniers, les porteurs s'empressent ; la gravité orientale n'est représentée que par les chameaux qui attendent les bagages des voyageurs, et qui, au-dessus de la multitude agitée, élèvent leur long col et leur figure ennuyée. Quand on commence à se remettre du premier désordre de l'arrivée, quand on a séduit avec quelques piastres les douaniers du pacha, quand les bagages sont bien attachés sur les chameaux, quand on a pu choisir un âne au milieu du troupeau serré que les âniers précipitent sur le voyageur assourdi par leurs clameurs et menacé par leur empressement, on commence à regarder autour de soi et à observer la ville dans laquelle on vient d'entrer.

La partie qu'on traverse pour gagner la grande place, où sont les auberges et les consulats, a peu de physionomie ; c'est un quartier presque entièrement neuf. Des rues assez droites et assez larges sont bordées de maisons blanches. Dans toute cette partie de la ville, rien ne rappelle l'antiquité, sauf quelques tronçons de granit incrustés dans les murs des maisons. En parcourant ces rues modernes, on a bien besoin de se dire que la propreté, l'air et l'espace assainissent les villes, pour ne pas regretter les rues tortueuses et les vieilles maisons arabes que des constructions sans caractère ont remplacées ; mais il faut reconnaître qu'on ne peut sacrifier la santé des hommes au plaisir des touristes : la couleur locale est bonne jusqu'à la peste exclusivement.

La place des consulats est vaste et régulière, mais on aurait dû donner plus de style aux bâtiments qui l'entourent, et surtout ne pas planter au milieu un diminutif d'obélisque en albâtre. Il ne faudrait pas refaire dans une ville d'Égypte les antiquités égyptiennes en joujou. Allons bien vite voir de vrais obélisques de granit.

Des deux obélisques qu'Abdallatif vit debout au douzième siècle, un seul s'élève encore sur sa base de travail grec, l'autre est gisant sur le sol. Ce dernier a été donné par le pacha aux Anglais, qui, vu le mauvais état des hiéroglyphes, ont dédaigné de l'emporter. C'est là toute l'origine d'une erreur que la rivalité nationale a fait naître, et qui est chère aux badauds de Paris. Le jour où on a érigé notre obélisque de la place Louis XV, j'ai entendu vingt voix répéter dans la foule : Ah ! les Anglais vont être bien vexés, eux qui ont brisé leur obélisque. Le plus léger prétexte suffit pour donner du retentissement au bruit le plus absurde, surtout quand ce bruit est l'écho d'un sentiment populaire.

Les deux obélisques d'Alexandrie étaient placés devant le temple de César, temple qu'on suppose avoir été élevé par Cléopâtre au père de Césarion[1]. Elle aurait donc plus de droit d'attacher son nom à *ses* aiguilles qu'à *son* canal, qu'elle n'a point creusé, ni à *ses* bains,

---

[1] Strabon, qui visita l'Égypte vingt-quatre ans avant J. C., vit déjà ce temple de César.

qui sont des tombeaux. En effet, les obélisques ont été placés là où ils sont quand a été construit le temple, dont ils formaient une dépendance, car, selon l'usage égyptien, les obélisques constamment accouplés s'élevaient un peu en avant des deux montants d'une porte ou des deux jambages d'un pylone [1].

A quoi pouvait tenir cet usage? Quelle idée symbolique exprimait cette disposition architecturale? Ici le sens d'un hiéroglyphe nous explique ce que les assertions sans fondement des anciens et les suppositions sans preuve des modernes ne sauraient nous révéler. Pline affirme que par l'obélisque les Égyptiens désignaient un rayon du soleil; il faut avouer que ce serait là un symbole un peu matériel [2]. Un aveugle de naissance auquel des physiciens s'efforçaient d'expliquer la nature de la lumière au moyen de cônes, s'écria : « Je comprends ; la lumière doit ressembler à un pain de sucre. » En vérité, la lumière me paraît ressembler à un pain de sucre tout aussi bien qu'un obélisque à un rayon de soleil [3]; mais nous n'avons

---

[1] Il y a quelques exceptions à cette règle générale. Ainsi l'obélisque élevé par Ptolémée Philadelphe en l'honneur d'Arsinoé était isolé au milieu d'une enceinte.

[2] Polidore Virgile, outrant la pensée de Pline, en vrai commentateur du seizième siècle, déclare qu'un obélisque a exactement la forme d'un rayon de soleil qui entre par une fenêtre.

[3] Ce rapport de la pyramide et de l'obélisque a frappé Saint-Genis, l'un des auteurs du grand ouvrage d'Égypte. « Le corps du monolithe, dit-il en parlant de l'obélisque, a un air de pyramide quadrangulaire très-allongée. » *Antiq.*, t. II, al. 41. — « L'obélisque dérive évidemment de la pyramide, » a dit M. de Lamennais *Esquisse d'une*

pas besoin des explications de Pline, que nous retrouverons en faute sur les hiéroglyphes. Les modernes ont eu des idées encore plus étranges sur le sens symbolique des obélisques. Bécanus, qui croyait fermement que le flamand était la langue sacrée des Égyptiens, déclare que l'obélisque est un emblème de la vie parfaite, dans laquelle l'âme se dégage de la vie terrestre et se concentre dans l'unité. Que le dix-neuvième siècle ne triomphe pas trop de la bizarrerie du seizième. En ce moment, un Allemand vient de découvrir que la pyramide triangulaire terminée en pointe, qui forme la partie supérieure des obélisques, résume parfaitement la théorie d'Empédocle sur les éléments dont le principe est l'unité.

Dans l'écriture hiéroglyphique, l'*obélisque* est un signe qui a un sens déterminé. Il exprime l'idée de stabilité [1]. On s'explique facilement cette valeur écrite de l'obélisque. Dans toutes les langues, une métaphore naturelle attribue l'idée de stabilité à la colonne, au pilier. Ainsi la borne de nos champs, qui fut le dieu Terme, exprime l'idée d'immutabilité. De plus, il faut remarquer que le sommet des obélisques se terminait toujours en forme de pyramide ; c'est ce qu'on appelle le pyramidion. Un obélisque est une pyramide dont la base est très-allongée ; or, la pyramide,

Philosophie, t. III, p. 180). Norden a été aussi frappé de cette ressemblance entre l'obélisque et la pyramide. Plusieurs auteurs anciens l'ont remarquée.

[1] Il représente *men* (stable) dans *Petemenoph*, nom propre.

par sa forme, qui offre plus qu'aucune autre des conditions de solidité, la pyramide était l'expression naturelle de la permanence et de la durée. C'est pour cela sans doute qu'on donna une structure pyramidale aux gigantesques tombes des anciens rois. Ce que l'on voulait exprimer et pour ainsi dire écrire par ces masses de pierre, c'était cette idée : solidité, durée, éternité. Les obélisques étaient aussi, comme les pyramides, dont ils rappelaient la forme, le signe de la stabilité, et c'est pour cette raison qu'on les plaçait en avant du seuil des temples, pour figurer les montants de la porte [1] et indiquer qu'ils étaient stables à jamais. Les inscriptions hiéroglyphiques gravées sur les montants eux-mêmes contiennent en général une formule placée dans la bouche des dieux, et qui se termine par la promesse de la *stabilité à jamais*. Ainsi l'étude comparée des hiéroglyphes et des monuments nous montre que l'architecture, aussi bien que la peinture, était une écriture véritable, une écriture en relief, une écriture colossale. Les deux obélisques plantés devant les temples étaient deux énormes hiéroglyphes, deux lettres ou plutôt deux syllabes de granit, deux mots enfin placés là non-seulement pour être contemplés, mais pour être lus.

[1] Je suis porté à croire que les colonnes, le plus souvent terminées en pointe *comme des obélisques*, selon la parole du scholiaste d'Aristophane, qu'on plaçait devant la porte des maisons, avaient le même sens que les obélisques géminés de l'Égypte, dont elles étaient peut-être une imitation.

Si les obélisques dressés devant le temple de César exprimaient une pensée égyptienne, il en était ainsi du temple lui-même. Le culte d'un homme, les honneurs divins rendus à un souverain, nouveaux encore à Rome, ne l'étaient point en Égypte. Les inscriptions hiéroglyphiques ont fait connaître des prêtres consacrés au culte de Ménès et des anciens rois qui ont élevé les pyramides. Cet usage s'était conservé sous les rois grecs ; nous savons qu'il y avait un prêtre des Ptolémées et des prêtresses de Bérénice et d'Arsinoé. On peut donc dire que l'apothéose romaine commença sur la terre d'Égypte, et, transmise des Pharaons et des Ptolémées à César, passa par lui aux empereurs avec son nom.

Les Romains, qui enlevèrent à l'Égypte les obélisques pour décorer la ville éternelle de ce signe de l'éternité dont ils ignoraient le sens, mais dont ils aimaient l'aspect sévère, les Romains employèrent rarement les obélisques en les plaçant, comme les Égyptiens, au nombre de deux devant un monument. Les obélisques isolés et projetant sur le ciel leur sommet quadrangulaire sont pour ainsi dire autre chose que les obélisques égyptiens collés devant les portes des temples. Il est curieux de voir comment l'obélisque a changé d'emploi. Les Romains, qui marquaient tous leurs monuments du sceau de l'utilité, voulurent rendre utile l'ornement symbolique qu'ils empruntaient à l'architecture égyptienne sans le comprendre.

Des deux premiers obélisques transportés à Rome sous Auguste, l'un, placé dans le Champ de Mars, servit de gnomon [1], l'autre reçut une destination pour laquelle les obélisques semblaient faits en servant de borne (*meta*) dans le *circus maximus*, borne gigantesque bien digne de ce cirque immense ; cet exemple fut suivi dans le cirque Néron au Vatican, dans le cirque même d'Alexandrie, dans l'hippodrome de Constantinople, et donné de nouveau par Constance dans le grand cirque de Rome [2].

Cependant les Romains eux-mêmes placèrent quelquefois par imitation deux obélisques devant un monument, par exemple devant le mausolée d'Auguste ; ils poussèrent même cette imitation jusqu'à ériger devant le temple d'Isis-Sérapis, qu'a remplacé l'église de la Minerve, deux obélisques, bien qu'un peu inégaux et assez différents d'époques, l'un du temps de Sésostris et l'autre du temps d'Apriès. Dans ce cas, les prêtres égyptiens qui desservaient le temple reproduisirent probablement la disposition égyptienne, pour conserver un symbole dont ils avaient le secret ; mais en général les Romains la négligèrent, parce qu'elle ne

---

[1] Quoi qu'on ait dit, les obélisques n'étaient point en Égypte destinés à cet usage. Si l'on eût voulu déterminer les solstices et les équinoxes par la mesure de leur ombre, comme l'ont pensé Stuart et Bruce, on les eût isolés dans un espace libre et non placés côte à côte au pied d'un mur de temple ou de palais.

[2] A Constantinople, il y avait deux obélisques dans le cirque, comme dans le *circus maximus* à Rome. Un seul est encore debout sur la place de l'Atmeidan.

leur disait rien, et firent de l'obélisque une pure décoration, comme le prouvent ceux qu'on a trouvés isolés, et entre autres celui qui ornait les jardins de Salluste.

Enfin les papes, auxquels il était permis de ne pas être des continuateurs très-fidèles des traditions de l'Égypte, mais qui ont si bien compris comment on pouvait ajouter par des monuments à la majesté de Rome une nouvelle majesté, les papes ont tiré un merveilleux parti de ces superbes monolithes pour l'embellissement des places publiques. Il suffit de rappeler celui qui se dresse au Quirinal entre les statues de Castor et de Pollux et celui qui s'élève entre les deux fontaines de Saint-Pierre. Paris est, je crois, avec Rome, la seule ville qui ait orné une de ses places d'un obélisque égyptien [1]; la France avait droit, ce me semble, à se parer la première d'un pareil trophée, elle qui a conquis l'Égypte moderne par Bonaparte et l'Égypte ancienne par Champollion : celle-ci du moins lui restera.

Les obélisques d'Alexandrie étaient déjà des obélisques déplacés, apportés d'ailleurs. Le mouvement de transplantation qui devait faire marcher ces symboles de la stabilité jusqu'à Rome et jusqu'à Paris avait commencé avant l'ère chrétienne. Les obélisques

---

[1] Il y en a un dans le jardin Boboli à Florence. Arles avait élevé un obélisque égyptien à la gloire de Louis XIV. Je ne sais ce qu'il est devenu.

d'Alexandrie venaient de la haute Égypte; leur matière est le granit rouge, qui ne se trouve pas au-dessous de Syène. C'est là qu'ils avaient été taillés sur place, comme l'obélisque que l'on voit encore près d'Assouan (Syène), couché sur le roc dont il n'est pas entièrement détaché. Puis, après avoir, pendant plus de onze siècles, orné Thèbes, Memphis ou Héliopolis [1], une volonté de roi ou un caprice de femme les avait fait descendre jusqu'à Alexandrie, où ces monuments, venus des frontières de la Nubie, souffrent d'un climat déjà trop boréal. Le vent humide et salin de la mer détruit le poli de leurs faces, et ronge surtout les côtés qu'il frappe directement.

Les inscriptions hiéroglyphiques, en assez mauvais état, ont été relevées par Champollion. Malgré les caractères effacés ou altérés et les lacunes, on s'assure facilement qu'elles sont jetées dans le même moule que les inscriptions des autres obélisques et en particulier celles de l'obélisque de Paris. Toutes les inscriptions gravées sur les obélisques se ressemblent assez. Le sens général n'en est pas difficile à saisir. Je parle des obélisques du temps des Pharaons : le style de ceux qui ont été élevés sous les Romains est beaucoup plus obscur, parce qu'il est beaucoup plus recherché. On a pensé depuis l'antiquité que les inscriptions des obélisques renfermaient de grands mystères. Si l'on en

[1] On les fait venir d'Héliopolis, mais sans preuve.

croyait Pline, les deux obélisques qu'Auguste avait fait transporter à Rome auraient contenu l'explication des phénomènes naturels selon la philosophie égyptienne. Ces obélisques existent encore, l'un est sur la place du Peuple, l'autre sur la place de Monte-Citorio, et on peut affirmer qu'ils ne présentent aucun enseignement philosophique ou scientifique. Les obélisques n'ont offert jusqu'ici rien de pareil ; tous sont couverts de formules assez vagues exprimant la majesté, la puissance du Pharaon qui les a élevés, mentionnant les édifices qu'il a fait construire, les ennemis qu'il a vaincus. La traduction des hiéroglyphes qu'on lit encore aujourd'hui sur l'obélisque de la place du Peuple, et qu'Ammien-Marcellin a donnée, d'après Hermapion, offre une idée assez juste de ce genre de dédicace. C'est la seule interprétation raisonnable d'un texte hiéroglyphique que les anciens nous aient transmise. Aussi le père Kircher a eu bien soin de la rejeter pour mettre à la place une métaphysique assez réjouissante de sa façon. On retrouve dans la version d'Hermapion cette accumulation d'épithètes et de formules louangeuses que présentent en effet les inscriptions des obélisques. On comprend, en les lisant, ce qu'étaient les *pyramides* sur lesquelles l'ami de Virgile, Cornelius Gallus, préfet d'Égypte sous Auguste, avait fait graver ses louanges, et l'on s'explique l'origine de cette locution proverbiale, « il est digne de l'obélisque, » en parlant de ceux qui étaient dignes de louanges. D'autre part, quand Melampus, dans la dédicace d'un traité de médecine, prétendait avoir trouvé les propriétés merveilleuses du pouls consignées sur les obélisques, il y a beaucoup à parier que Melampus parlait en charlatan, et que jamais obélisque n'a enseigné à personne la médecine ou la physiologie ; mais en vertu de cette opinion universellement répandue, que *tout était plein de mystères chez les Égyptiens*, comme parle Clément d'Alexandrie, la croyance aux secrets merveilleux sculptés sur les obélisques s'est conservée jusqu'à nos jours. Presque seul, Zoega, par un bon sens qu'on peut appeler précurseur, a rejeté ces prétendues découvertes de mystères profonds, plus ingénieuses que vraies, dit-il, *acutius quam verius*. Dans le grand ouvrage d'Égypte, on trouve aussi quelques heureux pressentiments de la vérité ; puis Saint-Genis retombe sous l'empire des vieux préjugés réchauffés par les folies de Dupuis, et il ne doute pas que les obélisques d'Alexandrie n'aient un objet *astronomique et religieux*. Au lieu de tout cela, il n'y a sur les obélisques d'Alexandrie, aussi bien que sur ceux de Rome ou de Paris, que des inscriptions dans le genre de celles que l'on trouve gravées sur les monuments grecs et latins, désignant et célébrant celui qui les a élevés. Ici les inscriptions sont moins simples, plus longues, plus dans le goût oriental, voilà toute la différence. Le géographe arabe Edrisi donne gravement une traduction de l'inscription hiéroglyphique des aiguilles de Cléopâtre. Selon Edrisi, l'inscription tracée en caractères *syriens* parle d'un roi Jamor, qui a élevé les principaux édifices d'Alexandrie et fait apporter de loin les obélisques. Cette traduction de fantaisie est moins extravagante que celles de Kircher. Son auteur semble avoir eu du moins une notion confuse du genre de faits que rappelaient les hiéroglyphes des obélisques.

Les deux aiguilles de Cléopâtre présentent les noms des mêmes Pharaons, bien que les inscriptions ne soient pas identiques. Sur la bande du milieu, on lit le nom de Thoutmosis III ; sur les deux bandes latérales, le nom de Rhamsès le Grand, dans lequel on s'accorde à reconnaître le Sésostris des Grecs. Il n'est pas rare de voir ainsi les noms de deux Pharaons figurer sur le même obélisque. Un roi élevait le monument et y gravait son nom ; un autre roi venait ensuite graver le sien à côté du premier. C'est toujours dans la bande du milieu qu'est placée l'inscription la plus ancienne. Ici elle se rapporte à Thoutmosis III, dont le règne appartient à la plus florissante époque de l'art égyptien. Jamais les hiéroglyphes ne furent sculptés avec une perfection plus grande. Les altérations que le temps a fait subir aux aiguilles de Cléopâtre ne permettent pas d'apprécier cette perfection aussi bien qu'on peut le faire sur d'autres obélisques du même âge et mieux conservés, par exemple sur le plus grand des obélisques de Rome, celui de Saint-Jean de Latran, qui date aussi de Thoutmosis III. Ceux d'Alexandrie offrent d'assez grands vides qui ne permettent pas de rétablir un sens suivi et complet ; mais il ne peut y avoir de doute sur le sens général.

Je commence par celui qui offre deux côtés intacts. Sans avoir la prétention de rendre raison de chaque signe, on peut affirmer que ce qui domine dans les lignes médianes qui se rapportent à Thoutmosis, et dans les lignes latérales qui concernent Sésostris, ce sont des désignations honorifiques, dont la plupart sont reproduites à satiété sur les monuments du même genre, telles que *souverain de la haute et basse Égypte, aimé de Tmou, dieu grand et des autres dieux, semblable au soleil qui se manifeste sur la montagne solaire*, etc. Cependant quelques passages mériteraient un examen que je ne puis faire ici ; mais je ne saurais passer sous silence une phrase très-importante, parce que cette phrase qui n'a pas été traduite, que je sache, peut éclairer d'un jour nouveau un point encore controversé de l'histoire égyptienne, l'expulsion des peuples pasteurs. On sait que les *pasteurs* étaient des nomades de l'Asie qui vinrent fondre, environ 2300 ans avant notre ère, sur l'empire égyptien, vieux dès lors, comme les Barbares, près de trente siècles plus tard, fondirent sur l'empire romain. On sait qu'ils furent chassés de la basse Égypte après environ cinq cents ans d'une occupation plus ou moins disputée.

Or, je lis sur l'obélisque d'Alexandrie, après le prénom de Thoutmosis III, *illustre pour avoir battu les Hyk*. Le nom égyptien des *pasteurs* était *hyk-sos*. Serait-il possible que *hyk* fût ici une abréviation d'*hyk-sos*? Cette supposition me paraît emprunter une grande vraisemblance à un passage de l'historien égyptien Manéthon, cité par Josèphe, qui nous enseigne le sens du mot *hyk-sos*. Selon Manéthon, *hyk*, qui voulait dire roi, appartenait à la langue sacrée, et *sos*, qui signifiait pasteur, à la langue vulgaire. Le premier est ici représenté par la houlette, signe du pouvoir aux mains des Pharaons, et dont la prononciation *hyk* n'est pas douteuse. Quant au mot *sos*, on conçoit que, n'appartenant pas à l'idiome sacré, il n'ait pu être écrit sur un monument public, dans une inscription qui ne devait admettre que la langue sacerdotale : le remplacement d'un mot par son initiale est un principe dominant de l'écriture hiéroglyphique; il est donc difficile de se refuser à voir ici les *hyk-sos* ou rois pasteurs battus par Thoutmosis III. Si on continue d'admettre encore que les *pasteurs* furent chassés d'Égypte durant le premier règne de la dynastie dont il est le cinquième roi, il faudra supposer une nouvelle irruption des Barbares rentrant en Égypte, sous Thoutmosis III, comme on sait qu'ils y rentrèrent après lui à la fin de la dix-huitième dynastie. Ce serait dans tous les cas une guerre nouvelle, une nouvelle invasion des nomades, ajoutée aux annales de l'ancienne Égypte; mais j'aime mieux placer sous Thoutmosis III l'expulsion des pasteurs, que Manethon dit avoir eu lieu sous un Thoutmosis, qui me paraît être celui-ci[1]. S'il en est ainsi, les hiéroglyphes nous auront appris quel fut le roi qui eut la gloire de délivrer le vieil empire et de commencer le nouveau; de faire ce que n'a fait aucun empereur romain, de repousser pour jamais les envahissements barbares, et de restaurer cette civilisation plus vivace que la civilisation romaine, puisque cinq siècles de conquête n'avaient pu l'étouffer. C'est un assez grand fait dans l'histoire du monde, pour qu'il vaille la peine de savoir le nom de celui qui l'a accompli.

Quant au second obélisque, si les légendes latérales qui se rapportent à Sésostris ne nous apprennent rien de plus sur lui que sur le premier, il n'en est pas de même de la légende médiane, dans laquelle se trouve le nom plus ancien de Thoutmosis III. Elle contient la phrase essentielle de l'inscription, phrase deux fois répétée sur deux côtés du monument :

THOUTMOSIS III (désigné par le prénom qui le distingue) A FAIT ÉLEVER DEUX OBÉLISQUES.

---

[1] Amasis, sous lequel on place ordinairement l'expulsion des pasteurs, paraît bien s'être appelé aussi Thoutmosis ; mais on ne voit pas que son père ait porté le nom de Misphragmuthosis, et c'est un Thoutmosis, fils de Misphragmuthosis, qui a chassé les pasteurs. Or, ce dernier nom est celui du père de Thoutmosis III. Seul, M. Bunsen attribue à ce Pharaon l'expulsion des pasteurs. Je crois que ce passage de l'inscription de l'obélisque d'Alexandrie lui donne raison sur ce point contre ses savants adversaires.

Le sens des six signes qui composent cette courte phrase ne saurait être douteux ; ils se retrouvent sur plusieurs autres obélisques, notamment sur l'obélisque de Paris. Ils apprennent d'une manière certaine sous quel règne ces monuments ont été élevés. Ceux d'Alexandrie remontent à Thoutmosis III, c'est-à-dire au dix-septième siècle avant notre ère ; celui de Paris et son frère de Luxor sont moins anciens d'environ deux siècles ; ils ne remontent qu'à Sésostris. Cette inscription achève, dans les deux cas, de montrer que les obélisques étaient, en général, élevés par couples, comme l'atteste aussi la place où on les a trouvés à Luxor, à Karnac, ici même, et celle qu'on leur a donnée sur la mosaïque de Palestrine, et à Rome devant le temple d'Isis.

Cette courte phrase peut servir à donner au lecteur une idée de la manière dont s'écrivaient et se lisent les hiéroglyphes. Après les signes qui expriment phonétiquement, c'est-à-dire par le son, le mot s-ka-n-f, qui, d'après les analogies du lexique et de la grammaire cophte, veut dire *a fait élever*, sont placés deux obélisques debout côte à côte. Ainsi la première partie de la phrase est écrite pour les oreilles, la dernière pour les yeux. J'ai isolé exprès cette phrase, très-courte et très-simple, pour donner au lecteur le moins exercé une notion claire des procédés de l'écriture hiéroglyphique.

On voit que, grâce à six signes dont le sens est incontestable, et au nom de Thoutmosis qui est connu, on sait avec certitude quand et par qui ont été élevés la première fois les obélisques d'Alexandrie ; quelques autres signes apprennent que celui qui les a élevés a été le libérateur de l'Égypte. En voilà assez, ce me semble, pour montrer, par ce premier exemple, de quelle utilité la lecture des inscriptions hiéroglyphiques peut être pour l'intelligence et l'histoire des monuments de l'Égypte.

Après les obélisques, ma première course fut pour la colonne de Pompée. Le lecteur eût été délivré de toute observation et de toute réflexion de ma part sur ce grand monument, si j'eusse eu la ponctualité d'un Anglais qui, sur son âne, avait galopé à mes côtés de l'auberge aux aiguilles de Cléopâtre, et des aiguilles de Cléopâtre à la colonne de Pompée. Nous étions juste à dix pas du but de notre course quand mon homme tire sa montre, tourne bride, et, montrant le dos à la colonne avant de l'avoir vue, me dit avec un flegme que je n'oublierai jamais : « Il est dix heures, allons déjeuner. »

La première chose qui frappe en approchant du monument, ce sont des noms propres tracés en caractères gigantesques par des voyageurs qui sont venus graver insolemment la mémoire de leur obscurité sur la colonne des siècles. Rien de plus niais que cette manie renouvelée des Grecs qui flétrit les monuments quand elle ne les dégrade pas. Souvent il a fallu des heures de patience pour tracer dans le granit ces majuscules qui le déshonorent. Comment peut-on se donner tant de peine pour apprendre à l'univers qu'un homme parfaitement inconnu a visité un monument, et que cet homme inconnu l'a mutilé?

La *colonne de Pompée* n'a rien à faire avec la mémoire de Pompée. Ici comme partout la tradition a attaché un nom célèbre à un monument épargné par le temps. C'est ainsi qu'à Rome une tour du moyen âge s'est appelée Tour de Néron, et qu'à Athènes un monument choragique s'est appelé Lanterne de Démosthène. En Égypte, il fallait retrouver Pompée. Cependant qui eût élevé une colonne à Pompée? Ses meurtriers ou son vainqueur? L'histoire en parlerait. Elle parle bien des statues qui ornaient son tombeau sur la grève et qu'Adrien y fit replacer. D'ailleurs, Pompée n'est jamais venu à Alexandrie; ce fut sur un autre point de la côte, près de Peluse, qu'il aborda et fut assassiné par les conseillers d'un roi de douze ans, premier mari de Cléopâtre, qui épousa successivement ses deux frères, et qui était alors en guerre avec son jeune époux, toutes circonstances, par parenthèse, assez différentes de la tragédie de Corneille. Il n'y a donc aucun fondement historique à cette dénomination de colonne de Pompée, qui s'est perpétuée jusqu'à nos jours. Salt, le premier, a copié l'inscription grecque gravée sur la base de la colonne, et qui contient une dédicace à Dioclétien. M. de Châteaubriand, qui rapportait en France toute la poésie de l'Orient dans son *Itinéraire*, y trouva une place pour l'inscription d'Alexandrie. Il n'est pas difficile de rendre compte de cette dédicace à Dioclétien ; il était vainqueur, il avait pris Alexandrie d'assaut ; son triomphe fut d'abord cruel, mais le triomphe n'a pas besoin d'être humain pour obtenir des hommages. D'ailleurs, un signe céleste avait obtenu grâce pour la ville incendiée en partie. Les bienfaits suivirent de près les rigueurs ; Dioclétien fit distribuer du grain à la population grecque d'Alexandrie ; de plus, nous savons qu'il introduisit dans l'administration de l'Égypte plusieurs dispositions utiles. L'inscription célèbre le très-saint empereur Dioclétien, et lui donne un titre qui signifie à la fois possesseur et bon génie d'Alexandrie, ce qui montre qu'elle a été gravée après le siège ; elle est donc un monument à la fois de la soumission et de la reconnaissance des Alexandrins. Mais la dédicace à Dioclétien ne tranche point la question de l'origine et de la destination primitive du monument. La colonne dite de Phocas, à Rome, est certainement plus ancienne que Phocas, à qui elle fut dédiée. Il peut en être de même de la colonne d'Alexandrie. Tous les voyageurs sont unanimes pour reconnaître le fût comme antérieur à la base et au chapiteau. La colonne aurait donc été élevée ou relevée sous Dioclétien, mais son origine remonterait plus haut. Cette origine a quelque importance, car il ne s'agit pas d'une colonne ordinaire, mais d'un monolithe qui surpasse de beaucoup en grandeur tous les monolithes connus, sauf la colonne de Saint-Isaac à Pétersbourg. Pour moi, au pied de ce débris unique et grandiose de l'architecture alexandrine, en attachant sur lui mes regards pleins d'étonnement et de curiosité, je m'écriai, comme Byron au forum romain : « Et toi, *colonne* sans nom, qui es-tu ? »

Je vais tenter de répondre à cette question que je me suis adressée.

D'abord la colonne de Pompée n'est pas de Pompée, ainsi que je l'ai dit. Une dénomination que lui ont donnée les Arabes, la colonne *des piliers* (*sevari*, pris pour *Severi*), l'a fait, sans autre motif que cette confusion, attribuer à Sévère ; une inscription reconnue apocryphe l'a fait attribuer à Alexandre. Ces fausses origines écartées, quelle est la véritable ? Cette origine n'est pas égyptienne ; la forme, les proportions du monument ne le sont point. Cette origine est-elle grecque ou romaine ? Voilà la question. M. Letronne n'hésite pas à la croire romaine, et à voir dans la colonne d'Alexandrie un exemple des colonnes triomphales, inconnues aux Grecs, telles que furent à Rome la colonne Trajane et la colonne Antonine. Il faut croire avoir de bien bonnes raisons pour oser se séparer de M. Letronne sur une question qui touche aux antiquités gréco-romaines de l'Égypte ; mais ici ma conviction ne me permet pas de faire autrement. Pour moi, la colonne d'Alexandrie est grecque; elle n'a été élevée ni pour Dioclétien ni pour aucun autre empereur. Elle a été élevée sous un des premiers Ptolémées, en même temps que le Sérapeum, dont elle faisait partie.

Le Sérapeum était un édifice très-considérable, placé dans l'acropole d'Alexandrie, édifice à la fois sacerdotal et littéraire, égyptien et grec, sur lequel j'aurai bientôt occasion de revenir. Il me semble incontestable que c'est du Sérapeum que parlait le rhéteur Aphtonius[1], qui visita Alexandrie au troisième ou quatrième siècle, lorsqu'il disait : « Quand on entre dans la citadelle, on trouve un emplacement borné par quatre côtés égaux. Au milieu est une cour environnée de colonnes, et à cette cour succèdent des portiques. Au dedans des portiques, on a construit des cabinets; les uns, qui servent à renfermer des livres, sont ouverts à ceux qui veulent s'appliquer à l'étude de la philosophie, et offrent à toute la ville un moyen facile d'acquérir la sagesse; les autres ont été consacrés au culte des anciennes divinités... Au milieu de la cour s'élève *une colonne d'une grandeur extraordinaire* et qui sert à faire reconnaître cet emplacement, car, quand on arrive, on ne saurait pas où l'on va si cette colonne ne servait comme de signe

---

[1] C'est l'opinion de M. de Sacy. *Abdallatif*, p. 237.

pour reconnaître les chemins. Elle fait apercevoir la citadelle, tant sur mer que sur terre[1].

Cette description d'un témoin oculaire prouve évidemment, ce me semble, que dans l'intérieur du Sérapeum était une cour entourée de portiques ayant la forme d'un cloître, et qu'au milieu de cette cour s'élevait une colonne d'une grandeur extraordinaire dans laquelle, d'après cette indication même, d'après la situation du monument décrit, il est impossible de ne pas reconnaître la grande colonne qui existe encore aujourd'hui. Or, peut-on admettre qu'une colonne élevée en l'honneur de Dioclétien ou de tout autre empereur ait été après coup transportée par-dessus les bâtiments du Sérapeum et placée au milieu de la cour que les bâtiments entouraient de tous côtés? N'est-il pas plus naturel et, je le dirai, n'est-il pas nécessaire, pour éviter une si grande invraisemblance, d'admettre que la colonne placée au milieu de la cour du Sérapeum a été élevée avec et pour le monument, et a été plus tard dédiée à Dioclétien vainqueur par les habitants de cette demeure? Si la base est plus moderne que le fût de la colonne, il faudra bien admettre qu'une cause quelconque, peut-être un tremblement de terre, semblable à ceux que les auteurs musulmans disent avoir affligé Alexandrie pendant les premiers siècles de l'hégire, aura fait

---

[1] Aphton. Progymnasmata, c. 12.

tomber la colonne, et qu'elle aura été relevée sur une autre base au temps de Dioclétien ; mais il est, dans tous les cas, beaucoup plus facile de redresser une colonne gisante dans une cour que de l'amener dans cette cour, en la faisant passer par-dessus les toits d'un édifice comme le Sérapeum.

Si le voyage d'Aphtonius en Égypte doit être placé, comme le pensait Fabricius, entre Constantin et Julien, cette époque était assez rapprochée de celle de Dioclétien pour qu'Aphtonius eût pu savoir et raconter à quelle occasion se serait fait le gigantesque transport de la plus grande colonne connue. Et pourquoi admettre ce transport? La colonne, dit-on, devait porter une statue impériale comme les colonnes triomphales romaines, et ces colonnes ont toujours été inconnues aux Grecs. Est-il bien sûr cependant que la nôtre portait une statue, et une statue d'empereur? Aphtonius n'en dit rien. Il dit seulement qu'*autour des chapiteaux étaient placés les principes des êtres*, ce qui donne l'idée d'emblèmes mythologiques, et convient très-bien à la colonne centrale du Sérapeum, mais éloigne l'idée d'une statue d'empereur au pied de laquelle on ne voit pas trop ce qu'auraient fait les *principes des êtres*. On ne peut rien conclure d'une statue impériale en porphyre dont les débris ont été trouvés dans le voisinage. M. Letronne a reconnu tout le premier que ses dimensions n'étaient pas assez grandes pour qu'elle ait jamais pu figurer sur le monument. Cependant M. Wilkinson pense que l'on voit au sommet de la colonne l'indice de la présence d'une statue. Avant d'examiner quelle pouvait être cette statue, je dois dire deux mots d'une supposition faite par M. de Sacy.

Abdallatif dit que la colonne était surmontée d'une coupole (*kotba*). M. de Sacy incline à y voir un petit observatoire qui, si mon opinion sur la colonne est vraie, eût été l'observatoire du Sérapeum ; mais je croirais difficilement à cet observatoire, placé sur une colonne de près de cent pieds, au sommet de laquelle on n'a pu monter de nos jours qu'à l'aide de la corde qu'on y a engagée par le moyen d'un cerf-volant ; il aurait fallu en tout cas un appareil d'échelles qui, aussi bien que les instruments, eût frappé Aphtonius. Une explication plus simple est suggérée au voyageur par un spectacle qui s'offre journellement à lui en Égypte. La coupole en question n'était-elle pas un de ces dômes en l'honneur des saints musulmans qu'on voit à chaque pas s'arrondir et blanchir sous les palmiers ? Peut-être la *kotba* du voyageur arabe était tout simplement le monument d'un santon célèbre. Quoi qu'il en soit, si, rejetant, comme je pense qu'on doit le faire, l'hypothèse de l'observatoire mise en avant par M. de Sacy, on persiste à penser que la colonne a dû porter une statue, on peut, avec M. Sharpe, y voir une statue équestre de Dioclétien, ou du moins la statue que nous savons avoir été élevée à son cheval, en reconnaissance d'un faux pas qu'il fit en entrant dans la ville, et où l'empereur vit un signe de la volonté des dieux qui lui ordonnaient de cesser le pillage. Cette statue peut fort bien avoir été placée au sommet d'une colonne grecque; mais il reste toujours cette question : Dans quel but la colonne grecque a-t-elle été érigée avant la statue impériale? Ne serait-ce point pour recevoir à son sommet une statue gigantesque de Sérapis, déjà tombée peut-être au temps d'Aphtonius, après Constantin, et qui, à coup sûr, n'a pu survivre à la destruction du Sérapeum par les chrétiens sous Théodose? Nous savons qu'il y avait une effigie colossale de Sérapis dans le labyrinthe, et de plus que Ptolémée Philadelphe fit placer une statue de ce dieu sur la hauteur de Racotis, c'est-à-dire sur l'éminence où était située l'ancienne ville égyptienne, et où s'élevaient l'acropole de la ville grecque, le Sérapeum qui faisait partie de l'acropole, enfin la colonne qui faisait partie du Sérapeum. D'après une tradition qui s'est conservée chez les Arabes, cette colonne portait une statue gigantesque, étendant la main vers la mer et regardant vers Constantinople. Peut-être au fond de cette tradition était le vague souvenir d'une statue de Sérapis.

Ainsi serait motivée l'érection d'une colonne solitaire sans exemple chez les Grecs. Au reste, peut-on conclure de ce qui s'était fait avant et ailleurs à ce qui pouvait se faire à Alexandrie? En présence de l'art égyptien, l'art grec, excité et comme troublé par une émulation dangereuse, tenta de se surpasser en se dépassant. Le phare, qui ressemblait à une pyramide à plusieurs étages, le Panium, qui paraît avoir été un monument bizarre et sans modèle, montrent quelles étaient les tentatives hardies, originales, démesurées, de l'art dans cette Alexandrie, dont un des architectes était ce Dinocrate, qui avait offert à Alexandre de sculpter le mont Athos et de lui placer dans la main une coupe qui verserait un fleuve. Pour moi, la colonne d'Alexandrie est le résultat le plus mémorable et le plus heureux de cette lutte entre l'art grec et l'art égyptien, dans laquelle le premier essaya de donner à ses types les dimensions colossales dont l'Égypte offrait le modèle. Les pyramides firent construire le phare, et les obélisques firent élever au milieu du Sérapeum la colonne d'Alexandrie.

Dans cette ville, l'Égypte et la Grèce sont, pour ainsi dire, superposées l'une à l'autre. Si l'obélisque qui est encore debout a une base grecque, en revanche la colonne grecque a une base égyptienne. Il paraît qu'un obélisque renversé lui sert de fondement, et, parmi les débris qui supportent le piédestal, deux caractères presque effacés m'ont permis de reconnaître le prénom de Psamétique II, qu'on voyait plus distinctement au temps de Champollion. Ce nom d'un roi de la dynastie saïtique a fait penser que ces débris venaient de Saïs, la grande ville égyptienne la plus proche en remontant le Nil. On peut croire aussi que, sans les aller chercher jusque-là, on les avait empruntés à quelques monuments de l'ancienne Racotis. Bien que n'ayant jamais été considérable que dans les contes arabes, Racotis a pu devoir quelque importance à sa situation littorale, quand la Grèce commença, sous les Psammétiques, à s'ouvrir aux étrangers. Mais qu'était ce Sérapeum? Quel était ce singulier édifice où se trouvaient des cabinets pour l'étude et des chapelles dédiées aux anciens dieux de l'Égypte? Il mérite qu'on s'y arrête un peu.

Et d'abord qu'était ce dieu Sérapis à qui l'édifice était consacré? Quel était ce grand dieu d'Alexandrie, dont le culte semble avoir remplacé presque entièrement celui des anciennes divinités de l'Égypte, Ammon, Phta, Osiris? Sur aucun monument égyptien, on n'a vu encore le nom de Sérapis écrit en hiéroglyphes ni sa figure représentée, tandis que les artistes grecs et romains ont reproduit souvent le type sévère d'un Jupiter Sérapis assez semblable à Pluton. Ce dieu si célèbre, et auquel de si vastes édifices furent consacrés à Memphis et à Alexandrie, a dû tenir une place dans le panthéon égyptien, où on ne le rencontre pas ; singulière énigme mythologique, dont l'explication est, je crois, celle que voici :

Sérapis est une abréviation d'Osor-Apis, Osiris-Apis[1]. En effet, Apis, le taureau noir qui emporte les

---

[1] Plutarque dit positivement, mais sans l'expliquer, que Sérapis était Osiris-Apis. — *De Iside*, 28.

âmes, est le même que l'Osiris funèbre auquel elles sont unies après la mort, et qui est l'époux d'Isis, la vache sacrée. Il y avait des lamentations solennelles pour Apis comme pour Osiris[1]. Osiris et Apis étaient deux personnifications de la même idée mythologique, qui formèrent deux divinités distinctes jusqu'au jour où la fusion alexandrine vint réunir ce qui était un dans son principe, mais que le culte avait toujours distingué. De ces deux noms, fondus en un seul, fut composé le nom nouveau du dieu ancien. Sérapis est donc la dernière forme ou plutôt la dernière dénomination d'Osiris. C'est pour cela que, dans le culte, Sérapis, à Rome comme en Egypte, est constamment associé à Isis ; c'est pour cela qu'on trouve cette inscription : *A Sérapis soleil*, et que sur les médailles Sérapis figure avec les cinq planètes. On sait qu'Osiris était un dieu soleil.

En l'honneur de Sérapis, le dernier né de la religion égyptienne et le dieu favori des sectateurs de cette religion, s'élevait, à Alexandrie comme à Memphis, un singulier édifice, nommé Sérapeum.

Ce qu'on sait du Sérapeum de Memphis jette un jour précieux sur le Sérapeum d'Alexandrie. Les dossiers de différents procès dont les pièces nous ont été conservées sur papyrus, et qu'ont interprétées des hellénistes du premier ordre, MM. Hase et Peyron, nous

---

[1] Papyrus des deux jumelles de Memphis.

fournissent de curieux renseignements sur l'intérieur d'un Sérapeum. On voit qu'il y avait là des reclus et des recluses qui vivaient sous l'autorité d'un prêtre égyptien, supérieur de l'établissement. Ces habitants forcés du Sérapeum étaient voués au culte de diverses divinités, les unes égyptiennes, comme Anubis, les autres syriennes, comme Astarté, ou persanes, comme Mithra. Ainsi le cénobitisme chrétien a été devancé en Égypte, où il est né, par les reclus du Sérapeum, comme la vie solitaire des ermites l'a été par les thérapeutes. Ces cloîtres étaient l'asile du vieux fanatisme égyptien et de la vieille haine pour les races étrangères. Nous possédons une requête d'un Macédonien enfermé dans le Sérapeum de Memphis, et qui se plaint d'être en butte aux persécutions du supérieur, à la brutalité de ses agents, *parce qu'il est Grec*. A Alexandrie, bien que le Sérapeum ait été pareillement le refuge du culte et de l'esprit antiques, il s'est fait une alliance entre cet esprit et l'esprit grec, qui, dans cette ville grecque, pénétrait partout.

La bibliothèque qui succéda à celle qu'avait brûlée César, et qu'on appelait la fille de la première, était dans le Sérapeum. Une partie des livres était probablement placée dans ces cabinets ouverts à toute la ville dont parle Aphthonius. A une époque plus ancienne, si la clôture religieuse exista jamais à Alexandrie comme à Memphis, les livres devaient se trouver dans une portion extérieure de l'édifice ouverte aux profanes, à peu près, j'imagine, comme à Rome, la bibliothèque de la Minerve, qui appartient au couvent des dominicains, est accessible au public. Tertullien indique dans la bibliothèque du Sérapeum un exemplaire de la Bible en hébreu, ce qui montre que les Juifs y étaient admis.

Le Sérapeum s'élevait dans l'acropole, sur cette éminence aujourd'hui moins considérable, avec le temps toutes les hauteurs s'affaissent, mais d'où la vue domine encore la ville et la mer. Là devait être aussi la citadelle de l'ancienne Racotis, antérieure à Alexandrie, poste militaire établi par les Pharaons pour garder la côte et pour surveiller les nomades de l'ouest. C'était, du reste, un magnifique édifice que le Sérapeum d'Alexandrie; on y montait par cent degrés, et Ammien Marcellin le compare au Capitole. De son sommet, comme du point le plus élevé de la ville, Caracalla contempla le massacre qu'il avait ordonné. C'est autour du Sérapeum, au cœur de la vieille Alexandrie, que se heurtaient surtout dans un conflit opiniâtre les deux religions rivales. C'est sur les degrés qui conduisaient au temple que se tenait intrépidement Origène, mêlé aux prêtres égyptiens, distribuant comme eux des palmes à ceux qui se présentaient, et leur disant : « Recevez-les, non pas au nom des idoles, mais au nom du vrai Dieu. » C'est là que, sous Julien, les païens traînaient les chrétiens, pour immoler ceux qui refusaient de sacrifier à Sérapis; c'est là que, sous

Théodose, les chrétiens se précipitèrent en furieux, brisant les portes, renversant les idoles, et remportant sur les murailles et les chapelles abandonnées cette victoire qu'Eunape, le Plutarque des philosophes alexandrins, célébra avec une ironie si amère, que M. Cousin a si bien rendue : « Des hommes qui n'avaient jamais entendu parler de la guerre s'attaquèrent bravement à des pierres, les assiégèrent en règle... et alors, au lieu des dieux de la pensée, on vit des esclaves et des criminels obtenir un culte... Tels étaient les nouveaux dieux de la terre ! »

Le Sérapeum était le palladium de la religion égyptienne et de la philosophie grecque. A l'époque de sa destruction, il représentait l'alliance que toutes deux avaient fini par former contre l'ennemi commun, la religion chrétienne. Dans cette extase prophétique à laquelle aspiraient les philosophes alexandrins, l'un d'eux, Antoninus, fils de la visionnaire Sosipatra, avait prédit la chute du Sérapeum, comme les prophètes de Jérusalem prédisaient la ruine du Saint des Saints. Un oracle sibyllin disait : « O Sérapis, élevé sur ton rocher, tu feras une grande chute dans la trois fois misérable Égypte. »

Ces vers se rapportent sans doute d'une manière générale à l'abolition du culte de Sérapis, mais ils peuvent aussi faire allusion à la chute de cette statue que j'ai supposé avoir existé sur la grande colonne et en avoir été précipitée. Quoi qu'il en soit, la multitude, autorisée par un édit de Théodose et poussée par l'évêque Théophile, démolit avec fureur le Sérapeum, ce dernier refuge des superstitions égyptiennes et de l'école de Platon, ce dernier asile ouvert aux deux adversaires du culte nouveau, le paganisme et la philosophie, cette retraite claustrale et littéraire où il y avait des chapelles de Mithra, d'Astarté, d'Anubis, et une bibliothèque grecque. Le Sérapeum était la forteresse du passé. Le passé, retranché dans l'acropole, au cœur de la vieille Alexandrie, fut expulsé par le christianisme, qui était l'avenir. Sur les ruines du Sérapeum on éleva une église à saint Jean-Baptiste; mais il ne faut pas croire que rien ne survécut du vaste édifice païen. Au cinquième siècle, les magistrats d'Alexandrie s'y réfugièrent pendant une émeute. De ses portiques il restait une forêt de colonnes au temps de Saladin : les Arabes appelaient ces ruines l'école d'Aristote ou la salle de justice de Salomon. Aujourd'hui, pour marquer la place du Sérapeum, de l'acropole, de l'ancienne Racotis, la grande colonne s'élève seule comme le signal d'un vaste naufrage. Mais elle nous a arrêté assez longtemps; disons adieu aux souvenirs de la ville égyptienne. Il reste à étudier la ville hellénique, la ville du musée, de la bibliothèque, la ville des savants, des philosophes, des littérateurs, des pères et des hérésiarques grecs, l'Alexandrie grecque, la véritable Alexandrie.

ALEXANDRIE

CARACTÈRE GREC DE LA VILLE ANCIENNE
LA VILLE MODERNE

---

14 décembre 1844.

Où est l'ancienne Alexandrie? Qu'était-elle par rapport à la nouvelle? C'est toujours une étude intéressante que de suivre l'accroissement graduel d'une ville dont on prend, pour ainsi dire, la mesure à différents âges; mais nulle part peut-être ces transformations, ces vicissitudes topographiques, ne sont plus curieuses à observer qu'ici.

Alexandre, qui venait de détruire Tyr, voulut la remplacer. La côte d'Égypte valait encore mieux pour le commerce que le littoral de la Phénicie. Par la Méditerranée, on tenait toujours à l'Europe; par le Nil et la mer Rouge, on touchait à l'Inde. Un seul point sur toute cette côte offrait un bon mouillage ; Alexandre le choisit avec une sagacité qu'on a mille fois vantée, et qui a fait dire à Napoléon, ce qu'il ne pensait peut-être pas, qu'Alexandre était plus grand par là que par toutes ses batailles.

Le Macédonien réalisa, par la fondation d'Alexandrie, cette union de l'Orient et de l'Occident qui était le rêve de son génie, et que, sous une autre forme, le jour où la mort le surprit, il essayait dans Babylone. D'après une tradition alexandrine, le conquérant vit dans un songe Homère, lui indiquant l'île de Pharos comme l'emplacement le plus convenable pour la ville qu'il voulait fonder. Alexandre obéit au poëte, pour lequel on connaît sa prédilection, et déclara qu'Homère, outre tous ses autres mérites, avait celui d'être un excellent architecte. Une telle légende devait naître dans la ville où Homère, que l'on y disait Égyptien, était considéré comme un dieu, et où Zoïle fut traité comme un impie ; mais on n'avait pas réfléchi que les vers adressés par Homère à Alexandre étaient précisément ces deux vers qui contiennent une erreur géographique assez forte, et placent l'île de Pharos à une journée du continent. On ne voit pas bien comment une île située à cette distance eût pu indiquer la position que devait occuper Alexandrie ; il fallait avoir bien envie de trouver tout dans Homère pour trouver l'indication de l'emplacement de cette ville dans un vers qui montrait combien Homère se faisait une idée fausse de la côte où elle devait s'élever.

Le second fondateur d'Alexandrie fut Ptolémée Soter, le seul grand homme de sa race, et frère, disait-on, d'Alexandre, auquel il affectait de ressembler; il acheva son œuvre. Alexandre avait fait dessiner le plan général de la ville, Ptolémée en éleva les murailles et les temples.

Du nord au sud, la dimension de l'ancienne Alexandrie est déterminée par la configuration naturelle des lieux. Pressée entre la mer et le lac Maréotis sur une langue de terre plus étroite autrefois qu'elle ne l'est aujourd'hui[1], Alexandrie formait un parallélogramme trois fois plus long que large; la longueur, de l'est à l'ouest, égalait à peu près les trois quarts du grand diamètre de Paris[2] dans le même sens, mais le petit diamètre de Paris, du nord au sud, est le triple ou le quadruple de celui d'Alexandrie. Alexandrie devait avoir entre quatre et cinq lieues de tour.

Les anciens comparaient volontiers un pays ou une ville à quelque objet parfois médiocrement semblable : l'Italie à une feuille de lierre, le Péloponèse à une feuille de platane. Ils comparèrent Alexandrie à un manteau macédonien, comme si Alexandre eût jeté le sien sur le sable pour y servir de patron à la cité qu'il

---

[1] Strabon, trad. de M. Letronne, t. V, 357.
[2] Alexandrie avait 5,600 mètres. — Letronne, *Journ. des Savants*, 1828. — Paris en a 7,819. — *Recherches statistiques sur la ville de Paris*, 1821.

voulait créer[1]. Les antiquaires sont parvenus à retrouver, avec un peu de bonne volonté, la configuration primitive de ce manteau. La situation d'Alexandrie, toute métaphore à part, se comprend très-bien. C'était une ville placée entre la mer et un lac, comme Stockholm. A droite et à gauche, la côte était échancrée par deux rades, celle de l'ouest et celle de l'est. Entre les deux, une digue longue de sept stades réunissait la ville à la petite île de Pharos. Cette digue était un pont et un aqueduc. On y avait ménagé deux arches sous lesquelles les vaisseaux pouvaient passer d'un port à l'autre. Le port de l'ouest communiquait avec le lac, qui lui-même était en communication avec le Nil par un canal. On conçoit combien cette disposition était favorable au mouvement du commerce maritime d'Alexandrie. Aussi, dans ses ports les vaisseaux, dit Strabon, se pressaient plus nombreux qu'en aucun lieu du monde.

Alexandrie offrait une régularité symétrique ; il en est ainsi de toutes les villes improvisées qui ne sont pas l'œuvre graduelle et spontanée du temps, mais qui sortent soudainement de terre à la voix d'un homme ou d'un peuple. Ainsi la cité de la Valette, à Malte, fut créée de toute pièce par le grand maître qui lui a donné son nom ; ainsi Berlin fut aligné comme un

---

[1] On trouvait la même forme à la terre habitable telle que les anciens se la représentaient. Le monde ancien tout entier était donc taillé comme le vêtement d'Alexandre.

camp par Frédéric ; ainsi s'élèvent instantanément les villes que décrète chaque jour la démocratie américaine. Alexandrie, qui était une pensée et une volonté d'Alexandre, se dressa à la voix du capitaine, ordonnée et régulière comme la phalange. Deux grandes rues s'y coupaient vers leur centre : la plus longue avait une lieue et demie d'une porte à l'autre, et cent pieds de largeur. Toutes les autres rues, parallèles à ces deux voies principales, faisaient ressembler la ville à un échiquier, ressemblance qui frappait encore Abulféda au quatorzième siècle.

Cette disposition avait de grands avantages. Les rues dirigées du nord au sud étaient rafraîchies par le vent de mer, qui s'y engageait sans obstacle. C'est un rafraîchissement du même genre qu'on cherche à obtenir encore aujourd'hui en Égypte par des ventilateurs dont l'orifice évasé est dirigé vers le nord. Du reste, on ne saurait imaginer de contraste plus parfait que ce parallélisme des rues droites et larges de l'antique Alexandrie avec les sinuosités des rues étroites et obscures de la ville turque qui l'a remplacée.

Rien n'était plus splendide que l'ancienne Alexandrie. Athénée l'appelle plusieurs fois la belle et la dorée ; Philon et Diodore de Sicile la proclament la reine des villes. Nous avons, dans le roman de l'Alexandrin Achilles Tatius, une peinture assez vive de l'impression que devaient faire sur un étranger, encore au quatrième siècle, les merveilles d'Alexandrie. « Après trois journées de navigation, nous arrivâmes à Alexandrie, et, comme j'entrais par la porte dite du Soleil, la beauté de la ville, me frappant comme un éclair, remplit mes regards de volupté. Une suite de colonnes s'étendait en ligne droite des deux côtés de la rue qui va de la porte du Soleil à la porte de la Lune, car ces dieux sont les gardiens des portes de la ville. Au milieu de ces portiques était une place de laquelle partaient des rues en grand nombre. La multitude semblait une foule qui émigre. Puis, m'étant avancé encore de quelques stades, je suis arrivé au lieu qui porte le nom d'Alexandre. Là, j'ai vu une autre ville distinguée par ce genre de beauté, que les colonnes s'offraient obliquement, aussi nombreuses qu'en ligne droite. Distribuant donc mes regards dans toutes les rues, je ne pouvais ni me rassasier de voir, ni suffire à contempler tant de beauté[1]. »

L'utile se trouvait à côté du magnifique : l'eau du Nil était amenée par un canal dans une foule de citernes qui abreuvaient les habitants d'Alexandrie, et dont un assez grand nombre existe encore[2]. C'était près du port de l'est qu'était le beau quartier, le quartier royal sous les Ptolémées, impérial sous les Romains. Le palais avec ses dépendances, parmi lesquelles étaient le musée et la grande bibliothèque,

---

[1] Achilles Tatius, *Erotic.*, l. V, c. 1.
[2] Les chrétiens d'Égypte attribuent ces citernes à un patriarche jacobite du neuvième siècle.

occupait un immense emplacement : la cinquième partie de la ville selon Pline, le quart et même le tiers selon Strabon. On le concevra si on réfléchit que c'était un ensemble d'édifices et de jardins dans le goût oriental, comme la résidence des empereurs mogols à Delhi, ou le sérail des sultans à Constantinople, comme la maison dorée de Néron, qui couvrait tout un quartier de Rome, du Palatin à l'Esquilin, de la villa Mills à Sainte-Marie-Majeure.

Vers le milieu de la ville se voyait le tombeau d'Alexandre. Le corps du conquérant avait été enlevé à Perdiccas par Ptolémée Soter, apporté sur un char colossal que traînaient soixante-quatre mules, et placé dans un cercueil d'or qui fut volé par un indigne Ptolémée. Le corps, mal protégé par le cercueil de verre qui remplaça le cercueil d'or, a disparu lui-même, et a emporté avec lui l'indépendance d'Alexandrie, qu'une prophétie bientôt réalisée attachait à la conservation des restes de son fondateur.

On sait qu'Alexandre est entré dans la tradition orientale. Il n'a pas été plus oublié en Égypte que dans la Perse et dans l'Inde, où le souvenir d'Iskander est populaire encore aujourd'hui. Les Arabes d'Alexandrie montraient, au quinzième siècle, le tombeau du grand prophète Iskander; mais rien ne prouve que ce fût la véritable sépulture du fils de Philippe. Une légende arabe, rapportée par Édrisi, plaçait le tombeau d'Alexandre dans une île lointaine, aux extrémités de l'Occident, au milieu d'une mer ténébreuse. Il est remarquable que l'imagination des peuples ait rêvé pour le tombeau d'Alexandre ce que la destinée a fait pour le tombeau de Napoléon. L'histoire, cette fois, avait égalé en poésie la légende, et, chose étrange, cette poésie que la fantaisie orientale avait créée pour son héros, nous en avons dépouillé le nôtre.

En avançant de l'est à l'ouest, on marchait de la ville grecque vers la ville égyptienne. On trouvait l'éminence où la colonne marque encore l'assiette de l'acropole, du Sérapeum et de l'ancienne Alexandrie, nommée Racotis; enfin, tout à fait à l'occident, la ville des morts, la nécropole. Les Égyptiens avaient toujours une ville des morts à côté de la ville des vivants, et toujours elle était située à l'ouest, comme ici. Cette habitude tenait à leurs croyances. Ils plaçaient dans la région où le soleil se couche la demeure des âmes, et ils exprimaient par le même hiéroglyphe et par le même mot, *amenti*, cette demeure mystique et la région du couchant. A l'ouest d'Alexandrie était le faubourg où Strabon vit les sépultures et les maisons pour l'embaumement des morts. Ce quartier correspondait au Mnémonium de Thèbes, qui renfermait le même genre de bâtiments, et qui était situé aussi à l'ouest de la ville, sur le bord occidental du fleuve. A Alexandrie, ce lieu s'est appelé longtemps le lieu des sépulcres. Les chrétiens continuèrent à y enterrer leurs morts, et saint Pierre, patriarche d'Alexandrie, s'y bâtit un mausolée. Encore aujourd'hui on montre, à l'*ouest* de la ville, les catacombes, vestiges de l'antique nécropole. Le style grec y règne, mais légèrement modifié par les influences égyptiennes.

Alexandrie offre un des plus curieux exemples des déplacements qu'amène la décadence des villes. Rome presque tout entière est descendue de ses sept collines dans le champ de Mars, Syracuse s'est renfermée dans l'île d'Ortygie, Agrigente s'est retranchée dans son acropole. Alexandrie a eu un sort plus singulier ; elle s'est réfugiée sur l'Heptastade, cette chaussée qui l'unissait à l'île de Pharos, et qui a été élargie considérablement par les sables et les débris accumulés à sa base. C'est un peu comme si Cherbourg se transportait un jour sur sa jetée.

La ville d'Alexandrie, de tout temps étroite pour sa longueur, a été se resserrant toujours. Le manteau d'Alexandre décroissait rapidement sous le tranchant du sabre de Mahomet, la ville arabe ne formait que le tiers de la ville antique ; enfin on a taillé dans le manteau rogné par le ciseau des siècles un dernier lambeau, et ce lambeau, c'est la ville turque, l'Alexandrie de nos jours. La population d'Alexandrie a varié avec son étendue. Au temps de Diodore de Sicile, elle comptait 300,000 personnes libres[1], ce qui, en sup-

---

[1] Livre XVII, LII.

posant pour Alexandrie comme pour Athènes un nombre égal d'esclaves, fait 600,000 individus[1]. C'est à peu près la population de Paris au commencement de ce siècle[2]. Les Juifs occupaient deux des cinq quartiers dans lesquels la ville était divisée. La population d'Alexandrie diminua assez rapidement ; elle avait déjà décru sensiblement sous Galba[3]. Baissant toujours de siècle en siècle, le chiffre était tombé à 6,000 âmes[4], c'est-à-dire avait été réduit à un centième. Il s'est relevé aujourd'hui à 60,000, ce qui est le décuple du chiffre antérieur et le dixième du chiffre ancien. C'est Méhémet-Ali qui a ainsi accru la population d'Alexandrie, en rouvrant par un canal la communication de la ville avec le fleuve. Il faut se hâter de célébrer ce bienfait ; j'aurai, dit-on, peu d'occasions de renouveler ce genre d'éloges.

Alexandrie était une ville commerciale et industrielle, une ville occupée et laborieuse comme nos cités modernes. « C'est une cité opulente, dit Vopiscus, où personne ne vit dans l'oisiveté. » Ses verreries étaient célèbres, ses tapisseries brodées l'emportaient sur les tapis de Babylone. Au milieu de la ville

---

[1] A Athènes, la population esclave de tout âge et des deux sexes était à peu près égale à la population totale des individus libres. — Letronne, *Mémoires de l'Institut*, VI, 199.

[2] Dans les sept premières années du siècle, la population de Paris était de 547,556. En 1842, elle avait atteint le chiffre de 912,033. — Horace Say, *Études sur l'administration de la ville de Paris*.

[3] Sharpe, *Egypt under the Romans*, p. 45.

[4] Savary, *Lettres sur l'Égypte*, lettre IV.

était un lieu appelé *la rue* ou *le quartier des riches*, où l'on vendait, dit Athénée, tout ce qui appartient au luxe le plus varié. C'était une espèce de bazar certainement beaucoup mieux fourni que le bazar actuel d'Alexandrie. Cette activité industrielle et commerciale était dans le caractère grec plus que dans le caractère égyptien ; c'est que les Alexandrins étaient beaucoup moins Égyptiens que Grecs, leurs défauts mêmes le prouvent.

C'était un peuple léger, moqueur, faisant sans cesse contre ceux qui gouvernaient des satires ou des chansons ; les Alexandrins donnèrent des noms grotesques à la plupart des Ptolémées ; ils raillèrent Vespasien, qui, railleur lui-même, entendait la plaisanterie ; ils raillèrent Caracalla, qui s'en vengea par un épouvantable massacre. Soldats médiocres, ils excellaient aux combats de coqs et aux chants de table. Mobiles, indisciplinés, toujours prêts aux tumultes et aux révoltes, agités par les passions de l'école et de l'hippodrome, les Alexandrins offraient un singulier mélange de la vivacité athénienne et de la turbulence byzantine. Leur caractère était le caractère grec, avec une teinte du tempérament sombre et colérique de la race égyptienne. Le grec était, à Alexandrie, la langue des tribunaux, on le voit par les papyrus, et la langue officielle, on le voit par les inscriptions. Le grec paraît seul sur les médailles jusqu'à Dioclétien. Philon, citant des mots grecs usités à Alexandrie, dit qu'ils appartiennent à la langue *indigène*. Les fêtes et le culte public étaient grecs, comme le prouvent la description des fêtes d'Adonis dans *les Syracusaines* de Théocrite et la pompe solennelle, sous Ptolémée Philadelphe, décrite avec tant de détail par Athénée, vraie procession bachique dans laquelle figurent Dionysos, Sémélé, les Silènes, et où ne paraît aucune divinité égyptienne; dans laquelle, trait caractéristique, sont représentées les *quatre* saisons de l'année grecque, tandis que l'année égyptienne n'en comptait que *trois*.

En somme, Alexandrie fut très-grecque, assez juive, peu romaine et presque point égyptienne. On a un vif sentiment de cette vérité dans cette ville, où il ne reste debout qu'une colonne, selon moi, grecque, et deux obélisques venus d'ailleurs et reposant sur une base grecque; dans cette ville tournée vers la Grèce, qui regarde Athènes et Byzance, qui est à quelques jours de mer seulement du Péloponèse, de la Sicile, de la Grande-Grèce, et qui, voisine de la côte où fut Cyrène, chantée par Pindare, voit presque à son horizon la Crète, berceau de Jupiter. Ce que je viens de dire du caractère de la population, je le dirai de plusieurs institutions célèbres, du musée, de la bibliothèque; je le dirai de la philosophie, des lettres, des sciences, des arts, du christianisme, des hérésies: tout cela était à Alexandrie presque purement grec, et beaucoup moins égyptien ou oriental qu'on ne l'a cru souvent.

Je commencerai par le musée. On connaît cette institution singulière, qui donna le premier modèle des académies. C'était plus qu'une académie; les savants du musée ne se réunissaient pas seulement pour des séances. S'asseyant à la même table, vivant d'une vie commune dans une magnifique demeure, ils pouvaient, délivrés de tous les soucis de la vie, se consacrer sans partage à la culture des lettres. Cette institution était grecque d'origine. Démétrius de Phalère, disciple d'Aristote, importa dans Alexandrie un musée à l'imitation de ceux de Platon et de Théophraste. Seulement, sous un roi, le musée fut moins libre que sous une république. Les satiriques du temps purent le comparer à une cage remplie d'oiseaux rares; cependant il y était resté assez de l'esprit démocratique athénien pour qu'un philosophe du musée pût dire à un empereur que la république seule était raisonnable et que la monarchie était un gouvernement contre nature. Peut-être le spectacle de la réclusion du Sérapeum donna-t-il l'idée d'une résidence qui, dans le musée, fut toujours une faveur et jamais une contrainte; c'est tout ce qu'on peut accorder aux influences égyptiennes. Je ne saurais aller plus loin, je ne saurais admettre, avec l'auteur d'un travail approfondi sur l'école d'Alexandrie, M. Matter, qu'une pensée de fusion entre les sciences de la Grèce et l'*organisation des écoles sacerdotales de l'Egypte*[1] ait présidé à la fon-

---
[1] Matter, *Hist. de l'École d'Alexandrie*, 2e édit., t. 1, p. 42.

dation du musée. Je ne saurais admettre, avec M. Wilkinson[1], qu'il y ait eu aucun rapport entre le musée d'Alexandrie et les collèges sacrés d'Héliopolis, ni que le premier ait jamais été l'asile de cette *sagesse égyptienne* dont on retrouve les traces partout, excepté sur les monuments. Le musée était une institution grecque comme son nom; ses chefs furent des littérateurs grecs; leurs travaux eurent pour objet les lettres et la philologie grecques : son organisation n'offrit jamais rien d'égyptien ou de sacerdotal. Mais le musée, dit-on, était placé sous la direction d'un prêtre, et c'est là ce qui en faisait une institution analogue aux écoles de l'Égypte. Au premier coup d'œil, cette circonstance peut paraître décisive; si on y regarde de plus près, l'on verra que ce prêtre supérieur du musée était toujours grec sous les rois grecs, toujours romain sous les empereurs romains. Il y a plus, de quelle divinité était-il le desservant? Était-ce d'Ammon, de Thot ou d'Osiris? Non, c'était, comme l'a montré M. Letronne, des dieux Ptolémées. Peut-on voir dans le prêtre d'un tel culte autre chose qu'un employé revêtu d'un caractère officiel et préposé à la police du lieu? La présidence de ce fonctionnaire n'entraînait en aucune sorte l'influence de la vieille religion et du vieux sacerdoce de l'Égypte sur l'organisation du musée. En effet, le musée demeura fidèle à son origine et

---

[1] *Modern Egypt and Thebes*, t. I, 133-134.

à son nom, et les muses athéniennes y gardèrent leur empire jusqu'à la fin [1].

C'est encore une pensée de *transaction* entre l'Égypte et la Grèce que M. Matter prête au fondateur de la grande bibliothèque d'Alexandrie. Il s'agissait, suivant cet auteur, d'une collection qui renfermât tous les *monuments du génie humain, qui rapprochât les codes de l'Égypte et de la Judée*, etc. Ces expressions, plus pompeuses que précises, semblent vouloir dire que les Ptolémées avaient conçu le dessein de réunir dans leur bibliothèque, aux chefs-d'œuvre de la littérature grecque, les produits de la littérature égyptienne et des littératures étrangères. Je dois dire que M. Matter rejette les exagérations des écrivains ecclésiastiques, d'après lesquels l'attention de Ptolémée Philadelphe aurait été attirée sur les écrits importants que possédaient les Éthiopiens, les Indiens, les Perses, les Babyloniens, les Assyriens, les Chaldéens, les Phéniciens, les Syriens, etc. C'est toujours la même illusion sur Alexandrie, que, dès l'origine, on a voulu faire plus égyptienne et plus orientale qu'elle ne le fut jamais. Pour moi, je crois qu'une bibliothèque à la tête de laquelle furent placés Zénodote et Lycophron contenait peu de papyrus hiéroglyphiques ou hiératiques, et je n'imagine pas que de tels écrits aient figuré en grand

---

[1] Le musée existait encore sous Théodose. Théon, le père de la célèbre et malheureuse Hypatie, était membre du musée. — Fabr., *Bibl. gr.*, IX, 169.

nombre dans le catalogue de Callimaque. Je ne crois pas non plus qu'on y rencontrât beaucoup de manuscrits indiens ou persans, beaucoup d'exemplaires du *Râmâyana* sanscrit ou de l'*Yaçna* de Zoroastre [1]. Entre les livres sacrés de l'Orient, les livres des Juifs s'y trouvaient seuls, non comme un code rapproché par les Ptolémées des *codes égyptiens*, dont l'existence est au moins douteuse, mais parce qu'il y avait cent mille Juifs à Alexandrie.

Si l'on en croyait certains documents récemment publiés [2], les bibliothèques d'Alexandrie auraient contenu des ouvrages traduits de tous les idiomes du monde en grec; mais je doute de ce fait, que rien ne prouve. Les Alexandrins, en leur qualité de Grecs, estimaient peu et connaissaient encore moins les langues et les littératures étrangères. On peut donc affirmer que les trésors littéraires d'Alexandrie étaient surtout grecs. S'il s'y trouvait quelque chose d'oriental et d'égyptien, ce n'était pas dans la grande bibliothèque du palais qu'il eût fallu le chercher, mais dans la bibliothèque du Sérapeum. Là, comme je l'ai

---

[1] Les oracles de Zoroastre sont cités parmi les livres orientaux qui se trouvaient dans la bibliothèque d'Alexandrie; mais cet ouvrage n'appartenait pas plus à Zoroastre qu'à Orphée les hymnes orphiques ou à Pythagore les vers dorés. Nous savons, grâce à Anquetil et surtout à M. Burnouf, que les livres de Zoroastre contiennent un rituel et non des oracles.

[2] Un fragment grec donné par M. Cramer dans les *Anecdota*, et une cholie latine écrite au seizième siècle, publiée en partie par M. Osann.

dit, se conservait un reste de la vieille vie égyptienne ; là s'étaient glissés peut-être aussi, avec les superstitions orientales, quelques-uns des livres de l'Orient. C'est dans cette bibliothèque du Sérapeum que Tertullien indique un texte hébreu de la Bible ; encore faut-il se rappeler que l'hébreu était une langue vivante à Alexandrie.

Puisque j'ai fait mention de deux bibliothèques, je suis conduit à dire quelques mots du fameux incendie attribué à Omar. Tout le monde connaît le récit qui a fait du nom d'Omar le symbole du fanatisme et de la barbarie. Après avoir subi, pendant des siècles, l'injure de cette renommée proverbiale, Omar a été déclaré presque innocent de l'incendie des livres d'Alexandrie ; on lui a, du moins, découvert des complices qui l'ont devancé, et ont fait beaucoup plus de mal que lui. Ces complices sont illustres, et ne sont point des ennemis farouches de la civilisation ; ils s'appellent César et le christianisme.

César est le premier coupable, coupable involontaire, il est vrai ; ce fut lui qui, assiégé par les Alexandrins dans le quartier du palais où était la grande bibliothèque, y mit le feu en voulant incendier la flotte égyptienne et les maisons occupées par l'ennemi. C'est ce qui a fait dire trop légèrement à quelques-uns qu'après César, Omar n'avait rien trouvé à brûler : mais ceci n'est point exact. On connaît l'existence de plusieurs collections qui se formèrent pour remplacer la première ; on sait qu'Antoine fit don à Cléopâtre de la bibliothèque de Pergame, rivale de la bibliothèque d'Alexandrie, et qui se composait de deux cent mille volumes. Ces deux cent mille volumes paraissent avoir été déposés au Sérapeum, dans cette bibliothèque, fille, comme on disait, de la collection mère, et qui contint jusqu'à sept cent mille volumes ; mais cette seconde bibliothèque devait elle-même périr par d'autres mains que les mains musulmanes. Déjà atteinte deux fois par les flammes sous Marc Aurèle et sous Commode, il est difficile qu'elle ait survécu à l'assaut que les chrétiens donnèrent, sous Théodose, au Sérapeum. Les livres entassés dans cet édifice durent être, au moins en grande partie, détruits par le zèle, armé ce jour-là contre tous les souvenirs du paganisme. Voilà donc les deux grandes collections de livres à peu près détruites, dispersées du moins, avant l'arrivée d'Omar. Malgré ces faits incontestables, M. Matter déclare solennellement que *l'existence et l'incendie d'une bibliothèque à Alexandrie, au temps d'Omar, est un fait à rétablir dans l'histoire.* Il est permis de voir dans ces paroles une protestation contre une opinion que le dix-huitième siècle avait émise avec trop de complaisance. Gibbon et d'autres écrivains du même temps peuvent avoir éprouvé quelque joie en voyant l'acte de barbarie le plus célèbre de l'histoire transporté des musulmans aux chrétiens, d'un calife à un évêque. Sans partager le moins du monde un tel sentiment, on est en droit de se refuser à cette réaction qui porte M. Matter à combattre aujourd'hui Gibbon *à la suite d'écrivains animés*, dit-il, *d'un autre esprit*. En accordant à M. Matter qu'il y a eu encore des livres à Alexandrie après la destruction du Sérapeum, puisqu'il y avait des littérateurs et des philosophes, on n'en peut pas moins maintenir, comme *acquis à l'histoire*, ce fait, que les deux grandes collections avaient été détruites avant l'arrivée d'Omar, l'une par César, l'autre par les chrétiens, et qu'un grand incendie, comme celui dont la tradition accuse le calife arabe, était devenu impossible. A chacun ses œuvres; que l'histoire soit juste pour tous, même pour Omar. Point de fanatisme même contre le fanatisme : la philosophie a eu le sien dans le siècle dernier ; il semble que la gloire du nôtre devrait être de n'en connaître aucun.

Quant à la littérature alexandrine, elle fut purement grecque : tour à tour reproduction érudite et critique minutieuse des grands écrivains de la Grèce, elle ne sort pas de ce cercle. Le goût qui lui est propre et qui la caractérise n'a rien d'oriental, sauf l'enflure d'un Lycophron ou d'un Claudien [1], défaut que le mauvais goût de la décadence explique suffisamment. Du reste, les genres où cette littérature excelle, l'épigramme, l'idylle, l'élégie, sont purement grecs. On

[1] Claudien, né à Alexandrie, écrivit d'abord en grec. On doit le compter parmi les poëtes alexandrins.

récitait sur le théâtre d'Alexandrie les narrations d'Hérodote et les chants d'Homère. La littérature alexandrine se rattache à Homère par ses poëtes et par ses critiques. Les uns le continuent à leur manière, comme Coluthus et Triphiodore ; les *homériques* font des centons ou des parodies du poëte dont ils portent officiellement le nom. Il en est qui écrivent l'*Odyssée* sans employer la lettre *s*, d'autres retranchent de chaque chant de l'*Iliade* une des vingt-quatre lettres de l'alphabet. La grande affaire des plus sérieux est de reviser le texte d'Homère ; les rois mêmes se livrent à ce travail[1]. Aristarque est le vrai représentant de cette littérature, qui s'appelle elle-même philologie. Dans tout cela, rien d'égyptien. L'*Ibis* de Callimaque n'était pas un chant sur l'oiseau sacré, mais une satire dans laquelle il persiflait ses rivaux. Il a fallu toute la crédulité irréligieuse de Dupuis pour s'imaginer avoir retrouvé dans les *Dionysiaques* de Nonnus les débris d'un poëme sacré sur les calendriers composé 1600 ans avant Homère. Nonnus n'a rien emprunté aux sanctuaires de l'Égypte ; mais, en véritable Alexandrin, écrivant dans une ville où l'astronomie, cultivée avec éclat par les savants, était à la mode parmi les lettrés, où les sept principaux poëtes formaient une *pléiade*, où les beaux esprits métamor-

---

[1]. Ptolémée Physcon, appelé aussi le Philologue. Voyez *Aristarque*, par M. Egger, dans la *Revue des Deux Mondes* du 1ᵉʳ février 1846.

phosaient en constellation la chevelure de la reine Bérénice, Nonnus, par une prétention à la science toute pédantesque et toute moderne, introduisit l'astronomie dans la mythologie. Quant à sa prétendue imitation d'un ancien poëme égyptien, il est très-douteux que des poëmes, au moins d'une certaine étendue, aient existé dans l'ancienne Égypte. Dion Chrysostome dit que les Égyptiens n'avaient pas de vers. L'assertion est probablement trop absolue, car les monuments représentent des prêtres qui chantent en s'accompagnant sur une sorte de harpe qu'on a retrouvée dans les tombeaux, et Champollion a lu une chanson destinée à accompagner le travail des bœufs foulant le grain. Toutefois il y a loin de quelques chants religieux ou populaires à de vastes compositions telles que celles qu'aurait connues et imitées Nonnus. Rien de pareil à ces grands poëmes ne s'est montré jusqu'ici ni sur les murs des temples ni sur les papyrus couverts d'hiéroglyphes. L'inscription et le rituel avec d'immenses développements paraissent avoir remplacé, chez ce peuple monumental et sacerdotal, ce qui, chez d'autres peuples, a été l'épopée héroïque ou religieuse.

La littérature alexandrine n'appartient donc pas à un pays, mais à une époque. Parmi les hommes qui l'honorent le plus, on compte un grand nombre d'étrangers : le Sicilien Théocrite, Philétas de Cos, Hermesianax de Colophon ; quelques-uns même ne vinrent jamais à Alexandrie, Euphorion, par exemple, qui, né à Chalcis, vécut à Séleucie et mourut à Antioche. Euphorion n'en est pas moins classé avec les poëtes alexandrins, avec Rianthus et Parthenius, que Tibère lui associait dans ses prédilections littéraires et ses imitations poétiques. La littérature alexandrine n'a donc rien d'égyptien, et l'on y sent à peine la proximité de l'Orient; mais elle a le caractère de son âge, elle a les défauts des littératures surannées. Vieille, coquette et pédante, elle remplace la simplicité par la recherche, l'inspiration par la science, le génie de l'art par la théorie de l'art.

Ingenio quamvis non valet, arte valet :

ce qu'Ovide a dit durement de Callimaque, je le dis d'elle peut-être un peu durement aussi.

Comme il arrive dans les littératures qui dégénèrent, la recherche n'exclut pas la négligence. Plotin, nous dit Porphyre, ne relisait jamais ce qu'il écrivait. Quelle différence entre cette improvisation sans art et le travail exquis, l'atticisme habile du style de Platon! La fécondité démesurée est aussi un signe de décadence, nous ne le savons que trop. Callimaque avait écrit huit cents ouvrages, et Didyme *aux entrailles de fer* six mille volumes. C'est à désespérer nos *facilités* contemporaines.

La rhétorique, dont l'heure est venue, triomphe

dans Alexandrie; on l'y retrouve partout, à tel point que ce sera un rhéteur grec, Théodote, qui présentera à César la tête de Pompée. Or, quoi de plus grec que la rhétorique, quoi de moins égyptien? Ainsi, plus je considère la littérature alexandrine et plus j'y vois le signe de l'âge, non l'empreinte du sol. Alexandrie, ce n'est pas pour cette littérature une patrie, c'est une date. Tout au plus le pays funèbre par excellence, le pays où l'image de la mort était partout présente, jusque dans les festins, pouvait-il agir sur l'imagination des poëtes, en inspirant à Chérémon des vers à la louange de la mort, dont se moquait Martial.

L'art alexandrin dut subir plus que la littérature l'influence de l'Égypte. La littérature égyptienne, si on peut lui donner ce nom, était enveloppée des mystères de son écriture. L'art parlait aux yeux un langage que tout le monde pouvait comprendre et répéter.

L'architecture grecque, j'ai déjà eu l'occasion d'en faire la remarque, émule et comme jalouse des dimensions colossales de l'architecture égyptienne, éleva le phare et la colonne d'Alexandrie. Le char immense et si singulièrement orné qui apporta dans cette ville le corps d'Alexandre offrait lui-même, dans sa décoration extraordinaire, un caprice grandiose de l'architecture orientale. Quel que soit le fait véritable qui ait servi de fond au récit merveilleux d'une statue d'Arsinoé soutenue par des aimants, il faut voir là quelque tentative bizarre à laquelle le désir du nouveau, du prodigieux, poussait la sculpture hellénique en présence des merveilles étranges de la sculpture indigène. Quant à la peinture, si les hiérogrammates égyptiens tracèrent sous les Ptolémées, à Alexandrie comme partout ailleurs, sur les murs des temples[1], des tableaux composés d'hiéroglyphes et de figures selon la tradition, ces images étaient trop semblables aux essais déjà anciens de la peinture grecque, alors si perfectionnée, pour qu'elle fût tentée de revenir à son point de départ par l'imitation d'un style analogue à celui de ses commencements, qu'il avait peut-être inspirés. La peinture hiératique resta dans les temples ; mais les Ptolémées, qui continuaient sans doute à s'y faire représenter, comme dans toute l'Égypte, en adoration devant Ammon ou Osiris, s'entourèrent de peintres grecs. On ne voit pas que Ptolémée Soter ait eu des artistes égyptiens à sa cour ; cependant il y fit venir Apelles, que lui avait légué Alexandre. Ce fut pendant son séjour auprès du roi d'Égypte qu'Apelles se servit de son art pour dénoncer et punir ses calomniateurs. Ce fut à Alexandrie qu'il composa ce tableau allégorique de la Calomnie traînant sa victime aux pieds de l'Ignorance, et sui-

---

[1] On n'en a trouvé aucune trace; mais on sait que des hiéroglyphes, entre autres le *signe de la vie*, étaient tracés sur les murs intérieurs du Sérapeum.

vie par le Repentir, que Raphaël a restitué, d'après la description des anciens, dans un dessin qui est au Louvre.

Ptolémée Philadelphe, non moins ami de la peinture grecque, obtenait pour ses galeries, par un traité avec Aratus, plusieurs chefs-d'œuvre de l'école de Sicyone, l'une des plus anciennes et des plus célèbres de la Grèce. L'Hyacinthe de Nicias, célébré par Martial, fut rapporté d'Alexandrie par Auguste. Les chefs-d'œuvre de la peinture et de la sculpture grecques étaient donc recueillis avec soin dans cette ville, qui, comme l'a dit Saint-Martin, ne fut pas une ville égyptienne, mais une ville grecque en Égypte.

C'est surtout en ce qui concerne les sciences et la philosophie d'Alexandrie que l'influence de ces mystérieuses connaissances, de ces profondes doctrines qu'on prêtait à l'Égypte, a été exagérée outre mesure. En combattant les exagérations systématiques et traditionnelles qui, mises en avant de très-bonne heure et répétées de siècle en siècle, sont arrivées à cet état de lieu commun qui est la consécration du préjugé, en les combattant, dis-je, je ne suis point suspect de prévention contre l'Égypte ; on ne pourra du moins me reprocher de céder à cette manie si commune, qui fait enfler à un auteur l'importance d'un sujet favori. C'est au nom des hiéroglyphes et des monuments que l'on commence à comprendre que je viens protester contre un égyptianisme immodéré. On ne le pouvait jusqu'ici. On accordait trop sur quelques points à l'Égypte, parce qu'on la connaissait très-peu ; maintenant on sait assez ce qu'elle fut pour savoir ce qu'elle ne fut pas. C'est le moment de lui donner sa véritable place dans l'histoire de l'humanité, et certes cette place restera grande. Il suffit à la vieille Égypte de sa religion, de ses arts, de ses institutions, de toute sa civilisation si antique et si curieuse, encore écrite sur ses monuments, sans lui attribuer les sciences et la philosophie alexandrines, qui sont éminemment et presque exclusivement grecques, comme Alexandrie elle-même. Cette conviction saisit vivement ici, dans cette ville isolée du reste de l'Égypte, à laquelle elle ne tient qu'artificiellement, tandis qu'elle est tournée vers la Grèce et semble l'appeler. Les faits, comme on va voir, confirment pleinement cette impression produite par les lieux.

Ce serait une insigne gloire pour les anciennes doctrines égyptiennes d'avoir inspiré le savoir alexandrin, car il est aujourd'hui reconnu que les sciences, dans le sens moderne du mot, c'est-à-dire les sciences d'observation et d'expérience, ne datent que d'Alexandrie. Les connaissances géographiques, mathématiques, astronomiques, médicales, y ont fait des progrès jusqu'alors inconnus. Une impulsion nouvelle leur a été donnée dans cette ville, qui, par son esprit industriel, commercial, érudit, éclectique, est presque une ville moderne, une ville du seizième siècle et un peu du dix-neuvième. Dans l'ignorance où l'on était de ce qui fit le fond de la société égyptienne, sous l'empire d'opinions erronées transmises par les anciens et contemporaines de l'erreur qu'elles perpétuaient, il était naturel d'accorder à l'Égypte une grande part dans les connaissances et les idées alexandrines. Ce que l'étude des monuments, interprétés à l'aide des découvertes de Champollion, nous permet d'affirmer sur l'ancienne civilisation de l'Égypte, suffit pour montrer qu'elle fut presque entièrement étrangère à ces connaissances, et n'eut point ces idées qu'on a voulu faire remonter jusqu'à elle. Le développement alexandrin doit être considéré désormais comme un produit natif du génie grec, excité tout au plus par l'idée vague d'une doctrine mystérieuse, et éclairé par quelques rayons d'une science qu'en restreignant beaucoup il ne faut pas nier tout à fait.

Les connaissances mathématiques et astronomiques qui ont tant illustré Alexandrie ne sont point, quoi qu'on ait prétendu, un héritage qu'elle ait reçu des sanctuaires de l'Égypte. Les anciens ont proclamé les Égyptiens inventeurs de la géométrie, parce que les inondations du Nil rendaient nécessaire une mesure des propriétés exacte et souvent renouvelée ; mais cette géométrie, bornée aux procédés pratiques de l'arpentage, n'a rien de commun avec la science cultivée dans les écoles de la Grèce et de l'Italie. On ne voit pas qu'elle ait conduit les Égyptiens à une découverte comme celle du carré de l'hypoténuse. On n'a rien trouvé, parmi les nombreuses représentations dont les monuments sont couverts, qui ressemble à une figure de géométrie. Si un de ces prêtres dont nous lisons les noms écrits dans leurs tombeaux, eût été géomètre, n'aurait-il pas laissé sur les murs de ces tombeaux, où l'on peint d'ordinaire les occupations du mort pendant sa vie, quelque image de ses études, quelque signe de ses découvertes, comme Archimède avait fait graver le rapport du cylindre à la sphère sur son monument, que Cicéron vit encore à Syracuse? Il n'y a pas plus de trace de l'algèbre des Égyptiens que de leur géométrie, et, jusqu'à ce qu'on en ait trouvé quelqu'une, il faut laisser à Diophante l'honneur de ses théorèmes, et reconnaître que dans l'algèbre, sauf le nom qui est arabe, tout ce qui n'est pas d'origine grecque, est d'origine indienne.

Quant à la géographie, dont Ptolémée fut le père, il n'est pas probable que les Alexandrins aient dû beaucoup sur ce point aux enseignements de l'Égypte. Les anciens Égyptiens ne paraissent pas avoir eu moins de mépris que les Chinois pour le reste du genre humain. De même que ceux-ci n'ont qu'une expression pour désigner leur empire et le monde entier, les Égyptiens se servaient aussi d'un même signe, *les deux régions*, pour exprimer et les deux parties de l'Égypte et les deux zones dont se compose l'univers.

Dans un curieux tableau où sont représentées plusieurs races pour eux barbares, et où les hommes aux yeux bleus, nos ancêtres, ont l'honneur d'être associés aux nègres, les Égyptiens sont distingués par l'appellation homme, *romi*. *Homme* et *Égyptien* étaient donc synonymes. Avec une telle manière de voir, on s'intéresse médiocrement aux peuples étrangers, et on n'est pas très-disposé aux recherches géographiques.

Cependant les rapports que le commerce et la guerre établirent entre les anciens Égyptiens et différents peuples asiatiques, rapports qui nous sont attestés par les monuments, ont dû leur apprendre quelque chose de ces peuples. Jusqu'où a été la connaissance qu'ils en ont eue? M. Gosselin voyait dans les cartes d'Ératosthène et de ses successeurs des copies plus ou moins altérées de cartes beaucoup plus anciennes, dont les *distances* prouvaient, selon ce savant, que la géographie avait été portée jadis à un degré de perfection auquel les peuples de l'Europe n'étaient pas encore parvenus il y a cent cinquante ans[1]; mais il paraît, au contraire, qu'Ératosthène et les géographes de son époque reproduisaient les errements de la cosmographie poétique des Grecs[2]. Bien que la zone torride commence à Philé, bien que les monuments des Pharaons se trouvent au cœur de

---

[1] *Mémoires de l'Institut*, t. IX, p. 115-6.
[2] Letronne, *Journ. des Savants*, 1831, 476.

cette zone, les géographes n'y plaçaient pas moins un océan imaginaire, au delà duquel était la terre opposée à la nôtre, l'antichthone. Ces vieilles idées grecques règnent dans Alexandrie jusqu'à Hipparque. Celui-ci refit la terre sur un nouveau plan, et, en rapprochant beaucoup trop la partie orientale et la partie occidentale du continent, établit dans la science cette nouvelle et utile erreur qui, encourageant Colomb à aller chercher l'Asie, lui fit rencontrer l'Amérique[1]. Erreurs et progrès, la géographie alexandrine dut tout à elle-même et rien aux anciennes notions égyptiennes, qui, si elles l'avaient éclairée, l'auraient éclairée plus tôt, et l'auraient désabusée des chimères de la cosmographie fabuleuse des Grecs, où elle s'égara jusqu'à Hipparque[2].

L'astronomie est une des sciences dans lesquelles on a supposé que les anciens Égyptiens avaient fait le plus de progrès ; d'autre part, voyant l'astronomie grecque prendre dans une ville d'Égypte des développements inconnus jusqu'alors, on a été porté à faire encore cette fois honneur à l'Égypte de la science grecque. On a cru à une astronomie très-ancienne et

---

[1] *Mémoires de l'Institut*, t. IX, 210.

[2] Remarquons seulement qu'une tentative plus ou moins heureuse pour opérer une mesure de la terre eut lieu, selon M. Gosselin et de l'aveu de M. Letronne, avant l'école d'Alexandrie ; mais, comme on n'a pu déterminer encore si cette opération fut tentée en Égypte ou ailleurs, on ne saurait en tirer aucun argument positif en faveur des connaissances géographiques des anciens Égyptiens.—*Ibid.*, t. VI, 157. — *Journ. des Savants*, 1827, 97.

très-avancée, dont les représentations figurées et surtout les représentations zodiacales conservaient le mystère, et qui se serait transmise aux Grecs par Platon, par Eudoxe et par les Alexandrins ; mais ici encore cette superstition qu'inspiraient le nom de l'antique Égypte et la renommée de ses connaissances mystérieuses a fait à de bons et grands esprits une illusion de laquelle il faut revenir pour deux raisons : la première, c'est que les Égyptiens n'ont point eu les profondes connaissances en astronomie qu'on leur a prêtées ; la seconde, c'est que les astronomes d'Alexandrie ne paraissent pas leur avoir emprunté beaucoup.

Un des grands arguments avancés en faveur de la science antique des astronomes égyptiens était tiré des représentations zodiacales qu'on voit sur différents temples d'Égypte, et en particulier à Denderah. Aujourd'hui la haute antiquité de ce zodiaque n'est plus soutenable, depuis surtout que Champollion a lu les noms de Tibère et de Néron écrits très-distinctement en hiéroglyphes sur ce monument, qui devait précéder de plusieurs milliers d'années les monuments historiques. La question qui s'agite aujourd'hui à son sujet entre deux savants illustres, M. Biot et M. Letronne, est d'un tout autre ordre ; je la retrouverai plus naturellement à Denderah. Il me suffit à présent de poser, comme un fait conquis à la science par M. Letronne, qu'il n'y a point eu de zodiaque en

Égypte avant l'époque grecque[1]. De plus, ni télescope ni astrolabe n'ont été trouvés en nature ou représentés dans les tombeaux de l'Égypte, où l'on a trouvé tant de choses, et sur les parois desquels est figuré tout ce qui a pu servir au défunt pendant sa vie. Enfin il a fallu renoncer à cette antique sphère égyptienne présentant l'état du ciel 1400 ans avant Jésus-Christ, qu'Eudoxe aurait eue sous les yeux, à laquelle ont cru Newton, Fréret et Bailly, et que le souffle de la critique a brisée pour jamais[2].

Sur le savoir astronomique des anciens Égyptiens, je pourrais citer des expressions bien dédaigneuses de M. Delambre, l'historien de la science, celles-ci par exemple : « Les Égyptiens étaient astronomes tout juste ce qu'il fallait pour être charlatans. » Je pourrais citer des paroles sévères de M. Letronne ; je préfère m'en rapporter au témoignage de M. Biot, et parce que M. Biot est une de nos plus hautes renommées scientifiques, et parce qu'il a pu paraître accorder plus que d'autres au savoir astronomique de l'ancienne Égypte. On va voir dans quelles limites lui-même le restreint. « En reconnaissant *le défaut absolu d'instruments et de méthodes précises soit pour l'observation, soit pour le calcul trigonométrique*, il faut accorder aux anciens peuples de la Chaldée et de l'Égypte tout ce qu'une longue et assidue contempla-

---

[1] *Mémoires de l'Institut*, XVI, 113.
[2] Letronne, *Journ. des Savants*, 1841, 72.

tion des phénomènes peut donner[1]. » C'est assez, pour la thèse que je soutiens, de ces sages paroles. Il n'y a donc en Égypte, avant les Grecs, ni instruments, ni méthodes précises pour l'observation, ni calcul trigonométrique. C'est à Hipparque seulement que commence l'emploi de ce calcul, sans lequel, dit Delambre, il n'est pas de véritable astronomie. Or, Hipparque n'a pu rien emprunter à l'ancienne Égypte, car il n'est probablement jamais venu à Alexandrie. Ptolémée, qui y a vécu, doit beaucoup à Hipparque et rien aux anciens Égyptiens. Jamais il n'allègue leurs observations. Il cite trois éclipses observées à Babylone et pas une seule observée en Égypte.

L'invention de l'astrologie, liée aux origines de l'astronomie, n'appartient pas d'une manière certaine à l'ancienne Égypte ; la Chaldée semble y avoir plus de droits. Le nom de Chaldéen fut synonyme de celui d'astrologue, et l'Égyptien Philon répète à plusieurs reprises que les Chaldéens ont inventé l'astrologie.

Le don le plus certain que l'ancienne astronomie de l'Égypte ait fait à Alexandrie, et par elle à Rome et à toute l'Europe, c'est l'année dont nous nous servons, que nous appelons julienne, et qu'il serait juste d'appeler égyptienne. L'année de trois cent soixante-cinq jours un quart est originaire d'Égypte, M. Letronne l'a reconnu. Tout le monde sait que César fit faire, par

---

[1] *Journ. des Savants*, II, 561.

un astronome d'Alexandrie, la réforme du calendrier, à laquelle il a attaché son nom. Ainsi, le véritable titre astronomique de l'ancienne Égypte, l'héritage qu'elle nous a réellement laissé, c'est l'almanach.

La médecine et la chirurgie, autant qu'aucune autre science, illustrèrent Alexandrie. Hérophile et Érasistrate y fondèrent l'école qui devait porter le nom de cette ville célèbre. Galien y étudia et conseille d'y aller étudier l'anatomie. La chirurgie y fut cultivée avec succès et y reçut de précieux perfectionnements. L'opération de la pierre, en particulier, ne se faisait nulle part aussi bien qu'à Alexandrie. Les enseignements de l'Égypte ont-ils été pour quelque chose dans les progrès de l'école médicale d'Alexandrie? On serait tenté de le croire, car la réputation de la médecine égyptienne était grande chez les anciens. Hérodote parle de médecins voués à l'étude d'une maladie spéciale, et, selon Manéthon, un des premiers rois de l'Égypte aurait écrit un livre de médecine. Mais, d'abord, on a peut-être exagéré la place que tenait la médecine dans l'ancienne société égyptienne. On a affirmé, par exemple, qu'en Égypte les murs des temples étaient couverts de recettes et de descriptions de maladies[1]; cependant il est certain que ni Champollion ni personne n'a découvert jusqu'ici, sur aucun mur de temple, une recette ou une

---

[1] *Dict. des Sciences médicales*, t. XXXII, p. 11.

ordonnance. Les tableaux des tombes n'ont montré qu'un vétérinaire soignant des animaux, jamais un médecin soignant des hommes. J'ai relevé dans divers musées de l'Europe, sur plusieurs centaines de pierres funéraires, les noms des professions diverses qu'ont exercées ou les morts ou les membres de leur famille : j'y ai trouvé des prêtres, des officiers, des juges, etc.; jamais je n'y ai trouvé de médecins. On ne sait pas encore comment *médecin* se disait en égyptien, et quels hiéroglyphes servaient à désigner cette profession. Je n'en conclus point qu'il n'y eût pas de médecins chez les anciens Égyptiens, mais seulement que la médecine n'y était pas aussi en honneur et aussi cultivée qu'on l'a dit. Quoi qu'il en soit, ceux qui ont le plus étudié l'histoire de la médecine grecque[1] s'accordent à penser, comme moi, que l'école d'Alexandrie n'est qu'une continuation et un magnifique développement de l'école hippocratique.

Peut-être, en se rappelant que les premiers médecins d'Alexandrie, Hérophile et Érasistrate, passent pour avoir donné l'exemple de disséquer des corps humains, est-il permis de croire que les préparations de l'embaumement ont suggéré l'idée de la dissection; mais cette influence très-douteuse et bien indirecte de l'Égypte serait une influence fortuite et non scientifique. En somme, l'école grecque d'Alexan-

---

[1] Avant tous je citerai l'admirable traducteur d'Hippocrate, M. Littré, et après lui M. Daremberg.

drie demeure en possession de sa médecine aussi bien que de son astronomie, et plus complétement encore.

La philosophie d'Alexandrie a besoin aussi qu'on lui restitue ses origines purement grecques. Là, plus peut-être que partout ailleurs, s'est manifesté ce que j'appellerai le préjugé égyptien. Si j'ouvre les plus récentes histoires de la philosophie d'Alexandrie, j'y trouve qu'*elle dérive des Égyptiens au moins autant que des Grecs*[1]. Un auteur estimé[2] pense que les platoniciens d'Alexandrie ont fait de larges emprunts à l'Égypte. Cette opinion est tellement établie, qu'elle se trouve d'elle-même sous la plume des historiens de la philosophie, et pour ainsi dire à leur insu. Le jugement supérieur de M. Cousin lui-même a peine à le défendre contre l'opinion dominante qui voudrait l'entraîner, et à laquelle il résiste. Cependant ce que l'on sait de la philosophie d'Alexandrie, ce que l'on commence à connaître par les monuments des idées religieuses de l'Égypte, n'offre point cette ressemblance que plusieurs auteurs anciens ont imaginé trouver, et que les modernes ont admise sur parole comme un fait démontré. Qu'était-ce, en effet, que l'éclectisme alexandrin ? n'était-ce que la théologie égyptienne, et qu'y a-t-il de commun entre eux ?

L'éclectisme, si attaqué de nos jours, est tout sim-

---

[1] Simon, *Hist. de l'École d'Alexandrie*, I, 66.
[2] Sharpe, *Egypt under the Romans*, 108.

plement l'application du bon sens à la philosophie. Il faut convenir que l'école d'Alexandrie ne s'est pas tenue à ce sage éclectisme, qui est celui de Socrate. Au lieu de demander à chaque système ce qu'il pouvait renfermer de vrai, elle a voulu les unir tous ou plutôt les absorber dans le platonisme. Elle a opéré une fusion plutôt qu'elle n'a fait un choix. Bien qu'il y ait eu à Alexandrie des péripatéticiens, des stoïciens et même des sceptiques, c'est le platonisme qui a dominé. Ce platonisme n'est pas tout à fait celui de Platon, mais il en dérive évidemment. C'est le platonisme à un autre âge et dans un autre monde, c'est un platonisme nouveau, un néo-platonisme. La philosophie alexandrine est une philosophie néo-grecque si l'on veut; c'est encore une manière d'être grecque. En présence de l'Égypte et de l'Orient, elle prend des tendances mystiques et une allure sacerdotale; mais le fond des idées reste grec, mais cette doctrine, qui affecte les formes de l'extase, n'est qu'un développement immodéré de la spéculation platonicienne. M. Cousin a donné avec une grande justesse l'*abstraction* pour caractère à la philosophie de Platon. L'abstraction de plus en plus raffinée est aussi le caractère de l'école d'Alexandrie Or, rien ne semble jusqu'ici moins abstrait, et ne devait moins l'être, que les dogmes religieux de l'ancienne Égypte. Sans connaître à fond ces dogmes, les scènes mythologiques tracées sur les murs des temples suffisent pour montrer qu'un petit nombre d'idées fort simples formaient la base de cette religion. L'action vivifiante du soleil et la force reproductrice de la nature animée y tenaient la plus grande place. Quant aux abstractions platoniciennes qu'ont voulu y trouver des écrivains qui, comme les Alexandrins eux-mêmes ou comme Plutarque, y transportaient leurs propres idées, elles n'ont aucune valeur historique, et il est à regretter que l'homme admirable qui avait, dans les monuments égyptiens dont il venait de révéler le langage, de quoi contrôler et réfuter ces interprétations prétendues, leur ait donné, dans son *Panthéon égyptien*, une importance qu'elles ne méritent pas. Qu'y a-t-il en effet chez les philosophes alexandrins qui rappelle les idées égyptiennes telles qu'on peut déjà les lire en grande partie sur les monuments? Quel rapport peut exister entre Ammon-générateur ou Ammon-soleil et l'unité divine des Alexandrins dans laquelle l'être est tellement dégagé de tout attribut déterminé, tellement supérieur à toute conception finie, qu'il est un *non-être*, la substance ineffable, principe de toute réalité, mais qui elle-même échappe à la réalité par l'abstraction? Les triades jouent un grand rôle dans la philosophie alexandrine, et les divinités égyptiennes sont très-fréquemment groupées en triades. Pourtant quelle analogie véritable pourrait-on trouver entre des trinités abstraites telles que *l'âme, l'esprit, l'unité*, ou *l'unité, l'ineffable, l'inintelligible*, et la trinité naïve de l'Égypte, qui, sous les noms d'Osiris, d'Isis et d'Horus, et sous vingt autres noms, représente toujours le père, la mère et l'enfant?

C'est évidemment des deux côtés un ordre d'idées et un esprit entièrement différents. Quelques emprunts de détail ont pu être faits, mais la philosophie d'Alexandrie n'a rien dû d'essentiel à une religion dont les enseignements étaient aussi simples que les siens étaient métaphysiques.

Et les mystères, dira-t-on, les mystères d'Osiris et d'Isis, n'ont-ils pu transmettre une doctrine réservée aux initiés et plus abstraite que la religion écrite et sculptée sur les murs des temples? J'attendrai pour répondre qu'on ait solidement établi qu'il y a eu un système de mystères et d'initiations *propre à l'Égypte*, et non importé de la Grèce. Je sais qu'on a fait grand bruit de ces mystères, à commencer par les Alexandrins eux-mêmes; mais on a toujours négligé d'en prouver rigoureusement l'existence, et il n'y est fait nulle allusion, que je sache, sur aucun monument égyptien connu.

Il est encore une autre source à laquelle les Alexandrins auraient puisé les enseignements de l'antique sagesse égyptienne : ce sont les livres d'Hermès. La source était abondante, à en croire Jamblique, qui porte le nombre de ces livres à vingt mille volumes; mais je ne suis pas bien sûr que Jamblique ait vu les volumes et qu'Hermès les ait écrits. Hermès est le nom que les Grecs donnaient au dieu Thot, qui, dans les scènes mythologiques retracées sur les monuments égyptiens, figure comme *scribe des dieux*. Un auteur réel aurait pu, j'en conviens, écrire les livres qui portent le nom de l'auteur à tête d'ibis; cependant rien ne donne à penser que les Égyptiens eussent une bibliographie aussi savante. Les innombrables papyrus trouvés jusqu'ici sont, à une ou deux exceptions près, des rituels funèbres et non des traités de philosophie; enfin, en admettant que d'anciens livres, attribués à Thot ou Hermès, aient jamais existé, une chose est certaine, c'est qu'ils n'ont rien de commun avec ceux que nous possédons en tout ou en partie, et qui ont été fabriqués dans les premiers siècles de l'ère chrétienne. Il est possible et même vraisemblable que ces livres hermétiques aient recueilli quelques idées anciennes [1]; mais elles y sont noyées dans tant d'idées plus récentes et surtout d'idées platoniciennes, qu'on ne peut guère les en distinguer. Ainsi, la philosophie alexandrine a dû renoncer à cette tradition, qui la faisait procéder du dieu Thot en per-

---

[1] Par exemple, l'idée de la punition de l'âme par la métempsycose (*Hermes apud Stobæum*, l. 1, c. LII, 44). Cette idée est bien égyptienne, témoin le tableau, plusieurs fois répété, qui représente le gourmand condamné par Osiris à renaître dans le corps d'un pourceau, au-dessus duquel on trouve un hiéroglyphe exprimant la gourmandise. Les régions des âmes dont il est fait mention dans un autre fragment attribué à Hermès (*ibid.*, 61) paraissent aussi offrir quelque rapport avec les régions de l'autre monde représentées dans les tombeaux et les rituels funèbres.

sonne, c'est-à-dire de l'antique littérature sacrée des Égyptiens. Il faut qu'elle se contente de remonter à Platon et tout au plus à Pythagore ; mais Pythagore et Platon ne sont-ils pas eux-mêmes disciples de l'Égypte? De Pythagore, on ne sait rien d'assuré ; pour Platon, s'il est certain qu'il vint à Héliopolis, on ne voit pas dans ses dialogues immortels qu'il en ait rapporté autre chose qu'un grand respect pour le bel ordre et l'antiquité de la société égyptienne, et peut-être un certain goût du symbolisme que pouvaient, du reste, avoir déjà répandu les mystères de la Grèce. Quand Platon veut exprimer ses idées philosophiques par des symboles mythologiques, il se sert des mythes grecs et non des mythes égyptiens, qu'il paraît n'avoir pas connus.

Ainsi, ce n'est point par voie d'héritage que les philosophes alexandrins ont pu recevoir les traditions de l'Égypte. Ont-ils pu les recevoir immédiatement? Pas davantage, et la raison en est bien simple : c'est que personne, parmi ces philosophes, n'a rien su de la langue égyptienne et de l'écriture hiéroglyphique. D'abord, si ces philosophes les eussent connues, ils n'eussent pas manqué de nous l'apprendre ; encore s'ils avaient eu la prudence de se taire sur ce sujet, nous pourrions croire qu'ils s'y entendaient quelque peu. Malheureusement plusieurs d'entre eux se sont laissés aller à en parler, et ce qu'ils disent montre toute leur ignorance à cet égard. Il est incroyable à quel point les Grecs d'Alexandrie restèrent étrangers à la connaissance de la langue et de l'écriture égyptiennes ; on ne pourrait le comprendre, si on n'avait d'autres exemples de l'éloignement dédaigneux des Grecs et des Romains pour l'étude des langues barbares. Ce qui est certain, c'est que, sauf un passage souvent cité de Clément d'Alexandrie et un passage moins concluant, il est vrai, de Porphyre, on ne voit pas qu'un seul auteur grec se soit douté que les hiéroglyphes pouvaient être phonétiques, c'est-à-dire représenter des sons, ce qui a lieu pourtant trois fois sur quatre. Quoique tenant moins de place que l'écriture phonétique dans les inscriptions, l'écriture symbolique est citée par les Alexandrins comme l'unique écriture des Égyptiens. Cette fausse opinion est celle de Plotin[1], de Proclus[2], de Porphyre lui-même[3], de Jamblique[4], qui n'en écrivait pas moins sur la *science des Égyptiens.*

On conçoit la raison de cette erreur si répandue : cette portion symbolique de l'écriture égyptienne, bien que la moins considérable, était ce qui la distinguait le plus des autres écritures et lui donnait un caractère mystérieux, c'est ce que les prêtres devaient mettre en relief dans les incomplètes confidences qu'ils

---

[1] *Enn.*, V, viii, 6.
[2] Commentaire sur le Timée, édit. de Bâle, 35.
[3] *De Vita Pythagoræ*, cap. xi, xii.
[4] *De Mysteriis Ægypt.*

faisaient aux Grecs, et c'est aussi ce qui devait frapper l'imagination de ces derniers, précisément parce qu'ils trouvaient là un procédé d'écriture plus étrange et plus différent du leur ; mais, en ne disant rien des hiéroglyphes-lettres, beaucoup plus nombreux que les hiéroglyphes-images, les auteurs grecs et les philosophes alexandrins en particulier ont montré qu'ils étaient hors d'état de comprendre une ligne d'un texte hiéroglyphique. Manquant des notions les plus élémentaires sur l'écriture égyptienne, comment auraient-ils pu puiser dans les sources égyptiennes qui leur étaient fermées, et transporter dans leurs écrits des enseignements qu'on n'y rencontre pas [1] ?

Voilà comment la philosophie d'Alexandrie est égyptienne ; le christianisme d'Alexandrie le fut-il davantage ? Distinguons d'abord dans le christianisme alexandrin l'orthodoxie et les hérésies.

Il y aurait eu à Alexandrie une fusion ou plutôt une confusion déplorable des croyances égyptiennes et du christianisme, si on s'en rapportait à la lettre de l'empereur Adrien, dans laquelle il dit positivement : « Ceux qui honorent Sérapis se disent chrétiens, et ceux qui se disent chrétiens sont dévots à Sérapis. » Mais cette boutade de l'empereur bel esprit, dans une épître qui vise à l'effet, ne peut rien établir de positif, et prouve seulement que chez quelques-uns

---

[1] Dans le traité de Jamblique sur les mystères des Égyptiens, il n'y a guère d'égyptien que quelques noms de divinités.

il se faisait un mélange grossier des deux religions. Il se peut aussi que certaines expressions, certains symboles, quelques idées même appartenant à l'ancienne religion, se soient infiltrés dans la nouvelle. Ainsi, quand saint Ambroise, qui imite et même copie souvent Philon et Origène, tous deux d'Alexandrie, quand saint Ambroise appelle Jésus-Christ le bon scarabée[1] qui a pétri la fange informe de nos corps, il fait, probablement d'après ses modèles alexandrins, une allusion évidente à un symbole égyptien, le scarabée considéré comme image de l'énergie formatrice du monde, parce qu'il roule en petites boules la fange dans laquelle il dépose ses œufs, ainsi que nous l'apprend le témoignage des anciens, confirmé cette fois par les monuments. L'art chrétien a pu accueillir aussi quelques-uns des attributs d'Isis et les transporter à la vierge Marie, quand, par exemple, il a placé le croissant de la lune sous ses pieds. La coutume très-ancienne de donner à la Vierge la couleur noire a pu avoir aussi pour motif une imitation de l'Isis funèbre. Certains dogmes chrétiens ont pu trouver dans certaines croyances de l'Égypte une analogie qui a aidé à les faire admettre, au moins en ce pays. La liaison que les Égyptiens établissaient entre l'immortalité de l'âme et cette perpétuité qu'ils cherchaient à donner au corps par les procédés de l'embaumement a un rap-

---

[1] *In Luc*, X, 113; Sch., 71.

port frappant avec le dogme qui associe la chair ressuscitée à la vie impérissable de l'esprit, et l'on est autorisé à croire que l'opinion égyptienne vint ici en aide au dogme chrétien, quand on entend saint Augustin déclarer[1] que les Égyptiens étaient les seuls chrétiens qui crussent véritablement à la résurrection. D'autre part, on comprend comment un éloignement bien naturel pour tout ce qui pouvait rappeler les superstitions égyptiennes portait à déclarer que l'âme seule ressuscitait certains esprits que leur puritanisme dogmatique rendait pour ainsi dire hérétiques à force d'orthodoxie.

L'orthodoxie fut égyptienne en ce sens seulement qu'elle fut nationale. L'énergie du catholicisme alexandrin s'accrut des sentiments d'antipathie et de rivalité qu'Alexandrie portait à Constantinople, dont les empereurs protégeaient l'arianisme. De là les fureurs de la population égyptienne contre les ariens, de là l'ardeur avec laquelle elle soutint son indomptable représentant, saint Athanase. Ce zèle pour l'orthodoxie était nourri et enflammé par les moines qui peuplaient le désert aux portes d'Alexandrie. Ces moines, pour la plupart Égyptiens de race, comme le prouvent leurs noms souvent tout mythologiques, Ammon, Sérapion, etc., ces moines, successeurs des ascètes égyptiens dont ils continuaient le genre de vie,

---

[1] *De Resurrectione,* 340, cxii ; serm. 4.

soutenaient l'orthodoxie en haine de Constantinople. Ainsi le moine Ammon jetait une pierre à Oreste, préfet d'Égypte, en lui reprochant tout à la fois qu'il était païen et qu'il était Grec.

Ces moines formaient, pour l'église d'Alexandrie, une milice formidable, recrutée dans le fonds de la population indigène. On reconnaissait à leurs emportements le caractère sombre et violent de la race égyptienne; trop souvent ce caractère étouffa, dans les luttes théologiques d'Alexandrie, les inspirations de la mansuétude chrétienne. Ce fut la population d'Alexandrie qui se souilla du plus odieux crime qu'ait commis le fanatisme des premiers siècles; ce fut cette population tour à tour ameutée contre les juifs, contre le christianisme et contre la philosophie, qui renversa du char sur lequel elle apparaissait comme une divinité, dit un chrétien, dépouilla de ses vêtements, déchiqueta avec des tessons, traîna nue sur le pavé d'Alexandrie, et enfin déchira en morceaux la belle et savante Hypathie, mathématicienne, astronome, *philosophe*, comme la nomme, dans ses aimables lettres, l'évêque Synésius, qui fut son disciple et demeura son ami.

Cet exemple de fanatisme, le plus exécrable de tous, n'est malheureusement pas le seul qu'aient donné les partis religieux d'Alexandrie. Un jour, les ariens détruisent l'école chrétienne, fondée en regard et à la porte du Musée. Un autre, le peuple foule aux pieds l'évêque George, et déchire son cadavre. Des recrudescences de l'ancien paganisme égyptien enveniment ces fureurs théologiques. L'évêque George était l'ennemi de saint Athanase, mais il était aussi un ennemi acharné de l'idolâtrie, et, en même temps que lui, on égorgea Dracontius et Diodore, qui avaient élevé des bâtiments chrétiens sur un emplacement consacré à l'ancien culte. Un vieux levain d'égyptianisme semble être au fond de toutes ces horreurs, et les haines de secte empruntent une atrocité plus grande aux haines emportées qui armaient autrefois les habitants de Denderah, ennemis du crocodile, contre ceux d'Ombos, qui l'adoraient.

Le christianisme d'Alexandrie a un caractère à part, c'est le christianisme de Clément et d'Origène, c'est un christianisme savant, philosophique, et, chez le second, abusant du symbolisme. Cette direction de la spéculation chrétienne, qui est propre à l'école théologique d'Alexandrie, est-elle due aux influences de l'Égypte? Est-ce la science et la philosophie égyptiennes qu'a recueillies Clément d'Alexandrie? est-ce le symbolisme égyptien qui a inspiré Origène?

Quelque part que l'on veuille faire à l'Égypte dans les tendances théologiques de Clément et d'Origène, il restera, je crois, certain que ces tendances proviennent principalement de la philosophie grecque plus dominante à Alexandrie que les doctrines égyptiennes, et plus connue des docteurs chrétiens. Un passage de Clément d'Alexandrie, que je rappelais tout à l'heure, contient, il est vrai, sur l'écriture hiéroglyphique le renseignement le plus exact que l'antiquité nous ait transmis; mais Clément, qui l'avait recueilli de la bouche de quelque Égyptien instruit, montre en plusieurs endroits que lui-même ne lisait pas cette écriture, dont il connaissait la vraie nature. On ne peut donc de cette notion juste, mais très-générale, et dont Clément ne paraît avoir jamais fait l'application à un texte égyptien, conclure avec M. Matter que « les chrétiens restaient aussi peu étrangers aux croyances égyptiennes qu'aux théories des Grecs. » Ceci n'est nullement prouvé par le passage de Clément, ni, que je sache, par aucun autre passage de ses écrits ou de ceux d'Origène. Au contraire, on voit à chaque page que tous deux connaissent à fond les philosophes grecs, et sont pénétrés de leur esprit. Quand Origène s'écriait : « Heureux ceux qui sont assez avancés pour n'avoir plus besoin du Fils de Dieu comme d'un médecin, d'un pasteur et d'un sauveur, mais qui n'ont besoin de lui que comme vérité et raison, « Origène ne parlait-il pas en philosophe platonicien, en condisciple de Plotin?

Il est un écrivain qui doit être pris en considération ici : c'est Philon, ce juif alexandrin qui a constamment cherché dans les livres de Moïse une signification symbolique et mystérieuse. En effet, si Philon n'est pas chrétien, il a fondé l'école allégorique parmi les chrétiens; ses hardies interprétations de l'Écriture ont été reproduites par les docteurs les plus savants, comme Origène, et les Pères les plus orthodoxes, comme saint Ambroise. L'emploi de ce symbolisme, souvent outré, a-t-il été suggéré à Philon par le génie symbolique de l'ancienne Égypte? Bien qu'il soit naturel de le croire, rien n'est moins fondé. Philon prouve, par ce qu'il dit de l'écriture, de la langue[1] et de la religion des Égyptiens, que ces sujets lui sont à peu près entièrement étrangers. Il prend quatre fois Typhon pour Osiris; qu'aurait-il pensé d'un Égyptien qui eût pris Satan pour Jéhovah? Du reste, il déteste les idoles des Égyptiens, il ne voit dans leur religion, envisagée de la manière la plus grossière et la plus superficielle, que le culte des animaux; il n'a donc point emprunté son symbolisme au symbolisme égyptien, car il ne le connaît pas; il l'a reçu de Platon, dont il applique les idées au judaïsme, au point de se faire appeler un *Platon judaïsant*. Peut-être ce que l'on disait autour de lui des mystères cachés sous les images tracées sur les monuments de l'Égypte a pu l'exciter à trouver des mystères dans chaque mot du récit de Moïse; mais je pense qu'il doit surtout la tendance allégorique qui le caractérise à certaines écoles

---

[1] Bien loin d'admettre que les hiéroglyphes puissent être des lettres, il n'y voit que des animaux sacrés et des symboles de la religion égyptienne. Sur trois mots égyptiens dont il donne l'explication, il n'approche que pour un seul de la vérité.

juives, surtout à celles des thérapeutes, que lui-même nous fait connaître avec détail, et dont il dit à plusieurs reprises qu'on y explique aux Hébreux le sens allégorique de leurs livres sacrés. Philon ignore les Égyptiens parce qu'il les déteste, il ne leur a rien emprunté parce qu'il les ignore. Le juif Philon a été défendu de tout contact avec les idées égyptiennes par la haine, comme les Grecs par le dédain, et les Romains par l'orgueil.

Mais revenons au christianisme. Pour trouver quelque influence de l'ancienne Égypte sur le christianisme alexandrin, il faut sortir de l'orthodoxie. L'hérésie arienne, dont Alexandrie fut le berceau, l'hérésie arienne, avec sa tendance au déisme, est un fruit du rationalisme grec, et nullement de la théologie égyptienne; il faut donc aller jusqu'à des hérésies qui sont à peine chrétiennes; il faut aller jusqu'au gnosticisme. L'idée de la *gnose*, c'est-à-dire d'une connaissance supérieure à l'intelligence vulgaire et littérale, cette idée dont abusèrent ceux qui reçurent le nom de *gnostiques*, mais que ne repoussaient pas les théologiens orthodoxes d'Alexandrie, peut sembler empruntée au génie incontestablement symbolique des Égyptiens; elle a une origine plus vraisemblable dans la tradition des mystères grecs et dans les usages de l'école platonicienne, qui avait aussi deux enseignements, dont le plus relevé formait une véritable *gnose* réservée aux disciples initiés.

Il est naturel de se demander quelle part l'Égypte peut réclamer dans les éléments qui ont formé le gnosticisme, car une grande famille des gnostiques est égyptienne d'origine. Basilide, Valentin, Héracléon, Carpocrate, étaient Alexandrins. Le chef de l'autre école gnostique, de l'école juive, Cérinthe, avait étudié à Alexandrie. Aussi a-t-on fait pour le gnosticisme comme pour le néo-platonisme alexandrin : on l'a cru dérivé en très-grande partie des anciennes croyances égyptiennes. Est-ce avec beaucoup plus de raison? M. Matter, qui voyait dans le musée d'Alexandrie une institution à demi égyptienne, voit dans le gnosticisme une émanation des doctrines religieuses de l'Égypte. « La gnose de l'Égypte, dit-il, emprunta sans hésitation les plus beaux symboles de l'antiquité égyptienne pour rendre les doctrines les plus augustes de la nouvelle religion [1]; » et ailleurs : « Les gnostiques ont trouvé en Égypte non-seulement les idées fondamentales de l'émanation des dieux et des âmes humaines du sein de Dieu, mais encore une foule de théories accessoires, avec tous les emblèmes qu'y rattachait l'antique mystériosophie. »

Il faudrait d'abord prouver que les idées qu'on croit retrouver dans le gnosticisme appartiennent réellement à l'ancienne religion de l'Égypte. C'est ce qui sera très-facile, si on laisse à cette religion tout cet

---

[1] Matter, *Histoire du gnosticisme*, préface, XIII.

ensemble de notions abstraites que lui ont prêté les Alexandrins, Plutarque, et, d'après eux, les modernes; mais si l'on s'en tient aux monuments égyptiens, seule source qui ne soit point suspecte, on aura quelque peine à y rien trouver qui ressemble à la doctrine de l'émanation et à toutes les subtilités métaphysiques du gnosticisme. Quelques idées réellement égyptiennes offrent bien une véritable analogie avec des conceptions gnostiques; mais la plupart, comme la purification des âmes après la mort ou leur chute dans un ordre d'existence inférieure, se trouvant ailleurs qu'en Égypte, ont pu être empruntées par les gnostiques aux spéculations de la philosophie grecque ou aux dogmes des religions orientales [1] : la provenance égyptienne est donc loin d'être assurée, là même où elle est possible. Elle n'acquiert un grand degré de probabilité que quand, au lieu d'une ressemblance générale qui ne prouve aucun rapport certain, on rencontre une identité de détails ou de noms que le hasard ne peut produire.

Mais ces identités sont en bien petit nombre [2], et

[1] Ainsi, l'adoration du serpent par les Ophites peut certainement avoir un rapport réel avec le choix du symbole égyptien par lequel on désigne la divinité dans les peintures et les hiéroglyphes, et qui est le serpent Uréus, ou avec le serpent à ailes et à pieds que l'on voit représenté dans les rituels funèbres; mais le serpent est partout, dans les mythologies et les cosmogonies de l'Orient, et on ne peut être assuré que le serpent des Ophites soit égyptien plutôt que juif, persan, indien, etc.

[2] Je citerai les génies qui président aux diverses parties du corps, selon certains gnostiques, ce qui est tout à fait dans les idées égyp-

l'on peut avancer hardiment que ce qui a dominé dans le gnosticisme, et en particulier dans le gnosticisme alexandrin, c'est la spéculation platonicienne mêlée à quelques rêveries de la cabale juive et peut-être à quelques dogmes persans. L'unité inconnue d'où tout émane et qui tantôt s'appelle *Abîme*, tantôt s'appelle *Silence* chez les gnostiques; les manifestations de cette unité dans une série descendante de puissances, et le retour de ces manifestations à leur ineffable principe ; la matière conçue comme ce qui limite et dégrade; la notion du démiurge, dieu formateur du monde et inférieur au dieu suprême, au dieu sans nom, tout cela est beaucoup plus semblable aux théories abstraites et compliquées du néo-platonisme qu'aux dogmes simples et positifs de la religion égyptienne, tels que les présentent les monuments ; tout cela montre que la gnose d'Alexandrie appartenait plus à la Grèce qu'à l'Orient, et plus à l'Asie qu'à l'Égypte.

Ceci est vrai surtout de ce qu'on peut appeler le gnosticisme scientifique, celui des livres, des doc-

---

tiennes, comme le prouve l'inscription hiéroglyphique qui accompagne la momie de Petemenoph (Champollion, *Voyage de Caillaud*, t. IV. p. 57). Les génies des sphères (Matter, II, 237), qui ont des têtes de lion, de serpent, etc., et ressemblent singulièrement à des personnages qu'on voit figurer dans les représentations astronomico-funèbres des tombeaux de Thèbes, enfin quelques noms des êtres dont se compose le pléroma, sont bien égyptiens, comme Athumes, Emphe. Ce dernier nom est celui d'une divinité égyptienne. L'Horos des Valentiniens paraît bien rappeler Horus.

teurs. A mesure que l'on descendra dans le gnosticisme populaire, on verra l'élément égyptien intervenir de plus en plus. Les sectes les plus grossières sont celles où il s'est conservé le plus de l'ancien sensualisme égyptien. C'était pour les adeptes les moins éclairés, pour ceux dont on cherchait plus à frapper les yeux par des figures bizarres qu'à exalter l'intelligence par des abstractions ; c'était pour cette classe d'adeptes qu'étaient tracés les dessins étranges qu'on voit sur les amulettes appelées *abraxas* et sur le *diagramme* que nous a conservé Origène[1]. Ces amulettes portent des traces nombreuses et non équivoques des croyances mythologiques de l'Égypte, et ce diagramme, qui offrait et un plan des régions par lesquelles l'âme devait passer pour s'élever de sphère en sphère jusqu'à la sagesse incréée, et des formules de prières mystiques; ce diagramme, bien que rempli de noms hébreux, offre dans sa disposition générale une singulière analogie avec les rituels funèbres qu'on trouve dans les caisses des momies, et qui de même présentent à la fois des peintures de l'autre vie et des prières écrites au-dessous de ces peintures.

Si le gnosticisme, et surtout le gnosticisme populaire, a pu devoir quelque chose aux anciennes croyances de l'Égypte, il n'en a pas été de même des autres hérésies dont Alexandrie a été le foyer. Je l'ai déjà dit

---

[1] Voyez M. Matter, t. II, 475, et les planches.

de l'arianisme. Le nestorianisme et l'eutychéisme étaient aussi des hérésies procédant du besoin, beaucoup plus grec qu'égyptien, de raisonner et de comprendre, et parfaitement pures de toute influence égyptienne [1]. A ces hérésies se rattache le jacobitisme qui a séparé Alexandrie de l'Église orthodoxe ; mais le jacobitisme est encore plus un schisme qu'une hérésie. Le principe qui a fait sa force est le même que celui auquel l'orthodoxie dut la sienne au temps de saint Athanase : c'est la répugnance d'Alexandrie à subir l'ascendant de Constantinople. Avec la même passion, les Alexandrins résistèrent tour à tour aux empereurs ariens et aux empereurs orthodoxes. Le parti de ceux-ci s'appelait le parti royaliste (*melchite*), comme par opposition au parti national : c'était donc une querelle de nationalité égyptienne et surtout alexandrine.

Du reste, la même cause produisit les mêmes effets. Les scènes violentes se renouvelèrent ; on égorgea Protérius, comme on avait égorgé l'évêque George, et Apollinaire fit massacrer par des soldats son propre troupeau. Si les sectes qui divisent Alexandrie n'ont rien d'égyptien dans leurs doctrines, le vieux fanatisme égyptien s'y montre toujours, on le reconnaît à ses fureurs.

[1] Cependant il faut remarquer que les eutychéens croyaient à l'incorruptibilité du corps du Christ, opinion qui se rattachait peut-être à l'ancienne opinion égyptienne, d'après laquelle l'immortalité de l'esprit était liée à celle du corps.

Alexandrie, devenue arabe, ne cessa pas tout d'abord d'être grecque, car la science grecque subsista en partie au sein des populations musulmanes et fit presque toute leur civilisation. Après la conquête, dit M. Libri, la science arabe, héritière de la science grecque, en continua quelque temps la tradition dans Alexandrie. Au neuvième siècle, un calife y créa une bibliothèque dont la fondation est plus certaine que la destruction de celle des Ptolémées par Omar. Du reste, on doit reconnaître qu'Alexandrie ne fut pas un foyer scientifique comme Bagdad ou Damas. Négligée pour le Caire, Alexandrie se releva par le commerce; elle avait toujours sa position admirable, elle en profita de nouveau, de nouveau l'Europe reçut par elle les marchandises de l'Égypte, de l'Arabie et de l'Inde. Marseille, Barcelone, Bruges, Florence, Gênes, Venise, eurent des établissements à Alexandrie et firent des traités de commerce avec les sultans d'Égypte.

Par cette force des choses qui naît d'une situation essentiellement favorable, Alexandrie redevint ce qu'elle avait été, le lien de l'Orient et de l'Occident, de l'Europe et de l'Asie. C'est à ses rapports avec Alexandrie que Venise doit en grande partie sa physionomie presque orientale. Si Sainte-Sophie de Constantinople et Saint-Vital de Ravenne ont fourni les modèles de Saint-Marc, ces élégants palais qui bordent le Grand-Canal, et dont l'architecture n'est point byzantine, mais arabe, d'où peuvent-ils venir, si ce n'est d'Alexandrie?

Ce commerce entre les puissances chrétiennes et le sultan d'Égypte est un grand fait dans l'histoire du moyen âge. Les croisades avaient rapproché l'Orient et l'Occident par la guerre, le commerce les rapprocha par la paix. Ce fut un second pas vers le même but par une voie contraire. Il y eut bientôt conflit entre ces deux tendances. L'esprit ancien de guerre et d'enthousiasme se trouva en lutte avec les nouveaux besoins d'échange et de bien-être. Peuples et gouvernements étaient souvent tentés par des profits qu'ils obtenaient au préjudice de la chrétienté. Tantôt des négociants de Gênes se faisaient les pourvoyeurs d'esclaves du sultan d'Égypte, tantôt les rois promettaient de ne pas aider les entreprises des papes, des princes francs et des templiers contre les États musulmans. L'on portait au sultan des armes et des munitions qui pouvaient servir contre les fidèles. Les papes, défenseurs vigilants de l'esprit chrétien, que l'esprit commercial envahissait, interdirent ce trafic coupable. Le sultan répondait à ces anathèmes en accordant des primes à l'exportation des objets prohibés. La république de Venise aimait mieux toucher ces primes qu'obéir à ces prohibitions, et la république trouvait des casuistes pour la justifier. Parfois les princes chrétiens défendaient à leurs sujets de commercer avec Alexandrie, mais bientôt ce commerce était repris par les princes même sous couleur de racheter des esclaves ou sous prétexte d'*affaires touchant l'exaltation de la foi;* les papes eux-mêmes accordaient des permissions de commercer avec les infidèles ; Jacques Cœur, accusé de s'être enrichi par ce négoce, allégua l'autorisation d'Eugène IV et de Martin V. Malgré de coupables abus, ce commerce était utile, il effaçait les haines de race et de religion. L'on comprenait en Europe que tout n'était pas mauvais chez les musulmans, les musulmans s'accoutumaient à traiter les chrétiens avec de certains égards. Dans un traité, les Catalans sont appelés *les fermes colonnes des baptisés.* Ainsi on s'acheminait vers l'abaissement des barrières qui parquaient les hommes en fractions ennemies, et dont chaque jour voit tomber quelqu'une. Tout le monde sait que la découverte de la route des Indes par l'Océan fit abandonner au commerce la voie de la Méditerranée et de la mer Rouge : ce fut le coup de mort pour Alexandrie. Comme le reste de l'Égypte, conquise par les Turcs, opprimée par les mamelouks, sa population était tombée de six cent mille âmes à six mille, quand les Français se présentèrent sous ses murs et la prirent après un siége de quelques heures. Déjà Leibnitz avait adressé à Louis XIV un mémoire sur l'occupation et la colonisation de l'Égypte; Leibnitz exhortait la France à cette conquête. Le conseil perdu pour Louis XIV ne devait pas l'être toujours : Bonaparte venait exécuter le plan de Leibnitz.

Il faut avouer que certains souvenirs *modernes* ne nuisent point aux souvenirs antiques, et je ne dissimulerai pas que, tout en étant fort occupé de la colonne d'Alexandrie, comme indiquant l'emplacement de l'ancienne acropole et du Sérapeum, comme prouvant la vérité de mon système sur son origine grecque, je n'étais pas indifférent à la pensée que, près de cette colonne, Kléber, blessé à la tête en montant à l'assaut, avait senti, pour la première fois, le fer musulman, sous lequel il devait succomber; qu'au pied de cette colonne avaient été enterrés les Français morts en escaladant les murailles d'Alexandrie; qu'un ordre du général Bonaparte avait prescrit que sur la base de cette colonne fussent gravés les noms de ces Français, noms que je n'y ai point trouvés, et que j'aurais préférés à ceux des *gentlemen* anglais dont l'obscure vanité est rendue plus risible encore par ce contraste.

J'aime mieux cette pensée de Bonaparte que celle qu'il eut également ici de persuader aux musulmans que nous étions de grands amis d'Allah, et qu'ayant fait la guerre au pape nous devions être embrassés par le muphti. Cette comédie, à laquelle l'indifférence philosophique du temps donnait une certaine sincérité, ne pouvait réussir auprès des musulmans. Jamais, de longtemps au moins, un musulman ne croira qu'un Franc puisse être son libérateur et son allié. Nous nous en apercevons en Algérie, quand nos fidèles décampent, la Légion-d'honneur sur la poitrine, pour aller rejoindre Abd-el-Kader; il en fut de même en Égypte : nos protestations de bonne amitié pour le sultan et de dévotion à Mahomet obtinrent peu de créance. Un membre du divan du Caire, qui a écrit en arabe l'histoire de la campagne d'Égypte, y a mis cette phrase bonne à méditer : « Ce qui m'a le plus amusé, c'est quand Bonaparte a dit : Je suis l'ami des musulmans, et je veux le bien de l'Égypte[1]. »

Et cependant il était vrai que nous venions pour le bien de l'Égypte ! Nous lui apportions la civilisation nouvelle dans les voies de laquelle elle était appelée à marcher avant les autres nations de l'Orient, comme elle avait marché autrefois une des premières dans les voies de la civilisation antique. Alexandrie, en particulier, doit aux Français le commencement de sa régénération. Les Français ont réparé ses fortifications, déblayé ses ports, introduit dans son régime quelques mesures de salubrité, conçu l'idée de rouvrir le canal qui rattache Alexandrie au Nil, et qui est pour elle une condition d'existence ; en général, ce sont les Français qui ont préparé l'œuvre de Méhémet-Ali. Il n'est peut-être aucune de ses idées de réforme qui ne lui ait été suggérée par l'initiative française. C'est par nous que la civilisation occidentale a mis le pied sur cette vieille terre d'Égypte, d'où elle ne sortira plus.

---

[1] *Journ. d'Abdharaman Gabarti.* — *Nouv Journ. asiat.*, XV, 185

Méhémet-Ali, il faut le reconnaître, a été le second fondateur d'Alexandrie, en exécutant le canal que nous avions conçu. Les ports se sont remplis de navires comme autrefois; on a pu y compter jusqu'à mille mâts et dire : « Livourne, Marseille, Plymouth, n'en offrent pas un plus grand nombre[1]. » La flotte de Méhémet-Ali était composée, en 1838, de neuf vaisseaux et de neuf frégates ; elle occupe le septième rang parmi les puissances maritimes; la Turquie, l'Autriche, l'Espagne, ne viennent qu'après. Pour réaliser cette création, qui a donné rang à un simple pacha parmi les puissances, Méhémet-Ali a été secondé par des Français, dont les noms sont trop honorables pour ne pas trouver place ici. Deux Français, MM. de Cerizy et Besson, ont créé cette flotte et cet arsenal, création, dit le maréchal Marmont, étonnante et presque incompréhensible. Les difficultés de tout genre étaient immenses; il a fallu une persévérance et une habileté rares pour les surmonter. Un autre Français, M. Mougel, vient d'achever un bassin dont l'exécution présentait aussi les plus grands obstacles. Toutes les fois qu'il est question en ce pays de travaux difficiles, d'utiles perfectionnements, on entend résonner le nom de la France.

Je n'ai pas voulu quitter Alexandrie sans faire le tour de son enceinte. Laissant à gauche la grande

---

[1] Parthey, *Reisen*, I, 20.

colonne, je suis sorti par une porte à l'ouest de la ville ; mon chemin m'a conduit sur le bord du canal qui doit me porter au Nil. J'ai trouvé d'abord une cohue empressée, des barques rangées côte à côte, et tout le mouvement d'un port plein d'animation et de bruit ; puis, marchant toujours, j'ai dépassé la région du tumulte. Un grand silence a remplacé ces rumeurs. Je ne voyais que l'eau du canal, quelques berges solitaires et des terrains plats et nus. Des chameaux marchant sur une jetée étroite se profilaient sur le ciel. Cet aspect était singulièrement triste. Je me représentais les environs d'Alexandrie tels que nous les dépeignent les anciens, semés de jardins et de villas, embaumés par les rosiers dont les fleurs composaient les parfums d'Alexandrie, plantés de vignes qui produisaient le vin de Maréotis, chanté par Horace. Le mahométisme a déraciné les vignes, les roses ne se cultivent plus que dans la province de Fayoum. Souvent je n'avais sous les yeux qu'une nappe de sable blanc ou les ondulations d'un terrain jaunâtre. Par moment je saisissais une échappée de la ville ; j'apercevais, comme une vignette dans un *voyage en Orient*, une coupole colorée ou un toit en terrasse dans un groupe de palmiers diversement inclinés. Le soleil me rendait précieux le maigre feuillage des acacias, et délectable l'ombrage épais des sycomores. Enfin, après plusieurs heures d'une agréable chevauchée sur ces petits ânes vifs qui sont la monture du pays, je suis rentré dans Alexandrie par la porte de Rosette, à l'opposite de la porte par laquelle j'étais sorti. Si Alexandrie a gagné un arsenal et une flotte, elle a beaucoup perdu en ruines. Le voyageur ne peut plus dire, comme Volney, en traversant l'enceinte arabe : « On parcourt un vaste intérieur sillonné de fouilles, percé de puits.... semé de quelques colonnes anciennes, de tombeaux modernes, de palmiers et de nopals. » Dans toute ma course, je ne rencontrai d'autres antiquités que quelques colonnes de granit, les unes debout, les autres gisant sur le sol ; mais il n'y avait là point d'hiéroglyphes à lire. Enfin le ciel m'envoya, pour consoler ma détresse, un beau sarcophage égyptien, placé à l'entrée du jardin d'un riche négociant nommé Gibarra. Je me jetai sur cette proie, unique aliment offert à ma faim archéologique, et me voilà grimpé sur le couvercle ou agenouillé à côté du sarcophage, m'évertuant à déchiffrer les noms et la condition du mort. Il s'appelait Petpapi, nom que je n'ai encore trouvé sur aucun monument funèbre, et j'ai déjà recueilli une collection bien considérable de noms propres égyptiens. Son titre est écrit de diverses manières. Il est dit *préposé ou attaché aux deux siéges ou aux deux trônes* : c'est la désignation d'une charge que je n'ai non plus rencontrée nulle part. La nuit est venue m'interrompre dans ma transcription, que je compte bien reprendre à mon retour. Ce matin, le bateau à vapeur part pour le Caire. Je quitte sans regret Alexandrie, par où je dois nécessairement repasser. Le lecteur trouvera peut-être que je l'y ai un peu longtemps arrêté, et que je lui ai fait faire, sans changer de place, beaucoup de chemin : c'est que dans cette ville, dont l'histoire est si vaste et l'enceinte si pauvre, il y avait plus à méditer qu'à voir, plus de questions à examiner que d'objets à décrire, plus de souvenirs que de débris ; mais Alexandrie était un trop grand nom et une trop grande chose pour ne pas lui consacrer une *étude* un peu approfondie. De plus, j'ai profité de l'occasion qui se présentait naturellement pour éliminer de l'Égypte, avant d'y entrer, beaucoup de choses qu'il ne faut pas s'attendre à y trouver. Il en reste assez pour satisfaire la plus exigeante curiosité. Cette exécution faite, continuons notre route ; des *recherches* revenons au *voyage*, ou plutôt commençons réellement le voyage. Ici j'étais encore en Grèce ; je vais entrer en Égypte, demain je verrai les pyramides.

LES PYRAMIDES

15 décembre.

Un petit bateau à vapeur transporte les voyageurs d'Alexandrie jusqu'à Atfeh, où le canal rejoint le Nil; là un autre bateau plus grand les reçoit et les porte au Caire, en remontant le fleuve. A ce canal, comme je l'ai dit, Alexandrie doit sa résurrection; il lui apporte l'eau du Nil, et la rattache à l'Égypte. Au temps des Français, il n'était guère navigable qu'un mois de l'année. Bonaparte conçut le projet de le réparer. Les plans furent levés, les devis furent faits, mais le temps et la fortune manquèrent à ce dessein; après divers essais, parmi lesquels il faut citer ceux de M. Coste en 1820, le pacha résolut de reprendre l'œuvre des Ptolémées et des califes, et de réaliser le projet des Français. Malheureusement il accomplit cette grande résolution à sa manière, c'est-à-dire en prodiguant la vie des hommes, qui ne compte pas pour beaucoup en Orient. On fit une battue dans la Basse-Égypte, on traqua, on *pressa*[1] les cultivateurs, les femmes, les vieillards, les enfants, au nombre, dit-on, de cent mille. Là, sans abri, souvent sans nourriture, creusant avec les ongles un sol pestilentiel, ces malheureux, excités par le bâton, dévorés par la faim, décimés par les maladies, achevèrent le canal en quelques mois. Le canal existe, il est très-utile au commerce, très-commode pour les voyageurs, et il n'a pas coûté beaucoup d'argent à creuser. MM. Lancret et Chabrol, de l'expédition d'Égypte, estimaient les frais à 750,000 francs; Méhémet-Ali n'a dépensé que trente mille hommes.

Je ne sais si l'horreur de ce souvenir assombrissait pour moi le paysage, mais j'ai trouvé les bords du canal bien tristes. Je les crois réellement assez mornes et assez différents de ce qu'ils étaient au temps d'Aboul-Féda, quand celui-ci vantait l'agrément de ces rives bordées des deux côtés de prairies et de jardins, plantées, dit un poëte arabe, de palmiers « semblables au col ondoyant d'une belle fille qui dort, et

---

[1] J'emploie ce mot dans un sens qu'il n'a heureusement qu'en anglais. On sait ce que c'est que la *presse* des matelots. Cet usage étrange chez un peuple libre n'était point inconnu à l'ancienne Égypte, au moins sous les Ptolémées. M. de Saulcy en a trouvé la preuve dans le texte démotique de l'inscription de Rosette, qu'il a si heureusement interprété.

parés de leurs colliers de fruits. » Pour me distraire, je cause avec un Arménien *orthodoxe* (ainsi se désignent eux-mêmes ceux que nous appelons schismatiques). Celui-ci est plein de colère contre les Arméniens catholiques. Ils ont cessé d'être Arméniens en se faisant romains, dit-il. Je comprendrais ce patriotisme jaloux, s'il y avait une église arménienne véritablement indépendante; mais on sait de quel souverain étranger le grand patriarche d'Eschmyadzin est le très-humble serviteur, et les Arméniens qui ne veulent pas avoir leur pape à Rome risquent fort de l'avoir à Pétersbourg.

Dans les misérables huttes qui s'élèvent sur la rive, je remarque en passant ce goût naturel pour l'élégance et la décoration qui se rencontre ici allié à la dernière misère. La porte d'une cabane bâtie avec la boue du Nil m'a offert une ogive très-bien tracée. Dans le pays du soleil, le beau n'est jamais absent, la grâce se mêle à tout.

Cependant le bateau marche, et nous approchons d'Atfeh, où le canal débouche dans le Nil. Tout à coup à la monotonie et à la nudité du paysage succèdent deux rangées de sycomores. Le soleil, qui est près de son coucher, sème de taches dorées l'ombre noire qui s'étend à leur pied. Nous glissons entre deux murs d'une noire verdure, et au bout de cette allée d'ombre jaillit le minaret empourpré d'Atfeh. Voilà un de ces moments dont le souvenir se détache de tous les souvenirs d'un voyage, et qui dédommagent de beaucoup de *longueurs* et d'ennuis, comme quelques moments dans la vie dédommagent de beaucoup de jours. A Atfeh s'opère le transbordement du petit bateau dans le bateau plus grand destiné à remonter le Nil jusqu'au Caire. Nous voilà donc sur le Nil. Désormais nous ne le quitterons plus ; il nous promènera à travers les monuments de l'Égypte, qui s'élèvent tous sur ses bords ; les anciens l'appelaient *Ægyptos*, et en effet il est toute l'Égypte.

Ce soir, nous remontons le cours majestueux de ce fleuve nouveau par un beau clair de lune, en prenant du thé sur le pont, et en causant avec un négociant français établi en Égypte des dernières mesures commerciales de Méhémet-Ali. Le chemin fut plus rude à l'armée française pour venir d'Alexandrie au Nil ; pendant plusieurs jours, elle se traîna à travers les sables, harcelée par les Arabes, mal pourvue de vivres, privée d'eau, et dévorée par un soleil de juillet. Faisant ainsi, dans les circonstances les plus pénibles, le cruel apprentissage du désert, elle conserva tout son courage, et, ce qui était plus héroïque, toute sa gaieté. Là, au milieu des horreurs de la soif, les soldats éprouvèrent pour la première fois cette déception cruelle qui semble une ironie de la nature, le mirage. C'est au milieu de ces épreuves qu'ils atteignirent Chébreis, où la fermeté de l'infanterie soutint sans broncher le choc de l'impétueuse cavalerie des mamelouks; ceux-ci firent en vain des prodiges de courage et de désespoir pour briser une résistance qu'ils ne pouvaient comprendre. Nos soldats ont toujours donné le même exemple, en Égypte et en Algérie, depuis la bataille des Pyramides jusqu'à la bataille d'Isly; mais c'est à la première rencontre surtout que fut merveilleuse cette immobilité des carrés assaillis par la meilleure cavalerie de l'Orient. Quelque hésitation eût peut-être été permise en présence d'un péril si formidable en apparence et si nouveau, mais, dès le premier jour, nos fantassins furent inébranlables, et l'ennemi, qui croyait les anéantir, ne put les étonner.

Nous avons laissé la Grèce à Alexandrie, nous en retrouvons encore le souvenir en passant devant le lieu où fut Naucratis, la première ville grecque qu'ait vue l'Égypte; Naucratis, célèbre par tout ce qui tenait aux élégances et aux corruptions de la vie hellénique, par ses coupes, ses vases et ses courtisanes[1]. Le séjour de toutes ces brillantes fragilités n'a laissé aucun débris. Saïs, qui fut la résidence de la dernière dynastie nationale avant la conquête des Perses, a laissé plus de traces. On y voit encore une vaste enceinte en briques et quelques ruines. Du reste, ces ruines, reconnues par l'expédition française, visitées par Champollion, L'Hôte et Wilkinson, offrent, d'a-

---

[1] Ces dernières, dit Bayle traduisant Hérodote, y prenaient un soin extrême d'être charmantes.

près ce qu'ils en disent, un médiocre intérêt. On n'y a presque point trouvé d'inscriptions hiéroglyphiques, et, sans hiéroglyphes, des débris informes ou des briques entassées ne méritent guère d'arrêter. J'ai vu à Rome, où il m'avait été indiqué par le respectable P. Ungarelli, un monument venu certainement de Saïs et beaucoup plus curieux que tout ce qu'elle contient aujourd'hui. Ce monument suffirait à lui seul pour montrer quel jour peut répandre sur l'histoire d'Égypte la lecture des hiéroglyphes. Il est venu en aide à une opinion déjà énoncée par M. Letronne et appuyée sur d'autres preuves, à savoir que les destructions opérées par les Persans et leur roi Cambyse avaient été notablement exagérées. C'est une statuette d'un prêtre de la déesse Neith, patronne de Saïs; elle porte une inscription hiéroglyphique attestant que Cambyse, loin de faire dans cette circonstance aucune violence à la religion nationale, lui a rendu au contraire un éclatant hommage. On peut lire avec certitude dans l'inscription que *Cambyse a fait les cérémonies sacrées en l'honneur de la déesse Neith comme les anciens rois.*

Les auteurs grecs parlent souvent de Saïs, la première grande ville de l'ancienne Égypte qu'on trouvait en remontant la branche canopique du Nil, longtemps ouverte seule aux étrangers. D'ailleurs Saïs était peu éloignée de Naucratis, dont la population était grecque aussi bien que le nom. C'est à Saïs que Platon place l'entretien de Solon et des prêtres sur l'Atlantide. A Saïs se rattachent deux grandes questions qu'on ne peut résoudre en passant devant ses ruines, mais que ces ruines rappellent : la question des colonies égyptiennes en Grèce, et celle des mystères de l'Égypte. Cécrops, dont le nom a du reste une physionomie assez égyptienne, venait-il de Saïs? Saïs était-elle la mère d'Athènes? La déesse *Athéné* (Minerve) était-elle la même que la déesse Neith? Ces choses que l'antiquité a crues ne sont point impossibles; si elles étaient vraies, il faudrait saluer ici le berceau d'Athènes, mais elles me semblent loin d'être démontrées. Quelque opinion qu'on adopte sur la grande question des colonies égyptiennes, il faut reconnaître que les témoignages des anciens sur ce sujet, tous très-postérieurs à l'événement, doivent être accueillis avec réserve. On a trouvé sur les monuments égyptiens des traces d'immigration; on y a vu représentées des familles de pasteurs arrivant du dehors comme la tribu d'Abraham, mais on n'a pu découvrir jusqu'ici rien qui ressemble à une émigration. Les Égyptiens paraissent avoir été un peuple sédentaire. Attachés à leur pays, qui était pour eux l'univers, la singularité de ce pays extraordinaire contribuait encore à les y fixer. En général, quand on est né dans une contrée qui diffère beaucoup des autres par sa physionomie physique et par ses institutions politiques, on est peu disposé à se faire ailleurs une patrie. Plus on a sujet d'être dépaysé par un changement de lieu, moins on est porté à s'établir dans un lieu nouveau ; c'est probablement ce qui fait que les habitants des montagnes tiennent si fortement aux régions qui les ont vus naître. Accoutumés au caractère tranché de leurs scènes et de leur vie alpestres, comment s'accommoderaient-ils au caractère si différent de la nature et des mœurs de la plaine? Et cela n'est pas vrai seulement des montagnes. Tout pays dont la physionomie est bien marquée, toute civilisation qui a un caractère à part, détournent les hommes d'établir ailleurs leur existence. Il en est des marais de la Laponie comme des pâturages de l'Oberland ou des rochers du Tyrol.

La Chine, qui renferme tous les climats, qui est un pays de plaines et de montagnes, ne se répand point sur le monde, qu'elle inonderait, parce que sa civilisation très-particulière l'isole et la circonscrit. Comment un Chinois vivrait-il hors de la Chine? Pour lui, ce serait changer de planète. Cela était encore plus vrai des Égyptiens, car pour eux, à l'étranger, la nature était aussi nouvelle que la société. On est donc disposé *a priori* à reconnaître aux Égyptiens un penchant très-prononcé à rester chez eux. Ces réflexions ne tranchent point la question des colonies égyptiennes en Grèce, mais peuvent l'éclairer un peu en attendant qu'elle soit résolue.

A la question des colonies égyptiennes en Grèce

touche la question de l'origine des mystères que les colonies auraient apportés. C'est encore un point délicat qui ne peut se traiter sur ce bateau et pour ainsi dire à vitesse de vapeur. Ce qui est certain, c'est que là aussi il y a eu des exagérations et des suppositions manifestes. L'origine égyptienne des mystères grecs, admise un peu sur parole jusqu'à ce jour plutôt que démontrée véritablement, tenait peut-être à l'opinion qu'on s'était formée de la science et de la sagesse profonde des Égyptiens. Peut-être, maintenant qu'on voit qu'ils ne savaient pas beaucoup, reconnaîtra-t-on qu'ils n'avaient pas grand'chose à cacher, et les mystères de leur religion s'évanouiront-ils presque complétement, comme le profond symbolisme de leur écriture a disparu depuis qu'on sait la lire. Du reste, on ne peut en vouloir beaucoup à une opinion qui a inspiré à M. Ballanche de si belles pages dans son épopée sociale d'Orphée.

Hérodote parle des mystères de Saïs; mais ce mot doit être pris ici plutôt dans le sens qu'il a reçu au moyen âge que dans l'acception que lui donnait l'antiquité. A Saïs, d'après Hérodote, on représentait de véritables drames hiératiques; la nuit, sur le lac de Saïs, on jouait, il le dit en propres termes, *la Passion d'Osiris*[1]. Cette représentation, j'en conviens, pouvait offrir des symboles dont les initiés avaient le mot;

---

[1] Τὰ δείκηλα τῶν παθέων αὐτοῦ νυκτὸς ποιεῦσι. — Hér., II, 171.

mais, même en admettant de vrais mystères chez les Égyptiens au temps d'Hérodote, il resterait toujours à savoir si ces mystères existaient primitivement dans le sein de la religion égyptienne, ou s'ils commençaient à s'y introduire par les influences grecques. N'oublions pas que Saïs, où nous les voyons plus certainement établis que partout ailleurs, était voisine de Naucratis, et que Naucratis était grecque.

16 décembre.

Je me réveille sur le Nil ; je vois pour la première fois le soleil se lever sur ses rives. Notre bord a reçu un personnage important, un des hommes les plus éclairés que renferme l'administration égyptienne, Edem-Bey, ministre de l'instruction et des travaux publics ; j'ai pour lui une lettre de mon vénérable confrère M. Jomard, et je suis charmé de commencer notre connaissance sur le bateau à vapeur, où l'on a tout loisir de converser librement. Edem-Bey a vu la France et l'Angleterre ; les idées saint-simoniennes et fouriéristes lui sont familières ; on sent qu'il a une certaine prédilection pour elles. Je le regarde et l'écoute avec curiosité. Eh quoi ! c'est un Turc, un ministre du terrible exterminateur des mamelouks, ce personnage à lunettes vertes parlant très-bien français et développant tous les avantages qu'offre l'association des petites fortunes et des petites existences avec une bonhomie que je crois sincère ! L'Orient, où l'idée de la propriété individuelle n'a jeté nulle part des racines bien profondes, est le pays où les théories socialistes ont, à quelques égards, le moins de chemin à faire pour s'établir. On y est fort accoutumé à l'exploitation par le gouvernement ; il n'y aurait qu'à la conserver en la régularisant, en la purgeant de despotisme, s'il est possible. Les idées de Saint-Simon ont laissé un germe en Égypte ; les idées de Fourier s'infiltrent à Constantinople. L'Orient, qui n'a connu ni le christianisme ni la liberté, est une terre favorable pour des théories qui ne s'arrangent très-bien ni du premier ni de la seconde.

En remontant le Nil, on est frappé d'un spectacle nouveau. A droite et à gauche, le fleuve envoie des canaux qui se divisent et se ramifient ; c'est comme un réseau d'artères qui, partant d'un tronc commun, vont porter la vie aux extrémités ; mais là s'arrête la comparaison. Aucun affluent ne vient grossir le fleuve nourricier ; il y a donc ici des artères, mais il n'y a pas de veines.

La pointe du Delta s'appelle *le Ventre de la Vache* ; ce nom, donné à l'endroit où commence la partie la plus fertile de l'Égypte, n'est-il pas un souvenir de la vache divine, d'Isis, symbole de la fécondité et personnification de l'Égypte ? Tout le monde sait que les Grecs désignèrent par le nom de Delta un triangle dont la pointe est ici, et dont la base est appuyée à la mer, à cause de la ressemblance qu'ils lui trouvaient avec la quatrième lettre de leur alphabet. Depuis, le nom de Delta a été donné à tous les pays créés ainsi par les atterrissements que produisent les fleuves vers leur embouchure; ce phénomène géographique n'est point particulier à l'Égypte. Ceci n'est point *le* Delta, mais *un* delta, car il y en a plusieurs; il y en a un grand nombre. Ceci est le delta du Nil. Le Rhin, le Pô, le Mississipi, ont le leur. La Hollande est un delta; je viens de côtoyer le delta du Rhône, qui s'appelle la Camargue.

La géologie, qui nous a enseigné l'existence d'anciennes races d'animaux, d'anciennes espèces végétales, aujourd'hui détruites, a retrouvé aussi des deltas dans le monde qui a précédé le nôtre[1]. Partout la formation des deltas, amenée par des causes pareilles, s'accomplit de la même manière[2]. Un delta n'est pas le résultat d'accidents fortuits, mais le produit de lois constantes. « Un delta, dit M. Élie de Beaumont, passe par une série de phases presque aussi marquées que celles du développement d'un être organisé. »

Il est des pays dont l'histoire est écrite dans le sol. Leur constitution physique y détermine le retour d'événements semblables. Iphicrate et saint Louis commencèrent avec un pareil succès leur campagne dans la

---

[1] *Litterary Gazette*, n° 1550, p. 846.
[2] La formation des deltas est traitée de la manière la plus complète dans les *Leçons de géologie pratique* de notre illustre géologue M. Élie de Beaumont.

Basse-Égypte, et tous deux durent se retirer devant l'inondation qu'on y sait produire à volonté ; il suffit de couper les digues des canaux. Le Hollandais peut appeler la mer sur son sol ; l'Égyptien a une mer intérieure à sa disposition. Singulière diversité des opinions humaines ! les chroniqueurs arabes comparent le saint roi à Pharaon ; l'un d'eux, en parlant des désastres de nos croisés, s'écrie dévotement : Alors le diable cessa de les protéger.

La question de l'antiquité du Delta a été débattue avec assez de vivacité, parce qu'on rattachait cette question à celle de l'antiquité de la civilisation égyptienne et de la race humaine. Liée à des systèmes dont le but était de servir ou de combattre certains dogmes, elle a été d'abord étrangement compliquée et obscurcie. Traitée avec plus de liberté d'esprit, elle a dû s'éclaircir. Avant d'en arriver là, elle a donné lieu à plusieurs méprises. Ceux qui voulaient le monde très-ancien supposaient que la civilisation égyptienne existait déjà quand le terrain du Delta a commencé à se déposer, et ils comptaient complaisamment les milliers d'années qui avaient dû s'écouler avant que ce grand pays eût achevé de se former. Ces calculs reculaient prodigieusement l'apparition de l'homme sur la terre. Ceux qui avaient des raisons pour que l'espèce humaine fût assez nouvelle cherchaient à prouver que le Delta s'était formé plus rapidement, et ils citaient l'exemple de la ville de Damiette, port de mer, disaient-ils, au temps des croisades, et située maintenant à deux lieues de la Méditerranée.

En examinant la question avec impartialité, il s'est trouvé que la géologie donnait raison à ceux qui demandaient beaucoup de siècles pour la formation du Delta. Les arguments de leurs adversaires ont été écartés par l'étude des faits. On a reconnu, par exemple, que, si Damiette n'était plus au bord de la mer, ce n'est pas que le Delta ait gagné sur elle depuis douze siècles, comme Cuvier lui-même l'a cru : seulement il se trouve que le sultan Bibars, après avoir détruit Damiette, l'a rebâtie à deux lieues dans l'intérieur des terres ; mais il n'y a point là sujet de triomphe pour les partisans de l'antiquité démesurée de la civilisation égyptienne et de la race humaine sur la terre, car, pour que cette antiquité fût prouvée par celle du Delta, il faudrait prouver d'abord que l'Égypte a été civilisée, ou même que l'homme a existé avant que le Delta fût formé, et c'est ce que rien n'établit : on voit, au contraire, qu'à une époque reculée de l'histoire égyptienne, le Delta était à peu près ce qu'il est de nos jours. Les ruines de la ville de Tanis[1], qui paraît dans l'Écriture près de deux mille ans avant l'ère chrétienne, ont été retrouvées presque au bord de la mer. Le Delta n'a donc point avancé depuis très-

[1] M. Letronne, qui, dans son cours, a victorieusement combattu la nouveauté du Delta, citait, outre Tanis, Avaris, où se retranchèrent les pasteurs avant leur sortie de l'Égypte, et qui était également située vers l'extrémité du Delta.

sensiblement[1]; il faut toujours séparer avec soin l'antiquité du monde et celle de l'homme, les dates de la géologie et celles de l'histoire. Sans doute, selon l'expression d'Hérodote, l'Égypte est un don du Nil; mais quand ce don a été fait, l'homme n'était pas là pour le recevoir. Sans doute, il y a eu un temps où à la place du Delta était un golfe. Il y a eu aussi un temps où le bassin de Paris était une mer ; cela ne prouve pas qu'il existât des Parisiens à l'époque des mastodontes.

Tandis que nous côtoyons le Delta, on nous parle du grand ouvrage que le pacha pense sérieusement à entreprendre, de ce barrage du Nil qui fut une pensée de Napoléon, l'un des plus raisonnables rêves des saint-simoniens, et qui doublerait la terre cultivable du Delta. Ce serait une grande chose sans doute, mais son heure est-elle venue, et ne peut-on penser, comme un ingénieur français distingué, M. Henry Fournel, eut occasion de le dire à Méhémet-Ali, que ce n'est pas la terre qui manque à l'Égypte, mais les bras[2]? Pendant que j'étais tout occupé du barrage et de Méhémet-Ali, j'ai aperçu à l'horizon comme un petit nuage grisâtre. Ce petit nuage, c'était une des pyramides. Je n'avais pas prévu qu'elles m'apparaîtraient ainsi ; je n'aurais pas cru que ce que la puissance des hom-

---

[1] « La côte d'Égypte est restée à très-peu près ce qu'elle était il y a trois mille ans, » dit M. Élie de Beaumont (*Leçons de Géologie*, t. I, 46). Le delta du Mississipi, selon M. Lyell, ne croît que d'un mètre par siècle ; il a fallu soixante-sept mille ans pour le former.

[2] C'est aussi l'opinion de M. Vyse. — *Pyramids of Gizeh*, I. 255.

mes a bâti de plus solide et de plus durable pût ressembler autant à ce que le caprice de l'air construit de plus fragile et de plus léger. Il y avait dans cette illusion d'optique un enseignement grave, dans ce hasard il y avait du Bossuet. Peu à peu les trois grandes pyramides de Gizeh se sont dessinées à mes regards. Les contours du Nil, qui s'en éloigne ou s'en rapproche tour à tour, les groupent diversement. Enfin la ville du Caire apparaît dans sa magnificence, dominée par sa citadelle adossée au mont Mokatam ; les blancs minarets se détachent sur les collines rougeâtres et sur l'azur du ciel.

On débarque à Boulak, car le Nil, qui touchait autrefois les murs du Caire, s'en est écarté maintenant d'un quart de lieue environ[1]. La route de Boulak au Caire est charmante. Ce ne sont que jardins et champs cultivés. Bientôt, on entre dans les belles avenues de sycomores qui conduisent du Caire à Choubrah. Je ne saurais dire avec quelle joie je galopais tout à l'heure à l'ombre de ces arbres magnifiques à travers les turbans, les voiles, les chameaux, à côté de quelques Anglaises qui me parlaient de l'Inde, où elles seront dans trois semaines. Cette animation sans bruit, ce mouvement des abords d'une capitale sans roulement de voitures, puis ces costumes, ces montures, ces visages noirs, ces formes voilées qui passent auprès de

---

[1] Voyez ce qu'en dit Makrisi. — De Sacy, *Chrestomathie arabe* t. I, 278.

vous emportées en sens contraire par un galop rapide, tout cela augmente encore ici l'espèce d'agitation et d'étourdissement qu'on éprouve toujours en approchant d'une capitale inconnue, et que j'appellerais *la fièvre de l'arrivée.*

On entre au Caire par la place de l'Esbekieh, qui naguère était entièrement submergée à l'époque de l'inondation, et qui sera, avec le temps, une magnifique place européenne. Près de l'Esbekieh, on montre le jardin où Kléber[1] tomba sous le poignard de ce fanatique étrange qui demeura ferme et silencieux, tandis qu'on lui brûlait la main; mais qui, un charbon lui ayant effleuré le coude, jeta un grand cri. Comme on s'en étonnait, « Ceci n'est pas dans la sentence, » répondit-il. C'est sur l'Esbekieh qu'on célèbre tous les ans la fête de *l'inondation.* Cette solennité musulmane remonte probablement à une antique solennité égyptienne. On jette encore aujourd'hui dans le fleuve une grossière figure de femme qu'on nomme *la fiancée.* Selon la tradition arabe, les Égyptiens, à l'époque de la conquête, sacrifiaient encore au Nil une jeune fille. *La fiancée* serait-elle un souvenir de cette immolation? Je ne le puis croire, car on n'a découvert aucune trace de sacrifices humains dans l'antique Égypte. Si la tradition musulmane était vraie, il faudrait penser que cette cérémonie barbare se serait introduite dans

---

[1] Des Français y ont récemment fait élever un monument à la mémoire du vainqueur d'Héliopolis.

les derniers temps du paganisme, à l'époque où l'on voit apparaître dans l'empire romain certains rites sanglants comme ceux des tauroboles ; mais il est plus probable que c'est une pure calomnie des vainqueurs. Si l'on voulait absolument trouver une origine ancienne à l'usage conservé jusqu'à nos jours, j'y verrais plutôt la trace d'une coutume égyptienne très-innocente, qui aurait consisté à jeter dans le fleuve un simulacre de la *déesse Nil* ; je dis la *déesse*, parce que les monuments nous ont appris que le Nil inférieur et le Nil supérieur étaient représentés par deux personnifications féminines.

Rien n'est plus animé que l'aspect des rues du Caire. Imaginez trente mille personnes trottant ou galopant sur des ânes dans des rues étroites et tortueuses. On est bientôt emporté dans ce tourbillon. Assourdi par les cris des âniers et des passants, attentif à ne pas écraser les femmes et les enfants qui sont tranquillement assis par terre au milieu de ce tumulte, à ne pas heurter les aveugles qui s'y promènent, à ne pas laisser une partie de ses vêtements ou de sa personne au milieu de la cohue qui le froisse ou le heurte à toute minute, l'étranger qui se trouve pour la première fois dans les rues du Caire est en proie à une inquiétude continuelle ; l'impression qu'il éprouve ressemble beaucoup à celle qu'on éprouverait à se sentir emporté à travers un hallier. Cependant on s'accoutume à tout, et bientôt l'on trouve très-divertissant ce galop universel, ce perpétuel hourrah, qui font ressembler toutes les promenades à une charge de cavalerie ou à une course au clocher. Rien n'est plus contraire au calme de Constantinople, quand d'un bout à l'autre de l'immense ville on traverse lentement, au pas de son cheval, une foule silencieuse : là sont les Turcs, ici des Arabes ; le contraste n'est pas plus grand entre Rome et Naples.

Cette première vue du Caire me charme ; que j'aurai de plaisir à me donner chaque jour le spectacle de ce désordre pittoresque, à visiter les mosquées, qui ne sont pas ici, comme à Constantinople, l'ouvrage des barbares Ottomans, mais le produit du génie arabe, à connaître les Français distingués que le Caire renferme, le colonel Sèves (Soliman-Pacha), Clot-Bey, MM. Linant, Perron, Lambert[1], à voir les belles collections égyptiennes de Clot-Bey et du docteur Abbot ! Mais, avant tout, il faut... aller visiter les pyramides de Gizeh : la première, au nord, est de tous les monuments humains, le plus ancien, le plus grand et le plus simple.

Après avoir passé le Nil, nous traversons une plaine cultivée qui s'étend du fleuve au désert ; cette plaine, naguère inondée, est maintenant très-verte.

---

[1] J'aurai le regret de n'y pas rencontrer M. Prisse, auquel nous devons la *chambre des rois de Karnac* et de savantes remarques sur ce monument. Je l'ai laissé à Paris occupé à préparer une nouvelle exploration de l'Égypte à laquelle personne n'est plus propre que lui.

Les trois pyramides de Gizeh s'élèvent à l'extrémité de la zone fertile comme d'immenses bornes pour marquer le point où la vie finit! Des bords du Nil au pied des pyramides, l'aspect et l'effet de ces monuments changent plusieurs fois : tour à tour ils semblent au-dessus ou au-dessous de ce qu'on attendait. Comme on ne peut les mesurer ni avec un objet présent ni avec un souvenir, les pyramides grandissent et diminuent selon les accidents de la vision et les caprices de la fantaisie.

Comment oser faire des phrases sur les pyramides, la seule des sept merveilles du monde que le temps ait épargnée ; les pyramides que tant de poëtes ont célébrées depuis Horace jusqu'à Delille, à qui elles ont inspiré un vers plus grand que lui :

> Leur masse indestructible a fatigué le temps [1] ;

que Stace a appelées d'audacieux rochers, *audacia saxa*, et Pline, poëte dans sa prose, des masses monstrueuses, *portentosæ moles*, expressions gigantesques surpassées par une parole de Bonaparte : « Du haut de ces monuments, quarante siècles vous contemplent. » Seulement il eût fallu dire hardiment soixante siècles ; mais Bonaparte n'avait pas lu Manéthon. Le premier poëte de la Grèce moderne, Alexandre Soutzo, a traduit par un beau vers l'éloquente inspiration du gé-

---

[1] Il y a une pensée semblable dans Abdallatif, que certes l'abbé Delille n'avait pas lu.

néral français en disant des pyramides : « Elles versent la grande ombre de quarante siècles. »

Le nom des pyramides est aussi ancien qu'elles. Volney l'a voulu tirer de l'arabe. Les Grecs, qui voyaient du grec partout, n'ont pas manqué d'y retrouver le mot *pyr*, feu, parce que les pyramides étaient, dit-on, consacrées au soleil, et plus tard le mot *pyros*, blé, quand une tradition chrétienne en eut fait les greniers de Joseph. Ce n'est ni dans l'arabe ni dans le grec qu'il eût fallu chercher le nom des pyramides ; ces origines sont trop récentes pour leur antiquité. C'est à l'ancienne langue de l'Égypte conservée en partie dans le copte qu'il fallait demander ce nom qui a traversé les siècles. En copte, *pirama* veut dire la *hauteur*. Peut-on douter que ce ne soit là le véritable sens du nom donné par les hommes à ce qu'ils ont construit de plus élevé sur la face de la terre?

En approchant des pyramides, on voit flotter et courir des burnous blancs, comme si on allait être assailli par une razzia arabe ; mais ces enfants du désert au visage terrible sont d'humbles *ciceroni*. C'est entre eux à qui arrivera avant les autres auprès de vous et s'emparera de votre personne par droit de premier occupant. Trois Arabes s'attachent à chaque voyageur, et, grâce à eux, on peut gravir rapidement les pyramides sans danger et sans difficulté, mais non sans fatigue. L'ascension de la grande pyramide ressemble à une ascension de montagne. On s'attaque à un des angles, et l'on grimpe d'assise en assise à l'aide des mains et des genoux, à peu près comme on franchit dans les Alpes certains passages à travers un éboulement de roches. Je n'ai jamais trouvé que deux ascensions pénibles : celle de l'Etna et celle de la grande pyramide. Celle-ci ne fatiguerait point si l'on se pressait moins, ou plutôt si l'on était moins pressé par les Arabes qui vous hissent au sommet. Les Anglais, qui mettent toujours leur plaisir dans leur orgueil, sont enchantés de pouvoir dire qu'ils sont montés sur la grande pyramide dans le temps le moins long possible, et les Arabes, croyant que tout le monde a cette sotte ambition, vous poussent, vous pressent, et vous apportent enfin brisé sur la plate-forme, où vous seriez arrivé commodément quelques minutes plus tard. Je ne sais si cette circonstance me rendit moins sensible au coup d'œil tant vanté dont on jouit, dit-on, du haut de la grande pyramide. Le contraste du désert et du terrain cultivé est certainement très-frappant, mais il n'est pas nécessaire, pour en avoir le spectacle, de grimper aussi haut. Tout le monde n'en conviendra point ; quand on s'est essoufflé si fort, on ne veut pas avoir perdu sa peine.

Au temps de Pline, des paysans d'un village voisin avaient pour industrie spéciale de gravir les pyramides à la satisfaction des curieux. Il en était de même lors du voyage d'Abdallatif au douzième siècle[1]. Main-

[1] Il semblerait que postérieurement à Pline, à l'époque où fut écrit

tenant, les voyageurs font eux-mêmes l'ascension de la grande pyramide; mais la seconde est beaucoup plus difficile à gravir à cause du revêtement qui subsiste en partie : c'est un Arabe qui se charge d'y monter. Pour cinq piastres, environ vingt-cinq sous, cet homme descend de la grande pyramide, où il a accompagné les voyageurs, grimpe sur la seconde à peu près comme une mouche grimpe contre une vitre, redescend et remonte sur la grande pyramide, pour venir chercher son argent, sans paraître plus fatigué qu'un chat qui aurait fait quelques tours sur les toits, et enchanté de son expédition lucrative.

Ce n'est que de notre temps qu'on a mesuré exactement les pyramides. Hérodote dit que la plus grande est aussi haute que sa base est large, ce qui est une erreur; Strabon dit plus haute, ce qui est une erreur plus grande; mais ni Hérodote ni Strabon n'étaient montés sur le sommet de cette pyramide, couverte alors d'un revêtement poli, et si les prêtres connaissaient la hauteur véritable du monument, ils se plaisaient à l'exagérer.

La grande pyramide avait dans son intégrité quatre cent cinquante et un pieds, selon les mesures prises par les savants de l'expédition d'Égypte[1]; c'est à peu

l'ouvrage sur les merveilles du monde, attribué à Philon de Byzance, on pouvait monter sur les pyramides. (Parthey, *Wanderungen*, p. 103.)

[1] On peut voir dans le plus grand détail toutes les dimensions des pyramides dans l'ouvrage du colonel Vyse, t. II, p. 109, 117, 120.

près le double de la hauteur de Notre-Dame. Si l'on compare cette hauteur à celles qui viennent immédiatement après dans l'échelle des monuments humains, on rencontre d'abord le clocher de Strasbourg[1]; il n'a que onze pieds de moins. Certes, si en 1439 on eût connu en Europe la véritable élévation de la grande pyramide, il est à croire que Jean Hulz, qui termina en cette année le chef-d'œuvre d'Erwin Steinbach, aurait ajouté douze pieds à la hauteur de son monument, pour que la flèche aérienne de l'église gothique dépassât dans les cieux la pointe du colossal édifice de l'Orient; le temple du Dieu des chrétiens l'emporterait sur le tombeau du Pharaon, le moyen âge sur l'antiquité, la France sur l'Égypte. Le temps a diminué de vingt-quatre pieds environ la hauteur totale de la pyramide, et dans son état actuel elle est moins élevée que la tour de Strasbourg; mais il y a une grande différence entre les deux monuments : l'inégalité de leurs chances de durée. La forme des pyramides est pour elles une condition de stabilité inébranlable. Dans un corps pyramidal, la base étant très-large et le centre de gravité peu élevé, la résistance que le corps oppose au renversement est presque égale à son poids; de là la grande solidité des pyramides[2]. La flèche de

---

[1] M. Parthey place entre les deux le clocher d'Anvers, auquel il attribue 447 pieds, 4 pieds seulement de moins que la grande pyramide. (*Wanderungen*, p. 101.)

[2] Neil Arnott, **Mécanique des Solides**, trad. franç., t. I, 128.

Strasbourg offre une disposition entièrement contraire, et dans les deux monuments les deux procédés d'architecture répondent à leur objet, ressemblent à la pensée qui les a inspirés. L'un est un temple, l'autre est un sépulcre; l'un représente l'élan de l'âme vers le ciel, l'autre l'immutabilité de la momie et l'immortalité de la mort. Après le clocher de Strasbourg vient le dôme de Saint-Étienne à Vienne, puis le dôme de Saint-Pierre de Rome. Supposez la grande pyramide en fer-blanc creux, on pourrait la placer sur Saint-Pierre, qui disparaîtrait comme la muscade escamotée sous le gobelet; si la tour de la cathédrale d'Ulm et celle de la cathédrale de Cologne avaient été achevées selon le plan primitif, elles auraient surpassé en hauteur la grande pyramide.

Sauf un petit nombre de chambres, deux couloirs et deux étroits soupiraux, la pyramide est entièrement pleine. Les pierres dont elle se compose forment une masse véritablement effrayante. Cette masse, d'environ 75 millions de pieds cubes[1], pourrait fournir les matériaux d'un mur haut de six pieds, qui aurait mille lieues et ferait le tour de la France. Quand on a contemplé quelque temps ces masses, il en sort cette question : Comment suis-je ici? En effet, par quel moyen a-t-on pu élever avec tant de régularité des centaines d'assises de deux cents pieds cubes et du

---

[1] *Expédition d'Égypte.* — Jomard, *Recherches sur les Pyr.*, p. 167.

poids de 30 milliers ? Et d'abord où en a-t-on pris les matériaux ? On admet généralement que ces matériaux ont été empruntés aux carrières de Tourah, de l'autre côté du Nil. Cependant la masse de la grande pyramide, selon M. Vyse, a été construite avec la pierre même qui lui sert de base. Le revêtement seul, tant intérieur qu'extérieur, a été apporté de l'autre côté du Nil. Belzoni pensait aussi que les matériaux des pyramides avaient été, au moins en grande partie, empruntés au rocher qui les porte, et cette opinion me semble la plus naturelle. Ajoutons qu'on a trouvé dans les carrières de Tourah des inscriptions hiéroglyphiques, et que la plus ancienne parle de l'ouverture des carrières sous un Amenmehé, qui ne peut remonter plus haut que la seizième dynastie. On n'a donc aucune preuve que les carrières de Tourah aient été exploitées sous la quatrième[1].

Le procédé par lequel a pu s'accomplir ce prodigieux travail est encore une question controversée. Diodore dit positivement que les Égyptiens n'avaient pas de machines, et il est certain que sur les monuments, en particulier sur les monuments funèbres, où sont représentées toutes les occupations et toutes les industries des Égyptiens, on n'a vu jusqu'ici nulle trace de la machine la moins compliquée. On a trouvé des poulies dans les tombes[2] ; mais il faudrait être

---

[1] Voyez Vyse, t. III, p. 94.
[2] Jomard, *Recherch. sur les Pyr.*, 167. — Caillaud en a trouvé une

bien sûr de l'âge des tombes où ces instruments ont été trouvés pour prononcer qu'ils sont égyptiens et non pas grecs ou romains. On n'a donc pu découvrir aucune trace certaine de la mécanique égyptienne, et, jusqu'à nouvel ordre, le plus vraisemblable est d'admettre avec quelques restrictions le récit d'Hérodote. On voit encore les trous qui servaient à soutenir les échafaudages qu'il décrit, et les restes des plans inclinés au moyen desquels on a pu hisser, comme il le dit, les pierres jusqu'au sommet des pyramides. Il faut se rappeler que l'objet qu'on se propose au moyen des machines est de suppléer au nombre des bras. Je lis dans un traité de physique estimé : « Un homme ou un moteur quelconque [1] dont la force est d'ailleurs modérée, mais qui est toujours disponible, pourra, en travaillant pendant une durée proportionnellement plus longue, produire l'effet *que cent hommes, que mille hommes produiraient en un instant par leur action simultanée;* mais on préférera souvent n'employer qu'un seul homme et une machine, parce qu'il est souvent très-incommode et très-dispendieux d'en réunir un aussi grand nombre, et très-difficile de les faire agir de concert. » Or, cela n'était nullement difficile aux Pharaons ; ils n'avaient donc pas besoin de recourir à ces machines qui font

à Thèbes. J'en ai vu moi-même une au Caire, dans la curieuse collection de M. Rousset.

[1] Neil Arnott, *Mécanique des Solides*, I, 192.

en employant moins de bras ce qu'eux produisaient par *l'action simultanée d'un grand nombre d'hommes*, action que le physicien cité plus haut déclare équivaloir à celle des machines. Mais comment les Égyptiens auraient-ils élevé de si grands monuments sans graver sur leurs faces un seul hiéroglyphe? Hérodote parle d'une inscription tracée sur la grande pyramide : des inscriptions en caractères antiques et inconnus existaient encore au moyen âge, selon les auteurs arabes; aujourd'hui on ne lit rien sur les murs des pyramides. Cette contradiction apparente s'explique facilement : il est maintenant établi que la grande pyramide était primitivement couverte d'un revêtement en pierre polie. M. Letronne a fait l'histoire des dégradations que ce revêtement a subies de siècle en siècle, et ses débris ont été trouvés près du monument même. C'est sur le revêtement de la grande pyramide, dont une partie fut détruite par Saladin et dont une partie subsistait encore au commencement du quinzième siècle[1], que se lisait sans doute l'inscription rapportée par Hérodote. Probablement elle contenait autre chose que le compte des légumes consommés par les ouvriers pendant la construction des pyramides; on devait y lire le nom du roi Chéops, de même qu'on lisait sur la troisième pyramide le nom du roi Mycerinus. Malheureuse-

---

[1] Letronne, *Du revêtement des Pyramides de Gizeh*, 47.

ment, cette fois comme tant d'autres, c'est le côté puéril de la narration qui a frappé Hérodote. Une inscription plus touchante, quoique moins antique, est celle qu'un bon Allemand y lut au quatorzième siècle. Ce sont quelques vers latins adressés par une sœur à son frère :

« O mon frère ! j'ai vu les pyramides sans toi, et triste, je t'ai donné ici ce que j'avais, des larmes. »

Ce regret envoyé à un être chéri, en présence d'un monument qu'on voudrait admirer avec lui, est un sentiment délicat et qui semble moderne.

La visite dans l'intérieur des pyramides est rendue assez incommode par les cris et les gesticulations forcenées des Arabes qui vous entraînent sur les pentes des couloirs ténébreux ; ils prennent le moment où vous êtes seul avec eux dans le sein de la montagne de pierre pour vous demander d'une voix retentissante et d'un air presque menaçant *un grand cadeau : Bakchich ketir ketir*. Il n'y a certes rien à craindre d'eux ; mais il est désagréable d'être poursuivi et assourdi par les bruyantes et impérieuses demandes de ces *ciceroni* à figure de brigands. Il faudrait du silence pour le sommeil de tant de siècles. Du reste, il y a peu d'observations à faire dans l'intérieur des pyramides. On entre dans la grande pyramide du côté nord par un corridor qui descend d'abord, puis remonte et vous conduit à la salle qu'on nomme *la chambre du roi*, et qui renferme un sarcophage de granit. Le travail de la maçonnerie est merveilleux, et la lumière agitée des torches est reflétée par un mur du plus beau poli. De cette salle partent deux conduits étroits qui vont aboutir au dehors : on est d'accord aujourd'hui à n'y voir que des ventilateurs nécessaires aux ouvriers pendant qu'ils travaillaient dans le cœur de la pyramide. Maillet a fait la supposition bizarre que ces conduits servaient aussi à faire parvenir du dehors des aliments aux personnes qui s'enfermaient pour le reste de leur vie avec le corps du prince. C'est ce bon Maillet dont s'est moqué Voltaire :

> Notre consul Maillet, non pas consul de Rome,
> Sait comment autrefois fut fait le premier homme.

Il sait aussi ce que faisaient ces reclus comme s'il avait eu sur leur compte des renseignements particuliers. « C'était par là que ces personnes, dit-il, recevaient de la nourriture et tout ce dont elles pouvaient avoir besoin. Elles avaient sans doute fait provision pour cet usage d'une longue cassette proportionnée à la grandeur de ce canal; à cette cassette était attachée, pour les personnes renfermées dans la pyramide, une longue corde par le moyen de laquelle elles pouvaient tirer la cassette à elles, et une autre qui y tenait de même pendait à l'extérieur, afin que réciproquement on pût retirer la cassette au dehors. »

Ne semble-t-il pas que Maillet a vu l'opération et assisté au repas? En vérité, les pyramides ont suggéré bien des idées étranges. Tout ce qui fait beaucoup parler les hommes leur fait dire beaucoup de sottises.

Cinq chambres plus basses sont placées au-dessus de la *chambre du roi*; on a reconnu qu'elles n'ont pas d'autre objet que d'alléger par leur vide le poids de la masse énorme de maçonnerie qui la presse. Après avoir visité cette chambre, on redescend la pente qu'on a gravie pour y monter; on retrouve le corridor par lequel on est entré, et, en le reprenant où on l'a quitté, on arrive dans une autre chambre placée presque au-dessous de la première et dans l'axe central de la pyramide; cette chambre s'appelle la *chambre de la reine*. Beaucoup plus bas est une troisième chambre taillée dans le roc, et à laquelle on arrive soit par un puits, soit par un passage incliné qui va rejoindre l'entrée de la pyramide.

Telle est la disposition de la grande pyramide; celle des deux autres est analogue : seulement leur maçonnerie n'offre aucun vide, et les chambres qu'elles renferment sont creusées dans le roc. Devant ces simples faits tombent beaucoup d'hypothèses sur la destination des pyramides. Il faut renoncer à y mettre la scène des initiations mystérieuses de l'Égypte, comme le faisait l'auteur de *Séthos*, et comme l'a fait l'auteur de *l'Épicurien*. Ce qui était peut-être encore permis au commencement du dix-huitième siècle l'est moins au dix-neuvième, et c'est, il faut l'avouer, une singulière hardiesse à Thomas Moore d'avoir placé tant d'aventures et de merveilles dans l'intérieur et dans les environs des pyramides. Après les explorations de nos savants, il était étrange d'y supposer des régions inconnues. Aujourd'hui on est encore plus certain de n'avoir rien à découvrir en ce genre. Depuis les recherches méthodiques et complètes de MM. Vyse et Perring, il n'est pas resté dans les pyramides un coin pour les mystères ou le mystère.

La grande pyramide, qui au dehors ne présente aucun hiéroglyphe, en offre au dedans un bien petit nombre ; mais ils sont d'une haute importance, parce qu'ils confirment le témoignage des anciens, qui attribuent cette pyramide à un roi nommé Chéops ou Souphis. Or, le nom d'un roi *Choufou* est écrit en hiéroglyphes très-distincts dans l'intérieur de la grande pyramide. Personne ne doute que Chéops et Souphis ne soient deux altérations diverses de *Choufou*. Ce nom n'a point été trouvé dans la salle du sarcophage, mais dans les petites chambres de soulagement situées au-dessus. Les hiéroglyphes sont de couleur rouge et mêlés à des marques semblables à celles qu'on voit dans les anciennes carrières d'Égypte. De plus ils ne se rencontrent sur aucune des pierres provenant de l'emplacement même des pyramides, mais seulement sur celles qui ont été apportées, à travers le fleuve, des carrières de Tourah. Tout conduit donc à penser que le nom du roi Chéops et les hiéroglyphes dont il est accompagné ont été tracés dans les carrières. Ces hiéroglyphes n'en sont pas moins précieux et n'en font pas moins remonter l'extraction des matériaux des pyramides à cet antique roi. Il est fort difficile de reconnaître les autres hiéroglyphes qui se voient sur ces pierres : ils sont tracés avec une grande négligence. On aura peut-être quelque peine à déchiffrer dans six mille ans une ligne griffonnée de nos jours sur un moellon par quelque entrepreneur en bâtiments ou quelque maître maçon. Voilà où nous en sommes pour les caractères disséminés sur les pierres de la grande pyramide. Cependant ce sont de vrais hiéroglyphes, et il ne faut pas, comme Caviglia, y voir de l'hébreu.

La seconde pyramide diffère peu en hauteur de la première ; cette différence est rendue encore moins sensible par l'élévation plus grande du rocher sur lequel elle est assise ; mais la construction intérieure est bien loin d'égaler en beauté celle de la grande pyramide. La chambre sépulcrale est taillée, comme je l'ai dit, dans le roc, et non ménagée dans la maçonnerie. L'entrée en fut découverte par Belzoni, qui montra en cette circonstance, comme toujours, une sagacité et un coup d'œil incomparables. Vrai limier d'antiquités, il devinait ici leur présence à travers les débris amoncelés par le temps, comme à Thèbes dans les profondeurs de la montagne. Selon Hérodote, cette pyramide fut construite par le roi Chéfren. On n'a pas été aussi heureux pour Chéfren que pour Chéops ou Souphis, on n'a pas trouvé son nom dans la pyramide; mais, dans un des tombeaux voisins, on a lu *Chafra*, et ce nom royal est accompagné d'un titre hiéroglyphique où figure une pyramide; on a donc tout lieu de croire que ce Chafra est le Chéfren d'Hérodote et de Diodore de Sicile.

La plus petite des trois pyramides, dont la hauteur n'atteint guère que le tiers de la plus grande, n'est pas la moins curieuse. D'abord elle était la plus ornée. Son revêtement était de granit, comme l'affirme Hérodote et comme on le voit encore; mais ce qui donne à cette pyramide un immense intérêt, c'est qu'on y a trouvé le cercueil en bois du roi Mycerinus, par qui elle fut construite, suivant Hérodote, et le nom de ce roi écrit sur les planches du cercueil. On ne saurait imaginer une plus belle application de l'interprétation des hiéroglyphes et une preuve plus éclatante de la réalité du système de lecture de Champollion. Tout le monde peut voir au musée de Londres ces planches monumentales qui offrent la plus ancienne inscription tracée par les hommes. Des ossements, trouvés à l'entrée de la chambre où était le cercueil, sont probablement ceux du roi égyptien. Pour le tombeau en pierre, après avoir survécu à tant de siècles, il a péri dans la traversée.

Si l'on adopte la série historique de Manéthon, dont l'étude des monuments et la lecture des hiéroglyphes ont jusqu'ici confirmé le témoignage, il faut, avec M. Lenormant, qui le premier a fait connaître à la France ce monument et en a révélé toute l'importance, admettre pour le cercueil de Mycerinus une antiquité de quarante siècles au moins avant l'ère chrétienne[1]. Or, les caractères hiéroglyphiques dont se compose l'inscription du cercueil, et les formules religieuses qu'elle contient sont entièrement semblables à ce qui se lit sur des tombeaux qui appartiennent au temps des derniers Pharaons. Dans cet immense intervalle, l'écriture et la religion égyptienne n'ont donc pas essentiellement changé; du reste, les inscriptions hiéroglyphiques et les peintures qu'on trouve dans les tombeaux contemporains des pyramides confirment cet étonnant résultat.

Ici Hérodote et Manéthon diffèrent sur un point important : le second n'attribue point la construction de la troisième pyramide au roi Mycerinus, mais à la reine Nitocris. M. Bunsen concilie les deux historiens en supposant que la reine avait agrandi et orné l'œuvre du monarque ; comme il y a deux chambres dans l'intérieur de la pyramide, on peut admettre que Nito-

[1] *Éclaircissement sur le cercueil du roi Mycerinus*, par M. Lenormant.

cris s'y soit établie sans déloger son prédécesseur. Ce qu'il y a de certain, c'est que l'image du roi Mycerinus resta au-dessus de l'entrée extérieure jusqu'au temps de Diodore de Sicile, qui l'y vit encore. M. Bunsen explique d'une manière fort plausible comment le souvenir de la reine Nitocris a pu donner lieu aux fables des Grecs sur la troisième pyramide. La tradition, d'après laquelle une femme avait concouru à la construction du monument, suffit à ce peuple léger et conteur pour inventer plus d'une histoire frivole. D'abord on dit que la fille du roi Chéops avait élevé cette pyramide en demandant à chacun de ses amants une pierre pour la construire, ce qui suppose une faculté de plaire vraiment colossale ; puis cette fille de roi devint dans la tradition la courtisane Rhodope, dont on ne manqua pas de faire la compagne d'esclavage d'Ésope et la belle-sœur de Sapho, car il fallait la rattacher à des noms populaires dans les souvenirs de la Grèce. Enfin, on ajouta qu'un jour à Naucratis, tandis que la belle courtisane se baignait, le vent enleva sa pantoufle et la porta au roi d'Égypte; celui-ci, devenu soudain amoureux du pied si petit et si charmant que cette pantoufle avait chaussé, fit rechercher la jeune fille à qui elle appartenait et l'épousa. On a reconnu la première origine du dénoûment de l'histoire de Cendrillon. De proche en proche nous sommes arrivés des vieilles traditions de l'Égypte aux contes pour rire et aux fables milésiennes qui amusaient les courtisanes de Naucratis.

Pour en revenir aux pyramides, on voit donc que la lecture des hiéroglyphes a pleinement confirmé le témoignage d'Hérodote, et que, grâce à cette lecture, on a retrouvé écrits les noms des trois rois auxquels, d'accord en ceci avec Diodore de Sicile, il attribue l'érection des trois grandes pyramides, Chéops, Chéfren et Mycerinus. Hérodote, qui est si exact sur ce point, a seulement le tort de placer les trois rois beaucoup trop bas dans l'échelle chronologique, après les grandes dynasties thébaines, qui sont modernes en comparaison de ces antiques dynasties de Memphis. Évidemment il s'est mépris aux renseignements qu'on lui a donnés, ou il a brouillé ses souvenirs de voyage.

Les pyramides ne sont point, comme l'a voulu Bryant, l'ouvrage des pasteurs, c'est-à-dire de ces peuples nomades qui conquirent, vers 2500 avant Jésus-Christ, le vieil empire d'Égypte. Ces barbares n'ont élevé aucun monument; le plus grand de ceux qu'offre l'Égypte ne saurait leur appartenir. Il serait presque aussi raisonnable de penser que les Vandales ont construit le Colisée, ou les Bachkirs l'Arc de l'Étoile. C'est donc à la quatrième dynastie qu'il faut laisser l'honneur d'avoir fondé ces masses impérissables. Il est difficile, comme je l'ai dit, d'en placer l'origine moins haut que quatre mille ans avant Jésus-Christ. Or, ce n'est pas une civilisation dans l'enfance qui élève à une telle hauteur ces puissantes assises de pierre avec une prodigieuse régularité.

Le système d'écriture employé dans les inscriptions est entièrement semblable à celui qu'on rencontre sur les monuments des âges postérieurs. L'élément alphabétique, qui a dû prédominer avec le temps sur l'élément figuratif, s'y montre déjà dans une proportion considérable. Tout cela reporte la civilisation égyptienne, non à une antiquité démesurée, comme le voulait Dupuis, mais encore à quelques siècles avant le déluge, c'est-à-dire avant la date la plus ancienne que donnent à cet événement les divers systèmes de chronologie, dont aucun, d'ailleurs, n'est article de foi. La conclusion est qu'il faut arriver à reconnaître, comme je l'ai entendu dire à un savant fort orthodoxe, qu'*il n'y a pas de chronologie dans l'Écriture*.

Pour défendre l'accès des chambres sépulcrales, on avait comblé de blocs énormes les couloirs qui conduisaient dans l'intérieur des pyramides. Un de ces blocs a été trouvé dans sa rainure comme une herse depuis six mille ans menaçante et prête à tomber. Ces sépulcres, où les anciens rois s'étaient remparés contre toute atteinte, ne furent pas longtemps inviolables. On voit que les pyramides ont été de bonne heure entamées. Peut-être les auteurs des deux premières, si odieux à leurs peuples, suivant les récits des anciens, ont été arrachés de leur tombe, et, selon la sublime expression de Bossuet, n'ont pas joui de leur sépulcre. Ce qu'il y a de sûr, c'est qu'on ne les y a pas trouvés[1].

Les trois pyramides ont été ouvertes par les Arabes. L'espoir de trouver des trésors dans les tombeaux a fait tenter de bonne heure d'y pénétrer. Pour y parvenir, on a percé la masse de la pyramide, et l'on est venu tomber dans le corridor antique dont l'ouverture était masquée par des décombres; puis l'entrée artificielle a été elle-même cachée avec soin, et il a fallu que les Belzoni et les Vyse en fissent de nouveau la découverte.

Si l'histoire véritable des pyramides est courte, leur histoire légendaire est longue. L'on conçoit facilement que ces masses énormes et closes dont on ne savait point l'origine, et dans l'intérieur desquelles on pouvait supposer tant de merveilles, aient parlé en tout temps à l'imagination des hommes, depuis les voyageurs grecs jusqu'à l'Italien Caviglia, lequel, à force de fouiller les pyramides et de vivre à leur ombre, avait fini par mettre une véritable superstition dans ses travaux, qui, du reste, ont produit des découvertes très-positives; depuis les Druses, qui, dans leur catéchisme, font construire les pyramides par leur messie, jusqu'aux alchimistes, qui affirment qu'elles recèlent les tables d'Hermès. Les Hébreux et les chrétiens in-

---

[1] Le tombeau découvert par Belzoni dans la seconde pyramide contenait bien quelques ossements, mais il paraît que c'étaient des ossements de bœuf.

ventèrent aussi des fables sur les pyramides ; ils rapportèrent la construction de ces monuments à l'oppression des Hébreux en Égypte. C'étaient les Hébreux qui avaient élevé les pyramides. La plus grande contenait, ce qui était difficile à comprendre, le tombeau du Pharaon noyé dans la mer Rouge en les poursuivant ; ou bien, donnant aux pyramides une antiquité plus digne d'elles, on en faisait les tombes de Seth et d'Énoch ; mais ce fut à Joseph que les juifs et les chrétiens rattachèrent surtout les merveilles des pyramides. Suivant eux, Joseph avait fondé Memphis, où cependant il fut ministre, il avait élevé les obélisques, les pyramides. Celles-ci s'appelèrent les greniers de Joseph. Leur forme, en effet, ressemble à celle des anciens greniers égyptiens, où l'on jetait le grain par en haut, tels que les représentent les peintures des tombes, et tels qu'on les voit encore au bord du Nil. On croyait les pyramides creuses, et, dans cette supposition, elles eussent pu en effet recevoir une quantité énorme de blé ; mais, massives et pleines comme elles sont, elles ne pourraient en contenir assez pour nourrir longtemps quelques villages.

Les Arabes, grands amis des contes et des fables en tout genre, ont donné carrière à leur imagination sur le chapitre des pyramides, qu'ils font bâtir avant la naissance d'Adam. Chose singulière ! quelques traces de la vérité historique semblent s'être conservées dans ces traditions fabuleuses. Elles ont gardé une notion juste de la destination des pyramides, dans lesquelles la plupart de ces traditions s'accordent à reconnaître des tombeaux, plus vraies sur ce point que beaucoup de théories modernes. Le souvenir de caractères hiéroglyphiques gravés sur les parois des pyramides demeurait dans les légendes arabes, alors que la science ne s'était pas encore expliqué la disparition de ces caractères par celle du revêtement sur lequel ils étaient autrefois tracés. La vieille malédiction des peuples sur les rois qui bâtirent les pyramides subsiste encore dans la légende arabe, où Pharaon est synonyme de tyran. C'est une grande justice que le gigantesque égoïsme de ces princes par qui ont été élevés les plus grands monuments du monde ait attiré sur leur nom la réprobation des siècles.

Ce qui a surtout inspiré les récits des conteurs arabes, qu'ont trop souvent recueillis les historiens de cette nation, c'est l'idée de la solidité des pyramides et des richesses qu'elles renfermaient dans leur sein. De là l'histoire souvent répétée du sultan qui voulut, comme l'a tenté de nos jours Méhémet-Ali, détruire une pyramide, mais reconnut bientôt que toutes les richesses de son royaume ne pourraient suffire à accomplir cette destruction. De là encore le récit suivant qui est donné par Massoudi comme une tradition copte. Cent ans avant le déluge, le roi Surid eut un rêve terrible. Le globe était bouleversé, le ciel ténébreux. Il vit les étoiles fondre sur la terre sous la forme d'oiseaux blancs qui enlevaient les mortels éperdus. Les astrologues annoncèrent le déluge : alors le roi Surid ordonna d'élever les pyramides ; il y fit déposer ses trésors, les corps de ses ancêtres et des livres où étaient contenues toutes les sciences. Le déluge passa sur les pyramides, qui ne sourcillèrent pas. La coutume qui se retrouve chez plusieurs peuples anciens de placer les trésors dans les tombeaux et l'usage d'ensevelir les objets précieux avec les cadavres donnèrent de tout temps l'idée que les pyramides, ces tombeaux des puissants Pharaons, devaient contenir d'immenses richesses. Il en est résulté des récits dignes des *Mille et une Nuits*. En voici un qui m'a paru curieux : Le calife Al-Mamoun ayant pénétré jusqu'à un certain point dans l'intérieur de la grande pyramide, y trouva un vase plein de pièces d'or et cette inscription : « Un roi fils de roi, en telle année, ouvrira cette pyramide, et dans cette entreprise dépensera une certaine somme. Nous voulons bien lui rembourser la dépense qu'il aura faite ; mais, s'il continue ses recherches, il aura des frais énormes à supporter et n'obtiendra plus rien. » Le calife fut grandement étonné, il ordonna qu'on fît un compte exact de ce que l'excavation avait coûté, et, à sa grande surprise, la somme trouvée égalait tout juste l'argent dépensé. A ce sujet, il admira combien les hommes d'autrefois étaient sages, et comme ils avaient de l'avenir une connaissance à laquelle personne autre ne

saurait parvenir. M. Wilkinson suppose que le calife
Al-Mamoun fit placer là cette somme pour pouvoir renoncer de bonne grâce à son entreprise, et fermer la
bouche aux critiques en montrant qu'elle n'avait rien
coûté.

Après les rêves de l'imagination viennent ceux de
la science. J'ai déjà parlé des initiations placées dans
l'intérieur des pyramides. Comme les pyramides forment une masse compacte, sauf des vides très-peu
nombreux, ceci rappelle un peu l'Anglais qui demandait à visiter l'intérieur de l'obélisque. On a vu dans
les pyramides des observatoires aussi bien que des
sanctuaires; mais ici encore les faits ne se sont pas toujours prêtés aux hypothèses. L'existence du revêtement
poli qui a recouvert les pyramides, et qui en rendait
l'ascension à peu près impraticable, exclut entièrement
l'idée que jamais leur plate-forme ait pu servir à des
observations. La direction des soupiraux qui pénètrent
jusque dans la chambre funèbre et l'inclinaison des
corridors ont suggéré l'opinion que ces soupiraux et ces
corridors étaient dirigés dans un but astronomique vers
certaines parties du ciel, notamment vers l'étoile polaire; mais l'étoile polaire, à l'époque où ont été bâties
les pyramides, n'occupait pas la place qu'elle occupe
aujourd'hui dans le ciel. Aussi cette rencontre, qui
avait frappé Caviglia, a été jugée fortuite par Herschel[1].

---

[1] Voyez sir John Herschel's *Observations on the entrance passages in
the Pyramids of Gizeh.* — Vyse, II, 107.

Un fait réel et remarquable, c'est que les pyramides sont orientées, et orientées avec une grande précision. La légère déviation qu'on y a signalée diffère à peine, dit M. Biot, de celle que Picard a cru reconnaître dans la méridienne de Tycho-Brahé [1]. Ce savant établit d'une manière évidente, ce me semble, que les pyramides ont pu faire l'office de gnomons pour déterminer les solstices, les équinoxes, et, par suite, la durée de l'année solaire; mais, tout en admettant qu'une intention astronomique ait présidé à l'orientation des pyramides, on peut penser que leur caractère de monuments funèbres est aussi pour quelque chose dans cette orientation qui leur est commune avec les grandes tombes qui les avoisinent, car, en étudiant l'antique Égypte, il ne faut jamais isoler la pensée scientifique de la pensée religieuse : le savant égyptien était prêtre, et il était plus prêtre que savant [2].

[1] *Mémoires sur différents points d'astronomie*, 41, 42.
[2] L'orientation si exacte des pyramides est un fait incontestable. Il n'en est pas tout à fait de même, à mon sens, d'une hypothèse, qu'un homme de cœur et d'esprit, M. de Persigny, a construite sur une base plus spécieuse que solide, loin des lieux dont le spectacle l'eût, je crois, détrompé. M. de Persigny pense que les pyramides ont été construites pour arrêter le sable du désert, qui tend toujours à envahir la plaine cultivée. A cette hypothèse, que son auteur a présentée avec beaucoup d'art et quelquefois d'éloquence, il y a, ce me semble, deux réponses à faire : l'une, c'est que les pyramides ne pouvaient empêcher le sable de passer, et l'autre, c'est que, malgré les pyramides, le sable a passé. A la rigueur, la seconde réfutation pourrait suffire et dispenser de la première. Or, c'est un fait que la ligne qui sépare les sables de la terre cultivée est en avant des pyramides. Le sphinx colossal qui est au pied des pyramides n'a point été protégé par elles, car sa tête et son buste dominent seuls l'océan de

Une vérité demeure incontestable, c'est que les pyramides étaient des tombeaux. Comment en douter, aujourd'hui qu'on a trouvé le cercueil, le nom et probablement les os de l'un des rois qui les ont fait construire, quand dans la grande pyramide et dans un assez grand nombre d'autres on a trouvé le sarcophage en pierre qui devait contenir le cercueil[1]? Presque tous les auteurs anciens ont reconnu la véritable destination des pyramides et y ont vu des tombeaux. Rien n'est plus conforme aux idées de tous les peuples que d'élever une montagne artificielle sur la dépouille

sables où il est enfoui. Dira-t-on que les pyramides ont contribué à modérer cette irruption des sables qui les a pourtant dépassées? Soit. Mais parle-t-on des vingt-cinq pyramides, la plupart assez petites et disséminées sur une étendue de quinze ou seize lieues, c'est-à-dire, terme moyen, à plus d'une demi-lieue l'une de l'autre? A cette distance, elles n'ont pu, ce me semble, exercer aucune influence sur les espaces intermédiaires. Seules les trois grandes pyramides de Gizeh, beaucoup plus rapprochées, peuvent donner à penser qu'elles ont pu apporter quelque obstacle aux progrès des sables du désert. Cet obstacle, réduit ainsi à un seul point, perdrait beaucoup de son importance. Encore faut-il cependant se demander s'il a été réel. Pour cela, il aurait fallu qu'il modérât les vents qui poussaient les sables vers le Nil; mais il semble que les pyramides, si elles avaient produit quelque effet, auraient plutôt produit un effet contraire, et qu'il serait arrivé là ce qui arrive, selon M. Élie de Beaumont, derrière l'autorité duquel j'aime à m'abriter, lorsque le sable se porte dans l'intervalle resté vide entre des monticules, *et d'autant plus facilement*, dit-il, *qu'il y a là une sorte de gorge où le vent s'engouffre*. (Élie de Beaumont, *Leçons de géologie pratique*, t. I, 197; voyez aussi Kaemtz, *Cours complet de météorologie*, p. 33.)

On voit donc que non-seulement la cause alléguée par M. de Persigny n'a point agi et ne pouvait agir pour arrêter les sables, mais qu'elle n'aurait pu que concourir à précipiter leur accumulation.

[1] Malus a trouvé un sarcophage dans la pyramide du labyrinthe au Fayoum; M. Vyse, dans la plupart des petites pyramides de Gizeh.

d'un mort célèbre. Tantôt c'est un amas de terre, une véritable colline, tantôt à la terre entassée on mêle les matériaux d'une grossière maçonnerie ; tantôt on construit l'image de la colline en pierre. On arrive ainsi, par des transitions insensibles, du tertre conique des montagnes de l'Écosse, des vallées scandinaves, de la plaine de Troie ou des rives de l'Ohio, aux tombeaux des rois lydiens, aux *topas* de l'Inde et aux pyramides de l'Égypte.

On n'en finirait pas si on voulait énumérer tous les monuments funèbres qui, dans différents pays, présentent quelque rapport avec les pyramides. Dans les tombes étrusques on employait la forme pyramidale[1]; on la retrouve dans le tombeau de Cyrus. Les pyramides mexicaines, dont la ressemblance avec les pyramides égyptiennes est si grande, ont, si l'on en croit la tradition des indigènes, servi de sépulture aux anciens chefs de tribus. Quelques-uns de ces monuments ont demandé des efforts inouïs et comparables au labeur qui a élevé les pyramides : tel est le tombeau gigantesque de l'empereur chinois Tsin-hoang-ti ; ce tombeau, qui avait coûté la vie à tant de milliers d'hommes, qui, comme les pyramides d'Égypte, souleva la colère des peuples, et, juste vengeance du ciel, ne protégea pas le cercueil qu'il con-

---

[1] Sans parler du douteux tombeau de Porsenna, je citerai une tombe étrusque près d'Albano, connue sous le nom de tombeau des Horaces et des Curiaces.

tenait, détruit, dit la tradition, par la main d'un berger.

Toutes ces analogies si frappantes ne peuvent laisser de doute sur la destination funèbre des pyramides; mais, au lieu de reconnaître un fait évident, quelles bizarres suppositions n'a-t-on point faites à leur sujet! Les uns ont vu dans leur construction une sage mesure contre le paupérisme et la mendicité[1]; un certain Samuel-Simon Witte a très-gravement avancé que les pyramides n'étaient point l'ouvrage des hommes, mais *un jeu de la nature.* Selon lui, elles n'offrent pas une architecture plus régulière que les colonnes basaltiques de la grotte de Fingal, et ont une origine semblable. L'auteur de ce beau système ne s'en est pas tenu là; il a étendu la même manière de voir au sphinx qu'il appelle le *prétendu sphinx*, puis aux monuments de l'Inde et même aux ruines grecques de Sicile. Enfin, en 1858, M. Aguew a publié un traité dans lequel il établit que les pyramides offrent dans leur structure et leur disposition une démonstration rigoureuse de la quadrature du cercle.

Oublions toutes ces folies en contemplant cet admirable sphinx placé au pied des pyramides qu'il semble garder. Le corps du colosse a près de 90 pieds de long et environ 74 pieds de haut; la tête a 26 pieds

---

[1] Voyez *Du Paupérisme*, par le prince de Monaco, p. 12.

du menton au sommet. Le sphinx m'a peut-être plus frappé que les pyramides. Cette grande figure mutilée, qui se dresse enfouie à demi dans le sable, est d'un effet prodigieux; c'est comme une apparition éternelle. Le fantôme de pierre paraît attentif; on dirait qu'il écoute et qu'il regarde. Sa grande oreille semble recueillir les bruits du passé; ses yeux tournés vers l'orient semblent épier l'avenir; le regard a une profondeur et une fixité qui fascinent le spectateur. Le sphinx est taillé dans le rocher sur lequel il repose; les assises du rocher partagent sa face en zones horizontales d'un effet étrange. On a profité, pour la bouche, d'une des lignes de séparation des couches. Sur cette figure moitié statue, moitié montagne, toute mutilée qu'elle est, on découvre une majesté singulière, une grande sérénité, et même une certaine douceur[1]. C'est bien à tort qu'on avait cru y reconnaître un profil nègre. Cette erreur, que Volney avait répandue et qui a été combattue par M. Jomard et M. Letronne, est due à l'effet de la mutilation qui a détruit une partie du nez[2]; le visage,

[1] Tous les voyageurs, entre autres Norden, Salt, Denon, se récrient également sur la beauté du sphinx, et cependant ils ne l'ont vu que mutilé. Le témoignage de Prosper Alpin, qui vante la perfection de la sculpture du *nez*, prouve qu'à la fin du seizième siècle la mutilation n'était pas encore accomplie. Abdallatif, qui a vu le sphinx intact, dit : « Cette figure est très-belle, et sa bouche porte l'empreinte des grâces et de la beauté. On dirait qu'elle sourit gracieusement. »

[2] Cette mutilation a été opérée à dessein. Les musulmans croient faire œuvre pie en brisant les figures qu'ils estiment diaboliques. Ils pensent par là se garantir de l'influence du *mauvais œil*.

dans son intégrité, n'a jamais offert les traits du nègre. De plus, il n'était pas peint en noir, mais en rouge. On peut s'en assurer encore, et l'œil exercé de M. Durand m'a signalé des traces évidentes de cette couleur. Abdallatif, qui vit le sphinx au douzième siècle, dit que le visage était rouge.

Après avoir contemplé et admiré le sphinx, il faut l'interroger. Qu'était le sphinx égyptien en général? qu'était ce sphinx colossal des pyramides en particulier? Le sphinx égyptien fut peut-être le type du sphinx grec; mais il y eut toujours entre eux de grandes différences. D'abord le sphinx grec ou plutôt *la sphinx*, comme disent constamment les poëtes grecs, était un être féminin[1]. Chez les Égyptiens, au contraire, à un bien petit nombre d'exceptions près, le sphinx est mâle. On connaît maintenant le sens hiéroglyphique de cette figure; ce sens est celui de *seigneur*, de *roi*. Par cette raison, les sphinx sont en général des portraits de roi ou de prince; celui qu'on voit à Paris dans la petite cour du musée est le portrait d'un fils de Sésostris. L'idée d'énigme, de secret, l'idée de cette science formidable dont le sphinx grec était dépositaire, paraît avoir été entièrement étrangère aux Égyptiens. Le sphinx était pour eux le signe au moyen duquel on écrivait hiéroglyphiquement le

---

[1] Le mot *sphinx*, transporté du grec en français, y a d'abord conservé le genre féminin. Le père Vansleb, en 1672, disait encore *la Sphinx*. (*Nouvelle Relation*, p. 144.)

mot *seigneur*, et pas autre chose. Ces idées de mystère redoutable, de science cachée, n'ont été probablement attachées au sphinx grec que parce qu'il avait une origine égyptienne, et qu'il fallait trouver du mystère et de la science dans tout ce qui venait d'Égypte; mais, en Égypte, on n'a jamais vu dans le sphinx qu'une désignation de la royauté. Le sphinx des pyramides n'est autre chose que le portrait colossal du roi Thoutmosis IV.

Une grande tablette de pierre, couverte d'hiéroglyphes, dont les premières lignes seules s'élèvent au-dessus du sable, offre un singulier exemple d'une représentation qui se produit plusieurs fois sur les monuments de l'Égypte. On y voit un roi s'adorant lui-même. Le Pharaon humain rend hommage au type divin dont il est le symbole terrestre. J'aurai occasion de revenir sur cette singulière apothéose dans laquelle la royauté semble identifiée avec la divinité qu'elle invoque. Sur la tablette dont je parle, le même nom, celui de Thoutmosis IV, est écrit derrière le roi en adoration et derrière le sphinx, c'est-à-dire le roi adoré. L'inscription n'a pas encore été lue; mais on y a remarqué le nom de Chéfren, qui éleva la seconde pyramide, selon Hérodote et Diodore de Sicile. La lecture des hiéroglyphes confirme encore ici le témoignage des deux historiens grecs sur les rois auteurs des pyramides.

M. Caviglia a fouillé le sable amoncelé au-devant

du sphinx, et il a trouvé entre ses pattes colossales un petit temple, auquel on arrivait par des marches. Outre la grande tablette, couverte d'hiéroglyphes, qui représente le roi Thoutmosis IV s'adorant lui-même, il y en avait une plus petite aux pieds du sphinx. Elle est moins ancienne; c'est Sésostris qui figure sur celle-ci, comme sur l'autre son aïeul Thoutmosis; lui aussi il rend hommage au sphinx qui est appelé Horus, et par là identifié au soleil, à la divinité suprême dont le roi est l'image et la représentation sur la terre. Sur un doigt d'une des pattes du sphinx, on a trouvé une inscription en vers grecs assez bien tournés. L'auteur, qui s'appelle Arrien, est peut-être l'historien de ce nom. Il distingue avec soin de *la sphinx* homicide de Thèbes *la sphinx* des pyramides, qu'il appelle la très-pure servante de Latone. Ce Grec, entraîné par l'habitude, faisait du sphinx un personnage féminin; cependant on a trouvé aux pieds de celui-ci les fragments d'une barbe colossale.

Nous voulions contempler les pyramides sous tous les aspects et à toutes les heures. Pour cela, le mieux est de s'établir dans un tombeau. La vue des tombeaux de l'Orient, véritables demeures, fait comprendre bien des récits de l'antiquité. En Europe, un tombeau donne l'idée d'un caveau étroit; mais, en Égypte et en général dans tout l'Orient, un tombeau était une maison ou au moins un appartement. Je m'étais toujours un peu étonné du roman filé par la matrone d'Éphèse dans le tombeau de son mari, avant d'avoir vu dans les environs d'Éphèse certains tombeaux creusés dans le roc, formant une chambre, ma foi, très-confortable, un réduit très-galant, comme auraient dit nos pères. Le tombeau où se passe la dernière et si pathétique scène de la vie de Cléopâtre, où, aidée de ses femmes, elle hisse à grand'peine Antoine mourant; ce tombeau, qui, à ce qu'il semble, avait une fenêtre, doit avoir été un monument considérable. Pour nous, nous n'avions pas à notre disposition, comme Cléopâtre, les tombes des Ptolémées. Celle où nous avons passé la nuit était plus antique, mais plus modeste; elle sert de demeure à un paysan égyptien. Ces malheureux fellahs trouvent un avantage à choisir ce genre d'habitation; ils échappent ainsi à l'impôt qui frappe les habitants des villages.

Grâce à notre arrangement, nous laissâmes partir les voyageurs, qui retournaient dîner au Caire. Délivrés des cris et de l'importunité des Arabes, seuls en présence du monument dont notre pied avait foulé la cime, dont nous avions pénétré la profondeur, nous achevâmes, en rôdant à l'entour, de nous faire une idée de sa masse; c'est surtout quand on se place à un angle de la pyramide et que le regard, rasant une de ses faces, la suit jusqu'à l'autre extrémité, qu'on est frappé de l'immensité de la base.

La pierre des pyramides, dépouillées de leur revêtement, est d'un gris assez triste ; mais quand, aux approches du soir, ces colosses se peignent des nuances les plus délicates du rose et du violet, ils offrent un mélange de grâce et de grandeur dont rien ne peut donner l'idée. Les teintes de l'horizon, à l'heure où le soleil se couche dans le désert, ont une finesse incomparable qui tient, je crois, à la sécheresse et à la pureté de l'air. Les tons sont d'une légèreté et d'une suavité qui rappellent, mais en l'écrasant, la manière des plus grands maîtres. La transparence aérienne ferait croire que ce n'est pas notre air grossier, mais un fluide plus pur, un éther subtil, qui baigne la terre et le ciel. Puis le soleil se couche brusquement, et tout reprend soudain la morne livrée du désert. Le soir, nous sommes allés travailler aux lumières dans un tombeau. En revenant, nous avons circulé entre les pyramides. Leurs masses, à demi noires, à demi blanchies par la lune, étaient d'un grandiose extraordinaire. Le sphinx était plus fantastique et plus merveilleux encore que le matin ; le front inondé de lumière et le corps perdu dans les ténèbres, il était bien le *père de la terreur*, comme l'appellent les Arabes. Nous nous sommes endormis sous sa garde.

17 décembre.

Cette journée a été employée à parcourir les environs des pyramides. Aidé de M. Durand, j'ai estampé ou dessiné une grande partie des inscriptions funèbres tracées sur divers cercueils de pierre qu'on avait tirés d'un puits de momies et qui gisaient sur le sable. Il y avait là aussi l'effigie funèbre, en pierre blanche, d'une femme dont la mère portait un de ces noms composés qui n'étaient pas rares dans l'ancienne Égypte; elle s'appelait *celle qui donne l'or*. La nature de la pierre et le type gros et court des figures sculptées sur les couvercles des cercueils me rappelaient deux sarcophages égyptiens que j'ai vus à Paris avant mon départ, et dont l'histoire offre une particularité intéressante. Ils ont fait partie de la collection de Fouquet, la première en France où des antiquités égyptiennes aient trouvé place, et ils ont eu l'honneur d'être célébrés par la Fontaine, qui, dans une épître à Fouquet, dit avoir eu grand plaisir à contempler

> Des rois Céphrim et Kiopès
> Le cercueil, la tombe ou la bière.

On voit que ces tombes passaient pour avoir recueilli les restes de Chéops et de Chéfren, les rois des pyramides; mais ayant eu occasion de les examiner, grâce à l'obligeance de leur possesseur actuel, et ayant lu sur leurs couvercles le nom et les titres de leurs anciens habitants, ce que n'avait point fait la Fontaine, je puis assurer qu'elles n'ont jamais renfermé que des prêtres et non des rois.

La difficulté d'être seul au désert depuis que les voyageurs y abondent et que les bédouins se sont faits domestiques de place s'est produite à moi tout à l'heure d'une manière étrange. Fatigué par la chaleur, j'ai avisé de loin un palmier et me suis dirigé de ce côté pour me reposer et me rafraîchir à son ombre. Comme j'approchais, j'en ai vu descendre un Arabe qui s'était mis là en embuscade dans l'intention de découvrir de loin les voyageurs, non pour les détrousser, mais pour leur offrir ses services. Il n'y a pas plus de solitude maintenant au pied des pyramides qu'au milieu des ruines de Rome. Vous voulez rêver sous un palmier, il en dégringole sur votre tête un cicerone.

Au nord de la seconde pyramide, on voit sur le rocher quelques hiéroglyphes très-distinctement tracés. Ils nous reportent à une époque comparativement bien moderne; ils nous font descendre de quatre mille ans à quinze ou seize cents ans tout au plus avant Jésus-Christ. Deux courtes inscriptions mentionnent un certain Mai préposé aux constructions de Ramsès II[1], et

---

[1] Il ne peut y avoir de doute sur ce titre bien connu. Je m'étonne que M. Birch ait rendu tour à tour les deux hiéroglyphes dont ce titre se compose par les *porteurs*, le *chef des porteurs*, le *chef des bâtisseurs*. Cette dernière interprétation est seule un peu exacte.

montrent qu'à l'époque comparativement récente de Sésostris, il y a eu ici des constructions. Le temps, qui a épargné leurs aînées, les a fait disparaître, et ces inscriptions sont le seul vestige qu'elles aient laissé [1].

Autour des pyramides, tombeaux des rois de la quatrième dynastie, sont les tombeaux de leurs sujets. Au nombre des mieux conservés est le tombeau d'Eimai et celui que les Anglais appellent le *Tombeau des Nombres*. J'ai passé la soirée d'hier dans le premier, et une partie de la matinée d'aujourd'hui dans le second. Champollion a fait dessiner les principales peintures du tombeau d'Eimai. Elles représentent des scènes des champs et de la ville ; on y voit des bergers qui conduisent leurs troupeaux, des agriculteurs occupés de soins rustiques, des menuisiers qui manient le ciseau ou la doloire, des danseurs, des musiciens qui jouent de la harpe et de la flûte, des exercices gymnastiques et des joutes sur l'eau [2]. Toutes ces scènes sont exprimées avec beaucoup de naturel et de vivacité. J'ai prié M. Durand de dessiner un fruit dont la forme m'a frappé par sa ressemblance avec celle de la banane. Le maître du tombeau est, comme à l'ordinaire, représenté assis, ayant près de lui sa

[1] Les ruines situées près de la seconde pyramide, et qu'on appelle *le temple*, sont-elles des vestiges de ces constructions du temple de Sésostris ?

[2] Plutôt que des rixes de mariniers comme le veut M. Wilkinson. (*Customs and Manners*, t. II, 440.)

femme assise également, et derrière sa femme, ses fils, ses filles et ses sœurs debout. La figure du mort est accompagnée de la désignation en hiéroglyphes de son nom et de ses qualités : ils nous apprennent qu'Eimai était prêtre royal et intendant des constructions du palais du roi Chéops. C'est par une singulière erreur que Rosellini [1] et Nestor L'Hôte [2] ont pris le premier titre pour celui du roi Chéops, dont ils ont fait un roi-prêtre. Cette version était directement contraire au génie de la langue égyptienne [3], et ne s'accordait pas beaucoup avec la vraisemblance; c'était confondre le roi Chéops avec son aumônier. Si Rosellini et L'Hôte avaient lu l'autre titre qui accompagne le nom d'Eimai, *intendant des constructions du palais*, eussent-ils donc aussi confondu le roi avec son architecte [4]?

Dans le tombeau que les Anglais ont appelé le

---

[1] *Monum. storici*, I, 128.

[2] *Lettres sur l'Egypte*, 145-146.

[3] Comme les langues sémitiques, l'ancien égyptien, suivi en cela par le copte moderne, plaçait la désignation qualificative après le nom de l'objet qualifié. On ne pouvait donc traduire le *prêtre roi Chéops*, car dans ce cas il y aurait eu le *roi Chéops prêtre*, et il fallait nécessairement traduire le *prêtre du roi Chéops*.

[4] J'ai fait dans ce tombeau une observation qui peut avoir de l'importance pour la succession des anciens rois de la troisième et de la quatrième dynastie. Eimai est dit fils d'un personnage qui a rempli auprès d'un autre roi les mêmes fonctions d'intendant des constructions royales, que lui-même remplissait sous Chéops. Le nom de cet autre roi, que M. Bunsen lit Aseskaf, est placé par lui au commencement de la troisième dynastie; mais l'inscription dont je viens de parler et qui le rapproche de Chéops, fondateur de la quatrième, me

Tombeau des Nombres, on trouve plusieurs fois répété le nom dans lequel M. Lenormant a reconnu celui du roi Chéfren. Ce tombeau était celui d'un grand fonctionnaire de Chéfren, comme le tombeau d'Eimai était celui de l'intendant des constructions royales de Chéops. Ce fonctionnaire était aussi un prêtre. A cette époque antique, le sacerdoce était, ce semble, en possession de toutes les fonctions civiles. Quelques monuments me donnent lieu de penser qu'il n'en fut pas toujours ainsi.

La roche sur laquelle sont construites les pyramides et la plaine qui s'étend à leur pied sont partout creusées de tombeaux; c'est une véritable nécropole, et de l'époque la plus antique, peut-être la nécropole de Memphis. Les parois intérieures de tous ces tombeaux sont couvertes de bas-reliefs peints qui retracent diverses scènes de la vie domestique : la chasse, la pêche, la moisson, la coupe du lin. L'une des plus curieuses de ces peintures, que Champollion a publiées, est celle qui représente un homme occupé à envelopper de bandelettes une momie, et un autre peignant le masque qui devait couvrir le visage du mort. Nous ne possédons pas de momie d'une date aussi reculée; mais cette peinture prouve que ce

porterait à y reconnaître, par le retranchement de la dernière syllabe, Achès, septième roi de la troisième dynastie. Dans cette hypothèse, il faudrait corriger le chiffre de Manéthon, qui compte quatre-vingt-cinq ans entre Achès et Chéops.

mode d'ensevelissement remonte à la plus haute antiquité. M. Lepsius, qui a campé durant plusieurs mois au pied des pyramides, a découvert, dit-on, une centaine de tombes nouvelles. On l'accuse de les avoir remplies de sable, après avoir fait dessiner les plus intéressants des tableaux qu'elles renferment. Quand on a vu les mutilations que la niaise et barbare curiosité des touristes ignorants fait subir à tout ce qui lui est accessible, quand on songe à la facilité avec laquelle on peut retirer des tombeaux le sable qui les protége, on absout M. Lepsius.

L'extrême intérêt que présentent ces tombeaux de la plaine des pyramides, c'est leur haute antiquité. Je ne verrai rien en Égypte de plus ancien que ce que je trouve en y entrant : Thèbes même, avec son grand Sésostris, est moderne en comparaison des vieux rois de Memphis, qui élevèrent les pyramides; malheureusement les pyramides ne présentent aucune peinture, aucun bas-relief, et très-peu d'hiéroglyphes. Elles n'ont dit à la science nouvelle que les noms de leurs fondateurs, puis elles sont rentrées dans leur silence; mais ces noms de rois se sont retrouvés sur des monuments moins célèbres et plus instructifs. Autour des sépultures colossales de Chéops et de Chéfren, on a reconnu les tombes de leurs serviteurs, et ces tombes contemporaines des pyramides ont dit ce que celles-ci n'avaient pas révélé. Les murs intérieurs des pyramides étaient nus. Ceux des tombes sont couverts de bas-reliefs coloriés et d'hiéroglyphes qui expliquent les bas-reliefs. Ces tableaux, ces hiéroglyphes, dédommagent de la nudité des pyramides. Quand tout ce qu'ils peuvent enseigner aura été recueilli, on aura, ce que déjà on possède en partie, une représentation fidèle et détaillée de la vie égyptienne, telle qu'elle était il y a six mille ans.

V

LE CAIRE

ANCIEN ET MODERNE

---

20 décembre.

Des pyramides au Caire il y a deux lieues et soixante siècles. On ne peut faire un plus grand saut qu'en passant de cette civilisation primordiale à la civilisation nouvelle, que le pacha essaye d'implanter ici. Il y a loin de Chéops à Méhémet-Ali.

Le contraste est grand aussi entre le silence de ces tombeaux où j'ai vécu depuis deux jours et l'agitation bruyante au sein de laquelle je me réveille aujourd'hui. Il me semble entrer au Caire pour la première fois. Je suis toujours frappé de cette cohue tumultueuse, de ce pêle-mêle étourdissant. Dans des rues où l'on touche presque du coude les deux murailles, des ânes galopent, des spahis courent devant un cheval au trot en distribuant des coups de courbache, des chameaux s'avancent à la file, chargés de moellons ou portant des poutres placées en travers, de manière à broyer ou à percer les passants. L'excuse de la jeune femme des *Mille et une Nuits*, que le marchand avait mordue, eût été aussi bonne au Caire qu'elle l'était à Bagdad. « Un chameau chargé de bois à brûler, dit-elle à son mari, est venu sur moi dans la foule, et m'a blessée à la joue. » Combien de fois n'a-t-il pas manqué m'en arriver autant ! Des buffles que l'on aiguillonne viennent se mêler à la bagarre. Supposez le plus léger encombrement, et vous aurez l'idée d'un désordre, d'une mêlée dont rien n'a jamais approché, pas même cette foule d'Alexandrie, si bien peinte déjà par Théocrite dans *les Syracusaines*, quand Praxinoé s'écrie tout à coup : « On vient de déchirer mon vêtement. » C'est ce que je me suis écrié aussi presque en arrivant ; à peine sorti de l'hôtel, il a fallu rentrer.

Pour les embarras de Paris, Boileau n'eût pas daigné en parler s'il eût connu les *embarras du Caire*. Un écrivain arabe me paraît avoir assez bien rendu cette confusion, seulement elle lui semble mélancolique, et à moi divertissante. « On se trouve là, dit-il, dans un espace étroit et dans des rues qui n'offrent qu'un sentier obscur et resserré par les boutiques ; quand les chevaux s'y pressent avec les piétons, on éprouve un certain serrement de cœur et une tristesse qui tire les larmes des yeux. » Ce qui achève d'étonner ici, c'est la différence de ces rues animées, bruyantes, et d'autres rues silencieuses et presque désertes; peu d'instants après notre arrivée, le drogman nous fit faire une tournée d'un quart d'heure à travers un labyrinthe obscur de ruelles et de passages. Nous traversions des cours, des écuries. A tout instant, il fallait ouvrir des portes, car c'était le soir, et chaque quartier se barricade[1]. Par moments, je me croyais dans une cave ou dans un étroit et sombre corridor. Quand je revins à l'air libre, les premières étoiles brillaient au ciel, elles s'étaient levées sans que je les eusse aperçues. J'ai souvent remarqué en Orient ce contraste entre le silence et le bruit, entre le mouvement désordonné et le repos absolu, entre ce qu'il y a de plus lumineux et de plus sombre, de plus vivant et de plus mort.

Les différentes industries sont distribuées, au Caire, dans des quartiers spéciaux, comme elles l'étaient, au moyen âge, dans nos villes de France, à Paris même, où l'on trouve aujourd'hui la trace de cette distribution dans les noms des rues de la Tixeranderie, de la Ferronnerie, des Maçons, des Brodeurs, etc., dans le nom du quai des Orfévres, fidèle encore à sa

---

[1] On divise ordinairement le Caire en vingt-trois mille quartiers, quoique, sur le témoignage de ceux qui m'ont instruit de ces particularités, il n'y en ait *que dix-sept mille bien marqués*. On les ferme tous les soirs avec leurs portes par le moyen de certaines *serrures de bois*. — *Voyages de Lebruyn*, I, 27.

destination primitive. Il en était et il en est encore de même dans plusieurs villes d'Italie. Cette coutume venait-elle de l'Orient, ou, ce qui est plus vraisemblable, tenait-elle à l'organisation des corps de *métiers*, qui eux-mêmes remontaient peut-être aux corporations que les Romains appelaient *collegia* ?

L'aspect du Caire est très-pittoresque, il y a beaucoup plus d'architecture et d'*art* qu'à Constantinople. Un grand nombre de maisons sont bâties en pierre au lieu de l'être en bois. A chaque coin de rue, on trouve une porte dans le goût arabe, une élégante fontaine, un minaret, en un mot l'original d'une charmante vignette. Ce qui est surtout ravissant, ce sont les *moucharabié*, espèce de balcons garnis d'un treillage de bois travaillé dont l'élégance et la coquetterie attirent les regards et les étonnent toujours.

Dans l'enchantement où vous jettent ces merveilles, on est tenté de s'écrier avec un des personnages des *Mille et une Nuits* : « Qui n'a pas vu le Caire n'a rien vu ; son sol est d'or, son ciel est un prodige, ses femmes sont comme les vierges aux yeux noirs qui habitent le paradis (on ne peut juger que des yeux noirs qu'on aperçoit à travers les trous du voile), et comment en serait-il autrement, puisque le Caire est la capitale du monde! »

De tels souvenirs reviennent naturellement ici, car, en parcourant les rues de cette ville, on croit relire les *Mille et une Nuits*, ces contes charmants que Galland a rendus populaires en France, et qui, grâce à la naïveté de sa traduction, du reste assez incomplète, sont devenus, pour ainsi dire, une portion de notre littérature, comme les Vies de Plutarque, grâce à la version du bonhomme Amyot. Les deux traducteurs ont passablement changé le caractère de leur original. C'est ce que j'ai eu occasion d'établir pour Amyot; c'est ce que M. Lane, qui a donné la première version exacte des *Mille et une Nuits*, dit un peu sévèrement peut-être de l'honnête Galland. Du reste, M. Lane, qui connaît la vie arabe et la vie du Caire mieux que personne, déclare que ce sont surtout les mœurs de cette ville qui sont représentées dans les *Mille et une Nuits*. Il a publié une édition de ces contes illustrée par des vignettes, dont plusieurs reproduisaient très-fidèlement un costume, un groupe, un coin de rue, tels qu'on en rencontre à chaque pas en se promenant ici. On a beaucoup discuté sur l'origine des *Mille et une Nuits*; plusieurs savants voulaient qu'elles fussent indiennes et persanes. Quelques-uns des éléments de ce recueil se retrouvent en effet dans la littérature sanscrite. L'histoire de Sindbad le marin est persane, sauf une des aventures qui paraît avoir pour origine l'épisode de Polyphème dans l'*Odyssée*. Cependant M. Lane pense que les principaux contes dont se compose le recueil des *Mille et une Nuits*, que l'on récitait encore, il y a quelques années, dans les rues du Caire, sont arabes, ou du moins, quelle que soit leur patrie primitive, ont été transportés au sein des mœurs et de la vie arabes, et rédigés au Caire, dans la forme qu'ils ont présentement, vers le commencement du seizième siècle; on ne peut placer plus tard l'époque de cette rédaction, car il n'y est question ni de la pipe, ni du café. A cela près, il est impossible d'imaginer un tableau plus fidèle; à chaque pas que l'on fait dans les rues du Caire, on retrouve quelques-unes de ces vieilles connaissances que l'on doit aux beaux contes de Scheerazade. C'est un marchand assis les jambes croisées, un barbier, un portefaix, un derviche qu'on a rencontrés quelque part chez M. Galland. De chacune de ces fenêtres grillées, on s'attend à voir descendre le mouchoir parfumé qui tomba aux pieds d'Azis, en même temps qu'une jolie main et deux yeux de gazelle se laissaient voir à travers le treillage du balcon. Seulement il faut convenir que les mœurs, les habitations, les costumes, ont dans les récits de Sheerazade une fraîcheur et un éclat que le Caire offrait encore au commencement du seizième siècle, et que depuis la conquête des Turcs il n'a jamais recouvrés. C'est bien l'élégance de l'architecture arabe, mais les maisons sont souvent délabrées; c'est encore la forme pittoresque du vêtement, mais l'opulence a disparu, la misère en turban et en voile s'offre partout aux regards. La page des *Mille et une Nuits* qu'on a sous les yeux est une page salie et déchirée.

La vie orientale ne se retrouve aujourd'hui avec toute sa splendeur que dans l'intérieur des maisons, où les voyageurs ne peuvent pénétrer. Heureusement les touristes féminins, qui abondent chaque jour davantage, sont en état de remplir et ont déjà très-agréablement rempli cette lacune. Lady Montague avait donné l'exemple pour Constantinople; mistress Poole l'a suivi pour le Caire. Sœur de M. Lane, auquel on doit l'ouvrage le plus solide sur *les Égyptiens modernes*, elle a complété avec beaucoup de bonheur le précieux travail de son frère. Dans un aimable petit livre intitulé *l'Anglaise en Égypte*, on retrouve les toilettes merveilleuses, les monceaux de bijoux, les repas féeriques, les belles esclaves, tout le harem enfin; c'est dans le harem que se réfugie et se cache encore ce que la vie orientale a de plus exquis et de plus radieux.

On s'est fait longtemps en Europe une idée bien fausse de la condition des femmes en Orient; on parle encore de leur *reclusion*, tandis qu'elles sortent tous les jours pour aller au bain : or, les bains sont pour elles ce que les clubs sont pour les hommes en Angleterre; elles vont les unes chez les autres passer des journées entières, elles visitent les bazars. A Constantinople, les dames d'un rang élevé sortent en *arabas*, espèce de carrosse traîné par des bœufs. Au Caire, on les rencontre, précédées de leurs esclaves qui font ranger la foule devant elles, montées sur des ânes de luxe; ces ânes sont de superbes animaux et ne ressemblent pas plus à leurs frères d'Europe qu'un cheval arabe à un cheval de fiacre.

Les femmes en Orient ne sont donc point recluses, mais elles sont séparées des hommes. Elles sont libres de sortir du gynécée[1], mais les hommes ne sont pas libres d'y entrer. Malgré cette séparation, qui est rigoureusement observée, les dames du Caire sont loin d'être étrangères aux affaires et aux intrigues politiques; au contraire, elles y prennent une grande part. Ceux qu'une coutume barbare leur a donnés pour gardiens sont leurs agents. Plus d'une destitution ou d'un avancement, plus d'une cabale, et de ce que nous appellerions ici une révolution ministérielle, est partie d'un harem.

La température du Caire est plus élevée que celle de la plupart des lieux qui se trouvent sous la même latitude. La température moyenne est de 22 degrés. En général, l'Égypte, à latitude égale, est un pays très-chaud, et Assouan, presque sous le tropique, passe pour le point le plus chaud de la terre. On

---

[1] Ce mot rend assez exactement celui de harem, qui n'a aucun rapport avec *seraï*, château, dont nous avons fait sérail. Ce dernier terme ne doit s'appliquer qu'au palais du grand-seigneur. Confondre le harem et le sérail, c'est faire comme un Turc qui croirait qu'en français *chambre à coucher* est synonyme de *château des Tuileries*. Les mœurs grecques à l'égard des femmes se rapprochaient assez des mœurs actuelles de l'Orient. Les femmes habitaient l'étage supérieur de la maison comme elles le font généralement au Caire, et, on le sait, se mêlaient peu à la société des hommes.

trouve ici très-rigoureux l'hiver où nous sommes; ce serait à Paris un printemps assez doux. La saison est pluvieuse, c'est-à-dire que pendant plusieurs jours nous avons eu quelques ondées. On assure que les plantations dont Méhémet-Ali et son fils Ibrahim ont embelli les abords de la ville ont déjà modifié le climat, en augmentant sensiblement la quantité de pluie qui tombe annuellement.

La population du Caire est estimée à 200,000 âmes; on l'évaluait du temps des Français à 260,000. Ainsi le Caire aurait perdu ce qu'Alexandrie a gagné. On a dit qu'antérieurement ce chiffre s'élevait à 300,000 [1]. La capitale de Méhémet-Ali compterait donc 100,000 âmes de moins qu'elle n'en comptait sous les Mamelouks; mais il se peut que les chiffres qui se rapportent à cette époque soient exagérés. En Orient, il est très-difficile d'arriver à un dénombrement exact de la population, et je ne sais pourquoi les voyageurs sont toujours portés à lui attribuer un chiffre trop élevé, comme les antiquaires à croire les monuments qu'ils ont découverts plus vieux qu'ils ne sont, et les géologues à reculer l'âge des terrains dont ils s'occupent les premiers. On met à son insu une sorte de vanité à faire l'objet qu'on étudie plus considérable qu'il n'est réellement, ou à le rendre plus respectable par l'antiquité qu'on lui prête, comme si l'on avait

---

[1] Chabrol, *Expédition d'Égypte*, partie moderne, II, 2,364.

quelque chose à y gagner, comme si l'on devenait par là soi-même plus riche ou de meilleure maison.

La population du Caire se compose d'Arabes qui forment la grande majorité, de Coptes qui en représentent environ un vingtième, et de Juifs qui y entrent pour un cinquantième. Il faut y joindre les employés du gouvernement qui sont Turcs. Voici comment un auteur arabe, Ibn-Abbas, juge ces différentes parties de la population égyptienne : il attribue les neuf dixièmes de l'intrigue et de l'artifice qui est en ce monde aux Coptes, de la perfidie aux Juifs, de la dureté aux Turcs, de la bravoure aux Arabes. Les Coptes sont les descendants des anciens Égyptiens. Leur langue est un dérivé de la langue des Pharaons; c'est à l'aide de cette langue qu'on peut se faire une idée du sens des mots écrits en hiéroglyphes. Malheureusement le copte n'est plus vivant aujourd'hui; il l'était encore au seizième siècle dans la haute Égypte. Un voyageur du dix-septième, le P. Vansleb, trouva dans un couvent de l'Égypte un vieux Copte qui parlait la langue nationale; on lui dit que c'était le dernier. Aujourd'hui cet idiome d'antique origine n'est plus employé que pour le culte, comme chez nous le latin. On sait que les Coptes sont chrétiens, et qu'ils ont une littérature ecclésiastique qui date des premiers siècles de notre ère.

Ce débris du peuple pour qui l'écriture était une si grande chose, qui ne pouvait construire un monument ni fabriquer le moindre ustensile sans le couvrir d'inscriptions, et chez lequel presque tous les fonctionnaires, civils, militaires et religieux, recevaient le titre de scribe, comme leurs épitaphes hiéroglyphiques en font foi; ce reste du peuple *écrivain* par excellence est encore aujourd'hui en possession de l'écriture. Tous les scribes qu'emploie l'administration sont Coptes; on les reconnaît à l'écritoire qu'ils portent toujours à la ceinture, assez semblable par sa forme aux écritoires trouvés dans les tombeaux des anciens Égyptiens, et que représente fidèlement l'hiéroglyphe par lequel on exprimait l'action d'écrire et la qualité d'écrivain.

Il serait impertinent de prétendre peindre les mœurs des habitants d'une ville où je ne compte passer que quinze jours, d'autant plus que ce travail a été fait par un homme qui y a passé sa vie. Logeant dans le quartier arabe, parlant arabe, vivant dans la société arabe [1], M. Lane a pu donner de leurs usages sinon un tableau animé, du moins un dictionnaire complet auquel je n'ai la prétention de rien ajouter. Seulement, toujours préoccupé de l'ancienne Égypte au milieu de l'Égypte moderne, je remarquerai en passant quelques traits des mœurs antiques subsistant au sein des mœurs nouvelles. Chez les anciens Égyptiens, la momie du mort était longtemps conservée par sa famille dans son habitation, et aujourd'hui en-

[1] L'ouvrage de M. Lane a pour titre : *The modern Egyptians*.

core les morts sont conservés souvent à domicile dans des caveaux par les habitants du Caire, et particulièrement par les Coptes. L'usage des pleureuses n'est point musulman, car il n'existe point en Syrie ou à Constantinople, et il a été interdit par Mahomet; il peut être grec, mais il peut être aussi égyptien, car Hérodote en parle déjà, et, sur les monuments où sont représentées si fréquemment les cérémonies funèbres, on voit toujours auprès du cercueil plusieurs femmes dont l'attitude et les gestes expriment la douleur, et de tout point pareilles à celles dont on entend, en se promenant par les rues du Caire, les plaintes étranges assez semblables au gloussement d'une poule qui a perdu ses petits. Quelques-unes des superstitions actuelles semblent remonter à une haute antiquité. Ainsi chaque quartier du Caire a son génie protecteur sous la forme d'un serpent. Or, le serpent était chez les anciens Égyptiens le symbole et l'hiéroglyphe de la divinité.

Des enchantements par lesquels les Égyptiens étaient célèbres depuis le temps de Moïse, il reste encore quelques vestiges en Égypte. Plusieurs voyageurs ont parlé de cette espèce de seconde vue dont, selon eux, des enfants du Caire ont fait preuve et par laquelle ces enfants apercevaient dans le creux de leur main tachée d'encre [1] et décrivaient exactement

---

[1] Cette jonglerie, qui n'est qu'un cas particulier de la catoptromancie (divination par les miroirs), n'est point particulière à l'Égypte;

des personnages qu'ils n'avaient jamais vus. MM. Lane et Wilkinson rendent assez bien compte de la fraude qui avait trompé d'autres voyageurs. Ces explications m'ont ôté toute envie de voir ces petits jongleurs. Il y a aussi de la fraude, je pense, dans l'empire que prennent sur les serpents certains hommes déjà souvent comparés aux psylles de l'antiquité.

J'ai vu un de ces hommes manier des serpents, jouer avec des scorpions; je l'ai vu irriter une vipère *haje* de manière à la faire se dresser, le col enflé, ainsi qu'elle est représentée sur les monuments et dans les inscriptions hiéroglyphiques, où elle exprime toujours l'idée de la divinité. Cet hiéroglyphe vivant et furieux était terrible à voir, et je concevais qu'à une époque reculée il eût pu inspirer aux peuples une terreur superstitieuse. Puis l'Arabe a saisi la vipère et l'a mordue avec colère. C'était un spectacle étrange : rage de l'homme contre rage de la bête, duel sauvage qui faisait horreur à contempler; mais on m'assura que j'avais sous les yeux un duel innocent à armes émoussées, en d'autres termes, que la dent où gît le venin de la vipère avait été arrachée. Du reste, l'Égypte n'est pas le seul pays où a fleuri et où fleurit encore cette étrange industrie des psylles. Il en est parlé dans l'Écriture, dans Virgile et dans Grégoire de Tours. Un des ordres religieux musul-

---

les musulmans de l'Inde ont un procédé de divination semblable. — Reynaud, *Description du cabinet Blacas*, t. II, p. 401-2.

mans de l'Algérie, celui d'Aissoua, se compose en grande partie de jongleurs qui jouent avec les serpents. On a vu des enfants de cette secte manger des scorpions. Il en est de même des sorciers birmans : ils paraissent en public avec des serpents à leurs mains et entortillés à leur col; ils les font battre entre eux et s'en laissent mordre; ils les mettent dans leur bouche. L'excès même de cette audace prouve qu'elle n'est qu'apparente, et que les nouveaux psylles ont mis d'avance leurs ennemis hors d'état de leur nuire. Probablement les anciens en faisaient autant.

Bien que cherchant surtout en Égypte le passé et le passé le plus reculé, je ne saurais fermer les yeux au présent, et il ne m'est point indifférent de rencontrer au Caire plusieurs compatriotes avec lesquels je puis tour à tour m'entretenir des antiquités égyptiennes ou les oublier agréablement. On conviendra qu'il y a plaisir à trouver chaque soir dans une ville d'Orient une conversation européenne qu'on rechercherait partout. Partout on serait heureux de rencontrer M. Perron; j'en dirai autant de M. Linant, qui est à la tête des travaux publics et l'un des hommes qui connaissent le mieux l'Égypte. Il visitait les ruines de Méroé presque au moment où un autre de nos compatriotes, M. Caillaud, venait de les retrouver dans sa curieuse et courageuse expédition en Abyssinie.

Linant-Bey est un homme d'un esprit vif. Son air

est ouvert et décidé, ses manières sont franches et cordiales; on peut l'interroger sur tout ce qui concerne l'Égypte; le soir, il est très-agréable d'aller prendre place sur son divan, et, en fumant un excellent narguillé, de converser avec madame Linant, qui, toute blanche dans son costume demi-oriental et assise sur des carreaux de pourpre, fait en français les honneurs de son salon arabe avec la grâce paresseuse des Levantines.

M. Linant m'a beaucoup parlé du canal entre les deux mers, projet sur lequel il a écrit un mémoire approfondi. L'entreprise serait grande et nouvelle. Les deux mers n'ont jamais été réunies directement; anciennement elles communiquaient au moyen d'un canal qui de la mer Rouge venait aboutir au Nil. L'origine de ce canal a été sans raison attribuée Sésostris. M. Letronne a prouvé qu'elle ne remonte pas au delà du temps où l'Égypte entra en rapport avec la Grèce[1]. Selon lui, l'idée en fut suggérée au roi d'Égypte Néchos par les tentatives un peu antérieures des Grecs pour percer l'isthme de Corinthe. Le canal, qui avait cessé d'être navigable, fut repris par les Ptolémées et ne fut pas abandonné avant la fin du deuxième siècle de l'ère chrétienne. Les musulmans rétablirent cette voie de communication entre l'Égypte et l'Arabie, qui ne fut entièrement abandonnée

[1] Voyez, dans la *Revue des Deux Mondes* du 15 juillet 1841, le *Canal de jonction des deux mers sous les Grecs, les Romains et les Arabes.*

qu'au huitième siècle de l'hégire[1]. A ces différentes époques, ce fut toujours par l'intermédiaire du Nil que l'on rattacha la mer Rouge à la Méditerranée. Jamais ne fut tentée jusqu'ici la communication directe à travers l'isthme de Suez; c'est qu'il s'agissait, pour ceux qui creusèrent le canal, depuis Néchos jusqu'aux sultans du Caire, de lier l'Asie à l'Égypte et non à l'Europe. Pour le but qu'on se proposait, rien ne convenait mieux qu'un canal venant à travers le Delta rejoindre le Nil aux environs de Memphis ou du Caire. Aujourd'hui la jonction des deux mers n'étant plus seulement une entreprise égyptienne, mais pouvant être conçue dans l'intérêt commun de tous les peuples méditerranéens, ce qui s'offre naturellement, c'est la voie directe, c'est la coupure de l'isthme. Ce plan, qui avait été tracé à première vue par les ingénieurs français de l'expédition d'Égypte, a été repris d'une manière plus complète par M. Linant, et, selon lui, n'est plus exposé à aucune objection sérieuse.

La différence de niveau dans les deux mers, dont on a fait quelquefois une objection triomphante, n'est point un obstacle. M. Linant m'a dit de quelle quantité le niveau de la Méditerranée pourrait être élevé en cent ans par le canal, et cette quantité est extrêmement petite. La différence de hauteur entre le

---

[1] En 720. Weil, *Geschichte der Kalifen*, 119.

point de départ et le point d'arrivée, qui est d'environ trente-trois pieds, au lieu d'être un inconvénient, est un avantage; elle permettra de produire un courant qui entraînera les matières obstruantes. Quant aux craintes d'inondation, elles ne sont pas mieux fondées, car, toujours d'après M. Linant, l'eau qui s'écoulera par le canal ne sera que la dix-neuvième partie de l'eau du Nil à l'époque où le niveau du fleuve est le moins élevé.

Maintenant que Riquet a réuni par le canal de Languedoc l'Océan et la Méditerranée, Bernadotte, par le canal de Gotha, la mer du Nord et la Baltique, maintenant que la communication du Rhin avec le Danube, projetée par Charlemagne, a été accomplie par le roi de Bavière, il est temps, ce semble, de percer l'isthme de Suez et l'isthme de Panama. De ces deux grandes opérations réservées à notre siècle, la première paraissait appartenir à Méhémet-Ali, mais il semble y avoir renoncé. Ce qui empêche et empêchera le canal de s'exécuter, c'est l'opposition du gouvernement anglais.

Le canal ouvrirait les mers de l'Inde à toutes les nations de l'Europe. Or, plusieurs de ces nations, les Grecs, par exemple, pourraient, grâce à l'habileté et à l'économie qui distinguent leurs marins, faire à l'Angleterre[1] une concurrence qu'elle redoute. Aussi

---

[1] Omar, pour une autre raison, s'opposa, selon une tradition arabe, au percement de l'isthme : il craignait que les Grecs ne vinssent at-

s'oppose-t-elle sous main à toute tentative pour percer l'isthme de Suez, comme elle s'oppose, dit-on, pour une raison semblable, à tout percement de l'isthme de Panama.

Si les Anglais ne veulent point du canal qui ouvrirait à l'Europe méditerranéenne la mer Rouge et la mer des Indes, ils s'arrangeraient d'un chemin de fer qui réunirait le Caire à Suez. Ce chemin ne pourrait jamais être une route de commerce, mais il serait commode pour les voyageurs, qui prennent la malle de l'Inde, et peut-être pour des transports de troupes. Selon M. Linant, il coûterait treize millions, et le canal, œuvre à immortaliser un règne, n'en coûterait que neuf. Joignez à cela la difficulté de protéger les rails contre le sable du désert et d'obtenir de la paresse arabe la surveillance nécessaire à l'entretien de la voie; tout serait donc à gagner du côté du canal; cependant, si quelque chose se fait, ce sera le chemin de fer[1].

Au premier rang des Français qui ont rendu d'importants services au pacha et à l'Égypte, est le docteur Clot, connu en Europe sous le nom de Clot-Bey. Clot-Bey a établi dans l'armée et au Caire l'organisation sanitaire de l'Europe, il a amélioré le sort des

---

taquer la Mecque et troubler le pèlerinage. — Weil, *Geschichte der Kalifen*, 123.

[1] J'apprends qu'une souscription a été ouverte à Trieste pour faire les frais du canal, entreprise à laquelle cette ville est si intéressée.

aliénés et fondé une école d'accouchements; il a montré un grand courage lors de la peste de 1834, dans laquelle d'autres Français firent preuve d'un dévouement qui coûta la vie à plusieurs, parmi lesquels c'est un devoir de citer MM. Rigaud et Dussap, ainsi que deux jeunes saint-simoniens [1]. Bon médecin, excellent opérateur, le regard fin, la parole facile, la voix caressante, Clot-Bey a su gagner la confiance du pacha et charme les Français qui visitent le Caire par l'obligeance la plus aimable et la plus empressée. Sa conversation animée, son salon, où un Français aime à trouver réunis plusieurs autres compatriotes distingués, sa belle collection d'antiquités égyptiennes qu'il a mise à ma disposition sans aucune réserve, m'ont laissé le plus reconnaissant souvenir.

Dans cette collection précieuse se trouvent des échantillons rassemblés avec goût : instruments, ustensiles, petits meubles, ornements de tout genre, dont se servaient les Égyptiens et les Égyptiennes. Visiter la collection de Clot-Bey et celle du docteur Abbot, dont je parlerai tout à l'heure, après avoir vu les pyramides et les tombeaux qui les environnent, c'est comme se promener dans les *studj* de Naples, après avoir fait une course à Pompéi et à Herculanum. Je ne puis donner un catalogue de la collection

---

[1] *Rapport* du docteur Prus sur la peste, pièces et documents, 343

Clot-Bey. Je mentionnerai seulement, parmi les nombreux objets qui m'ont frappé, ceux qui me semblent de nature à provoquer quelque remarque intéressante. Plusieurs statuettes de la collection de Clot-Bey sont d'une rare beauté d'exécution. Elles suffiraient pour convaincre ceux qui doutent que le mot beauté puisse s'appliquer aux produits de l'art égyptien. Du reste, ils n'auraient pas besoin d'aller si loin, il leur suffirait de voir sans parti pris quelques statuettes du musée Charles X, et surtout d'admirables bronzes égyptiens rapportés par Champollion, et qui sont déposés à la Bibliothèque royale.

Il faut qu'un peuple ait à un degré assez remarquable le sentiment de l'art, pour appliquer ce sentiment aux ustensiles les moins relevés de la vie usuelle. C'est ce qui eut lieu surtout à la Renaissance, quand une salière ne semblait pas au-dessous du talent de Benvenuto Cellini. De même les cuillers en bois, par exemple, que possède Clot-Bey, et dont le manche est formé par l'agencement ingénieux d'une figure humaine; ces cuillers, ainsi que d'autres objets usuels du même genre, montrent que le besoin et le goût de l'art étaient assez éveillés chez les anciens Égyptiens pour se mêler aux détails de la vie. Aux époques où le sentiment de l'art se retire de la société, on ne voit plus rien de pareil. Aujourd'hui même, c'est assez qu'une cuiller soit bonne à prendre de la soupe; tout au plus lui demande-t-on d'être en or ou dorée. Une foule de petits objets qu'on rassemble dans les collections sous le nom d'amulettes ont un grand intérêt à mes yeux et un intérêt pour ainsi dire philologique; ce sont des mots, des lettres, de véritables hiéroglyphes détachés. Ceci est le signe de la *vie*, voilà le signe de la *stabilité;* on peut, en plaçant ces figures à côté les unes des autres, écrire en caractères mobiles une phrase hiéroglyphique. On peut, ce qui est plus important, discerner clairement la véritable nature de ces objets dont l'écriture a fait des signes, et qui, sculptés, sont encore plus aisés à reconnaître que lorsqu'ils sont *écrits*. Remontant à l'origine de ces signes, on peut se rendre compte de leur valeur par une sorte d'étymologie figurée qui s'adresse aux yeux; car ici la forme remplace le son, et le radical de ces mots de pierre ou de porcelaine n'est pas une syllabe, mais une chose.

Tout ce qui tient à l'état des arts et métiers chez les Égyptiens est d'un grand intérêt. Les objets contenus dans les collections complètent à cet égard les représentations figurées des monuments, et peuvent servir à résoudre des problèmes dont celles-ci ne donnent pas la solution. Cette toile que je touche est-elle un tissu de coton ou de lin? Ceci conduit à cette question : le coton était-il connu des anciens Égyptiens? Il croissait certainement en Égypte au temps de Pline; cet auteur le décrit de manière à ce qu'on ne puisse s'y tromper, et dit qu'on en faisait des toiles remarquables par leur mollesse et leur blancheur, vêtement favori des prêtres égyptiens. Hérodote connaissait une laine végétale[1], qui ne peut être que le coton, mais, selon lui, elle provenait des Indes ; il parle bien d'une cuirasse de lin brodée en or et en laine végétale qui avait appartenu à Amasis, roi d'Égypte, mais ce coton pouvait lui-même être venu de l'Inde. Il n'y a donc pas de témoignage qui établisse avec certitude que le coton existât en Égypte avant le temps de Pline ; et, quand on remonterait jusqu'à Hérodote, cela ne prouverait rien pour une époque plus ancienne[2]. Maintenant que disent les monuments ? Sur aucun d'eux on n'a vu représentée la culture ou la récolte du coton. L'on n'a pas trouvé d'une manière certaine le nom de cette plante écrit en hiéroglyphes. Au contraire, on a vu plusieurs fois représentée la moisson du lin, dont le nom est toujours écrit à côté de la plante.

C'est déjà une forte présomption en faveur de l'em-

---

[1] Virgile a dit :

Quid nemora Æthiopum molli canentia lana ?

[2] On a voulu que le mot *bussos*, en latin *byssus*, en hébreu *butz*, désignât le coton ; mais dans plusieurs cas au moins ce mot ne peut avoir été employé que pour désigner le lin. Hérodote dit qu'on enveloppe les morts dans des toiles de *byssos* ; on va voir que les momies sont en général enveloppées dans des toiles de lin. Hérodote nous apprend ailleurs que le *byssos* était employé à panser les blessures, ce qui, ainsi que l'a remarqué M. Penot (*Mémoires de la Société de Mulh.*, t. XIV, 72), convient mieux au lin qu'au coton. L'expression *byssos* paraît avoir été appliquée à des substances diverses.

ploi du lin, de préférence à celui du coton, chez les anciens Égyptiens. Quant aux toiles qui enveloppent les momies, les opinions ont été partagées. On a d'abord affirmé, et Rosellini a répété [1], que les toiles des momies étaient en coton. L'observation microscopique a démontré, au contraire, qu'au moins dans le plus grand nombre des cas, ces toiles étaient de lin. Ce fait paraît acquis à la science [2]. Il ne s'ensuit pas rigoureusement que la toile de coton, connue des Égyptiens au temps de Pline et même au temps d'Hérodote, leur fût entièrement inconnue plus anciennement, quand leur pays est si voisin de ceux où le coton paraît croître naturellement. Ce qui est certain, c'est que le coton était, en tout cas, d'un usage infiniment plus rare que le lin. Ces considérations ne rendent que plus curieux les échantillons de toile de coton qui peuvent se trouver dans les collections, et en particulier dans celle de Clot-Bey. Du reste, un microscope eût tranché la question, car le fil de lin est plat et celui du coton est arrondi.

Une autre question se présente : les Égyptiens connaissaient-ils le fer? Voici chez Clot-Bey une hachette et deux petits hoyaux qui sembleraient le prouver; mais ces instruments sont-ils bien certainement égyp-

---

[1] *Monumenti civili*, I, 354.
[2] C'est l'opinion de MM. Thompson, Ure et Baines. Cependant M. Bowring dit avoir trouvé parmi les momies d'Abydos une grande quantité de *raw cotton employed to wrapping round the bodies of the children*. — *Report on Egypt, and Candia*, p. 19.

tiens? ne peuvent-ils point être de fabrication grecque ou romaine? Que ne sont-ils accompagnés d'hiéroglyphes, on verrait clair dans leur origine, — oui, clair, grâce aux hiéroglyphes! Ce mot, qui, dans notre langue, est encore synonyme d'inintelligible, doit perdre ce sens désormais. Déjà, dans beaucoup de cas, les hiéroglyphes ne sont plus un mystère, mais une explication. Ici, cette explication nous manquant, nous en sommes réduits aux conjectures. On sait que l'usage du cuivre a partout précédé l'usage du fer, métal difficile à extraire, à forger, à tremper. Les héros d'Homère n'ont que des armes de bronze. Dans les traditions mythologiques, l'âge de cuivre a précédé l'âge de fer, comme l'âge d'or a précédé l'âge d'argent. Il est à remarquer que c'est l'ordre historique de l'exploitation de ces métaux. Du reste, il est certain que l'usage du cuivre a devancé l'usage du fer chez les Grecs [1]. D'après les voyageurs Pallas et Gmelin, il en est de même chez les nations tartares. Mais est-il possible que les anciens Égyptiens n'aient pas connu le fer, qu'ils aient taillé le granit et le basalte et y aient creusé des hiéroglyphes innombrables avec une telle netteté à une si grande profondeur [2]? J'avoue que j'ai peine à le

---

[1] La trempe de l'acier est très-clairement décrite dans l'*Odyssée* l. IX, v. 391. Le passage aurait-il été interpolé?

[2] La même question s'est présentée ailleurs. Les pierres des Amazones, dit la Condamine, ne diffèrent ni en couleur ni en dureté du jade oriental. Elles résistent à la lime, et on n'imagine pas par quel

croire. Je ne saurais citer, il est vrai, un instrument de fer qui provienne, avec une évidence incontestable, d'un tombeau égyptien [1]; mais il faut songer que le fer, en s'oxydant, peut tomber en poussière et disparaître. Où seraient d'ailleurs les instruments en bronze ou en toute autre matière plus durable que le fer, et que, par conséquent, il serait encore plus inexplicable de ne pas retrouver aujourd'hui? Je suis donc porté à admettre provisoirement l'emploi du fer chez les anciens Égyptiens, et, par suite, la provenance égyptienne des instruments que j'ai vus dans la collection de Clot-Bey. Outre les petits objets si nombreux et si curieux que renferme cette collection, j'y ai remarqué une mandoline qui porte écrits en hiéroglyphes le nom et la qualité de son possesseur. Cet instrument de musique est semblable par sa forme à un instrument dont on joue encore aujourd'hui dans les rues du Caire.

Clot-Bey possède les planches de deux sarcophages remarquables : l'un se distingue par la beauté des hiéroglyphes creusés dans le bois et remplis par une incrustation colorée; c'était celui d'un certain Pefpanet. Les débris de l'autre sarcophage offrent un intérêt plus grand encore; on y lit le nom de Menès, le

---

artifice les anciens Américains ont pu les tailler et leur donner diverses figures d'animaux.

[1] M. Letronne m'a parlé d'un morceau de fer trouvé sous un sphinx.

premier roi de la première des dynasties égyptiennes, le prédécesseur des Pharaons de la quatrième, qui ont élevé les pyramides. Qu'on imagine ma joie, quand Clot-Bey tira d'une cave ces précieux morceaux que n'avait pas vus M. Lepsius, et quand j'y pus lire en beaux hiéroglyphes le nom le plus ancien de l'Égypte et de l'histoire! Malgré le désir que j'en aurais, je ne puis cependant me figurer que cette planche et les hiéroglyphes qui la couvrent remontent au temps du roi Menès : ce serait alors le plus ancien monument écrit. Malheureusement l'inscription hiéroglyphique ne se prête pas à cette conclusion ; on y voit que le personnage auquel appartenait le cercueil était prêtre de plusieurs dieux, dont les noms sont énumérés dans l'inscription. Ces dieux sont Osiris, Thot, Phta et Menès. Menès, venant ainsi après des dieux connus du panthéon égyptien, figure évidemment ici comme une divinité dont l'hôte du cercueil était le desservant, ainsi qu'il l'était aussi des autres dieux auxquels Menès est associé. On ne peut admettre que ces mots *prêtre de Menès* veuillent dire ici que le personnage en question fût le chapelain ou l'aumônier de ce roi; car le défunt est avec Menès dans le même rapport qu'avec Osiris, Thot et Phta, et ce rapport ne peut être, par conséquent, que celui d'un prêtre avec la divinité au culte de laquelle il était consacré.

C'est un exemple de plus de l'apothéose des rois

d'Égypte, si fréquente sur les monuments. Du reste, le roi fondateur de la monarchie égyptienne n'en est pas ici le seul objet. Dans la partie de l'inscription qui correspond à celle où il est parlé du roi Menès, le défunt est dit prêtre des mêmes dieux et d'un autre roi dont le cartouche est symétriquement opposé à celui de Menès. Ce cartouche, que je n'avais vu dans aucun recueil publié, et que je crois avoir signalé le premier [1], se lit *Sor*. M. Prisse y voit avec beaucoup de vraisemblance le nom du roi Soris. Ainsi, bien que le monument ne soit pas contemporain du roi Menès, il n'en est pas moins d'un haut intérêt, puisqu'il présente le nom très-rarement trouvé de cet antique roi, et de plus un autre nom de roi jusqu'ici inconnu, et que j'ai été assez heureux pour découvrir ou du moins pour publier le premier. Le nom de Menès est également gravé sur une lame d'or appartenant à Clot-Bey. J'en parlerai à propos de la collection du docteur Abbot.

Cette collection est la rivale de celle de Clot-Bey. Ici sont également de charmantes statuettes. Des sandales à *la poulaine* montrent que cette mode bizarre est plus ancienne que le moyen âge. Des castagnettes, si leur origine est bien authentique, font voir que cet instrument, qui accompagne aujourd'hui les danses des almées, et qui est venue aux Espagnols par les

---

[1] Dans un *Rapport* à M. Villemain, qui a paru dans le *Moniteur* du 25 mars 1845 et que nous reproduisons à la fin de ce volume.

Arabes, existait dans l'antique Égypte. Un casque de fer et une cotte de mailles confirment ce que j'ai dit plus haut, de l'emploi du fer par les Égyptiens. Des vases portent le nom de l'ancien roi Papi, accompagné de cette devise tracée sur son étendard royal : *Qui aime les deux régions.* Cette formule est importante, car elle prouve que le roi Papi régnait déjà sur la haute et la basse Égypte, et que les Pharaons de la sixième dynastie, dans laquelle on le place, n'étaient pas souverains seulement d'une portion du pays.

J'arrive aux deux objets les plus remarquables de la collection du docteur Abbot, la bague de Chéops et le collier de Menès. La bague de Chéops est un anneau d'or. L'inscription qui précède le nom de ce roi semble vouloir dire : *Divine offrande à la terre d'Anubis dans la région de... offerte au prêtre du trône du roi Choufou* (Chéops). Si le sens est exact, il semblerait indiquer que la bague est contemporaine de Chéops et appartenait à un prêtre attaché à sa personne; mais on ne saurait dissimuler que ce sens laisse quelque incertitude, et que l'inscription présente des singularités qui peuvent tenir, il est vrai, à l'époque reculée du monument.

L'autre merveille de la collection du docteur Abbot est un collier qui porte le nom du roi Menès. Il en est de même pour le collier que pour les planches de Clot-Bey. Si l'on était certain qu'il remonte au siècle du roi dont il porte le nom, on aurait devant les yeux le plus ancien débris du passé. Ici, le nom de Menès n'étant accompagné d'aucun autre hiéroglyphe, on ne saurait établir directement que le collier, ainsi que les pendants d'oreilles qui l'accompagnent, ne remontent pas à cette monstrueuse antiquité; mais rien non plus ne prouve qu'ils aient droit à cet honneur. On peut très-bien avoir tracé le nom de Menès sur un collier fabriqué longtemps après lui. Peut-être avons-nous là le collier d'un prêtre consacré au culte du roi-dieu Menès ou de la femme d'un tel prêtre. Quoi qu'il en soit de cette supposition ou de toute autre, on n'est pas obligé d'admettre qu'à l'origine de l'histoire égyptienne, on fût arrivé au degré d'art et de luxe que supposent ces ornements. Il y a plus : j'ai vu dans la collection de Clot-Bey une lamelle d'or qui a fait évidemment partie de la toilette de femme ou de prêtre dont le docteur Abbot possède dans son beau collier la portion principale. Sur cette lamelle d'or est tracé, comme sur le collier, le nom de Menès ; mais, chose singulière, il est accompagné ici du nom d'Amasis. Si l'on suppose qu'il s'agit du premier Amasis, chef de la dix-huitième dynastie, le résultat sera toujours de faire descendre le collier de Menès de 4,500 à moins de 2,000 ans avant Jésus-Christ, c'est-à-dire d'environ 3,000 ans. Toutefois la date de ces bijoux pourrait être singulièrement rapprochée, si on la rapportait au second Amasis, celui qui usurpa le trône d'Égypte sur Apriès, peu de temps avant l'invasion des Perses. Dans cette supposition, l'association du nom d'Amasis et du nom de Menès s'expliquerait naturellement. On concevrait qu'un usurpateur, le chef d'une dynastie, eût voulu abriter son autorité nouvelle sous l'autorité de l'antique fondateur de la monarchie égyptienne, et se rattacher par là aux origines de cette monarchie. César fit ainsi en se disant du sang d'Énée et en mettant sur ses monnaies l'effigie de son aïeule Vénus, et Napoléon en prenant les abeilles de Childéric, qu'on appelait les abeilles de Charlemagne.

Outre les collections d'antiquités égyptiennes de Clot-Bey, du docteur Abbot et celle de M. Rousset, que j'ai eu occasion de citer, il y a au Caire deux sociétés égyptiennes; chacune possède une bibliothèque où l'on trouve les ouvrages les plus utiles au voyageur qui veut étudier l'Égypte[1].

Les collections nous ont conduits bien loin dans l'antiquité. Une visite à M. Lambert va nous ramener au présent et même à l'avenir, car ce n'est point de l'Égypte ancienne, mais de l'Égypte actuelle et de l'Égypte future, que s'occupe M. Lambert, directeur de l'École polytechnique du pacha. Après avoir prêché le saint-simonisme à Paris avec un éclat dont

---

[1] L'une de ces sociétés a publié le premier volume d'un recueil intitulé *Ægyptiaca*.

on se souvient encore, M. Lambert a renoncé de fort bonne grâce à son rôle d'apôtre, et s'est résigné à n'être plus qu'un homme de beaucoup de mérite et de beaucoup d'esprit. On a grand plaisir à causer de l'Europe et de l'Égypte avec cet enthousiaste un peu railleur que la réflexion a désabusé mais n'a point refroidi, qui, renonçant aux illusions excentriques, n'a point abandonné toutes ses espérances, et qui semble avoir surtout gardé de sa croyance à un ordre social nouveau le vif sentiment des imperfections de l'ordre ancien. C'est ce que j'ai cru trouver du moins dans l'ironie grave de M. Lambert; elle semblait toujours me dire : Si je reconnais que nous avons été un peu ridicules, permettez-moi de trouver que d'autres le sont beaucoup.

Je veux nommer encore parmi mes hôtes du Caire le savant et excellent docteur Pruner, orientaliste et médecin très-distingué, dans lequel l'étranger qui lui est recommandé trouve un ami, et j'en finirai avec les Européens du Caire par celui qui est resté très-bon Français, quoiqu'il s'appelle aujourd'hui Soliman-Pacha. Soliman-Pacha demeure au vieux Caire, dans la ville fondée par le lieutenant d'Omar. Ancien officier de la grande armée, aujourd'hui chef de l'armée égyptienne, il habite sur les bords du Nil une belle maison dont le rez-de-chaussée est meublé à l'européenne. Un excellent billard et des journaux de Paris rappellent d'abord la France; de l'autre côté de la rue est le harem du général. On sait que notre compatriote, comme le fameux comte de Bonneval, a embrassé la religion musulmane. Quelque jugement qu'on porte sur une détermination dont je ne me fais point le juge, je ne crois pas qu'on puisse connaître Soliman-Pacha sans éprouver du respect pour la loyauté de son caractère, la franchise de ses manières, sans être touché de l'accueil plein de cordialité qu'il fait aux Français. Si je n'exprimais ces sentiments, je me rendrais coupable d'une double ingratitude. D'abord, en ma qualité de membre indigne de l'Académie des inscriptions et belles-lettres, je dois être reconnaissant des soins par lesquels Soliman-Pacha a conservé à cette compagnie un de ses membres les plus éminents, M. le duc de Luynes, qu'il recueillit mourant. Je ne saurais oublier la réception qu'il m'a faite à moi-même. Le major-général de l'armée égyptienne s'est souvenu avec beaucoup de bonne grâce d'avoir connu mon père à Lyon, quand tous deux étaient jeunes et encore obscurs. « Lorsque votre père, m'a-t-il dit, venait dîner à mon quatrième étage avec ma vieille mère et moi, nous lui donnions toujours la place d'honneur; aujourd'hui elle doit être pour son fils. » Je n'aime pas, ceux qui m'ont lu le savent, à parler de ce qui m'est personnel; mais j'espère qu'on verra autre chose que de la vanité dans l'émotion que m'a causée ce souvenir d'un père illustre, ainsi honoré au loin dans un fils dont il est la seule gloire.

Mon suffrage très-incompétent n'ajouterait rien à la renommée militaire de Soliman-Pacha, que les gens du métier regardent comme un des plus habiles capitaines qui restent aujourd'hui. Il a deviné la grande guerre, a dit de lui quelqu'un qui l'a faite sous Napoléon, le maréchal Marmont. A en croire des témoins oculaires, la victoire de Nézib fut en grande partie son ouvrage. Il est parvenu à discipliner des Arabes, à former une armée régulière avec des fellahs, des Nubiens, des nègres, à vaincre les préjugés de race en se faisant obéir par des populations qui avaient en horreur ses réformes militaires. On sait que, tandis qu'il faisait faire l'exercice à des recrues, une balle vint siffler à ses oreilles : — Vous êtes des maladroits! dit-il, vous ne savez pas tirer; recommencez le feu et visez mieux. — Ce méprisant courage imposa aux Arabes. Les troupes formées par Soliman-Pacha ont pris Saint-Jean-d'Acre, où avaient échoué les soldats de Bonaparte. Plus tard, elles ont héroïquement défendu leur conquête. « Ceux qui auraient douté des qualités militaires des troupes égyptiennes, dit le colonel Smith dans son rapport, auraient pu se convaincre de leur courage et de leur persévérance en contemplant la dévastation et l'horrible spectacle que cette forteresse, autrefois si formidable, offrait à tous les yeux. » En recueillant les éloges accordés aux soldats égyptiens par la loyauté d'un ennemi, l'histoire dira qui les avait formés. Il serait injuste d'oublier que c'est grâce à un Français que notre désastre de Saint-Jean-d'Acre a pu être vengé.

Presque en face de la demeure de Soliman-Pacha est l'île de Rhodah. Ce nom veut dire *jardin*, et, en effet, c'est un jardin charmant[1]. On y voit un grand nombre d'arbres exotiques, et je préfère de beaucoup ce beau lieu aux jardins trop vantés de Choubrah, avec leurs plantations régulières, leurs allées cailloutées et leurs kiosques, dont l'ameublement est à demi européen. Ce n'est guère plus oriental que le sérail de Constantinople.

Cette prédilection pour le jardin de l'île de Rhodah m'a peut-être été inspirée en partie par la bonne fortune que j'ai eue d'y rencontrer un sarcophage égyptien avec des hiéroglyphes. J'ai recueilli quelques signes qui m'étaient inconnus, et j'ai retrouvé un titre remarquable, celui de *fille royale*, donné à une femme qui appartenait à une condition privée. J'avais déjà remarqué sur un monument funèbre du musée de Naples une qualification semblable, *fils royal*, appliquée à un simple particulier. A quoi peut tenir ce singulier usage, qui rappelle le titre de *cousin* donné aux ducs par nos rois?

---

[1] L'île de Rhodah fut de tout temps le but de la promenade des habitants du Caire. On voit un personnage des *Mille et une Nuits* y emmener ses camarades les cuisiniers et les charpentiers, et y passer un mois à boire, à manger, à entendre de la musique.

L'île de Rhodah renferme un monument curieux, le fameux nilomètre ou *Mekyas*. Un nilomètre est une colonne graduée qui indique la hauteur des eaux du Nil. Celui-ci a été élevé par les Arabes, mais il avait été devancé par les nilomètres égyptiens. C'était d'après la hauteur atteinte chaque année par le Nil qu'on fixait la cote des impôts. Pour que l'année fût bonne, il fallait que l'inondation atteignît seize coudées; c'est pour cela que seize petits enfants jouent autour de la statue du Nil qui est au Vatican et dont on peut voir une copie dans le jardin des Tuileries.

Une question importante et encore controversée se rattache au nilomètre de l'île de Rhodah : c'est l'origine de l'ogive et de l'architecture que nous appelons si mal à propos gothique. D'abord il faut dédoubler la question pour tenter de la résoudre. Autre chose est l'ogive isolée, autre chose est l'architecture gothique caractérisée par l'ogive, il est vrai, mais aussi par des proportions, une ornementation particulière. De tout temps, il y a eu des arcs pointus qu'on peut appeler des ogives; il y en a, dit-on, à Persépolis, il y en a à Thèbes; j'en ai vu dans les murs pélasgiques de Tirynthe et dans une porte de Tusculum; mais tous ces monuments n'appartiennent point à l'architecture gothique. L'architecture gothique est un ensemble dont l'ogive n'est qu'une partie[1]. Ainsi

---

[1] Cette distinction qu'on a souvent négligée a été faite par M. Vitet.

cette question : Comment et en quel pays est née l'architecture gothique? est différente de cette autre question, beaucoup plus restreinte, et que seule j'examine en ce moment : L'ogive a-t-elle existé dans l'architecture musulmane avant de se montrer dans l'architecture chrétienne? Or, c'est à cette dernière question que le bâtiment du Mekyas fournit une incontestable réponse. En effet, on y trouve l'ogive et on y lit une inscription arabe du neuvième siècle, époque où fut reconstruit le Mekyas, et tout le monde sait qu'en Europe l'architecture ogivale ne se montre pas avant le douzième. Je reviendrai sur ce problème important à l'occasion des mosquées.

La fondation du vieux Caire remonte au temps de la conquête musulmane. Selon la légende arabe, tandis qu'Amrou assiégeait une forteresse nommée Babylone, que les Romains avaient construite pour commander le fleuve presque en face de Memphis, une colombe ayant fait son nid sur la tente du lieutenant d'Omar, celui-ci ordonna qu'on ne levât point la tente pour ne pas troubler l'innocente couvée : compassion gracieuse qui peut étonner chez un homme de ruse et de sang comme Amrou, mais qui est dans le caractère musulman. Ne raconte-t-on pas de Mahomet qu'une chatte ayant déposé ses petits sur le pan de

---

avec cette précision élégante qui le distingue, dans son histoire de l'église de Noyon, qui est une histoire de l'architecture du moyen âge. — *Notre-Dame de Noyon,* dans les livraisons de la *Revue des Deux Mondes* du 15 décembre 1844 et du 1ᵉʳ janvier 1845.

la robe du prophète, il en coupa un lambeau plutôt que de déranger la pauvre mère de famille? Il étendit si loin ses ménagements pour les animaux, qu'il prescrivit aux musulmans de ne tuer les scorpions et les serpents qu'après les avoir priés de laisser en paix les fidèles et sur leur refus d'y consentir. Quoi qu'il en soit, l'incident de la tente d'Amrou fit donner à la ville nouvelle, qui s'éleva au pied de la forteresse romaine, le nom de *Fostat* (*la Tente*), qu'elle portait au moyen âge. On la nommait aussi et on la nomme encore *Misr*, qui rappelle *Misraïm*, appellation biblique de l'Égypte. *Caire* vient de *Cahira*, nom de la planète de Mars, sous l'influence de laquelle Moez voulut que la nouvelle ville fût fondée.

Le Caire fut bâti à la fin du dixième siècle par le gendre de Moez, calife fatimite. La dynastie des Fatimites, qui se proclamaient les légitimes successeurs du prophète, et par laquelle Abd-el-Kader prétend descendre de lui, régnait sur l'Afrique septentrionale et la Sicile. Telle avait été sa part dans le démembrement du califat, dont le centre nominal était toujours à Bagdad. Il se passa alors en Orient quelque chose de semblable à ce qui advint de l'empire franc sous les faibles successeurs de Charlemagne. Le Caire est donc né de la rébellion d'un des grands vassaux de l'islamisme. Fidèle à son origine et à une destinée que lui faisait la nature des choses, il a été à toutes les époques le siége d'une autorité plus ou moins

indépendante des califes de Bagdad et des sultans de
Constantinople.

C'est sous la dynastie des Fatimites que s'organisa
la secte des ismaéliens à laquelle appartenait ce *vieux
de la Montagne* si fameux au moyen âge dans les récits des croisades; le Caire fut longtemps le siége de
cette franc-maçonnerie extraordinaire, dans laquelle
on finissait par enseigner aux initiés, comme révélation suprême, le néant de toutes les croyances religieuses, l'indifférence du bien et du mal, doctrine
qui se résumait dans cette maxime d'une effroyable
audace : *Rien n'est vrai, tout est permis*. La grande
loge, qui s'appelait maison de la *sagesse*, était au
Caire; elle possédait d'immenses richesses et commandait à de nombreux adeptes qu'elle dispersait
dans tout l'Orient. Cette étrange institution avait pour
but politique d'élever au califat la dynastie fatimite
qui régnait en Égypte. C'était un carbonarisme égyptien fondé sur un athéisme philosophique, et qui se
proposait pour fin la conquête de la suprématie musulmane. M. de Hammer y voit un reste des anciennes
initiations égyptiennes; mais ces doctrines, si monstrueuses qu'elles soient, sont trop semblables à celles
qui furent professées durant les premiers siècles de
l'hégire dans diverses parties de l'Asie par les karmathes et d'autres sectaires, qui tous niaient de
même la vérité de l'islamisme et la distinction du
bien et du mal, pour qu'il y ait lieu d'aller chercher

l'origine des initiations ismaéliennes du Caire dans les problématiques initiations d'Héliopolis.

Aux Fatimites succédèrent les Ayoubites, célèbres en Occident par le nom de Saladin, qui montra dans sa personne l'alliance des qualités chevaleresques avec les mœurs et la foi musulmanes. Ce nom est encore présent ici ; Saladin a construit les fortifications et la citadelle du Caire ; il a fait creuser ce fameux puits au fond duquel un âne peut descendre. Il y en a un semblable en Italie, à Orvieto. Comme il s'appelait Yousouf (Joseph), la tradition l'a souvent confondu avec le ministre de Pharaon, et attribué à celui-ci ce qu'a fait le contemporain de Richard cœur de Lion. Les arts florissaient au Caire sous Saladin. Il envoya une horloge à roues à l'empereur Frédéric II. Ce n'était pas une âme commune, celle du prince qui faisait porter devant lui, en guise d'étendard, son drap mortuaire, tandis qu'un crieur disait au peuple : Voilà tout ce que Saladin emportera de ses conquêtes.

Alors on voit paraître une première fois les Français sous les murs du Caire. Amaury, roi de Jérusalem, avait disputé l'Égypte au père de Saladin. Il avait marché sur le vieux Caire, que ses habitants brûlèrent comme de nos jours les Russes ont brûlé Moscou. Les troupes françaises, alliées aux troupes égyptiennes, virent les pyramides ; plus tard, les désastres de saint Louis excitèrent au Caire une grande joie, et, à cette occasion, on chanta, dans les rues de cette ville, des vers qui existent encore.

Deux dynasties de Mamelouks ont régné au Caire. Mamelouk est synonyme d'esclave; ce n'est qu'en Orient qu'on peut trouver des dynasties d'esclaves. Du reste, les Mamelouks, primitivement achetés, il est vrai, formaient les gardes-du-corps ou, comme leur nom l'indique, la *ceinture* des sultans d'Égypte, qu'ils remplacèrent. Cette ceinture les étrangla. Le Caire ne cessa point, sous les sultans mamelouks, d'être un centre intellectuel et littéraire; l'école du Caire remplaça l'école de Bagdad. Le fils de Tamerlan, dont la race devait faire fleurir l'astronomie aux bords de l'Oxus, entretenait des relations littéraires et scientifiques avec les sultans d'Égypte. Un observatoire s'élevait sur le mont Mokatam; une bibliothèque publique fut fondée, et un sultan d'Égypte sembla vouloir imiter les Ptolémées, créateurs du musée d'Alexandrie. Des professeurs furent attachés à cette bibliothèque, appelée maison de la science[1]. Selon le récit, probablement exagéré, des historiens orientaux, la bibliothèque du Caire contenait seize cent mille volumes. Ce qui est certain, c'est qu'elle était fort considérable. On voit que si les musulmans trouvèrent encore à Alexandrie, après César et les chrétiens, quelques livres à brûler, ils remplacèrent largement ce qu'ils avaient détruit.

[1] Quatremère, *Recherches sur l'Égypte*, II, 175.

La prospérité commerciale du Caire était grande sous les Mamelouks. Il y a plus de monde ici, disait le voyageur Frescobaldi, que dans toute la Toscane, et autant de navires qu'à Gênes, à Ancône ou à Venise. La richesse des marchands du Caire est exprimée hyperboliquement, dans les *Mille et une Nuits*, par la mère du jeune Aladin, quand elle lui dit : « Les esclaves de ton père ne le consultent sur la vente d'une marchandise que quand elle vaut au moins mille pièces d'or; pour une marchandise de prix inférieur, ils la vendent sans le consulter. »

Au temps des Mamelouks, le Caire se trouva en contact avec les plus lointaines populations de l'Afrique et même de l'Asie; les rois chrétiens d'Abyssinie faisaient demander au sultan d'Égypte de leur envoyer un métropolitain. Les Mongols s'avancèrent contre le Caire; un jour on y apporta un lettre d'Houlagou; le terrible petit-fils de Gengiskan y disait : « Nous sommes les soldats de Dieu, qui nous a créés dans sa colère. Nous avons purifié la terre des désordres qui la souillaient, et nous avons égorgé le plus grand nombre de ses habitants. » Ces sauvages menaces n'intimidèrent pas les défenseurs du Caire. D'autre part, les Mamelouks reçurent plusieurs ambassades de l'Inde, le commerce de l'Égypte attira dans la mer Rouge des marchands chinois; le Caire, qui était en rapport avec l'extrême Orient par le commerce, fut aussi en rapport avec lui par la religion et par la guerre. En 1350, le sultan de Delhi se soumit à l'autorité spirituelle du calife établi au Caire. Plus tard, les soudans d'Égypte envoyaient leurs flottes disputer l'Inde aux conquérants portugais.

Sous les quatre dynasties qui ont régné successivement au Caire, depuis la fondation de cette ville jusqu'à la conquête des Turcs, des monuments remarquables se sont élevés à toutes les époques ; mais, au nombre des plus belles mosquées que le voyageur admire aujourd'hui, il en est deux qui sont antérieures à la fondation du nouveau Caire : ce sont les mosquées d'Amrou et de Touloun.

La mosquée d'Amrou, fondée au moment de la conquête, la 21ᵉ année de l'hégire, est le plus ancien monument religieux qu'ait élevé l'islamisme. C'est l'architecture musulmane à son état primitif ; on peut y étudier le type original de cette architecture, type reproduit dans les autres mosquées du Caire, et plus ou moins modifié en Espagne et en Sicile. Ce qui constitue la mosquée d'Amrou, c'est un grand cloître dont les côtés ont plusieurs rangées de colonnes et entourent un espace découvert ; au milieu est une fontaine pour les ablutions. Cette disposition paraît empruntée, comme celle du cloître chrétien, à la disposition intérieure des habitations grecques et romaines, si elle ne l'a été à celle des cours intérieures dans les grands monuments de l'ancienne Égypte. Du reste, une mosquée sans toit convient parfaitement à un pays où le ciel est presque toujous serein.

Le plan général de la mosquée d'Amrou est le même que celui de la mosquée de Cordoue, qui paraît avoir servi de modèle à toutes les mosquées de l'Espagne ; seulement, à Cordoue, la portion abritée du monument l'emporte de beaucoup sur les portions laissées à découvert. La colonnade qui forme un des côtés du grand cloître, au lieu de cinq nefs comme dans la mosquée d'Amrou, en offre dix-neuf : c'est qu'il pleut quatre fois autant à Cordoue qu'au vieux Caire. Les mosquées de Tanger et de Fez, au Maroc, rappellent aussi la forme des anciennes mosquées du Caire [1] ; il en est ainsi de celles d'Alep et de Damas. Enfin, c'est sur le même plan qu'ont été construites les mosquées de Médine et de la Mecque [2]. La mosquée d'Amrou est donc un monument très-important pour l'histoire de l'art musulman, dont il offre un type primordial et souvent répété. Le côté de l'édifice où les colonnes sont le plus multipliées est d'un grand effet. Ici, comme à Cordoue et à Tunis, on a dépouillé, au profit de l'islamisme, les monuments de l'architecture gréco-romaine. Des chapiteaux différents de forme et d'époque, dont quelques-uns sont très-beaux, servent de bases, comme des bases servent

---

[1] Burckhardt, *Voyage en Arabie*, I, 208.
[2] Celle-ci a été rebâtie plusieurs fois, mais il est probable qu'on a toujours reproduit le plan primitif. — Burckhardt, I, 180.

de chapiteaux. La conquête a pris ce qu'elle a trouvé, et comme elle le trouvait. Les colonnes n'étant pas assez hautes, on a démesurément allongé les arceaux qui les surmontent. En somme, il y a de la grandeur dans la mosquée d'Amrou, mais c'est une grandeur barbare. La main qui a élevé cette mosquée est la main qui a ravagé Alexandrie.

Il en est tout autrement de la mosquée bâtie deux cent cinquante ans après par le fameux Touloun[1] dans la ville qu'il fonda au nord du vieux Caire et qui fait partie du nouveau. Ici l'art a fait des progrès ; à côté du pesant arc en fer à cheval se montre partout l'ogive élancée, qui ne paraissait qu'une fois dans la mosquée d'Amrou. Les ornements se sont multipliés et embellis. On sent que ce monument est contemporain des brillants califes de Bagdad, et que l'autre date de la rude époque de la conquête. Une tradition veut que le plan de la mosquée de Touloun ait été envoyé à ce prince par un architecte chrétien du fond de la prison où il était retenu. On pourrait donner à cette tradition un sens plus général et y voir l'expression légendaire de ce fait, je crois, très-réel, que l'architecture musulmane procède de l'architecture chrétienne. Des artistes chrétiens, envoyés par un empereur grec, travaillèrent à la mosquée de Médine ; la Caaba, l'édifice sacré de la Mecque, la Caaba elle-

---

[1] Son vrai nom était Ahmed, fils de Touloun, Ahmed-ebn-Estouloun.

même fut construite, dit-on, par deux architectes chrétiens, l'un Grec, l'autre Copte. L'art byzantin a produit les mosquées du Caire, de Constantinople et de Cordoue, aussi bien que ce même art, ou une autre altération de l'architecture antique, a produit les églises romanes ou saxonnes d'Occident. La coupole arabe vient du dôme byzantin ; le *mirhab*, enfoncement situé dans le mur oriental des mosquées pour indiquer la direction de la Mecque, le *mirhab* est une abside [1]. Le zigzag est un ornement grec. Enfin la disposition en cloître, si remarquable dans plusieurs des mosquées du Caire, et qui se retrouve dans le *patio* de la mosquée de Cordoue, rappelle le monastère chrétien, héritier lui-même de l'atrium gréco-romain, tel qu'on peut l'observer encore à Pompéi. On voit même au Caire une très-belle mosquée, celle d'Hassan, dont la forme, chose étrange, est celle de la croix grecque. La croix semble avoir été placée dans le temple musulman par la main d'un architecte chrétien comme une protestation et une menace, pour dire à l'islamisme : Tu périras par ce signe !

Après les mosquées d'Amrou et de Touloun, antérieures à la fondation du Caire actuel, en vient une qui est contemporaine de cet événement, la célèbre mosquée El-Azar [2], bâtie par Moez en même temps

---

[1] Orlebar, *Journal of the Bombay branch of the royal Asiatic Society*, january, 1845, 155.

[2] Ce nom est en général traduit par la mosquée des fleurs. Il semble plutôt vouloir dire l'éclatante, la très-belle.

que la ville, qui lui doit sa naissance. Un nouveau progrès se fait sentir. Le fer à cheval dominait presque exclusivement dans celle d'Amrou[1], il figurait encore à côté de l'ogive dans celle de Touloun; dans El-Azar, il a presque disparu. Le fer à cheval est le plein cintre de l'architecture orientale. L'ogive lutte contre le fer à cheval en Égypte comme elle lutte contre le plein cintre en Europe; mais elle arrive à remplacer le premier environ deux siècles avant de remplacer le second. Ce sont deux siècles d'antériorité qu'a l'architecture ogivale d'Orient sur la nôtre ; mais cette antériorité ne tranche pas encore, selon moi, la question d'origine. On voit aux bords du Rhin, en Normandie, dans la Marche de Brandebourg et ailleurs, l'architecture passer trop naturellement et trop spontanément du plein cintre à l'ogive pour qu'on puisse admettre que, dans tous les cas, celle-ci ait une provenance orientale; peut-être a-t-elle plusieurs principes et dérive-t-elle ici de l'architecture romane transformée, là de l'architecture arabe importée ; il en serait de l'ogive comme de la rime, qu'on voit naître chez les poëtes de la basse latinité et qu'on retrouve chez les Arabes. Je regrette de n'avoir point visité l'intérieur de la mosquée El-Azar ; elle est curieuse par tout ce qu'elle contient. C'est une maison d'enseignement aussi bien qu'une maison de prière; c'est une véri-

[1] On trouve cependant l'ogive dans le *mirhab* de cette mosquée. C'est la première fois qu'on la voit paraître dans les temps modernes.

table université. On y fait douze cours, les uns sur la religion, les autres sur la jurisprudence, les autres sur les sciences mathématiques et la littérature. L'assassin de Kléber y avait passé plusieurs jours, et les leçons qu'il y avait entendues avaient nourri son fanatisme. La mosquée El-Azar est comme un vaste asile : toutes les nations mahométanes y ont leur demeure marquée dans des bâtiments séparés. Ces établissements particuliers sont au nombre de vingt-six. Dans cette hospitalité cosmopolite il y a de la grandeur; c'est une sorte de catholicisme musulman.

On voit qu'une mosquée se compose souvent d'un ensemble de bâtiments destinés à des usages fort différents. Dans l'histoire des premiers siècles de l'hégire, la chaire des mosquées sert constamment de tribune aux harangues; on trouve dans celle d'Amrou un *okel* pour les voyageurs, des écuries pour leurs chevaux ou leurs chameaux, et un bain public. A celle d'El-Azar est jointe une école, à celle de Kélaoun est annexé un hôpital, le Moristan, destiné surtout aux aliénés, et qui fut le produit des remords de Kélaoun. Touloun fonda près de sa mosquée une pharmacie et des consultations gratuites pour les pauvres. La beauté de ces mosquées montre que, sous les dynasties qui les ont élevées, le Caire était une ville riche et florissante. Les monuments donnent toujours la mesure de la civilisation d'un peuple.

Après la conquête turque, accomplie par Sélim au commencement du seizième siècle, on ne bâtit plus de belles mosquées. Les dynasties qui jusque-là avaient gouverné l'Égypte s'étaient incorporées au pays ; mais le Turc a toujours été un maître étranger, le pire des maîtres, et l'Égypte, province exploitée et opprimée de loin, n'a échappé au despotisme que par l'anarchie. C'est au Caire que l'empereur ottoman hérita du pouvoir sacré des califes. Depuis longtemps, les sultans d'Égypte avaient cherché à faire du Caire le siège de la papauté [1] musulmane. Le sultan Bibars avait établi dans cette ville un fantôme de calife et s'était fait donner par lui l'investiture de ses États, à peu près comme certains empereurs d'Allemagne se faisaient couronner par un antipape. Au seizième siècle, quand Sélim soumit l'Égypte, il fit signer au dernier des califes abassides établi au Caire une renonciation en forme et un abandon complet de ses droits à la souveraineté spirituelle de l'islamisme. C'est depuis lors que ces droits sont réclamés par les Ottomans, dont le titre, comme on voit, n'est pas des plus respectables, et je ne comprends pas que Méhémet-Ali, dans sa guerre contre Mahmoud, n'ait pas su trouver au Caire un descendant du dernier calife dépossédé pour mettre de son côté la légitimité religieuse, sauf à

---

[1] Ce rapprochement n'est pas de moi, mais de l'honnête Frescobaldi, qui disait au quatorzième siècle : *Il califo come tu dicessi il papa...* Il allait jusqu'à appeler les cadis des évêques.

hériter ensuite de son calife quand il aurait voulu.

Les Mamelouks continuèrent à gouverner l'Égypte sous l'autorité lointaine et toujours mal affermie des sultans. Un fait peut donner la mesure du pouvoir que ceux-ci exerçaient. Il existait parmi les Mamelouks un officier ayant un titre particulier et pour fonction spéciale de signifier au pacha envoyé de Constantinople sa destitution, le jour où il cessait d'agréer au divan du Caire. Ce pouvoir des beys mamelouks, précaire, divisé, disputé perpétuellement par la perfidie ou la violence, fut mortel à l'Égypte. Il durait depuis près de trois siècles, quand nous vînmes le détruire.

On a deux relations arabes de la conquête de l'Égypte par les Français. Il est curieux d'étudier la contre-partie des narrations officielles, de lire l'histoire des *lions* quand ils l'ont écrite. Il est piquant de voir, dans les historiens arabes, le Cid devenu un brigand féroce qui brûle les femmes et les petits enfants, saint Louis et ses pieux compagnons transformés en soldats de Satan, et, dans les historiens grecs, les conquérants de Constantinople, la fleur de la chevalerie européenne, représentés comme des barbares assez grossiers. On ne trouve point un pareil contraste entre les récits musulmans de l'expédition d'Égypte et nos propres récits. Dans celle de ces narrations que j'ai sous les yeux, et dont l'auteur, il est vrai, est un Syrien catholique, il n'y a que de l'admiration pour les généraux français et pour leur chef. L'auteur va même jusqu'à lui faire détruire les murs et la forteresse de Saint-Jean-d'Acre, qui ne nous résistèrent que trop. Il est amusant de voir comment nos généraux républicains sont accoutrés par une imagination orientale. Leurs noms sont accompagnés d'épithètes homériques. Le général Duranteau, qui était chauve, est appelé le lion à la tête noire sans crinière ; les cavaliers de Kléber sont semblables aux démons de l'enfer ou aux *diables de notre seigneur Salomon*. Quant à Bonaparte, voici comment en parle Nakoula-el-Turk, c'est le nom de l'historien : « Cet illustre guerrier, l'un des grands de la république française, était petit de taille, grêle de corps et jaune de couleur. Il avait le bras droit plus long que le gauche, était âgé de vingt-huit ans, rempli de sagesse, et dans une position heureuse et opulente. On dit même qu'il possédait l'art de deviner d'après les astres. Beaucoup d'Égyptiens le regardaient comme le Mahadi [1], et ses habits à l'européenne étaient le seul obstacle à ce qu'ils ajoutassent foi à ses paroles. S'il s'était montré à leurs yeux avec le vêtement nommé *feredjé*, tout le peuple l'aurait suivi. »

On peut douter de cette dernière assertion. La singerie des mœurs musulmanes ne réussit pas à Abdallah-Menou. Bonaparte n'a été que trop loin dans

---

[1] C'est le dernier iman alide, qui doit reparaître à la fin des temps, le messie attendu par les sectateurs d'Ali.

ces complaisances, qui, sans tromper les musulmans, nous dégradaient à leurs yeux, s'il a dit aux oulémas du Caire, comme l'affirme, je crois à tort, le chroniqueur oriental : « Certes je hais les chrétiens ; j'ai détruit leur religion, renversé leurs autels, tué leurs prêtres, mis en pièces leur croix, renié leur foi. Je vous ai souvent dit et répété que j'étais musulman, que je croyais à l'unité de Dieu, que j'honorais le prophète Mahomet. Je l'aime parce qu'il était un brave comme moi et que son apparition sur la terre a eu lieu comme la mienne. Je l'emporte sur lui. » Même sans cette fin, qui gâtait tout, le reste n'aurait pas réussi et ne méritait pas de réussir.

Un passage de cette histoire peut faire juger combien les habitants du Caire comprenaient peu les spectacles que nous étalions à leurs yeux. Notre Syrien, décrivant la fête célébrée en mémoire de la fondation de la république, dit que les Français « fabriquèrent une longue colonne toute dorée et y peignirent le portrait de leur sultan et de sa femme, qu'ils avaient tués dans Paris. » Aucune relation française ne fait, je crois, mention de ces portraits de Louis XVI et de Marie-Antoinette servant d'ornement à une fête républicaine. Les événements survenus en France après le retour de Bonaparte ont aussi pris une couleur un peu orientale dans le récit du Syrien. Après le fameux discours adressé au directoire par Bonaparte, à son retour d'Égypte, dont la substance est donnée assez fidèlement, on lit ce qui suit : « Un des chefs de la république se leva et commençait à s'excuser ; mais Bonaparte n'écouta pas ses excuses et l'accabla d'injures. Alors le chef le frappa de son épée à la tête. Bonaparte, sentant la douleur du coup, s'élança sur lui comme un lion furieux et lui tira dans la poitrine un coup de pistolet qui le renversa mort baigné dans son sang ; puis, aidé de ses compagnons, il fondit sur les autres et les poursuivit à coups d'épée et de fusil[1]. » Voilà la journée du 18 ou plutôt du 19 brumaire transformée en une émeute de Mamelouks mis à la raison par un pacha courageux.

Le Caire fut un moment français. Sous Bonaparte, le drapeau tricolore flotta sur la grande pyramide plus loin que jamais de la terre. Il fut enjoint à tous les habitants de l'Égypte de porter la cocarde républicaine. Les autorités du Caire célébrèrent l'anniversaire de la fondation de la république française. Un autre jour, revêtu du costume oriental, Ali Bonaparte (on lui avait donné ce nom) célébrait l'anniversaire de la naissance de Mahomet, ou bien, assis à côté du pacha, inaugurait par des rites qui remontaient aux Pharaons l'inondation bienfaisante du Nil : singulière alliance, bizarre et quelquefois fâcheux mélange, de l'Égypte et de l'Europe, de l'Orient et de l'Occident, qui dans le présent manquait souvent de grandeur et de sincé-

---

[1] *Histoire de l'Expédition des Français en Égypte*, par Nakoula-el Turk, publiée et traduite par M. Desgranges aîné, p. 546.

rité ; mais il préparait l'avenir, et, sans vaincre les préjugés des musulmans, il accoutumait leurs yeux à des spectacles inconnus et leurs oreilles à un langage nouveau.

La France introduisit l'Europe au Caire sous de meilleurs auspices et avec des avantages plus certains en y apportant les lumières, l'industrie, la police des États civilisés. Dans une maison que tout Français salue avec respect, en mémoire des savants qui l'illustrèrent par leurs travaux et un jour l'honorèrent par leur courage, se tinrent les séances de cet institut d'Égypte dont les membres s'appelaient Fourier, Malus, Monge, Berthollet, Geoffroy Saint-Hilaire, Savigny, Dolomieu, Desgenettes, Bonaparte. Monge y exposait sa théorie du mirage, Berthollet des découvertes dans l'art de la teinture ; Geoffroy Saint-Hilaire montrait dans la structure de l'aile de l'autruche un exemple de la corrélation des parties qui devait le conduire à son grand système de l'unité d'organisation ; Fourier lisait un mémoire sur la résolution des équations algébriques, rapportant l'algèbre agrandie sur cette terre d'Égypte qui fut son berceau.

Dans ces séances si remplies, on trouvait du temps pour entendre quelques morceaux de la *Jérusalem délivrée* traduits par le bon Parseval de Grandmaison, ou même un chant arabe en l'honneur de l'expédition mis en français par M. Marcel. Les antiquités n'étaient pas négligées ; le brave Sulkowsky lisait un mémoire sur un buste d'Isis. Pour l'académicien Bonaparte, vice-président de l'Institut (Monge était président), il posa, dans la première séance, six questions : il demandait d'abord quelles améliorations on pouvait introduire dans les fours de l'armée ; la première pensée du général était pour le pain du soldat. Les autres questions étaient celles-ci : « Y a-t-il des moyens de remplacer le houblon dans la fabrication de la bière ? Quels sont les moyens de rafraîchir et de clarifier les eaux du Nil ? Lequel est le plus convenable, de construire des moulins à eau ou à vent ? L'Égypte renferme-t-elle des ressources pour la fabrication de la poudre ? Quel est l'état de l'ordre judiciaire et de l'instruction en Turquie ? » Dans chaque ligne, ne sent-on pas l'homme pratique, l'administrateur, le guerrier ?

Un des savants de l'expédition qui concoururent le plus à toutes les entreprises d'utilité générale fut Conté, qui méritait une popularité plus élevée que celle que lui ont donnée ses crayons. « Aucun obstacle n'arrêtait le génie actif et fécond de Conté, dit M. Biot dans un intéressant article biographique ; il fit des machines pour la monnaie du Caire, pour l'imprimerie orientale, pour la fabrication de la poudre ; il créa diverses fonderies. On faisait dans ses ateliers des canons, de l'acier, du carton, des toiles vernissées. En moins d'un an, il transporta ainsi tous les arts de l'Europe dans une terre lointaine et jusqu'alors presque entièrement réduite à des pratiques grossières ; il perfectionna la fabrication du pain ; il faisait exécuter des sabres pour l'armée, des ustensiles pour les hôpitaux, des instruments de mathématiques pour les ingénieurs, des lunettes pour les astronomes, des crayons pour les dessinateurs, des loupes pour les naturalistes, etc. ; en un mot, depuis les machines les plus compliquées et les plus essentielles, comme les moulins à blé, jusqu'à des tambours et des trompettes, tout se fabriquait dans son établissement. La physique lui fournit en Égypte plusieurs applications utiles : on lui dut bientôt, par exemple, un nouveau télégraphe, qui était moins facile à établir là qu'ailleurs, à cause du mirage et des autres phénomènes analogues et propres à cette atmosphère brûlante. On voulut, à propos des fêtes annuelles, donner aux Égyptiens un spectacle frappant, celui des ballons, et il fit des montgolfières. »

J'aime à m'arrêter à tout ce que les Français avaient commencé pour la civilisation de l'Égypte. Cette belle place de l'Esbekieh qui est sous mes yeux, dont l'aspect est déjà presque européen et autour de laquelle s'élèveront de jour en jour de nouvelles habitations franques, cette place était un lac. Les Français l'ont comblé et planté. En me promenant sous cet ombrage que m'envoie ma patrie, je me rappelle qu'à Rome je me suis promené, auprès du Colisée, sous des arbres plantés aussi par mes compatriotes. Là comme ici, comme à Venise, les Français ont laissé une promenade. Un feuillage que le vent emporte et un peu d'ombre, est-ce donc tout ce qui reste des conquêtes? Non, c'est là une phrase; toutes les fois que le peuple conquérant est le plus civilisé, il féconde le sol conquis, et même, lorsqu'il l'a perdu, il laisse un germe que l'avenir développera. On peut annoncer hardiment cet avenir à l'Égypte.

La petite pièce est toujours à côté de la grande, et je serais ingrat de ne pas mentionner un opéra-comique dont la lecture m'a fort réjoui; il est intitulé *Zélie et Valcourt, ou Bonaparte au Caire*. Dans cette pièce composée *pour être représentée sur le théâtre de la République et des Arts*, le vaillant Sulkowsky chante avec Aboubokir, pacha du Caire, un duo sur les femmes :

> Eh! pourquoi sous vos lois cruelles
> Prétendez-vous les enchaîner?
> C'est à vous d'en recevoir d'elles,
> Au lieu d'oser leur en donner (*bis*).

Bonaparte paraît pour arracher au farouche Aboubokir la belle Zélie et l'unir à Valcourt. De jeunes musulmans crient : Vive la France! en jurant d'exterminer les Mamelouks, et des almées dansent en l'honneur de la liberté. Voilà ce que l'occupation du Caire inspirait aux vaudevillistes de l'an VIII. A tout poëme sa parodie.

Mais nous sommes bien loin de cette tragique histoire du Caire que nous avons traversée et surtout des hiéroglyphes que je n'oublie point. Patience, nous allons retrouver le sérieux de l'histoire avec Méhémet-Ali, et les hiéroglyphes à Héliopolis, où nous retrouverons aussi la France.

MÉHÉMET-ALI — HÉLIOPOLIS

26 décembre.

L'homme extraordinaire qui a succédé aux Français dans ce pays, et qui poursuit à sa manière l'œuvre de civilisation commencée par eux, est lui-même un des principaux objets de la curiosité des voyageurs. Un touriste qui se respecte ne saurait partir du Caire sans avoir vu Méhémet-Ali. Je lui apportais une lettre de Réchid-Pacha, civilisateur beaucoup plus de mon goût. M. Benedetti, consul de France au Caire, m'a présenté au pacha avec M. Durand, dont j'ai déjà parlé, et un autre compagnon de voyage, dont j'ai fait à Malte la précieuse acquisition, M. d'Artigues. M. Benedetti nous a conduits chez le pacha en voiture. Traverser ainsi le Caire dans toute sa longueur, suivre ses rues étroites au milieu des embarras que j'ai décrits, n'est pas une petite affaire. Plus d'une fois il a fallu s'arrêter tandis que défilait un train de chameaux et que des moellons ou des sacs de plâtre entraient par la portière. Bonaparte le premier a promené dans les rues du Caire une voiture, et une voiture à six chevaux. Bonaparte a fait dans sa vie beaucoup de choses plus glorieuses, il en a fait peu de plus difficiles.

Méhémet-Ali habite la citadelle qui domine le Caire : là fut ce *Château de la Montagne* dont parlent les chroniqueurs arabes, et dans les murs duquel se sont accomplies tant de tragédies sanglantes ; là, de nos jours, les mamelouks ont été massacrés. Méhémet-Ali bâtit en ce moment dans l'intérieur de la citadelle une mosquée en albâtre. La matière est précieuse, mais on peut déjà reconnaître que le caractère et le charme particulier à l'architecture orientale manqueront à l'édifice. On ne sait plus faire en Orient d'architecture musulmane, comme on ne sait plus faire en Occident d'architecture chrétienne. L'Égypte des Pharaons n'est pas tout à fait absente de la citadelle construite par Saladin et habitée par Méhémet-Ali ; elle y est représentée par quelques débris. Champollion a lu sur des pierres qui ont servi à la construction des murailles le nom de Psamétik II. Je crois avoir trouvé le même nom dans une rue du Caire et hors des murs de la ville dans un des monuments appelés à tort *tombeaux des califes*; mais aujourd'hui l'hiéroglyphe pour moi le plus curieux à déchiffrer, c'était Méhémet-Ali. Entre ses admirateurs enthousiastes et ses détracteurs passionnés, quel jugement porter? Ce n'est pas une conversation d'une heure par interprète qui peut permettre de juger un tel homme, et ce qui va suivre est plutôt le résultat de ce que j'ai entendu dire du pacha dans le pays et de mes réflexions sur ses actes que d'un entretien nécessairement assez insignifiant. Seulement il y a toujours dans l'aspect d'un personnage célèbre, dans sa physionomie, son attitude, son regard, le son de sa voix, quelque chose qui peut compléter son portrait moral. On le comprend mieux quand on l'a vu.

Méhémet-Ali est un vieillard fort vert ; il était debout quand nous sommes entrés, et m'a semblé très-ferme sur ses jambes. Il s'est lestement élancé sur le divan assez élevé où il s'est accroupi et où nous avons pris place à ses côtés. Sa figure m'a paru peu distinguée, mais très-intelligente, et n'offrant pas la plus légère expression de férocité. Notre entretien n'a présenté qu'un seul incident un peu caractéristique. Le pacha m'a invité à inspecter son école polytechnique. J'ai répondu que mon père eût justifié d'une manière éclatante un honneur dont je n'étais point digne, et que je demandais à Son Altesse la permission de décliner une tâche à laquelle mes études ne m'avaient pas préparé. Son Altesse ne s'est point tenue pour battue. — Ce que le père pouvait, le fils doit le pouvoir, a-t-elle dit. Malheureusement je savais trop quoi m'en tenir à cet égard. J'ai été obligé d'opposer un respectueux entêtement à l'entêtement trop bienveillant du pacha pour éviter le ridicule d'examiner sur des matières que je n'entends point les élèves et les professeurs de l'école dirigée par M. Lambert; mais en résistant à Méhémet-Ali, je n'ai pas eu la satisfaction de le persuader. Je cite ce fait parce qu'il met en relief un caractère commun aux gouvernements orientaux. Tous, en effet, y compris le gouvernement réformateur de l'Égypte, sont convaincus que chaque homme, et principalement chaque Européen, est propre à toute chose.

Le rôle politique de Méhémet-Ali, comme chef indépendant de l'Égypte, a été préparé par les siècles. De tout temps, l'Égypte a tendu à vivre de sa vie propre. Le lendemain de la conquête, quand le vieux Caire existait à peine, les prétentions d'Amrou, son fondateur, inquiétaient déjà le calife Osman. Deux siècles plus tard, Ahmed, fils de Touloun, établissait une dynastie indépendante. Depuis lors, les sultans d'Égypte, c'est le nom que prirent les vizirs de cette province, ne reconnurent que nominalement l'autorité des califes. Ils finirent par les attirer au Caire comme les rois de France attirèrent les papes à Avignon. Il en a été ainsi jusqu'à la conquête ottomane. Les derniers chefs mamelouks défendirent héroïquement contre Sélim l'indépendance de l'Égypte. On

montre encore attaché à l'une des portes du Caire l
crochet où fut pendu Toman-Bey, l'un de ces vaillant
Mamelouks qui, nés d'une race étrangère, étaien
devenus par la force des choses une personnificatio
de la nationalité égyptienne. Depuis la conquête otto
mane, Méhémet-Ali n'est pas le premier qui se soi
révolté contre le grand seigneur. Plusieurs chef
mamelouks l'essayèrent à diverses reprises. Le plu
célèbre et le plus récent fut le magnanime et malheu
reux Ali-Bey. Lui aussi fit la guerre au sultan et con
quit pour un moment la Syrie. Ali-Bey a devancé e
préparé Méhémet-Ali, comme les réformes de Sélim II
ont pu inspirer celles de Mahmoud.

Ce rôle de maître indépendant de l'Égypte qu'avaien
joué tant de chefs guerriers, l'obscur habitant d'un
petite ville de Macédoine devait le jouer de notr
temps. Cette ville est la Cavale, berceau de Méhémet
Ali et... des tulipes, qui de là se sont répandues e
Europe. Méhémet-Ali est fier d'être du même pay
qu'Alexandre, si célèbre parmi les Orientaux sous l
nom d'Iskander, comme il se vieillit, dit-on, d'un
année pour avoir l'âge qu'aurait Napoléon. Il fallut
un aventurier, qui était entré dans le pays avec cen
hommes, une grande habileté pour se substituer au
Mamelouks et s'établir malgré la Porte. Il sut se rendr
populaire parmi les soldats, tout en protégeant le
ulémas et les habitants. Au sein de l'anarchie, tou
principe d'ordre est un germe de puissance. Bientô

la Porte s'effraye et veut lui enlever l'Égypte en le confinant dans un pachalik d'Arabie. Méhémet-Ali se fait retenir par les habitants, et achète la permission de rester au Caire, c'est-à-dire d'y régner. Dès ce moment, sa carrière est connue. Il extermine les mamelouks, délivre des Wahabites les villes saintes et l'Arabie entière, puis attaque le sultan, bat ses troupes, menace sa capitale, s'arrête une première fois devant l'Europe, et une seconde fois est vaincu par elle.

La destruction des mamelouks fut un assassinat, et un assassinat est toujours un crime ; mais ce crime ne prouve point que Méhémet-Ali soit singulièrement cruel. L'humanité est malheureusement étrangère aux gouvernements orientaux. Le pacha put croire que le meurtre des mamelouks était un bienfait pour l'Égypte, et pour lui-même, une nécessité. Ainsi Pierre le Grand extermina les strélitz, et Mahmoud les janissaires. De plus, Méhémet-Ali pouvait alléguer l'excuse de la défense personnelle. Les mamelouks avaient conjuré sa perte, et n'attendaient pour l'accomplir que de le voir s'engager dans la guerre contre les Wahabites. Au moment de partir pour cette expédition dangereuse, il ne voulut pas laisser le Caire à ses ennemis ; il employa contre eux une terrible ruse de guerre, et les massacra dans la cour de sa forteresse comme un sauvage brûle une tribu ennemie dans son camp. On dit qu'au moment d'agir le pacha était très-troublé, qu'en proie à une vive émotion, il hésitait à donner le signal. Cela peut être : Méhémet-Ali est dur, impitoyable, il n'est pas naturellement féroce ; on assure qu'il est assez bonhomme dans son intérieur, et que, lorsqu'une de ses femmes est malade, on le voit agité, éperdu, comme le plus tendre et le plus empressé des maris. Ce fait, du reste, n'était pas nouveau dans les annales de l'Égypte. En 1704, Bedr-el-Gemali fit tuer dans un festin tous les chefs turcs d'une milice indisciplinée. A une époque plus récente, le pacha Raghib-Mahomed, sur un ordre émané de Constantinople, tenta de massacrer les beys mamelouks. Enfin, après l'expédition française, le capitan-pacha eut le dessein de les exterminer par le feu de son artillerie, tandis qu'il les escortait jusqu'à la corvette anglaise qui devait les recueillir. Dans les mœurs de l'Orient, qui heureusement commencent à changer, voulait-on destituer un fonctionnaire, on l'étranglait ; dissoudre une milice, on l'égorgeait.

L'expédition contre les Wahabites, menée à fin glorieusement par Méhémet-Ali et ses deux fils, Touloun et Ibrahim, consacra ses titres à la puissance en faisant de lui le défenseur et le vengeur de la foi musulmane. On sait que les Wahabites étaient des sectaires qui semblent avoir eu le double but de réformer l'islamisme et d'affranchir l'Arabie. Ces puritains bédouins, qui proscrivaient les pèlerinages, s'interdisaient l'usage du tabac, rasaient les coupoles funèbres élevées en l'honneur des saints musulmans, sans en excepter le tombeau de Mahomet, avaient fini par s'emparer de la Mecque. Depuis plusieurs années, les pèlerins ne pouvaient plus se rendre dans la ville sainte, quand Méhémet-Ali parvint à en rouvrir le chemin à tous les musulmans du globe. C'était un immense service rendu à l'islamisme, et l'on conçoit que l'auteur de ce service ait voulu s'en payer largement. Méhémet-Ali convoita la Syrie, ce pays dont le sort a toujours été lié aux destinées de l'Égypte et le sera toujours. On sait les succès étonnants de 1833 et les revers plus étonnants encore de 1839.

Après la bataille de Nezib, dernière victoire due à la valeur d'Ibrahim et à l'habileté militaire de Soliman-Pacha, la fortune de Méhémet-Ali sembla s'arrêter comme en présence d'un objet formidable et invisible ; c'était la puissance morale de l'Europe qui lui faisait signe de loin. Dès lors les revers succédèrent aux revers. Beyrouth, héroïquement défendue par le courage français de Soliman, fut bombardée, et les Anglais, en prenant Saint-Jean-d'Acre *la difficile*, comme disent les Arabes, enlevèrent à Ibrahim l'honneur d'avoir seul fait capituler une place qui avait résisté à Bonaparte. L'armée égyptienne se fondit comme par enchantement. Les manœuvres habiles et cruelles d'un Allemand au service de la Porte, le général Jockmus, que j'ai eu occasion de connaître à Constantinople, en isolant des points de ravitaillement les débris de cette armée, en précipitèrent la destruction ; mais ce qui frappait tout à coup d'impuissance les soldats jusque-là victorieux de Méhémet-Ali, c'était la volonté de l'Europe. On vit alors que les plus extraordinaires fortunes de l'Orient ne sauraient tenir contre les desseins de la civilisation occidentale. Que serait-il advenu si nous avions soutenu Méhémet-Ali? Je ne sais ; mais je suis certain que dans ce cas les vainqueurs de Nezib n'auraient pas disparu devant le général Jockmus.

Telle a été la carrière de Méhémet-Ali, l'une des plus extraordinaires de ce siècle. Je dirai deux mots seulement du gouvernement qu'il a donné à l'Égypte et de ce qu'il a fait pour elle.

Il y aurait de la niaiserie à voir un libérateur et un philanthrope dans celui qui régit si durement l'Égypte; d'autre part, il serait peu équitable de juger un Turc avec les idées européennes, un homme qui s'est frayé un chemin au pouvoir à travers mille périls et mille tempêtes d'après nos notions de justice exacte, un despote d'Orient d'après les principes du gouvernement constitutionnel. Ainsi, il est une mesure prise par Méhémet-Ali au commencement de son règne (on peut employer cette expression), qui nous semble inouïe. Un beau jour, il a confisqué l'Égypte ; il s'est déclaré propriétaire unique du sol ; il en a réglé la culture, s'est réservé le droit d'en acheter seul les produits, et au taux qui lui conviendrait. Le monopole commercial a suivi naturellement la prise de possession du territoire. Qui possède seul peut seul vendre, et, s'il daigne acheter ce qui lui appartient, il est bien le maître d'en fixer le prix. Certes, cet accaparement du sol est une mesure révoltante. Sans la justifier, on peut chercher à s'en rendre compte en considérant ce qu'avait été la propriété en Égypte avant Méhémet-Ali, et en général ce qu'elle est dans tout l'Orient.

La matière est obscure, et je n'entrerai pas dans le détail des controverses qu'elle a soulevées. Une vérité est certaine : c'est que, suivant la doctrine la plus généralement admise dans les pays musulmans, la terre conquise n'appartient pas aux individus, mais à Dieu, c'est-à-dire à l'État, car c'est Dieu qui, en pays d'islam, dit : L'État, c'est moi. La terre appartient à Allah, comme chez les Hébreux elle appartenait à Jéhovah ; les Moultezims, ceux qui occupaient le sol de l'Égypte avant que Méhémet-Ali s'en emparât, n'étaient pas des propriétaires dans le sens absolu du mot, mais des possesseurs héréditaires ; le pacha a pu, sans choquer les idées musulmanes, leur retirer la possession au nom de l'État, et en leur payant une rente à titre d'indemnité. C'est à peu près ce que fit Joseph, quand il conseilla au Pharaon de profiter d'une année de disette et d'acquérir toutes les terres de ses sujets, qui les lui abandonnèrent et reçurent de lui les grains nécessaires pour ensemencer, sous condition d'une redevance annuelle du cinquième des produits. Telle est exactement la condition des fellahs sous Méhémet-Ali, sauf qu'on exige d'eux beaucoup plus que le cinquième des produits ; en outre, au temps de Joseph, la cession fut volontaire de la part des Égyptiens, ou du moins ce ne fut pas le souverain, mais la famine qui les y contraignit. Il y eut encore cette différence, que Joseph excepta les biens des prêtres, et que Méhémet-Ali a confisqué les propriétés des mosquées. Il n'en est pas moins curieux qu'à une si grande distance de temps, la condition territoriale de l'Égypte ait subi deux fois une révolution analogue.

L'Orient a-t-il jamais connu l'idée de la propriété absolue telle que nous la concevons ? Plusieurs écrivains, entre autres Volney, se sont prononcés pour la négative. Je pense qu'ils ont été trop loin. Ce qui est vrai, c'est qu'en Orient la propriété individuelle du sol s'efface souvent devant la propriété de l'État, représenté par le souverain. Les Anglais, après de longues et vives discussions sur ce point, ont fini par donner raison au système qui niait la propriété, formellement établie cependant par les anciennes lois et les coutumes hindoues, et se sont proclamés propriétaires du sol, comme les musulmans l'avaient fait avant eux. A Java, les Hollandais se sont substitués aux sultans et rajahs, seuls propriétaires de l'île ; les paysans n'étaient qu'usufruitiers. Méhémet-Ali a agi en Égypte à peu près comme les musulmans et les Anglais dans l'Inde et les Hollandais à Java.

Il faut le reconnaître, la propriété n'est pas un fait simple et uniforme, ses conditions ont varié suivant les lieux et les temps. Dans l'Inde, on trouve diverses sortes et divers degrés de propriété. Ici la terre appartient à un chef ; là une association de paysans, dont chacun a une part distincte, exploite en commun les bénéfices [1] ; ici le cultivateur a un droit héréditaire à vivre sur le sol, là il peut être évincé. Des exemples de demi-propriété, de possession héréditaire et révocable, se trouveraient dans notre Europe. Les bénéfices furent des concessions révocables avant de devenir des fiefs à perpétuité. Des jurisconsultes ont même avancé que, selon la loi d'Angleterre, nul sujet ne peut posséder la terre sans être assujetti à une redevance envers le souverain. Louis XIV, un peu oriental il est vrai, a écrit dans ses Mémoires, qui sont bien de lui, cette phrase, qui à elle seule suffirait pour le prouver : « Tout ce qui se trouve dans l'étendue de nos États, de quelque nature qu'il soit, nous appartient au même titre... les deniers qui sont dans notre cassette, ceux qui demeurent entre les mains de nos trésoriers, et *ceux que nous laissons dans le commerce de nos peuples.* » Le droit de propriété flotte souvent incertain entre celui qui a hérité de l'appartenance de la terre et ceux qui la cultivent depuis plusieurs générations, et qui croient avoir le droit d'en garder

---

[1] Briggs, *Land-tax of India*, 244-50.

l'usage. De là des conflits sur lesquels la législation est appelée à prononcer. Les fermiers des hautes terres d'Écosse croyaient aussi avoir le droit de vivre et de mourir sur le champ qu'ils exploitaient de père en fils depuis un temps immémorial : des expulsions en masse opérées par les grands propriétaires leur ont cruellement prouvé qu'ils se trompaient. En Irlande, où les petits fermiers pensent de même et où ce droit d'expulsion est aussi exercé avec une grande rigueur par les propriétaires contre leurs tenanciers, il est question de le restreindre et de créer pour ceux-ci une garantie de possession. En Danemark, les paysans demandent à acquérir la propriété des terres qu'ils cultivent pour les seigneurs ; aux États-Unis, on va plus loin, et les *anti-renters* trouvent fort ridicule qu'un fermier industrieux paye éternellement à un propriétaire oisif une redevance qui leur semble féodale. C'est une extrémité opposée à l'extrémité de l'opinion orientale sur la propriété : ici le travailleur ne possède pas réellement ; là on voudrait que lui seul possédât.

J'ai rapproché ces faits si divers pour montrer que l'idée de la propriété n'était pas partout quelque chose d'absolu, et qu'on ne doit pas juger avec nos idées une mesure qui les choque violemment, mais qui n'est point en elle-même aussi monstrueuse qu'elle le paraît. En outre, il ne faut pas oublier que la domination de Méhémet-Ali est une domination étrangère. Méhémet-Ali sait très-imparfaitement l'arabe et dédaigne de le parler; c'est un Turc qui parle turc et gouverne par les Turcs. L'antipathie religieuse des Turcs et des Arabes est peu favorable à toute possibilité de fusion. Les emplois sont remplis par la race des conquérants; il en était déjà ainsi en Égypte sous les Grecs. Le vice-roi a essayé un moment de choisir des employés parmi les indigènes; mais ces tentatives, dans lesquelles M. Bowring voyait un acheminement vers la régénération de la population arabe, ces tentatives n'ont point réussi. On dit que les fellahs au pouvoir étaient plus impitoyables pour leurs compatriotes que les Turcs eux-mêmes.

Le caractère de Méhémet-Ali montre la sagesse de l'astrologie orientale, qui place les princes, les financiers et les publicains sous l'influence de la même planète. Il s'est peint tout entier dans cette maxime que Burckhardt a recueillie de sa bouche : Un grand roi ne connaît que son épée et sa bourse; il tire l'une pour remplir l'autre. La proposition contraire serait encore plus vraie : c'était pour pouvoir faire briller son épée dans le monde qu'il remplissait sa bourse; c'est avec le gain fait sur les blés qu'il a pu mettre à fin l'expédition contre les Wahabites.

C'est une maxime fondamentale de l'administration égyptienne, que *le gouvernement ne peut pas perdre*. De là découle le principe de la *solidarité*, d'après lequel un village ou une province qui paye exactement l'impôt est récompensé de cette exactitude en payant encore pour le village et la province voisine qui ne se sont pas acquittés. Il paraît que ce système, décourageant pour les contribuables, et qu'on a osé employer en France peu d'années avant la révolution [1], a cessé d'être en vigueur. Un fait que j'ai peine à croire, mais que certes on n'inventerait pas ailleurs, offre une application encore plus extraordinaire du principe, que *le gouvernement ne peut pas perdre*. Une maladie s'étant déclarée dans l'armée, parce que les soldats avaient été nourris avec la chair de chevaux morts d'une maladie contagieuse, une commission composée de médecins européens au service du pacha fut nommée. Elle fit une enquête, puis un rapport établissant la cause de la mortalité, et concluant à ce que des aliments plus sains fussent donnés aux soldats. Le gouvernement remercia les médecins et les combla d'éloges; mais, comme il ne pouvait pas perdre, une retenue fut faite sur les appointements des docteurs pour l'indemniser du surcroît de dépense qu'amènerait le changement introduit dans la nourriture du soldat par suite de leur très-sage décision. Cette anecdote, dont je ne garantis point l'exactitude, semblerait moins invraisemblable au lecteur, s'il avait entendu comme moi, de la bouche du savant scheikh Rifâah, directeur de l'école littéraire du Caire, ces propres

---

[1] Droz, *Histoire du règne de Louis XVI*, t. I, 160. — Quelque chose de semblable a lieu encore aujourd'hui dans l'empire autrichien. — Voyez *Foreign Quarterly Review*, t. XXXII, 469. Ce système a été proposé dans l'Inde anglaise. — Briggs, *Land-tax in India*, p. 268.

paroles : « Quand on nous a fourni des livres pour l'étude ou pour les traductions, au bout d'un certain temps, *comme ces livres ont servi*, ils sont usés. Alors le gouvernement, qui ne peut pas perdre[1], exige que l'école l'indemnise du déchet que ses livres ont souffert par l'usage. » Il me semble que ce second fait, que je maintiens authentique, est presque de la force du premier.

Méhémet-Ali a résolu un problème qui semblait insoluble. Il a supprimé la propriété et conservé l'impôt ; les terres prêtées par lui aux fellahs, à condition qu'il en réglera la culture et en achètera les produits à un taux arbitrairement fixé, ces terres sont imposées. Cet impôt foncier, nommé *miri*, forme plus du cinquième du budget égyptien, qui, en 1840, selon M. Bowring, dépassait cent millions. Cent millions ! c'est à peu près ce que l'Égypte rapportait aux Romains, et la population était alors quatre fois plus considérable.

Ce n'est pas le despotisme qu'on peut reprocher à Méhémet-Ali : depuis les Pharaons, l'Égypte n'a jamais connu un autre gouvernement. De plus, un pou-

[1] Ce principe était aussi celui du gouvernement romain, et n'avait pas là des conséquences moins révoltantes. Les provinces étaient chargées de porter le blé à Rome à leurs risques et périls. Si un malheur arrivait à la cargaison, on mettait le pilote à la torture ; si l'équipage entier avait péri, on s'en prenait aux femmes et aux enfants. Cela tenait lieu d'assurances. — *Edinburgh Review*, avril 1846, 567. — Les idées les plus simples de justice et d'humanité, encore inconnues aux peuples orientaux, sont bien nouvelles en Occident.

voir central très-fort est une condition d'existence pour un pays qui ne peut subsister que par l'entretien des canaux et leur communication avec le Nil. Chez nous, l'État demande avec raison d'intervenir, plus qu'il ne le fait aujourd'hui, dans l'usage des cours d'eau ; en Égypte, l'irrigation c'est la vie. Je ne ferai donc pas à Méhémet-Ali un crime de son despotisme. Je ne m'étonnerai pas des sacrifices d'hommes et d'argent auxquels il a condamné l'Égypte. Méhémet-Ali n'est pas un sage ; c'est un ambitieux arrivé au pouvoir à force d'adresse et de talent. Il a voulu être grand, il a voulu compter dans le monde. Il lui fallait une flotte et une armée ; pour cette flotte, pour cette armée, beaucoup d'argent était nécessaire. Il a fait la guerre au sultan ; pour cette guerre, il avait besoin de beaucoup de soldats. Il n'a pas été scrupuleux sur les moyens d'avoir de l'argent et des soldats. Pouvait-on espérer qu'il le serait ? Le jour viendra, j'espère, où la guerre sera un sujet d'étonnement pour les hommes ; mais cette manière de voir, qui a tant de peine à prévaloir en Europe, pouvait-elle être adoptée par Méhémet-Ali ? Le rôle politique et militaire qu'il voulait jouer une fois admis, les conscriptions impitoyables, les impôts excessifs, en dérivent nécessairement. Seulement, en admettant cette logique fatale qui tire du mal le mal, de l'ambition la servitude et de la guerre l'oppression, on peut adresser, ce me semble, deux reproches à Méhémet-Ali, car on peut reprocher aux ambitieux et aux conquérants eux-mêmes de faire un mal inutile. Pourquoi, maintenant qu'il a dû renoncer à s'agrandir par les armes, maintenant qu'il n'a plus une marine à créer, pourquoi épuise-t-il toujours les populations avec une avidité désormais sans excuse? Pourquoi surtout, et c'est là, selon moi, la plus grave des accusations qu'on doit intenter contre lui et la seule peut-être qu'il pourrait comprendre, pourquoi permet-il qu'on opprime son peuple sans que lui-même en profite? Pourquoi souffre-t-il dans son administration le désordre et la corruption? Pourquoi consent-il à laisser une grande portion de ce qu'on extorque aux fellahs passer dans les mains de ses fonctionnaires, au lieu d'arriver dans les siennes? Il faut que le despotisme serve à quelque chose. Quand on a exterminé les mamelouks, on pourrait bien pendre quelques douzaines d'employés prévaricateurs. Les fellahs gagneraient beaucoup à conserver tout ce que le pacha ne perçoit point. On avait droit, ce me semble, d'attendre de lui une humanité qui ne lui coûterait rien, et surtout une équité qui lui rapporterait beaucoup. Méhémet-Ali abuse de l'oppression; il appauvrit trop le pays qu'il exploite. Voilà, je crois, le reproche le plus fondé qu'on puisse lui adresser. Ce reproche subsiste en faisant la part de sa situation et des circonstances au milieu desquelles il s'est trouvé. Les Hollandais à Java ont montré comment on peut pressurer une population jusqu'au point où il y a chance de profit, et s'arrêter au point où il y aurait danger de perte. Méhémet-Ali devrait se repentir d'avoir été plus loin et rougir que son gouvernement soit assez mauvais pour devenir une mauvaise spéculation.

On voit que je n'ai point d'enthousiasme pour Méhémet-Ali. En présence du misérable état de l'Égypte, des souffrances et des privations qu'endurent les fellahs, il est impossible à moins d'avoir été, comme de nobles voyageurs, complétement séduits par les caresses du pacha, il est impossible de ne pas éprouver de violents accès d'indignation contre son gouvernement, et on trouvera dans ces pages l'expression de celle que j'ai ressentie; mais le voyageur qui se respecte doit être impartial comme l'historien : il doit défendre son jugement de son émotion. Tout le mal ne vient pas de Méhémet-Ali. On a dit de Bonaparte qu'il n'avait détrôné que l'anarchie; Méhémet-Ali n'a dépossédé que l'indigence. Le fellah, sous les mamelouks, n'était pas plus heureux. Méhémet-Ali ne pouvait guère comprendre la vraie gloire, celle de travailler au bonheur des hommes. Combien de souverains chrétiens, dans l'Europe civilisée, l'ont-ils comprise? Il ne faut donc pas l'accuser outre mesure, et, sans pallier les torts de son administration, il est juste de reconnaître le bien qu'elle a fait. On peut admettre la réalité des améliorations qu'on lui doit, sans avoir besoin de croire qu'elles ont eu un motif désintéressé. S'il a fondé des hôpitaux, c'était dans le principe uniquement pour perdre moins de soldats. Les suites de cette institution n'en ont pas moins été fort heureuses, car, grâce au zèle des médecins européens, à la tête desquels on doit citer MM. Clot-Bey et Perron, les hôpitaux militaires ont amené les hôpitaux civils, les écoles de médecine, l'institution des sages-femmes, les mesures sanitaires. Par leurs soins a été réalisée la pensée du général en chef de l'expédition d'Égypte, qui, en parlant de la fondation d'un hospice civil au Caire disait : « Il faut que cet hôpital soit une école de médecine. » C'est ce qui existe aujourd'hui.

Les plantations de Méhémet-Ali, celles de son fils Ibrahim, sont des spéculations, mais des spéculations dont le pays a profité. Il aurait mieux valu planter moins d'arbres et causer la mort de moins d'hommes. Pourtant c'est quelque chose encore que d'avoir planté des arbres, tant d'autres se sont contentés de tuer des hommes ! Tout ce que Méhémet-Ali a fait pour l'agriculture est d'une utilité réelle. Malheureusement il a trop peu fait pour elle et trop voulu faire pour l'industrie. Dans le pays le plus fertile du monde, au lieu de demander à la terre des richesses faciles, il a voulu implanter de force une activité industrielle à laquelle ce pays n'était nullement préparé. Entreprise factice et, comme tout ce qui est factice, violente et stérile !

Le véritable service que Méhémet-Ali a rendu à la

civilisation, c'est d'avoir aboli les distinctions de sectes et de races dans ses États. Des prescriptions, qui remontaient au calife Omar, enjoignaient aux chrétiens de marquer l'infériorité de leur condition par certains signes extérieurs. Méhémet-Ali a supprimé ces prescriptions injurieuses. Au reste, dès le treizième siècle, les chrétiens avaient obtenu de plusieurs califes la permission de s'habiller comme ils l'entendraient; une entière liberté religieuse régnait. « Au Caire, chacun révère son Dieu et garde sa loi comme il veut, » dit un écrivain du treizième siècle. La tolérance, au moyen âge, était plus grande dans les pays musulmans que dans les pays chrétiens, parce que la civilisation y était, à certains égards, plus avancée. C'est le contraire aujourd'hui. Il a fallu que la tolérance fût rapportée d'Europe dans l'Orient, qui ne la connaissait plus. Les Français en déposèrent au Caire les premiers germes, Méhémet-Ali les a fécondés. « Grâce à la tolérance et au libéralisme du pacha, dit M. Th. Pavie, les couvents du Caire sont assez florissants, et on y entend l'humble cloche sonner l'*Angelus* à l'heure même où les muzzeins crient au haut de leur mosquée leur Allah akbar. » Selon moi, la tolérance de Méhémet-Ali, est due moins à un respect sérieux de la liberté de penser qu'à cette indifférence qui lui fit ordonner, en 1825, des prières aux chefs de toutes les croyances, en disant : « De tant de religions, il serait bien malheureux qu'il n'y en eût pas une de bonne. » Quoi qu'il en soit, les étrangers peuvent se promener dans les rues du Caire sans craindre une de ces avanies auxquelles, il n'y a pas bien longtemps encore, ils étaient exposés. Vers 1815, Belzoni, qui se trouvait au Caire, ne se rangeant pas assez vite devant un personnage turc, reçut à la jambe un coup de sabre qui lui emporta un morceau de chair. Aujourd'hui, celui qui traiterait ainsi un Européen serait pendu.

Le système d'écoles conçu par le pacha forme un ensemble d'instruction trop vaste pour pouvoir être réalisé complétement. On cite comme remarquablement organisées l'école de cavalerie du colonel Varin et surtout l'école polytechnique dirigée par M. Lambert. Ayant refusé à Son Altesse, avec une opiniâtreté qui l'a un peu étonnée, d'inspecter ce dernier établissement, je ne puis en rien dire; mais n'ayant pas la même objection à faire en ce qui concernait l'école de littérature française, j'ai dû visiter celle-ci, et cette visite m'a laissé le souvenir d'une scène qui suffirait à consoler un voyageur d'être six mois sans voir jouer Molière.

J'entrai dans une salle où étaient une douzaine d'élèves de toutes les couleurs, depuis le bistre clair jusqu'au noir le plus foncé. On me pria d'examiner ces messieurs sur la langue et la littérature française, et, ce disant, le professeur me remit une collection de morceaux d'éloquence intitulée *Leçons de littérature et de morale*, fort peu digne, selon moi, de l'honneur qu'elle a eu d'être aussi souvent réimprimée, et une rhétorique destinée à nos écoles militaires, qui me semblent avoir mieux fait que d'étudier la catachrèse et la litote. J'ouvris au hasard les *Leçons de littérature et de morale*, et je tombai sur un fragment de J.-J. Rousseau, qui est une déclamation peu sérieuse contre l'insatiable avidité de l'homme allant arracher aux entrailles de la terre de perfides richesses, quand les vrais biens sont à la surface du sol. Je savais que les mines étaient un des objets de prédilection du pacha, qui, dans l'espoir de découvrir des mines d'or, a naguère entrepris, en remontant le Nil à l'âge de soixante-dix ans, un laborieux voyage. J'étais curieux de savoir si les élèves de l'école étaient de son avis ou de l'avis de Rousseau. M'adressant donc à un jeune homme de seize ans, grand, fort, parfaitement noir, et qu'on me dit natif de Luxor, ce qui me toucha, je le priai de lire le morceau; il le fit sans trop d'accent thébain, puis je lui dis : — Monsieur, veuillez m'apprendre ce que vous pensez de ce que vous venez de lire. — A cette question, un grand étonnement, je ne dirai pas se peint, mais se montre sur le visage noir, qui me regarde fixement. Je cherche à mettre mon Égyptien à l'aise, je renouvelle ma question. — Pensez-vous, lui dis-je, que ce soit en effet un crime de demander aux entrailles de la terre les trésors qu'elle renferme? — Même silence. Enfin la figure noire s'agite, se contracte, et, après beaucoup d'efforts, de cette bouche qui semblait muette, sort le mot *hypotypose*. Il paraît que la phrase de Rousseau était une hypotypose. Cet Égyptien, plus heureux qu'un professeur du Collège de France, avait reconnu l'hypotypose! Je dois dire que, si on donne à ces enfants de l'Égypte un enseignement si peu utile, ce n'est point la faute de l'instituteur, qui leur avait appris très-bien et par principes la langue française. Les exercices grammaticaux me satisfirent pleinement et m'étonnèrent. C'était ma faute si j'avais pris trop au pied de la lettre l'offre qu'on me fit de les interroger sur ce qu'ils avaient lu.

J'ai visité l'école de traduction avec l'homme distingué qui préside à cet établissement, le scheikh Rifâah. Un assez grand nombre de jeunes gens sont occupés à mettre en arabe divers ouvrages français sur les sciences, la géographie, l'histoire. Ne sachant pas l'arabe je demandai aux jeunes Égyptiens de me traduire mot à mot et de vive voix leur traduction en français, et je comparai ce mot à mot à l'original que j'avais sous les yeux. Il m'a semblé que les deux ne s'accordaient pas toujours parfaitement, et que le sens de l'auteur disparaissait quelquefois entièrement à travers cette double transfusion du français dans l'arabe et de l'arabe dans le français. En outre, j'ai appris que les traductions une fois faites ne s'imprimaient pas. Il y a donc ici, comme dans presque toutes les institutions civilisatrices du pacha, plus d'ostentation que de réalité.

Scheikh-Rifâah est un homme aux manières douces et agréables. Il a traduit en arabe plusieurs ouvrages français, entre autres la *Géométrie* de Legendre, et a été chargé par Ibrahim-Pacha de composer un dictionnaire arabe sur le plan du *Dictionnaire de l'Académie française*. En outre, Scheikh-Rifâah, qui est venu à Paris, de retour en Égypte, a publié ses impressions de voyage. Depuis que les Orientaux visitent davantage l'Europe, on possède plusieurs ouvrages de ce genre; ils sont curieux à lire. Il est piquant pour nous de nous voir ainsi à distance, de nous apparaître pour ainsi dire comme dans un de ces miroirs colorés qui décorent les kiosques de l'Orient. Souvent ce qui nous paraît remarquable ne frappe point les voyageurs; ils n'en savent pas assez pour être étonnés. D'autre part, ce qui nous paraît le plus simple les ravit de surprise ou d'admiration; quelquefois on les surprend en flagrant délit d'exagération. Heureusement pour bien des voyageurs européens, les peuples dont ils parlent ne les liront jamais; autrement l'exactitude de leurs descriptions ne serait pas trouvée beaucoup plus grande que celle de la relation de ce voyageur chinois qui, pour donner à ses compatriotes une idée de la hauteur des maisons de Londres, dit que les habitants peuvent facilement prendre les étoiles avec la main.

Il n'en est pas ainsi du voyage de Scheikh-Rifâah;

l'esprit général de son livre fait honneur à sa véracité. On sent une curiosité intelligente sous ses expressions tout orientales de politesse et d'admiration. Le voyageur musulman exprime vivement le besoin, honorable pour lui, de connaître la civilisation européenne qu'il ose mettre au premier rang. A ceux qu'un voyage chez les infidèles pourrait scandaliser, il répond par cette parole du prophète : « Allez chercher la science, fût-ce même en Chine. » Son livre a, comme c'est l'usage chez les Orientaux, un titre métaphorique et énigmatique. Il s'appelle *Purification de l'or dans la description abrégée de Paris*. La première merveille qui frappe le scheikh Rifâah, c'est un café dont les glaces réfléchissent les images de ceux qui le remplissent. Les cheminées l'étonnent et lui inspirent cette réflexion : « On se range en cercle autour d'elles, et l'un des honneurs que l'on fait à un hôte est de le placer près du foyer; il n'est pas étonnant, ajoute le malicieux musulman, que les chrétiens soient portés à s'approcher du feu. Prions Dieu de nous sauver des flammes de l'enfer. » On voit que le scheikh Rifâah n'est pas tellement converti à la civilisation, qu'il ne soit enclin à damner ceux qu'il admire.

Malgré tout ce qui manque aux établissements scientifiques du Caire, on ne saurait refuser à Méhémet-Ali la gloire d'avoir fait quelques essais remarquables pour acclimater l'instruction dans ses États. Je ne sais où en est l'observatoire météorologique et magnétique fondé par lui ; mais l'imprimerie orientale établie à Boulac fonctionne toujours. On vient d'achever l'impression d'une édition complète, et, sous le rapport de la décence, trop complète, dit-on, des *Mille et une Nuits*. Des presses de Boulac est sorti un journal arabe et turc qui a duré quelque temps.

Toutes ces tentatives ont leur petit côté et souvent leur côté ridicule. Tandis qu'on apprend à des Nubiens ce que c'est que l'hypotypose, les jeunes gens qu'on a envoyés s'instruire à Paris, revenus dans leur pays, ne trouvent pas d'emploi, ou bien on les met dans un poste où leur instruction européenne ne leur est d'aucune utilité. Ils ont étudié la chimie et la médecine, on en fait des marins ; quelquefois on n'en fait rien du tout. J'ai ouï parler d'un ancien élève de l'école de Paris qui, revenu en Égypte tout chargé de science européenne, avait été obligé pour vivre de prendre l'état de cuisinier. L'œuvre de Méhémet-Ali est certainement très-incomplète, très-défectueuse même ; cependant elle n'aura pas été stérile. La transformation de l'Orient ne peut s'accomplir en un jour, et, jusqu'à ce qu'elle soit accomplie, on fera bien des efforts maladroits et quelquefois risibles ; mais il ne faut pas s'arrêter à ces détails, il faut aller au fond et reconnaître que la réforme de Méhémet-Ali est une partie importante de cette grande réforme qui sera la gloire du dix-neuvième siècle, la réforme des civilisations non chrétiennes. Jamais spectacle ne fut plus grand dans son ensemble et n'offrit des accidents plus bizarres. Si l'on a imprimé un journal arabe et turc à Boulac, il faut penser qu'il y a maintenant des journaux dans tous les idiomes de l'Inde, des journaux arméniens, parsis, cheroquee. Le sultan fait vacciner ses sujets, et le roi des îles Sandwich, dont le père était anthropophage, vient d'ouvrir son parlement.

Pour ne pas sortir de l'Orient, la civilisation y est un vêtement inusité que la barbarie porte encore d'assez mauvaise grâce, car tout costume nouveau ressemble à un travestissement, et les novateurs y rappellent plus ou moins ce grand fonctionnaire turc qui, dans un dîner diplomatique, exprimait à un Français son goût pour les repas à l'européenne, son mépris pour ses compatriotes, qui, selon lui, ne savaient pas se servir de leur fourchette, et, ce disant, il se servait de la sienne... pour peigner sa barbe. N'importe, c'est à travers ces bizarreries que s'opère le changement du monde; le chemin est étrange, mais le but est grand, et Méhémet-Ali aura marché vers ce but.

Quel sera l'avenir de sa famille, de sa dynastie? Je pense que cet avenir finira à son fils Ibrahim. Les races étrangères s'établissent difficilement sur la terre d'Égypte; elles périssent, ou elles dégénèrent. Les enfants des Européens et des Asiatiques meurent presque tous en bas âge. C'est ce qui avait conduit les mamelouks à se recruter par l'esclavage au lieu de se perpétuer par la naissance. Même les végétaux importés s'altèrent. Cette terre d'Égypte est une terre à part qui se venge de ses conquérants en détruisant leur postérité ou en l'abâtardissant. Il est peu de familles qui soient plus allées se dégradant que la famille des Ptolémées. Épousant presque toujours leurs sœurs ou leurs nièces, ces princes, qui furent pour la plupart des monstres de débauche et de cruauté, arrivèrent en peu de générations, de l'héroïque Ptolémée Lagus, à l'ignoble et difforme Ptolémée Physcon ou l'enflé. La famille de Méhémet-Ali est menacée d'un pareil avenir. Abbas-Pacha, appelé prochainement à régner, est, dit-on, au physique et au moral, un Ptolémée Physcon.

En présence de cet avenir, en pensant que les grandes qualités de Méhémet-Ali mourront avec lui, et que le despotisme qu'il a organisé restera, qu'Ibrahim tout au plus donne quelque garantie bien incomplète d'un gouvernement un peu régulier, qu'après lui il n'y a que des enfants et un barbare, il est impossible de ne pas tourner les yeux vers l'Europe, et de ne pas l'appeler au secours de ce malheureux pays, qu'elle seule peut véritablement régénérer. Elle n'éprouverait aucune difficulté à s'en emparer. Méhémet-Ali, en exterminant les mamelouks et en chassant les *arnautes*, a désarmé l'Égypte. Ses oppresseurs seuls pouvaient la défendre. Les paysans qu'on enrégimente à coups de bâton ne sauraient être redoutables pour personne. Le préjugé contre les chrétiens est affaibli. Enfin j'ai entendu sortir de la bouche d'un Arabe ces paroles : ce pays ne sera heureux que quand il appartiendra aux Européens. Malheureusement pour nous, c'est à l'Angleterre que cette acquisition semble dévolue. L'Égypte est pour elle une étape sur la route des Indes, elle doit désirer de s'en assurer la possession. La richesse qu'elle pourrait tirer de la terre la plus fertile du monde doit la tenter. Dans un discours prononcé à un banquet du club réformiste donné à Ibrahim-Pacha, lord Palmerston a dit que l'Angleterre voulait pour l'Égypte un pouvoir fort. Or, comme après Méhémet-Ali et Ibrahim il est douteux que rien de semblable puisse s'établir, l'Angleterre se réserve le droit d'aviser aux moyens de donner ce pouvoir fort à l'Égypte.

À une lieue du Caire est l'emplacement d'Héliopolis. De la ville fameuse où étudièrent Eudoxe et Platon, il ne reste qu'un obélisque; on y lit le nom du roi Osortasen, qui vivait plusieurs siècles avant Sésostris. L'obélisque d'Héliopolis est donc l'aîné de l'obélisque de Paris. Un pareil monument mérite bien d'être visité, quand même la plaine d'Héliopolis n'eût pas vu remporter une des plus brillantes victoires et des plus justes.

En sortant du Caire pour aller aux ruines d'Héliopolis, on trouve d'abord un lieu désolé. Entre des buttes formées de débris s'élève un cimetière ; est-ce là que repose l'intrépide et intelligent voyageur Burckhardt, qui, après avoir parcouru l'Orient, vint mourir au Caire? J'aurais aimé à reconnaître et à saluer le lieu de sa sépulture. Le tombeau d'un voyageur est pour un voyageur le tombeau d'un frère. Puis on entre dans une plaine aride et inhabitée. Au milieu du sable s'élèvent des monuments d'un goût exquis connus sous le nom de *tombeaux des califes*, et qu'il faudrait plutôt appeler tombeaux des sultans et des princes d'Égypte. Ces monuments sont à la fois religieux et funèbres, un lieu de prière est à côté d'un lieu de sépulture. L'association de ces deux idées est bien ancienne en Égypte et bien naturelle au cœur de l'homme. Cette double destination se remarque dans le monument de Barkouk et dans celui de Caïd-Bey. Le premier est du douzième siècle et le second du quinzième. Ce dernier passe à juste titre pour un type de ce que l'architecture arabe peut produire de plus élégant.

Sans cesse l'architecture musulmane fait penser à l'architecture chrétienne. Cependant elles diffèrent beaucoup; le caractère général de l'une est la hardiesse et la grandeur; le caractère de l'autre est la coquetterie et le caprice. Toutes deux proviennent, je le crois, de l'architecture gréco-romaine, diversement modifiée d'après le génie sévère de l'Occident ou d'après le génie gracieux de l'Orient. Les coupoles que j'ai devant les yeux sont d'origine byzantine, on ne saurait guère en douter. M. Coste remarque avec raison qu'elles ne peuvent être d'origine arabe, puisqu'aucun des édifices construits par les Arabes, y compris la Caaba, n'offre la voûte sphérique; mais il n'y a pas lieu, selon moi, à faire dériver les coupoles des *topes* de l'Afganistan, qui sont un peu loin, ou des *pyrées* de la Perse, qui n'ont, je crois, rien à faire ici. C'est la Grèce qui a fourni aux Arabes les éléments de leur architecture, comme les principes de leurs sciences et de leur philosophie. Quant aux ressemblances de ces monuments du moyen âge arabe avec ceux de notre moyen âge européen, elles sont souvent bien frappantes, malgré la diversité du génie des deux arts et des deux religions. Parfois on est assez embarrassé pour savoir de quel côté est l'originalité, de quel côté est l'imitation ou l'emprunt. Cette chaire si incroyablement élégante de la mosquée de Barkouk n'a-t-elle pas eu pour modèles les ambons des basiliques chrétiennes, dont les reproductions auront été ornées et travaillées jusqu'à l'excès par la fantaisie orientale? D'autre part, ces élégants minarets n'ont-ils pas donné l'idée des gracieux campaniles de l'Italie, auxquels ils ressemblent si fort? La mosquée de Barkouk a deux minarets qui font absolument l'effet des deux tours ou des deux clochers d'une église. Les murs de la mosquée sont formés par des assises régulières de pierres blanches et rouges alternativement superposées. Cette disposition a pu donner l'idée d'une superposition analogue d'assises blanches et noires qu'on remarque dans plusieurs églises italiennes, à Gênes, à Pistoja, etc.

La réflexion que j'ai faite à Alexandrie se représente ici. C'est à l'Égypte que les Vénitiens ont emprunté le caractère oriental de leur architecture. M. Quatremère de Quincy l'avait remarqué avant moi. Il semble décrire les *tombeaux des califes*, quand il parle de « ce goût oriental d'arabesques, de mosaïques, de revêtements de marbres, et de cette disposition de petites coupoles qu'on trouve dans les ouvrages des Sarrasins, et que les Vénitiens rapportèrent d'Alexandrie. » Les mosaïques et les coupoles de Saint-Marc rappellent en grand celles que je vois ici. Il y a de l'arabe dans l'église byzantine de Saint-Marc, comme nous avons vu qu'il y avait du byzantin dans les mosquées arabes du Caire.

Après avoir admiré ce que le moyen âge arabe a de plus élégant, allons saluer un des monuments les plus vénérables de l'architecture des Pharaons, l'obélisque d'Héliopolis, qui est le plus ancien obélisque du monde. A droite du chemin que nous suivons est une plaine cultivée assez semblable à une plaine de la Brie ; à gauche est le désert. Sans parler du désert, un chameau et un buffle attelés ensemble à une charrue éloignent tout souvenir prosaïque et avertissent de l'Orient. Dans les environs d'Héliopolis croissait l'arbre qui donne le baume. Selon une tradition chrétienne, il était né en ce lieu par la vertu de l'eau dans laquelle, durant la fuite en Égypte, la sainte Vierge avait lavé les langes de son divin fils ; selon l'histoire, Cléopâtre l'apporta de la Judée, où elle était allée essayer ses séductions sur Hérode. On s'explique comment une ville aussi considérable qu'Héliopolis a pu s'élever si près de Memphis en réfléchissant que l'une et l'autre étaient voisines du point où le Nil se ramifie en diverses branches, et que vers ce point devaient converger tous les produits de la basse Égypte. Le nom d'Héliopolis était la traduction grecque du nom égyptien que portait la ville consacrée à Horus. Les villes d'Égypte étaient ainsi consacrées à un dieu dont elles portaient le nom. Il en fut de même de plusieurs villes grecques ; il suffit de rappeler Athènes et Possidonie, la cité de Minerve et la cité de Neptune. Le dieu patron des villes égyptiennes auxquelles il donnait son nom était pour elles ce que sont les saints pour nos villes modernes ; une ville s'appelait du nom d'Horus, de Phta, d'Ammon, comme aujourd'hui elle s'appelle Saint-Étienne, Saint-Omer, ou Saint-Malo.

Dès le temps de Strabon, Héliopolis était bien déchue de son ancienne splendeur ; elle portait des traces nombreuses des ravages de Cambyse ; Strabon l'appelle *déserte*. Cet ancien trouvait déjà ici des ruines ; en vain, curieux comme nous le sommes aujourd'hui, demandait-il le collége des prêtres au milieu desquels Platon et Eudoxe étaient venus étudier l'astronomie ;

personne ne savait où avait été ce collége, pas même le cicerone de Strabon, l'Égyptien Chérémon, ignorant et grand faiseur d'embarras comme les *ciceroni* de tous les temps. Plus tard, Manéthon écrivit à Héliopolis ce livre sur l'histoire d'Égypte si malheureusement perdu et dont la table des matières seule nous reste, précieux débris qui, grâce à la découverte de Champollion, éclaire chaque jour d'une lumière plus vive la chronologie égyptienne. Au septième siècle de notre ère, toute culture n'était pas éteinte à Héliopolis, car on y voit naître alors Callinique, qui, selon le témoignage des auteurs byzantins, porta à Constantinople l'invention du feu grégeois.

Le feu grégeois a laissé une mémoire mystérieuse et formidable; l'eau, disait-on, était impuissante à l'éteindre, et les plus braves des croisés tremblèrent devant un prodige dont l'enfer seul pouvait être l'auteur. Quelques connaissances chimiques les auraient rassurés. On établit en ce moment[1] d'une manière très-plausible qu'une enveloppe de matière graisseuse entourant une composition salpêtrée explique parfaitement et reproduirait au besoin ce facile miracle, sans reproduire, il est vrai, les circonstances merveilleuses qu'y ajouta quelquefois la crédule imagination de nos pères; mais si le feu grégeois n'est pas quelque chose d'aussi extraordinaire qu'on l'a dit et

[1] MM. Reinaud et Favée, dans leur travail sur le feu grégeois.

qu'on le répète encore, au moment où il perd l'auréole de terreur surnaturelle qui entourait son nom, il acquiert en revanche une importance nouvelle dans l'histoire des arts militaires et de la civilisation, car il paraît aujourd'hui prouvé que sous la dénomination de feu grec ou, comme on disait au moyen âge, de feu grégeois, on désignait plusieurs combinaisons dans lesquelles le salpêtre jouait le rôle principal, et qui ressemblent fort à la poudre à canon. Seulement on les employait plutôt comme arme incendiaire que comme force explosive, pour fabriquer des artifices qu'on lançait sur l'ennemi plutôt que pour chasser des projectiles. Le feu grégeois n'en était pas moins, par sa composition, très-analogue à la poudre à canon, et cette analogie suffit pour enlever au moine allemand, souvent cité, et à Roger Bacon, cité aussi fort mal à propos, l'honneur d'une invention dont l'importance et l'origine ignorée ont donné naissance à un proverbe populaire. Qui donc a inventé la poudre? Est-ce Callinique d'Héliopolis? Les soldats français qui brûlèrent si glorieusement ici celle de la république étaient-ils, sans s'en douter, sur les terres de l'inventeur? Je pressens la joie de ceux qui attribuent tant de portée aux anciennes connaissances de l'Égypte. La grande découverte qui a changé le monde moderne sortirait de ses antiques laboratoires.

Le feu grégeois aurait servi dans les mystères à éprouver, par des apparitions flamboyantes, par le merveilleux spectacle du feu brûlant sous l'eau, le courage des initiés. A la rigueur l'origine égyptienne du feu grégeois, et par conséquent de la poudre à canon, n'est pas chose impossible. Seulement il faut remarquer que jusqu'ici aucun de ces monuments, où tant de scènes de la vie militaire et tant de procédés des arts mécaniques sont représentés, n'a rien offert qui ressemblât, soit à la fabrication, soit à l'emploi de la poudre, pas plus brûlant en fusée que lançant des projectiles. Cette preuve négative n'est pas absolue, car la découverte d'un monument nouveau peut la renverser. D'ailleurs le salpêtre est commun en Égypte, où il effleurit à la surface du sol et sur les ruines. Ainsi on peut admettre, si l'on veut, que les Égyptiens ont inventé la poudre ; mais je pense que cet honneur appartient plutôt aux Chinois. Le peuple le plus pacifique de la terre paraît avoir connu de temps immémorial la poudre à canon ; il est vrai qu'il n'a pas toujours été aussi peu guerrier qu'aujourd'hui. Aussi trouve-t-on chez lui fort anciennement l'indice d'armes détonantes appelées d'un nom dont l'onomatopée est très-expressive, *pao*, et dans lesquelles Abel Rémusat n'était pas très-éloigné de reconnaître de véritables canons. Quoi qu'il en soit, si depuis longtemps les Chinois n'emploient la poudre que pour les feux d'artifice, où ils excellent, et dont ils ont peut-être enseigné le secret à l'Europe, il n'en reste pas moins prouvé qu'ils ont connu la poudre à canon depuis une époque fort reculée et antérieure de beaucoup au septième siècle, c'est-à-dire au temps où Callinique apporta le feu grégeois d'Héliopolis à Constantinople. Mais, dira-t-on, penseriez-vous que l'invention fût venue de la Chine en Égypte? Je n'en serais point étonné. En 670, époque où l'on trouve Callinique, dont le nom grec éloigne encore toute idée de science sacerdotale égyptienne, où l'on trouve Callinique en possession du secret d'une composition incendiaire semblable à la poudre à canon, les Arabes étaient depuis une quarantaine d'années maîtres du pays où s'élève aujourd'hui le Caire, et par conséquent d'Héliopolis. Or, tout porte à croire que c'est des Chinois que les Arabes ont reçu l'art de préparer le salpêtre; ils appellent cette substance *neige de la Chine*. S'ils avaient reçu de la Chine le secret de la fabrication de la poudre, ce qui est possible, vu les anciennes communications de l'Asie occidentale avec l'Asie orientale, ils ont pu l'apporter à Héliopolis et le communiquer à Callinique. Ainsi le *feu grégeois*, comme tant d'autres choses, porte un nom qui est une erreur. Il est peut-être égyptien, peut-être arabe, probablement chinois; il n'est pas grec.

L'obélisque d'Héliopolis s'élève au milieu d'un jardin. La même inscription, sauf une légère variante, est gravée sur chacune des faces. La quatrième est entièrement couverte par les travaux de l'abeille maçonne; un seul côté est entièrement libre. Cette courte inscription suffit pour nous apprendre qu'Osortasen Ier a érigé l'obélisque. Le titre qu'il prend de souverain de la haute et basse Égypte n'exprime pas une prétention sans fondement. Des monuments que le temps a épargnés prouvent l'extension de la puissance de cet antique roi. A l'autre extrémité du monde égyptien, en Nubie, près de la seconde cataracte, une stèle était encore debout, il y a quelques années, portant une inscription en l'honneur d'Osortasen Ier, *vainqueur des barbares armés d'arcs*. Son nom est gravé aussi dans le sanctuaire de Karnac et sur les rochers du mont Sinaï. Les statues qui reproduisent son image et portent son nom sont d'une beauté admirable, et la perfection des hiéroglyphes qui les décorent montre quelle était la perfection des arts de l'Égypte à l'époque où florissait cette ville d'Héliopolis, déjà en décadence au temps de Strabon. L'obélisque, encore debout et intact, est un débris qui a survécu aux ravages antiques des pasteurs, aux destructions récentes de Cambyse; c'est un *témoin* qui a dominé l'inondation de la conquête. Cet obélisque était placé en avant du temple du Soleil. Selon l'usage, un autre obélisque s'élevait en regard et formait le pendant du premier. Pockocke vit encore des débris de la porte du temple. D'autres obélisques étaient debout au temps de Strabon : deux d'entre eux avaient été érigés par un fils de Sésostris pour avoir recouvré la vue à la suite d'une expérience assez singulière sur la vertu des femmes de son empire, expérience dont on peut aller chercher le récit naïf chez Hérodote, et qui, sous une forme moins gracieuse, contient la première idée de cette piquante épreuve de la coupe enchantée si bien contée par l'Arioste. J'ai vu ailleurs deux des obélisques qui décoraient autrefois Héliopolis ; ils sont à Rome : l'un s'élève sur la place du Peuple ; l'autre derrière la place Antonine. Le premier est du temps de Sésostris ; le second, comparativement moderne, ne remonte u'à Psammeticus. C'est Auguste qui les fit transporter à Rome ; les Romains faisaient la conquête des monuments comme des peuples.

Au moyen âge, Héliopolis offrait des ruines bien plus considérables. Le voyageur arabe Abdallatif y trouva encore les deux obélisques du temple du Soleil, dont un seul subsiste aujourd'hui ; l'autre était déjà tombé. On sait précisément la date de sa chute : elle eut lieu le 4 du ramadan de l'année 656 de l'hégire. Celui qui était encore debout au temps d'Abdallatif portait à son sommet un *pyramidion* en cuivre. Ce fait montre, dès cette époque reculée, la présence d'un ornement dont M. Hittorf a judicieusement revendiqué l'emploi pour notre obélisque de Paris.

Les anciens nous apprennent que le Soleil avait un temple magnifique à Héliopolis. Le *Soleil* désigne ici ce dieu que les Égyptiens représentaient avec une tête d'épervier et dont ils écrivaient le nom *Har* ou *Hor*, d'où l'on a fait Horus. Héliopolis était encore célèbre par l'arrivée du phénix, l'oiseau merveilleux qui, au bout d'un certain nombre de siècles, y faisait son apparition. La fable du phénix a été racontée diversement par les anciens. Les Grecs se sont plu à le peindre allumant son propre bûcher, et s'y consumant dans les parfums pour renaître de ses cendres, gracieux symbole de l'immortalité. La piété des Égyptiens pour les morts leur avait fait imaginer que le phénix apportait le cadavre de son père sur l'autel du temple du Soleil à Héliopolis. Hérodote dit que les prêtres lui ont montré l'image du phénix, et qu'il ressemble à un aigle. Cet aigle était peut-être l'épervier, qui est l'hiéroglyphe du soleil, car le phénix était bien évidemment lui-même un symbole solaire. Il venait en Égypte de l'Arabie ou de l'Inde, c'est-à-dire de l'Orient, et, ce qui est décisif, un passage de Tacite[1] nous apprend que l'intervalle qui séparait deux apparitions du phénix était de mille quatre cent soixante-et-un ans. Or, ce nombre est précisément celui des années dont se compose la grande période astronomique au bout de laquelle l'année vague des Égyptiens se confondait avec l'année vraie. Ce moment marquait une nouvelle ère astronomique, une nouvelle phase dans la vie éternelle du soleil. Alors les saisons, après avoir parcouru tout le cercle de l'an-

---

[1] *Annales*, VI, 28.

née vague, s'y retrouvaient à leur place naturelle. C'était une époque solennelle, une époque de renouvellement et de félicité; elle fut célébrée à l'avénement d'Antonin : des médailles furent frappées pour en garder le souvenir.

Héliopolis est la cité d'*On*, dont parle la Genèse. *On* veut dire en copte ce qui brille : c'était le nom égyptien dont le mot Héliopolis, la ville du soleil, était la traduction grecque. Le nom arabe qu'elle a porté depuis, la *Fontaine du Soleil*, rappelle encore la même origine. Joseph épousa la fille d'un prêtre d'On, c'est-à-dire d'Héliopolis, qui s'appelait Petiphrah (Putiphar), comme le premier maître de Joseph. Petiphrah est un nom bien égyptien, il veut dire *qui appartient au soleil*. C'est une forme analogue à celle de plusieurs autres noms, comme Pet-Osiris, *qui appartient à Osiris*. Beaucoup de noms propres, dans l'ancienne Égypte, indiquaient ainsi que l'homme ou la femme qui les portait était consacré à une divinité : Ammonius à Ammon, Thaïs à Isis[1]. Tous ces noms, empreints de paganisme, furent portés par des chrétiens. Le nom de saint Pacôme voulait dire celui qui appartient à Chons, une des divinités du panthéon égyptien. Quant à Petiphrah ou Putiphar, il est naturel qu'un prêtre de la ville consacrée au Soleil fût consacré lui-même à ce dieu. Les noms d'homme, de femme, de lieu,

---

[1] En égyptien *Ammoni*; — *Thu-isis*, celle qui appartient à Isis.

mentionnés dans les chapitres de la Genèse où il est parlé de l'Égypte, suffiraient pour montrer la véracité du narrateur antique, car tous s'expliquent par le copte, ce qui prouve en même temps que cette langue provient bien réellement de l'ancien égyptien.

Phrahâ, dont nous avons fait Pharaon, veut dire en égyptien le soleil. C'est le titre que prennent les rois d'Égypte dans les légendes hiéroglyphiques, où ils sont toujours assimilés à Horus. Le nom honorifique donné à Joseph, Psontophanech[1], ne s'explique point par l'hébreu, mais par le copte. Il en est de même du nom de Moïse, qui, suivant la Genèse, veut dire sauvé des eaux. L'hébreu ne peut point fournir un sens qui ressemble à celui-là ; mais *Mocha*, en copte, signifie celui qui sort des eaux; or, le nom donné à l'enfant recueilli par la fille du Pharaon devait être un nom égyptien et non pas un nom hébreu.

On sait que l'aventure de Joseph avec l'épouse de Putiphar est devenue le thème favori de la poésie amoureuse de l'Orient. Ces deux personnages bibliques étaient déjà des personnages de roman à l'époque où Mahomet écrivait le douzième chapitre du Coran. Depuis, l'histoire de Iousouf et Zuleika (c'est le nom

---

[1] Ψουτομφανήχ, P-sont-n-phonch, le sauveur du monde, ou plutôt celui qui a conservé la vie. La transcription hébraïque avait altéré ce mot, qui a été restitué dans la version des Septante par le traducteur grec qui écrivait en Égypte et savait l'égyptien.

qu'on leur donne) a été chantée, à plusieurs reprises, par les poëtes les plus célèbres de la Perse. Cette histoire est le triomphe de l'amour. L'amour, après s'être montré dans le récit de la tentation avec toutes ses ardeurs, reparaît épuré par la douleur et la constance. La brillante épouse du vizir d'Égypte est devenue une pauvre veuve, dont le chagrin a détruit la beauté, dont la vue même s'est éteinte dans les larmes ; mais Zuleika aime toujours Joseph : elle s'est construit une cabane de roseaux, d'où, cachée, elle écoute, pour toute joie, passer le bruit de son char et de son cortége. Le malheur éclaire la foi de Zuleika : elle renonce au culte des idoles, et reparaît aux yeux de Joseph, qui ne la reconnaît pas. Elle se nomme, et demande au sage Hébreu de lui rendre sa beauté et la vue. Après lui avoir accordé sa double demande, il l'épouse, et, au bout d'une vie heureuse et longue, tous deux meurent le même jour, comme Philémon et Baucis. Dans ce roman se trouve un trait bizarre dont le souvenir me revient ici. Comme les amies de Zuleika s'étonnent qu'une femme de sa condition se soit éprise d'un esclave, elle les invite à un festin. Chacune reçoit une orange, et, tandis qu'elles s'apprêtent à la couper, Zuleika fait paraître Joseph. Il est si beau, que toutes les femmes, troublées par sa vue, au lieu de couper l'orange, se coupent les doigts sans le sentir. — Ces développements romanesques de l'histoire de Joseph ont leur point de départ dans des légendes juives, dont un fragment, qui figure parmi les récits apocryphes de l'Ancien Testament, contient le récit de l'amour de Joseph pour Asseth. Moïse a eu aussi sa part dans les récits apocryphes. A en croire une tradition qui avait déjà cours au temps de l'historien Josèphe, Moïse aurait été prêtre à Héliopolis. On disait aussi qu'Abraham était venu à Héliopolis et y avait enseigné l'astronomie. Ces fables avaient probablement pour auteurs les Juifs, qui furent de bonne heure si nombreux en Égypte.

Ce qui a pu attacher plus particulièrement ces légendes au souvenir d'Héliopolis, c'est qu'aux portes de cette ville exista aussi longtemps qu'à Jérusalem un temple juif, qu'un pontife, du nom d'Onias, avait élevé sous Ptolémée-Philométor, et qui fut détruit par ordre de Vespasien après la conquête de la Judée. C'est le seul exemple d'un temple juif bâti à l'étranger; mais l'Égypte avait été si longtemps pour les Hébreux une terre d'exil, qu'elle ressemblait un peu pour eux à une patrie. Ce temple devint le centre d'une population juive assez considérable. L'emplacement de la ville qu'ils habitaient se reconnaît encore à des tertres qu'on appelle *tertres des Juifs*.

C'est près d'Héliopolis qu'une pieuse tradition veut retrouver les souvenirs de la fuite en Égypte. Cet épisode de l'enfance du Christ, que la peinture a reproduit tant de fois, m'est ici rappelé sans cesse; tout à l'heure j'ai rencontré sur mon chemin une femme vêtue de bleu assise sur un âne et portant un enfant dans ses bras, tandis qu'un peu en arrière de l'humble monture marchait appuyé sur son bâton un homme de l'âge et de la tournure qu'on donne à saint Joseph : c'était une scène de l'Évangile et un tableau de Raphaël ; même costume et même paysage. Derrière les personnages, s'élevait un palmier pareil à celui qui, d'après une légende apocryphe, inclina son tronc et abaissa ses fruits à la portée de la main du divin enfant. Près d'Héliopolis une source coule au pied d'un sycomore. L'un et l'autre sont vénérés des pèlerins. Le sycomore cacha dans son sein Jésus et Marie ; l'eau de la source était amère, elle devint douce aussitôt que l'Enfant-Dieu l'eut touchée de ses lèvres : naïf et gracieux symbole de l'esprit de douceur qui allait changer le monde !

Des impressions moins gracieuses s'élèvent dans l'âme d'un Français en présence des ruines d'Héliopolis ; à ce nom, il ressent encore à cette heure sa part de la colère qui saisit Kléber et l'armée quand ils apprirent qu'au mépris d'une capitulation signée, le gouvernement anglais refusait aux Français de quitter l'Égypte avec les honneurs de la guerre. Forcés ainsi à la victoire par le parjure, dix mille hommes en battirent soixante-dix mille. Je ne raconterai pas une bataille que M. Thiers a racontée, mais je ne puis m'empêcher de citer un détail que je me souviens d'avoir entendu, enfant, redire à mon père qui le tenait d'un des combattants d'Héliopolis. Au lever de l'aurore, la petite armée française, en arrivant au sommet d'une de ces collines de sable sur lesquelles je vois en ce moment se coucher le soleil, découvrit tout à coup, rangée dans la plaine, l'immense armée du grand-vizir. Alors un ah ! de satisfaction et d'impatience s'éleva de toutes les poitrines et se prolongea sur la ligne de bataille. Kléber la parcourut à cheval, se contentant de répéter pour toute harangue : « Si vous reculez d'une semelle, vous êtes... perdus. » Personne ne recula d'une semelle, et la grande armée asiatique fut détruite par une poignée d'Occidentaux ; on croit être à Marathon !

Au moment de m'éloigner, j'ai regardé encore une fois l'obélisque d'Osortasen, rayant de sa ligne noire l'or empourpré du ciel et dressant au milieu des palmiers son tronc de granit ; mes souvenirs allaient des temps anciens aux temps nouveaux, d'Osortasen à Kléber, de la conquête de l'Égypte par les pasteurs, deux mille ans avant l'ère chrétienne, à la conquête de l'Égypte par les Français au dix-huitième siècle de cette ère. Parmi ces oscillations de ma pensée, qui embrassait en une seconde un intervalle de quatre mille ans, la nuit est venue, la lune a éclairé les palmiers d'Héliopolis ; elle a blanchi le sable sur lequel se précipitait presque sans bruit le trot de nos montures. Pleins de cet enchantement qu'inspirent à l'âme la nuit, le silence et le désert, nous sommes arrivés à la porte de la ville; sortant de cette lueur sereine et suave, nous nous sommes plongés dans les rues noires et tortueuses. Nous connaissons maintenant le Caire sous tous ses aspects : nous avons visité ses mosquées et son pacha, salué son passé, interrogé son présent sur son avenir; il est temps de nous embarquer sur le grand fleuve, il est temps de commencer cette vie flottante, cette vie étrangère aux habitudes ordinaires des voyages, cette vie de *nomades du Nil*, que nous allons mener durant plusieurs mois au milieu des ruines.

VI

LE NIL

1ᵉʳ janvier 1845.

Notre navigation sur le Nil commence avec l'année. Hier, après avoir dîné au vieux Caire chez Soliman-Pacha, fumé quelques narguilés et joué quelques parties de billard, soirée qui tenait à la fois de l'Orient et de l'Occident, comme la destinée du maître de la maison, nous nous sommes installés, M. Durand et moi, dans notre barque, MM. d'Artigue et Rousset dans la leur. A minuit, les quatre voyageurs se sont souhaité réciproquement la bonne année et se sont couchés dans leurs chambres flottantes en attendant le vent, qui ne s'est levé ce matin qu'avec le soleil.

Jamais jour de l'an ne m'a été aussi agréable; je pars pour Thèbes, je fais le premier pas vers toutes les merveilles et toutes les conquêtes qui m'attendent. Le soleil se lève radieux ; l'haleine de l'aurore enfle doucement notre voile ; l'île de Rhoda semble se dérober insensiblement ; les têtes vertes des palmiers percent la brume légère du matin. De petites bergeronnettes viennent se poser sur les cordages, sautillent entre les pieds des matelots, voltigent de la barque de nos amis à la nôtre, et de notre barque à la leur. Tout est impression suave, perspective souriante, heureux présage, et je n'ai point de visite à faire.

Aujourd'hui 1er janvier, les Coptes célèbrent leur carnaval en se jetant à la tête des œufs et de l'eau sale. Autrefois on promenait un homme sur un âne. Les divertissements des saturnales avaient également lieu vers le solstice d'hiver, au renouvellement de l'année solaire. C'est à la même époque de l'année que les peuples scandinaves célébraient par des déguisements bizarres et des joies bruyantes, dans une fête qui porte encore le nom païen d'Iul, le retour de la période ascendante du soleil. Le carnaval des peuples chrétiens est un héritage du paganisme romain et du paganisme germanique. Quand le commencement de l'année fut fixé au mois de mars, les réjouissances qui accompagnaient le solstice furent reportées aussi près de l'équinoxe que le permettait la période mobile du carême ; c'est pour cette raison que nos jours gras la précèdent. Chez les chrétiens d'Égypte, les folles réjouissances qui correspondent à notre carnaval ne se sont point déplacées, elles sont restées attachées au solstice d'hiver ; le jour de l'an est leur mardi gras.

Nous voilà sur le Nil, et, comme le cheyck tunisien Mohamed, fils d'Omar, dont M. Perron a traduit le curieux voyage au Darfour, « une fois que nous fûmes sur le navire embarqués pour le grand voyage, nous dîmes : — Dieu de miséricorde et de clémence, conduis sa marche et le mène à bon port. » Ce cheyck, en quittant le vieux Caire, est un peu attristé de se sentir au milieu des fils d'une race étrangère, des enfants de Cham, dont il n'entend pas bien le langage, mais il se réconforte d'abord par ces paroles du livre sacré : «Voyage, il t'arrivera nouveau bonheur, » puis par ce proverbe oriental : « Si la perle n'était pas retirée de sa coquille, on ne l'attacherait pas aux couronnes ; si la lune ne marchait pas, elle ne s'arrondirait jamais. » Sous la garantie du Coran et de la sagesse populaire de l'Orient, nous partons pleins de confiance comme le cheyck Mohamed, et nous pouvons dire encore comme lui : « Dès que nous eûmes démarré, un vent favorable nous accompagna tout le jour ; notre cange se balançait à merveille, et elle allongeait fièrement sa course. »

Dans cette journée, nous avons eu comme un avant goût des diverses impressions qui nous attendent. Déjà nous avons contemplé le Nil sous deux aspects opposés. Au départ, le fleuve tranquille ressemblait à un lac sinueux, puis il s'est soulevé comme une mer ;

l'écume blanchissait une houle jaunâtre ; nos longues voiles penchaient sous l'effort du vent. La barque glissait sur son flanc incliné ; parfois l'eau venait raser le bord. Alors un matelot accroupi sur le pont lâchait un nœud de la corde qui retient la voile, et l'équilibre était rétabli. Il faut veiller à ce que ce matelot ne s'endorme pas et à ce qu'il n'attache pas la corde à quelque point fixe, mais la tienne toujours à la main pour céder à propos. Il y va de la sûreté des voyageurs.

Le premier jour d'un voyage sur le Nil est comme le premier jour qu'on passe dans un nouvel appartement. On s'établit, on s'arrange pour l'habitation. Notre barque est bien digne de s'appeler un appartement. M. Durand et moi nous avons chacun notre chambre. Je puis faire cinq pas dans la mienne ; elle est percée de onze fenêtres avec vitres et jalousies en bon état. J'y ai mon lit, ma table, ma bibliothèque. Nous avons encore deux cabinets et une troisième chambre qui pourrait servir de *chambre d'ami*. Devant la porte, on dîne sous une tente qui sert de salle à manger, et la cuisine est au pied du grand mât. Il y a dix hommes d'équipage, y compris le *reis* ou patron de la barque. Ces dix hommes, notre drogman Soliman, qui est le meilleur drogman de l'Égypte, notre cuisinier, qui n'est point un mauvais cuisinier, le loyer de la barque et les dépenses quotidiennes pour la nourriture, sauf les provisions de riz, café, tabac, légumes, etc., faites au Caire, tout cela nous revient par jour à environ vingt francs. Véritablement c'est pour rien. Avant de nous installer sur cette cange excellente, nous avons passé par bien des péripéties et des aventures : j'en dirai quelque chose, parce qu'elles peignent le pays.

La cange que nous avions arrêtée d'abord s'est trouvée trop petite; nous en avons dû prendre une autre ; mais celle à laquelle nous renoncions appartenait à un personnage puissant, pour le moment aux galères, ce qui est assez fréquent, dit-on, dans la haute administration de Méhémet-Ali. Il a fallu d'abord indemniser le patron de cette barque. Le plus grand obstacle n'était pas là. Quand le maître de celle que nous préférions a su que nous avions abandonné pour lui le personnage en question, qui, son temps de galères fini, peut le faire pendre, il a commencé par disparaître, et nous nous sommes trouvés pendant quelque temps dans un assez singulier dilemme entre un homme qui voulait être payé parce que nous ne prenions pas sa barque, et un autre qui se regardait comme perdu si nous prenions la sienne.

Enfin nous sommes en possession de notre cangé ; elle est très-spacieuse, très-commode, et n'a d'autre défaut que d'être un peu vieille. Nous nous établissons sous la tente, et, mollement couchés sur un canapé devant une table qui porte le café et le narguilé, nous regardons fuir les deux rives du Nil. Ici la rive libyque offre une plaine basse qui se prolonge à notre droite, tandis qu'à notre gauche s'élèvent, comme un rempart blanchâtre, les montagnes de la chaîne arabique, percées de grottes funèbres et de vastes carrières, d'où est sortie Memphis. Dans ces carrières, Champollion a lu les noms des Pharaons de la dix-huitième dynastie, antérieurs à Sésostris, entre autres celui d'Amosis. On y a trouvé depuis des noms encore plus anciens. Enfin d'autres inscriptions hiéroglyphiques prouvent que les carrières de Tourah ont été exploitées jusqu'au temps d'Auguste.

A midi, le vent traînait des nuages de sable; la brume du matin s'était depuis longtemps dissipée, elle était remplacée par des tourbillons jaunâtres, atmosphère du désert. A droite, on voyait se dresser et fuir successivement les pyramides de Sackarah et de Daschour. Je visiterai ces pyramides à mon retour, j'examinerai alors si elles sont les plus anciennes de l'Égypte, et antérieures même aux pyramides de Gisch. Aujourd'hui nous profitons du vent qui souffle favorable pour avancer le plus vite possible.

Le soir, en attendant l'autre barque, nous avons fait sur la rive gauche une charmante promenade. Le village vers lequel nous nous sommes dirigés était marqué, comme d'ordinaire, par un bouquet de palmiers qui, s'élevant sur une butte autour de laquelle gisaient les huttes des fellahs, semblaient plantés sur les toits des maisons. Auprès des huttes en terre et en roseaux sont les tombes des habitants, pauvres tombes de boue séchée qui m'ont semblé imiter par leur forme les caisses de bois et les sarcophages des momies. Nous avons rencontré un paysan qui suçait une canne à sucre; un autre *paissait* une graminée[1].

Cette misère était cruellement éclairée par un splendide coucher de soleil. Quand l'astre disparut à l'occident, le ciel avait une couleur safranée comme la robe de l'Aurore dans Homère, κροκόπεπλος. On eût dit que le jour allait poindre. Au nord et au midi, la teinte du firmament était verdâtre, liliacée à l'orient. Nulle part ne se montrait la noire couleur de la nuit. Nous nous sommes rapprochés du fleuve, dont nous avons écouté le bruit pareil au grondement de la mer ou d'une lointaine cataracte; à ce bruit se mêlait le frémissement métallique des feuilles de palmier frôlées par le vent. Des traînées d'oiseaux aquatiques rasaient le Nil. Leurs longues ondulations se pliaient, se brisaient, allant et venant comme des vagues dans la tourmente; leur blancheur imitait la blancheur de l'écume; de loin on eût dit des brisants mobiles : puis la nuit est tombée brusquement, et ce premier jour du Nil a fini.

2 janvier.

Durant la nuit, le vent a cessé. Ce matin, le Nil a l'aspect d'un lac blanchi par l'aube. Les matelots traî-

---

[1] L'*halpheh*.

nent les barques, et les trainent fort lentement. A huit heures, le soleil répand déjà une chaleur agréable. Des cigognes sont perchées sur un acacia dont les rameaux semblent porter de grandes fleurs blanches. Nous descendons à terre, nous nous promenons délicieusement dans un petit bois de palmiers, au milieu des huppes qui sautillent à nos pieds. Nous écoutons le chant des moineaux et le caquet des femmes arabes. Le calme ne nous permettant pas aujourd'hui d'avancer beaucoup, nous n'avons pu résister au désir de visiter la pyramide de Meydoun, qui nous semblait tout proche. « Combien de temps faut-il pour aller et revenir? demandons-nous à Soliman. — Quatre heures. — Nous déjeunerons un peu tard ; n'importe, partons. » Et nous voilà en route à jeun, mais affamés surtout de la pyramide. Nestor L'Hôte, l'exact et courageux voyageur dont les lettres sont toujours entre nos mains, avec celles de Champollion, Nestor L'Hôte cite la pyramide de Meydoun comme un exemple des montagnes taillées par la main des hommes, qu'il regarde comme ayant donné l'idée des pyramides. L'Hôte pensait que les pyramides de Memphis avaient été bâties à l'imitation de la grande montagne de Thèbes, qui présente une forme pyramidale. « Le premier essai de ce genre, dit-il, est le rocher taillé de Meydoun. » Ainsi les plus anciens monuments humains ne seraient que des montagnes contrefaites, on surprendrait le passage de la nature à l'art ; mais cette opinion de L'Hôte, plus ingénieuse que solide, suppose que la civilisation de Thèbes fut antérieure à celle de Memphis. Or, c'est le contraire qui semble vrai, et aujourd'hui l'étude des monuments confirme le témoignage de Manéthon, d'après lequel l'empire de Memphis commence à la quatrième dynastie, tandis que l'empire de Thèbes ne commence qu'à la onzième.

Un peu en doute sur la théorie générale, je n'en étais pas moins curieux de visiter la pyramide de Meydoun, qui à distance me semblait à moi-même un *rocher taillé*, et à laquelle les Arabes ont donné le nom de *fausse pyramide* ou *pyramide menteuse*; mais, comme j'ai pu m'en assurer, elle ne mérite point cette épithète : il n'y a de faux que la dénomination qu'elle a reçue, de menteur que le témoignage des yeux quand on la regarde des bords du Nil, sans aller l'examiner de plus près. En approchant, on reconnaît une vraie pyramide à degrés, comme les pyramides mexicaines. J'étais d'autant plus curieux d'examiner celle-ci, que je venais de lire un travail de M. Lepsius, dans lequel la pyramide de Meydoun est citée comme une des preuves les plus frappantes du système de l'auteur. D'après lui, les pyramides n'ont pas été élevées tout d'une pièce du bas jusqu'en haut; mais une pyramide plus petite a été enveloppée par des revêtements successifs, à peu près comme le cône du Vésuve s'est formé par un enveloppement de laves superposées.

Du premier étage de la pyramide, nous avons regardé longtemps le désert fauve et ondulé, qui ressemble aux flots troubles du Nil, puis nous nous sommes mis en marche pour regagner le fleuve. Il était deux heures, et nous nous trouvions encore loin de notre barque. Je maudissais l'inexactitude des renseignements donnés par Soliman, car c'est grâce à cette inexactitude que nous avions fait la course à jeun. J'avoue qu'il m'a désarmé en me disant, avec une douceur assez digne et peut-être assez habile, qu'il *avait eu tort*, sans chercher d'autre excuse. Voilà ce qu'un guide italien et, j'en ai peur, un guide français n'eussent point dit. Toute ma colère est tombée devant cet aveu fait à propos, et j'y ai gagné de regarder ce qui m'entourait, au lieu d'être absorbé tout entier par l'occupation de gronder mon drogman. De pareilles préoccupations, dont on rit plus tard, ont distrait plus d'un voyageur des spectacles les plus curieux. Le tableau qui s'est offert à moi quand j'ai retrouvé mon calme était assez intéressant : Soliman m'a montré le campement d'une tribu qui est venue de Syrie, chassée par la disette. C'est exactement l'histoire d'Abraham. Le chapitre de la Genèse était là ; rien ne manquait à la scène biblique, ni les chameaux accroupis devant les tentes, ni les troupeaux paissant à l'entour. J'étais tenté, pour compléter l'illusion, d'essayer de l'hospitalité patriarcale, vertu qu'en ce moment j'aurais fort appréciée ; mais nous approchions du Nil, nous sommes enfin arrivés et nous avons pris, à quatre heures, notre premier repas. Je ne me plaignais point ; j'avais vu la pyramide de Meydoun, étudié sa structure, relevé ses rares hiéroglyphes, et je m'étais convaincu par mes yeux que la fausse pyramide était une pyramide véritable, que la pyramide menteuse ne mentait point[1].

Quant à la théorie de M. Lepsius sur la construction des pyramides, théorie qui a été combattue par un architecte anglais distingué, je dois dire que l'examen de la pyramide de Meydoun lui est favorable ; mais l'auteur ne la généralise-t-il pas outre mesure, et peut-on être sûr qu'elle doive s'appliquer à toutes les pyramides ?

3 janvier.

Nous sommes près du Fayoum, célèbre dans l'antiquité par ses vignes, par le lac Mœris et le labyrinthe. Aujourd'hui la culture de la vigne a disparu de l'Égypte. Cependant on vantait du temps des Romains le vin de Coptos, de Mendès, de Maréotis. Hérodote affirme qu'il n'y a pas de vignes en Égypte ; mais on ne peut douter que le vin n'y fût connu bien avant lui. Les peintures des tombeaux qui entourent les pyramides montrent des hommes occupés à presser le

---

[1] Le noyau de la base est peut-être formé par le rocher recouvert d'une maçonnerie. En ce sens, la tradition aurait à moitié raison. — Vyse, *Pyramids of Giseh*, III, app. 79.

raisin. Le vin joue un grand rôle dans les offrandes aux dieux si fréquemment représentées sur les monuments. À côté des vases qui le contiennent, on lit en hiéroglyphes le mot *erpi*, vin, qui s'est conservé en copte et que les Grecs connaissaient déjà.

C'est dans cette partie de l'Égypte qu'étaient le fameux labyrinthe, dont les ruines viennent d'être retrouvées par M. Lepsius [1], et le lac Mœris, dont l'emplacement a été reconnu par M. Linant [2]. Avant lui, on s'obstinait à chercher un lac dans un lac, le lac Mœris dans le Birket-el-Korn des modernes. M. Linant a compris que, pour que le lac Mœris pût déverser ses eaux dans la plaine qui borde le Nil, il ne devait pas être enterré dans un fond, mais situé sur un terrain plus élevé que cette plaine. M. Linant a reconnu et suivi les contours de la digue qui entourait le réservoir gigantesque, et, après avoir reconstitué en esprit ce grand ouvrage, il a conçu la pensée hardie de le rétablir. Il a proposé à Méhémet-Ali de refaire l'œuvre des Pharaons; mais Méhémet-Ali veut attein-

---

[1] Cette découverte de M. Lepsius a fait connaître quel était le roi égyptien que les Grecs ont désigné par le nom de Mœris. Champollion pensait que c'était Thoutmosis III, de la dix-huitième dynastie, celui dont le nom est gravé sur l'obélisque d'Alexandrie, et que je crois, d'après cette inscription, avoir achevé l'expulsion des peuples pasteurs; mais M. Lepsius ayant trouvé un nom plus ancien, celui d'Amenmehé III, partout gravé sur les ruines du labyrinthe, il a été démontré que c'était à cet Amenmehé III que les Grecs ont donné le nom de Mœris.

[2] *Mémoire sur le lac Mœris*, par Linant de Bellefonds. 1842.

dre un but semblable par une œuvre dont la pensée lui appartient, par le barrage du Nil[1].

Pendant que je pensais au roi Mœris, à son lac et à son labyrinthe, la nuit approchait. Le calme durait toujours. Les matelots se servaient, pour faire avancer la barque, de longs bâtons qu'ils appuyaient sur un fond de sable et de rocher, comme on le voit dans les anciennes peintures égyptiennes.

Les rayons du soleil sont presque horizontaux, le ciel devient magnifique. Le dieu Horus mérite bien son nom hiéroglyphique d'*Horus d'or*. Le couchant est une fournaise d'or fondu ; les palmiers ont un tronc d'or, un feuillage d'or. A travers cet éblouissement, on aperçoit les teintes violettes des collines. Le ciel et le Nil se peignent tour à tour de rose et d'améthyste, puis la lumière se retire. Les rochers de la rive arabique sont d'un blanc triste, et, en voyant des buffles qui s'avancent dans le fleuve pour y boire, nous nous rappelons vivement ces soirs du Nil aux ténèbres transparentes et aux clartés vagues que rend si bien le pinceau de Marilhat.

4 janvier.

Nous sommes dans les mauvais jours d'une navigation sur le Nil. Point de vent; les matelots traînent la

---

[1] Les travaux de ce barrage, assez longtemps différés, sont aujourd'hui en pleine activité.

barque, et la traînent avec une désespérante lenteur. L'indolence de leur attitude irrite l'impatience du voyageur. Les mains derrière le dos, ils semblent des promeneurs peu pressés qui flânent sur le bord du Nil. Cependant ces jours de retard ont eux-mêmes leur charme. Il y a plaisir à se sentir glisser sur ce vaste et paisible fleuve, sous ce ciel immense et calme, comme dans une gondole sur une lagune. L'aspect des bords du Nil est peu varié. Cependant le regard rêveur trouve toujours quelque objet qui l'arrête : c'est une file de chameaux qui se dessinent sur le ciel et nous donnent le plaisir de penser qu'ils avancent encore plus lentement que nous ; c'est un petit village qui se montre au détour du fleuve ; c'est un couvent copte dans la solitude ; ce sont quelques barques qui descendent ou traversent le Nil ; c'est un oiseau qui perche sur notre mât ou sautille sur le rivage, nous offrant parfois un hiéroglyphe vivant. Tous les bruits naturels plaisent dans le silence. L'aboiement lointain des chiens, le cri du coq, mêlent les souvenirs de la vie rustique à l'impression d'un calme en pleine mer ; les chants, tantôt languissants, tantôt précipités, des matelots bercent la rêverie ou la réveillent agréablement. On arrive ainsi sans ennui du lever au coucher du soleil, ces deux fêtes splendides que nous donne chaque jour la nature. Les barques, séparées par l'inégalité de leur marche, se rejoignent d'ordinaire avant la nuit. On est heureux de se retrouver, on dîne gaiement, on cause le soir comme à Paris.

Après s'être dit adieu jusqu'au lendemain, on regarde un moment les constellations radieuses, dont la place a déjà changé sensiblement depuis notre départ de France. L'étoile polaire s'est abaissée ; le ciel a, comme la terre, un aspect étranger. Rien ne saurait donner une idée de l'éclat des étoiles qui sont sur nos têtes ; on dirait des gouttes d'argent fondu ruisselant dans l'ombre. Les astres ne sont pas collés au firmament, mais semblent suspendus dans l'éther nocturne. Je craignais la longueur de ces journées du Nil ; je sens maintenant qu'il faudra que l'habitude m'ait blasé un peu sur leur charme pour pouvoir consacrer au travail leurs heures rapides.

J'aime le Nil, je m'attache à ce fleuve qui me porte et que j'habite comme on s'attache à son cheval et à sa maison. Tout ce qui concerne la nature, l'histoire, les débordements réguliers, la source inconnue du Nil, m'intéresse vivement. Aucun fleuve n'a une monographie aussi curieuse. Esquissons-la brièvement.

Presque tous les noms que le Nil a reçus à différentes époques expriment l'idée de noir ou de bleu[1],

---

[1] Les Grecs l'appelaient Mélas (noir), les Hébreux Shior, ce qui a le même sens. Un ancien nom copte du Nil, Amrhiri, veut dire noir. On sait qu'un des affluents supérieurs du Nil s'appelle en arabe Bahr-el-Azrek (le fleuve bleu). Le mot *neilos* lui-même ressemble au mot sanscrit *nilas* (bleu ou noir), d'où le persan *nil*, qui est le nom de l'indigo. Comment cette dénomination indienne ou persane aurait-elle été donnée à un fleuve d'Égypte et serait-elle arrivée en Grèce avant le temps d'Hésiode, chez lequel le mot *neilos* se trouve déjà?

deux couleurs que, dans différentes langues, on confond volontiers[1]. Cette dénomination ne peut provenir de la teinte des eaux du fleuve, plutôt jaune que noire ou bleue. Je crois donc plutôt y voir une allusion à la couleur des habitants d'une partie de ses rives, qui étaient noirs, ainsi qu'on a nommé Niger un autre fleuve, parce qu'il coule à travers le pays des nègres. L'étendue que couvrent les eaux du Nil débordé lui a fait donner le nom de mer par les Grecs[2] et par les Arabes[3]. Le Nil, que les Arabes appellent aussi le fleuve saint, le fleuve béni, par lequel on jure encore aujourd'hui, le Nil a été divinisé par les anciens Égyptiens. L'écriture hiéroglyphique et les bas-reliefs ont fait connaître deux personnages divins : le Nil supérieur et le Nil inférieur. Ils sont représentés par deux figures à mamelles, qui portent sur leur tête les insignes, l'une de la haute, l'autre de la basse Égypte. Je crois important de remarquer à cette oc-

---

La réponse est embarrassante, j'en conviens. Je ne puis admettre, avec M. Jacquet, que ce soit par la domination des Perses, car cette domination est postérieure à Hésiode; mais j'ai peine à croire qu'il n'y ait là qu'une ressemblance fortuite de nom.

[1] Par exemple, dans les langues du Nord. Le surnom d'Harold *à la dent bleue*, roi de Norwége, pourrait plus justement se traduire par *à la dent noire*. Le bleu est la couleur d'Héla, déesse de la mort. Je crois avoir remarqué que les dieux égyptiens, quand ils jouent un rôle infernal, sont tantôt noirs et tantôt bleus. Le bleu est alors employé au lieu du noir, comme exprimant la même idée d'une façon moins triste par une sorte d'euphonie, et, si j'ose ainsi parler, un euphémisme de couleur.

[2] Okeanos.
[3] Bahr.

casion qu'on a beaucoup exagéré l'importance du rôle que jouait le Nil dans la mythologie. Bien que partant de points de vue très-différents, les savants français et les mythologues allemands se sont accordés pour faire du Nil le centre de la religion égyptienne. Les monuments ne confirment point cette opinion. Dans les temps les plus anciens, le Nil est très-rarement associé aux grands dieux Ammon, Osiris, Phta, et ne figure avec eux qu'exceptionnellement. C'est seulement à des époques plus récentes que le Nil paraît avoir tenu une grande place dans le culte. Ceux qui parlent des hommages qu'on lui rendait et des fêtes célébrées en son honneur sont des écrivains d'une date peu reculée, des rhéteurs savants comme Plutarque, des rhéteurs frivoles comme Aristide et Aristenète, des Pères de l'Église comme saint Grégoire de Nazianze. C'est à son dernier âge qu'une religion devient allégorique et utilitaire; alors on adore les personnifications d'un fleuve, d'une contrée, d'une ville, on rend grâce de la fertilité du sol aux eaux qui l'ont fécondé. Dans les temps antiques, la religion est quelque chose de plus général et de moins positif. On ne personnifie pas tant les objets naturels que les forces de la nature. Ce que l'on adore avant tout, ce n'est pas le Nil, c'est la puissance productrice du monde conçue obscurément, mais dans toute son universalité. Les mythologies n'ont pour principe ni des conceptions abstraites, comme on l'a cru trop souvent en Allemagne, ni les notions du bon sens vulgaire, comme on l'a trop dit en France au dix-huitième siècle : elles contiennent des idées très-simples, mais grandes; elles sont matérielles, elles ne sont pas prosaïques.

Le Nil, en s'abaissant, s'éloigne toujours plus de la surface du sol qu'il doit féconder. Pour l'amener à une hauteur convenable, on emploie deux moyens. Le plus simple et le plus imparfait est le travail de deux hommes abaissant de concert un levier qui se relève par l'effet d'un contre-poids placé à l'une de ses extrémités; à l'autre bout est un seau de cuir qui tour à tour se remplit dans le fleuve et se verse dans une rigole. Ces hommes sont souvent presque nus. Le mouvement régulier et silencieux de leur corps bronzé arrête l'œil du voyageur. Ce procédé, qui était déjà connu des anciens Égyptiens, est bien imparfait; beaucoup de force est dépensé sans un grand résultat : l'eau s'échappe en partie du seau de cuir, souvent troué. Une telle machine s'appelle *chadouf*. Une autre machine un peu meilleure, et que les anciens connaissaient également, porte le nom de *sakyéh*, ou roue à pots. Mis en mouvement par des bœufs, un long chapelet de vases attachés à une corde ou une roue à auges vont chercher l'eau et l'élèvent à la surface du sol; là elle est déversée par l'inclinaison des vases ou des auges. Il y a, dit-on, cinquante mille sakyéhs en Égypte. Ces machines sont lourdement imposées. Or, un impôt sur l'eau est ici ce qu'ailleurs est un impôt sur le pain. On a déjà songé plusieurs fois à employer des procédés plus savants pour élever l'eau du Nil. Belzoni fut conduit par un projet de ce genre dans cette Égypte où il devait s'illustrer par d'autres travaux. Jusqu'ici, nulle tentative n'a réussi; mais on finira par employer la machine à vapeur ou le bélier hydraulique. Alors des terres aujourd'hui arides deviendront fécondes; la limite du désert, qui s'est avancée depuis les temps anciens, reculera devant les inventions de la mécanique moderne. On pourra peut-être aussi tirer parti des puits artésiens, appelés, selon M. Fournel, à créer des oasis dans les sables de l'Algérie.

L'eau du Nil a une antique réputation, et elle en est digne. Les rois de Perse se faisaient apporter à grands frais cette eau précieuse. Ptolémée-Philadelphe, ayant marié sa fille à un roi de Syrie, prit grand soin qu'on lui portât de l'eau du Nil, afin qu'elle ne bût d'aucune autre eau. Selon Sénèque, nulle rivière n'est plus douce : *Nulli fluminum dulcior gustus est.* Aussi Pescenninus Niger disait à ses soldats : —Vous avez l'eau du Nil et vous demandez du vin ! En effet, cette eau se conservait dans des amphores comme du vin, et on a dit qu'elle était, parmi les eaux potables, ce qu'est le vin de Champagne parmi les vins. On lui a prêté toute sorte de vertus. Selon Galien, elle aide aux accouchements. Aujourd'hui encore, dit l'illustre géographe Ritter, elle est, dans la poésie, le symbole de la beauté, de la douceur, de la grâce, et les jeunes filles du Fezzan, quand elles cèdent à leurs amants, s'en excusent par l'influence de l'eau du Nil. Enfin, à en croire les Turcs, si Mahomet avait goûté de cette eau excellente, il aurait demandé à Dieu de jouir de son immortalité dans ce monde pour en savourer à jamais l'exquise douceur.

Les résultats de la science sont d'accord avec les témoignages de l'antiquité. L'analyse chimique a montré que l'eau du Nil est très-pure ; elle peut remplacer l'eau distillée pour les expériences. L'eau de la Seine contient quatre fois plus de matière étrangère[1]. Je ne sais, du reste, si cette pureté est un avantage bien réel. Des travaux récents, entre autres ceux de M. Boussingault, n'ont-ils pas démontré que les sels suspendus dans l'eau sont utiles au développement de l'organisation des animaux et de l'homme, particulièrement à la formation des os? L'eau du Nil est fort trouble ; on l'épure en la filtrant, ou mieux encore, au moyen de l'alun[2]. Pour lui conserver sa fraîcheur, on emploie des vases poreux qu'on appelle ici *bardaques*, et semblables à ceux que les Espagnols connaissent sous le nom plus harmonieux d'*alcarazas*.

[1] *Décade égyptienne*, I, 218, 269
[2] M. Félix d'Arcet, avec lequel vient de mourir un nom respecté dans les sciences depuis plusieurs générations, avait introduit en Égypte, de 1828 à 1829, la clarification de l'eau du Nil par l'alun.

Le Nil, c'est toute l'Égypte ; aussi le fleuve a-t-il donné son nom primitif au pays, *Ægyptos*. L'Égypte s'est appelée aussi la *Terre du fleuve*, *Potamia*. Si le Nil était supprimé, rien ne romprait l'aride uniformité du désert; en détournant le cours supérieur du fleuve, on anéantirait l'Égypte. L'idée en est venue à un empereur d'Abyssinie, qui vivait dans le treizième siècle, et plus tard au célèbre conquérant portugais Albuquerque. En effet, le Nil, dans une grande partie de son cours, offre cette particularité remarquable, qu'il ne reçoit aucun affluent, et qu'à l'encontre de tous les fleuves, au lieu d'augmenter en avançant, il diminue, car il alimente les canaux de dérivation, et rien ne l'alimente.

Le Nil est, comme on sait, sujet à des débordements périodiques. Cette merveille d'un fleuve sortant à une époque fixe de son lit pour fertiliser la terre avait beaucoup étonné les anciens, qui ne savaient pas que d'autres rivières, telles que l'Indus, le Mississipi, le Barrampouter, l'Iarraoudi, présentent un phénomène semblable. Les anciens avaient conçu une foule d'idées bizarres pour expliquer les débordements du Nil; on peut les voir dans Hérodote et dans Diodore de Sicile. Claudien pensait encore que tout ce que la chaleur du soleil enlevait par l'évaporation aux autres fleuves, elle le rendait au Nil. La véritable cause des inondations est dans les pluies annuelles d'Abyssinie. Cette cause avait été soupçonnée par Ératosthène et par Agatharchide; Homère même paraît l'avoir connue. La périodicité de ces pluies, dont l'époque correspond à la mousson du sud-ouest, est probablement liée à la périodicité des vents alizés.

Athénée et saint Grégoire de Nazianze donnent au Nil l'épithète de *chrysorrhoas* (qui roule de l'or). Cette appellation doit-elle être prise au figuré, ou le Nil roulait-il réellement de l'or dans ses eaux comme tant d'autres fleuves, sans parler du Pactole, comme le Gange, le Tage, le Rhône, le Volga et le Rhin? Ce qui est certain, c'est qu'on trouve de l'or natif dans le haute Nubie. Ce précieux métal semble y avoir été exploité très-anciennement; le nom même de la Nubie est le nom égyptien de l'or, *noub*. A-t-on trouvé jamais de l'or dans la basse Égypte? En a-t-on jamais recueilli à l'extrémité inférieure du Nil? C'est ce que semblerait indiquer le nom de Canope donné à une ville voisine d'Alexandrie, nom qui signifiait bien certainement le *pays de l'or*.

Le Nil est le seul grand fleuve du monde dont la source soit encore inconnue. *Sine teste creatus*, a dit Claudien. En dépit des nombreuses découvertes de la géographie, le Nil a conservé le mystère de son origine. Cette singularité a frappé les imaginations des anciens et des modernes, depuis Ovide, qui suppose que le fleuve, épouvanté de l'incendie dont la chute de Phaéthon menaçait le monde, s'était allé cacher aux extrémités de la terre, jusqu'au Bernin, qui, toujours ingénieux, a enveloppé la tête du Nil d'un voile. Je ressens à mon tour une certaine émotion en me disant : Cette eau qui me porte vient d'une région où nul n'a pénétré; elle a réfléchi des rives que l'œil d'aucun mortel n'a contemplées. Et moi, si je remontais toujours plus haut, j'arriverais enfin à ce pays inconnu. En se laissant aller à ces réflexions, on s'étonne que le problème des sources du Nil ne soit pas encore résolu, malgré toutes les tentatives faites pendant trente siècles, depuis Sésostris jusqu'à Méhémet-Ali. Il y a là un défi porté à notre siècle explorateur, une bravade du passé. Du reste, il s'en est peu fallu que, de nos jours, un Français n'eût l'honneur de pénétrer jusqu'aux sources du Nil; M. d'Arnaud a remonté au quatrième degré de latitude nord, et, malgré des difficultés de tout genre, voulait remonter plus haut. Cette exploration a présenté plus d'un résultat curieux. On a fini par trouver d'immenses marais comme ceux que rencontra l'expédition envoyée par Néron. Et sur la route que d'épisodes étranges! Ici de véritables amazones; là un roi auprès duquel on ne pénètre que dans une circonstance, quand il s'agit de l'étrangler. Si ces récits nous étaient arrivés au moyen âge, on les rangerait avec les traditions fabuleuses sur le prêtre Jean.

L'expédition de M. d'Arnaud s'est faite sur le Nil

Blanc, qui est le véritable Nil. Le Nil Blanc coule à peu près du sud au nord, dans la direction générale du fleuve, et par son volume paraît l'emporter sur un affluent considérable qu'il reçoit de l'est et qu'on appelle le Nil Bleu. C'est le Nil Bleu qu'avait suivi Bruce, et c'est ainsi qu'il se croyait *arrivé aux sources du Nil*, comme le disait modestement le titre de son voyage. Il n'avait pas même l'honneur d'avoir découvert cette fausse origine du fleuve; un Portugais, nommé Paez, l'avait devancé dès le commencement du dix-septième siècle, et, après lui, les jésuites portugais. Danville a établi, par une excellente dissertation, qu'on n'avait pas encore découvert les vraies sources du Nil. La conclusion du mémoire de Danville reste vraie; seulement on sait où il faut les chercher. C'est en remontant le Nil Blanc, et non en suivant le Nil Bleu, qui n'est pas le Nil.

Quand on ignore, on imagine; aussi les imaginations sur les sources du Nil n'ont pas fait défaut. D'après les géographes grecs et les géographes arabes, ces sources se trouvaient sur de très-hautes montagnes, nommées *montagnes de la Lune*. Dans les cartes un peu anciennes, ces montagnes tiennent une place considérable; mais aujourd'hui on n'en regarde plus l'existence comme certaine, et, d'après M. de Sacy, cette dénomination célèbre pourrait bien reposer sur une confusion de mots. Les historiens arabes se sont aussi donné carrière au sujet des sources du Nil. Il y en a douze selon Massoudi, dix selon Ebn-Kethyr. Suivant d'autres auteurs, le fleuve sort d'un grand lac, puis coule sous la terre et traverse des mines d'or, de rubis, d'émeraudes et de corail; ensuite il va former un courant dans la mer des Indes. Selon quelques récits, le roi Walid, ayant gravi les montagnes de la Lune, découvrit au delà un fleuve de poix noire qui coulait silencieusement. Ceux qui revinrent racontèrent que dans cette région de mort ils n'avaient aperçu ni soleil ni lune. D'autres disaient que les voyageurs arrivés au sommet de la montagne merveilleuse étaient saisis d'une folle joie, et, battant des mains, poussant des éclats de rire étranges, se sentaient attirés dans un abîme, où ils allaient disparaître.

Parmi les anciens, les uns plaçaient les sources du Nil dans cette terre imaginaire située au sud, qu'ils appelaient Antichthone; les autres à l'extrémité orientale de l'Asie ou à l'extrémité occidentale de l'Afrique. On les faisait voyager de l'Indus au Niger. Alexandre, arrivé au bord de l'Indus, crut être arrivé aux sources du Nil. D'autre part, Pline, d'après Juba, faisait venir le Nil de l'Afrique occidentale, et Édrisi fait découler de la même source le Nil d'Égypte et le Nil des nègres, qui est le Niger. Le Niger fut représenté comme un bras occidental du Nil sur toutes les cartes, jusqu'à celle de Delille, en 1722. Cette opinion erronée, contre laquelle Gabey s'élevait déjà en 1689, a été reprise de nos jours, et, chose incroyable, un Anglais a publié, en 1821, un écrit sous ce titre : *Dissertation montrant l'identité du Niger et du Nil.* Les erreurs ont la vie bien dure; quand le temps ne les détruit pas, il les embaume.

Les chrétiens et les mahométans ont supposé également que le Nil découlait du paradis terrestre. Les croisés n'avaient garde de douter que le Nil ne vînt en droite ligne de ce lieu de délices. Si les écrivains arabes disent que les feuilles de l'arbre du paradis terrestre tombent sur les eaux naissantes du Nil et flottent le long de son cours, s'ils recommandent par cette raison la chair excellente en effet du boulty, parce que ce poisson suit les feuilles bénies et s'en nourrit, Joinville, de son côté, nous apprend que les habitants des régions qu'arrose le Nil supérieur jettent leurs filets dans le fleuve et en retirent par ce moyen le gingembre et la rhubarbe, « et on dit, ajoute le naïf conteur, que ces choses viennent du paradis terrestre, et que le vent les abat des arbres qui sont en paradis. »

Du reste, trois siècles plus tard, Colomb, touchant à un monde nouveau sans y croire, et pensant côtoyer les rivages de l'Asie orientale, tandis qu'il découvrait à son insu les côtes de l'Amérique, Colomb ne doutait pas que l'eau douce du golfe de Paria ne vînt du paradis terrestre, et que dans ce golfe de l'Amérique méridionale ne fussent les sources du Nil, du Gange, du

Tigre et de l'Euphrate[1]. Ainsi, près de l'embouchure de l'Orénoque, Colomb se croyait aux sources du Nil.

5 janvier.

Ici la chaine arabique touche au fleuve. Depuis longtemps l'aspect de la côte n'a point changé. En Égypte, dans la nature ainsi que dans l'art, tout est régulier, tranquille, horizontal. Les diverses couches que la civilisation a déposées sur cette terre antique se sont cristallisées en roches uniformément stratifiées comme celles que j'ai devant les yeux, et aujourd'hui nous contemplons leurs lits superposés comme je contemple ces lits calcaires que le Nil a coupés.

Nous approchons de la *Montagne des Oiseaux*. La voilà qui montre de loin ses grands escarpements et ses bastions de rochers. Déjà on découvre les oiseaux auxquels elle doit son nom, qui, en troupes innombrables, planent sur la cime et rasent les flancs de Gebel-Thyr. Nous arrivons le soir au pied de la montagne; on entend l'immense murmure des couples accroupis et jaseurs. Un coup de fusil fait crier et tourbillonner la multitude ailée. Nos yeux sont éblouis en suivant ces myriades d'oiseaux à travers l'atmosphère lumineuse qui les baigne de clartés. La moitié occidentale du ciel est un grand cintre d'or, semblable aux mo-

---

[1] Washington Irving, *The History of the life and voyages of Christopher Columbus*, t. IV, p. 423.

saïques de la coupole de Montréal, et qui semble reposer sur le massif abrupt et blanc de la montagne.

6 janvier.

Je me réveille aujourd'hui sur un lac d'Écosse. Le soleil perce à peine la brume, dans laquelle on entend crier des corbeaux sans les voir. On aperçoit à peine sur les bords voilés du fleuve les grandes herbes froissées par la corde que tirent nos matelots d'un pas endormi. Retour momentané au nord, assez piquant sous cette latitude, pourvu qu'il ne dure point. Grâce au ciel, la brume s'est dissipée; nous avons retrouvé l'Égypte avec le soleil.

A présent que je commence à m'accoutumer à cette nature extraordinaire, à ce fleuve unique entre tous les fleuves, mon attention se replie sur ce qui m'environne et se dirige sur la maison flottante qui me porte à travers ces merveilles. J'observe avec intérêt ce petit monde égyptien et nubien, au milieu duquel je vais passer plusieurs mois. Les matelots sont fort gais. Arabes et Barabras vivent en bonne intelligence: quand ils n'ont rien à faire, ce qui est très-fréquent, ils dorment ou fument accroupis, ou bien causent à demi-voix. En général, leurs manières sont douces; ils font peu de bruit; ils sont beaucoup moins grossiers dans leur allure que ne le seraient à leur place des paysans français ou anglais. Il y a dans le type arabe une finesse dont on retrouve encore quelque trace chez les plus misérables fellahs.

Les matelots chantent perpétuellement; toutes les fois qu'ils ont à ramer, le chant est pour eux une nécessité. Ils entonnent alors une sorte de litanie qui marque la mesure et leur permet de combiner leurs efforts. Cet usage, fondé sur un besoin naturel, paraît bien ancien en Égypte. Dans une représentation qu'on a trouvée deux fois répétée dans ce pays, et qui montre un colosse traîné par un très-grand nombre de bras, on voit un homme qui frappe des mains pour diriger le travail et paraît chanter. Ces chansons, que je me fais traduire par Soliman, sont souvent insignifiantes et quelquefois gracieuses. Elles sont en général très-courtes et composées d'un seul couplet, que nos Arabes répètent sans se lasser pendant des heures entières.

Un petit garçon s'est approché de la barque en chantant. Il disait au capitaine : O reis! mon petit reis, ma mère est accouchée d'un enfant, quel nom faut-il lui donner? C'est l'usage qu'on demande ainsi au voyageur son nom pour le nouveau-né : coutume naïve qui associe l'étranger aux joies de la famille. Il laisse en passant un souvenir de lui à ceux qu'il ne reverra plus. On a bien besoin de quelques épisodes gracieux de cette nature pour ne pas se sentir écrasé par le spectacle de misère qu'on a devant les yeux dès qu'on met le pied sur le rivage. J'ai déjà dit la condition des fellahs, qui portent les charges de la propriété sans en recueillir les bénéfices, et n'ont pas la consolation de la pauvreté dans les beaux climats, le loisir. Sans cesse le fellah est exposé au bâton des agents d'un pouvoir qui semble avoir pris pour devise ce proverbe russe : Un homme battu vaut mieux que deux qui ne l'ont pas été. Les huttes en terre sont basses et étroites; ce sont des tombeaux de fange : aussi la condition du fellah est méprisée non-seulement par le Bédouin, libre citoyen du désert, mais par l'artisan des villes. De cette misère résulte un grand abaissement moral. Tout fellah est mendiant. C'est bien autre chose qu'en Italie, où cependant j'ai vu un bourgeois romain mendier à domicile, et, assis sur sa porte, tendre la main à l'étranger qui passait, où sans cesse les abbés et les gentlemen à qui vous demandez votre chemin, qui se plaisent à vous accompagner, à vous donner des renseignements sur les lieux célèbres, à vous faire admirer les beautés de la nature et de l'art, interrompent brusquement leur instructive conversation pour vous demander l'aumône. Ici le cri de *bakchich! bakchich!* (cadeau) retentit de toutes parts ; les enfants qui savent à peine parler le balbutient du plus loin qu'ils aperçoivent un étranger, quoiqu'ils sachent bien que l'étranger ne se dérangera pas de son chemin pour aller leur porter le *bakchich*. C'est une habitude qu'on ne saurait, à ce qu'il paraît, leur donner de trop bonne heure, et qu'ils se garderont de perdre jamais.

Tout est permanent sur cette immobile terre d'Égypte. L'habitant des rives du Nil a beaucoup gardé de ses ancêtres. J'ai indiqué chez les Coptes quelques-unes de ces curieuses ressemblances des usages antiques et des usages actuels ; on peut en signaler d'autres chez les fellahs et montrer par là que ceux-ci appartiennent au moins en grande partie à la vieille souche égyptienne. Plusieurs de ces curieux rapports ont été remarqués par d'autres voyageurs ; quelques-uns n'ont été, que je sache, relevés nulle part. En voyant le simple repas de nos matelots, la frugalité des Égyptiens me revient toujours en mémoire. Leurs descendants boivent de la bière comme eux en buvaient au temps d'Athénée et d'Hérodote. Un trait de caractère bien frappant des anciens Égyptiens, c'est cet étrange point d'honneur qu'ils mettaient à ne vouloir payer l'impôt qu'après avoir reçu un certain nombre de coups de bâton. Il en est exactement de même aujourd'hui, et Ammien Marcellin, qui nous apprend cette particularité, semble avoir copié un touriste du dix-neuvième siècle. Du reste, aux deux époques, c'est un lamentable effet de l'oppression. L'Égyptien d'aujourd'hui, comme l'Égyptien d'autrefois, comme le Juif du moyen âge, prolonge le plus longtemps qu'il peut une résistance qu'il sait être inutile ; c'est son amour-propre et sa vengeance d'esclave de faire attendre ce qu'il ne peut refuser.

Le penchant au vol est aussi un penchant que développe la servitude. Pourquoi celui dont la propriété n'est pas assurée respecterait-il la propriété d'autrui ? Mais, entre tous les peuples, celui-ci semble avoir une vocation particulière pour le larcin. L'adresse des voleurs égyptiens est depuis longtemps célèbre. Hérodote en rapporte plusieurs exemples, parmi lesquels brille au premier rang l'histoire des deux frères qui pénètrent dans le trésor du roi Rampsinite, et dont l'un, pris au piége, conseille à l'autre de lui couper la tête et de l'emporter pour éloigner tout soupçon de complicité. C'est certainement une des plus belles histoires de voleurs qu'il y ait : aussi a-t-elle été souvent reproduite ; Pausanias l'entendit raconter avec peu de changements en Béotie ; enfin elle est arrivée jusqu'au moyen âge et a formé le sujet d'un fabliau. Ce n'est pas la seule allusion qu'Hérodote fasse au penchant des anciens Égyptiens pour le vol. Les Pharaons eux-mêmes n'en étaient point exempts, et il ne faut pas oublier quel métier Amasis, usurpateur il est vrai, avait fait avant de monter sur le trône.

Les Égyptiens passaient pour être peu belliqueux au temps de la domination romaine ; aujourd'hui ils ne semblent pas plus disposés à faire la guerre. Partout on voit des fellahs qui se sont coupé un doigt ou arraché un œil pour ne pas servir ; mais ces tristes ruses sont inutiles, et le pacha trouve moyen d'employer ceux qui en font usage.

Ce qui est plus durable encore que les mœurs, ce sont les traditions religieuses. Quelques traces de l'ancien culte égyptien se sont conservées chez les fellahs depuis les temps les plus reculés jusqu'à nos jours. Au grand mât de notre barque est suspendu le corps d'un épervier qui doit protéger notre voyage. N'est-ce pas une momie d'Horus, le dieu Soleil, figuré sur les monuments par l'hiéroglyphe de l'épervier, qui est en général l'hiéroglyphe de la divinité? Le serpent est un autre signe hiéroglyphique de l'idée de Dieu; encore aujourd'hui les femmes égyptiennes rendent un culte au serpent et s'adressent à lui pour devenir fécondes. Cette fascination par le regard qui, depuis Théocrite et Virgile, est un article de foi chez les peuples de l'Europe méridionale, cette puissance du mauvais œil, dont Soliman me raconte chaque jour quelque effet extraordinaire, est peut-être une superstition égyptienne; aurait-elle pour origine l'œil sacré qui figure dans le nom d'Osiris? Il faut se rappeler qu'Osiris est autant un dieu infernal qu'un dieu céleste, et qu'en conséquence son œil peut bien être le mauvais œil, l'œil funeste dont un regard donne la maladie ou la mort. En même temps ce peut être aussi l'œil lumineux et vivifiant de l'Osiris céleste, du soleil qui éloigne tous les maux et tous les dangers. Pris ainsi comme symbole favorable, l'œil figure souvent dans les inscriptions hiéroglyphiques et a peut-être passé de là sur les barques des mariniers de la Méditerranée, surtout de l'Archipel grec, où on le voit encore. Du reste, l'ancien culte de l'énergie vitale et fécondante de la nature, représentée sur les monuments par les symboles les plus expressifs, mais sans intention licencieuse, cet ancien culte de la nature et de la vie n'a laissé que trop de traces dans les réjouissances populaires des Égyptiens modernes, et surtout dans leurs danses. L'extrême indécence de celles auxquelles se livrent si volontiers les matelots du Nil[1] s'explique peut-être historiquement par une origine sacrée et un symbolisme, sinon très-spiritualiste, au moins sérieux, dont les signes extérieurs subsistent, mais dont le sens à coup sûr est perdu.

7 janvier.

La barque de nos amis ne nous a pas rejoints hier; la nôtre marche mieux : il faut donc un peu de bonne volonté pour pouvoir se retrouver le soir. Soliman a mis dans sa tête de nous séparer; il y a réussi pour aujourd'hui. Soliman sait merveilleusement s'y prendre pour nous faire faire sa volonté. Souvent j'admire ses savantes combinaisons et les détours infinis par lesquels il arrive à son but. Soliman me fait comprendre ces Orientaux qui, sortis des rangs inférieurs de la société, sont devenus des ministres habiles. Avec

---

[1] Ces danses sont, je crois, fort semblables à celles qu'exécutaient les mimes dans la Rome impériale. Il est à remarquer que le plus célèbre d'entre eux, Bathylle, était égyptien.

l'adresse qu'il déploie pour les petites choses, il aurait pu faire marcher les plus grandes; il y a l'étoffe d'un diplomate dans ce Figaro arabe.

A peine levés, nous mettons pied à terre, et nous allons dans un bois de palmiers respirer la fraîcheur fugitive du matin. Des femmes s'acheminent vers le fleuve, portant sur leur tête des vases à base très-étroite qui ressemblent à des amphores. Les tourterelles roucoulent sur les arbres. Un homme parle très-haut à un paysan, et semble le menacer; c'est un collecteur qui réclame l'impôt. Soliman nous dit : D'abord on paye pour la terre, puis on doit tant d'œufs pour chaque poule, tant de beurre pour chaque femelle de buffle. Les femmes sont bien heureuses, elles ne payent rien. Il y a quatre ou cinq ans, elles payaient par jour cent vingt petits cordons de laine filée. Cet impôt a été aboli depuis l'établissement des manufactures. — Les manufactures auront donc été bonnes à quelque chose. Nous rencontrons des gens qui tirent de l'eau. — Ils ont tort de travailler, dit froidement Soliman. — Pourquoi? — Voyez-vous ce champ, c'est de l'orge; eh bien! quand l'orge aura été recueillie, la paille d'un côté, le grain de l'autre... on la prendra.

Enfin voilà un monument égyptien et des hiéroglyphes. Ce monument n'est pas bien considérable, c'est une chapelle creusée dans le roc; le lieu s'appelle *Babayn, les deux portes*, et ne doit pas ce nom, je pense, à la double entrée d'un portique maintenant détruit, comme le veut M. Wilkinson, mais bien à deux grandes ouvertures taillées dans le roc, et qui sont comme des portes gigantesques. J'ai demandé à M. Durand de les dessiner. La scène représentée sur les parois du rocher retrace, comme c'est l'ordinaire dans les chapelles et dans les temples, des offrandes faites à diverses divinités. Ici l'offrant est Menephta II, fils et successeur de Sésostris[1].

Après avoir copié tout ce que j'ai pu lire des inscriptions hiéroglyphiques du *speos*[2], je n'ai pas dédaigné une autre inscription gravée sur le rocher en petits caractères, et dont les inégalités de la pierre rendent la lecture assez difficile. Cependant, avec un peu de patience, je suis parvenu à m'assurer du sens de l'inscription. Elle contient les noms d'une famille qui paraît avoir été vouée à Ammon. Cette famille se composait d'un prêtre de ce dieu, d'un autre personnage prêtre d'Ammon et de Phta, d'une femme qui était l'épouse de l'un et la mère de l'autre. La femme est dite *habitante de la grande demeure d'Ammon*. On a soin de mentionner que sa mère, sa grand'mère, son

---

[1] J'ai indiqué ailleurs (lettre à M. Villemain, *Journal de l'instruction publique*, 22 mars 1845) ce qui m'a semblé une erreur de M. Wilkinson, qui voit les noms de deux rois là où je n'ai pu voir que le nom et le prénom bien connus de Menephta II. — (Voir cette *Lettre* à la fin du présent volume.)

Temple-grotte creusé dans l'intérieur d'un rocher ou d'une montagne.

aïeule et sa bisaïeule étaient consacrées à diverses divinités. J'ai transcrit avec assez de peine cette inscription négligée par mes devanciers, car j'attache toujours un grand prix à ce qui me fait pénétrer dans les détails de la vie privée chez les anciens Égyptiens. Ici je vois les membres d'une famille vouée au culte d'Ammon, qui viennent écrire pieusement leur nom à la porte de ce petit temple. En présence de ces cinq générations de femmes consacrées à la divinité, j'imagine quelque chose de semblable aux saintes femmes de la famille d'Arnaud ou de Racine à Port-Royal.

On n'ose rien signaler à l'admiration des voyageurs, car c'est exposer ce qu'on cite à être détruit. M. Wilkinson avait loué avec raison deux jolis chats placés dans un bas-relief coloré aux pieds de la déesse Athor. Cette louange a été funeste à l'un d'eux. Un touriste, découvrant dans le livre de M. Wilkinson le mérite de ce qu'il avait sous les yeux, a volé l'animal sacré. L'autre chat, qui faisait le pendant du premier, reste encore. Peut-être, en disant à mon tour qu'il est dessiné avec beaucoup d'esprit, je l'expose au même sort que son compagnon; mais, si je dois être ainsi la cause innocente du mal, je me donne au moins la consolation de maudire d'avance celui par qui le mal arrivera. Comme l'a dit M. d'Estourmel, mutiler les monuments de l'Égypte, ces monuments qui sont des livres, c'est recommencer à la fois Érostrate et Omar. J'aime à citer ce spirituel voyageur, qui sait donner aux récits les plus fidèles tout le piquant de la meilleure conversation. Je sais par une expérience de tous les jours que son ouvrage a, entre autres mérites, le mérite bien rare de pouvoir être lu avec agrément et utilité dans les lieux mêmes qu'il décrit.

8 janvier.

Nous sommes à la hauteur de Téhneh; nous ne passerons pas devant ce lieu sans nous y arrêter. Il y a là une question à vider entre M. Wilkinson, qui, dans une inscription dédicatoire adressée à Isis, lit *mochiadi*, et M. Letronne, qui lit, au lieu de *mochiadi*, *lochiadi*. La lecture proposée par M. Letronne offre un sens fort plausible, celui de « déesse qui préside aux accouchements. » La rectification est donc très-ingénieuse et très-vraisemblable. Cependant, si *le vrai peut quelquefois n'être pas vraisemblable*, le vraisemblable n'est pas toujours vrai, et il nous est impossible de ne pas joindre notre voix à la voix de ceux qui ont lu *mochiadi*. Sur un pan de rocher, on voit représenté le petit-fils de Sésostris, Rhamsès Meiamoun, qui fut, comme son aïeul, un puissant monarque et un conquérant. Peut-être a-t-il fait ouvrir les vastes carrières qui sont près d'ici, peut-être a-t-il fondé la ville d'Achoris, dont les débris gisent au pied de la montagne. Ce sont des collines, on pourrait dire des flots de décombres, les vagues noires d'une mer de ruines. Partout on marche sur les briques et les débris de poterie brisée. Nestor L'Hôte pense que la ville d'Achoris a succombé à une destruction soudaine et violente, car nul monument n'est debout. Un grand nombre de tombes, creusées dans la montagne, n'offrent aucune image ni aucun hiéroglyphe. Peut-être n'ont-elles jamais été terminées, et formaient-elles comme la réserve funéraire d'une ville dont les habitants, soudainement détruits, n'auront pu, comme le dit Bossuet des rois qui ont élevé les pyramides, *jouir de leur sépulcre.*

9 janvier.

Nous voici à Miniéh ; c'est depuis le Caire la ville la plus considérable que nous ayons trouvée. Ici, j'ai profité pour la première fois des bienfaits de l'organisation postale créée par Méhémet-Ali. Les employés fumaient dans la rue. Il fallait peser les lettres, car elles se payent au poids ; l'administration en plein air n'avait point de balances ; nous nous sommes transportés, dans le bazar, chez un épicier qui en était pourvu. On a pesé la lettre, on a écrit en arabe l'adresse de mon correspondant du Caire, j'ai payé le port et j'ai demandé timidement si je pouvais espérer que ma missive partirait bientôt. « Il est trop tard pour aujourd'hui, m'a-t-on dit ; mais elle partira par le courrier de demain. » En effet, le service de la poste se fait régulièrement et quotidiennement dans toute l'Égypte. Il n'est point de village où l'on ne puisse mettre chaque jour une lettre à la poste pour le Caire. Des paysans parcourent rapidement un petit espace et se transmettent ainsi, de main en main, la correspondance. En lisant les plaintes qu'arrachait sans cesse à Champollion la difficulté des communications épistolaires avec la France, on ne peut s'empêcher de remercier Méhémet-Ali, auquel on doit de pouvoir chaque jour donner de ses nouvelles aux siens et en recevoir de ceux qu'on aime.

A côté de ces bienfaits de la civilisation européenne transportés au cœur de l'Afrique, nous avons sous les yeux un exemple de l'incurie profonde de l'administration égyptienne. Depuis quelque temps, le quai de Miniéh a été emporté par le fleuve ; il ne reste plus qu'un passage étroit où la foule se presse et où j'ai vu passer des aveugles. En un endroit où le chemin est interrompu par un éboulement, on ne peut continuer sa route qu'en se cramponnant au mur et en mettant le pied sur un lambeau de terre qui n'est pas encore tout à fait détaché, et la foule va ainsi dans deux sens opposés. Il paraît que l'autorité locale ne trouve un tel chemin ni incommode ni dangereux.

10 janvier.

J'ai visité aujourd'hui les tombeaux de Zaouet-el-Meyeteyn et de Koum-el-Ahmar. Les tombeaux égyptiens sont toujours pour moi d'un grand intérêt; ils m'offrent des tableaux de la vie intérieure, accompagnés d'inscriptions dans lesquelles l'hiéroglyphe et la peinture s'expliquent réciproquement. Champollion a fait parmi ces tableaux un choix judicieux, mais restreint. J'ai vu avec plaisir que là même où cet homme de génie a passé on pouvait encore trouver quelque chose à copier après lui. Il ne faut pas croire que Champollion ait fait dessiner tout ce qui nous intéresse aujourd'hui. Quand il vint dans cette Égypte dont il avait retrouvé la langue et l'écriture, dont il commençait à retrouver l'histoire et la chronologie, il avait tout à faire, les plus grandes choses l'attendaient. Il ne pouvait, il ne devait pas s'attacher à des détails qui ont pris, grâce à ses travaux mêmes, une importance entièrement nouvelle. Il y a donc à recueillir après lui ce qu'il a bien fait de négliger alors et qu'il ne négligerait peut-être pas aujourd'hui. Je ne puis entrer ici dans le détail de quelques rectifications de sens que je crois devoir apporter aux interprétations que Rosellini a données de plusieurs inscriptions de Zaouet-el-Meyeteyn et de Koum-el-Ahmar; le lecteur prendrait peu de plaisir à ces discussions philologiques. J'ai voulu seulement qu'il eût une idée de ce qui reste à faire en Égypte.

A côté des tombeaux que nous venons de visiter et qui formaient une antique nécropole, peut-être celle d'Alabastron, s'élève la nécropole moderne de la ville de Miniéh. On sait que, dans l'ancienne Égypte, près de la ville des vivants était toujours la ville des morts. En général, la seconde était séparée de la première par le Nil, comme à Thèbes. Eh bien! ici, le lieu de sépulture est aussi de l'autre côté du fleuve. L'usage actuel de porter les morts à leur dernier asile dans une barque, au milieu des hurlements des femmes qui répandent de la poussière sur leurs cheveux, présente un tableau tout égyptien et que reproduisent souvent les anciennes peintures funèbres. A certains jours de l'année, les habitants de Miniéh vont visiter les sépultures. A côté de chaque tombe est une petite chambre surmontée d'un dôme, qui rappelle les chambres funéraires creusées dans le roc. Nous avons donc ici une véritable nécropole moderne, analogue aux nécropoles antiques de l'Égypte, et qui nous montre les vieux rites funèbres se continuant au sein d'un autre âge et d'une autre religion.

11 janvier.

La journée d'hier était brûlante, comme nous l'avons bien senti en errant dans les carrières de Koum-el-Ahmar. Aujourd'hui, je me réveille avec un sentiment de froid. Avant le lever du soleil, de magnifiques teintes rouges annonçaient un jour très-chaud, puis le ciel s'est couvert de nuages. A l'horizon se montrent des teintes grises qui semblent annoncer la pluie. Les palmiers sont comme dépaysés depuis que la lumière ne joue plus entre leurs feuilles ; ils semblent avoir changé de forme et de couleur : on dirait des arbres du Nord. Nous traversons une embouchure de canal embarrassée de troncs renversés. Les matelots descendent dans l'eau ; leurs membres noirs grelottent. Puisque je retrouve encore une fois en Orient l'impression du Nord, je vais lire *le Divan* de Gœthe pour que le Nord me rende l'Orient.

C'est après Miniéh qu'on commence à voir des crocodiles. Un peu au-dessus de la ville est le tombeau d'un santon qui leur a défendu de passer outre, et ils obéissent. Avant que le santon eût prononcé son arrêt, les crocodiles descendaient beaucoup plus bas, car, vers le temps d'Alexandre, des crocodiles dévorèrent plusieurs soldats à l'embouchure du Nil. D'autres animaux, tels que l'hippopotame, qu'on voyait autrefois en Égypte, ont remonté vers le sud, et ne se trouvent plus aujourd'hui qu'en Abyssinie. M. Caillaud n'a rencontré qu'en Nubie l'ibis noir et le scarabée sacré, objets du culte des anciens Égyptiens. L'apparition des crocodiles est un incident notable dans le voyage du Nil. Dès ce moment, on est aux aguets pour les découvrir sur les îlots de sable, où ils gisent au soleil, semblables de loin à des troncs d'arbres mal équarris. Les études importantes de Geoffroy Saint-Hilaire sur ces terribles reptiles donnèrent aux Anglais l'idée de représenter dans une caricature ce savant illustre apprivoisant des crocodiles. C'était, du reste, un art connu dans la haute antiquité. Les Tentyrites y excellaient. Il y avait chez les Romains des *mansuetarii* qui se baignaient impunément au milieu des crocodiles. Nous pouvons le croire; nous avons bien vu d'autres *mansuetarii*, Martin et Carter, jouer avec des tigres et des lions.

12 janvier.

Nous approchons d'un endroit un peu périlleux, nommé Abouféda. Là, les contours du Nil et les montagnes qui le dominent produisent dans l'atmosphère des courants capricieux, qui changent brusquement de direction avec le fleuve, ou lorsqu'on dépasse tel ou tel promontoire. La montagne d'Abouféda présente, ce qui est rare en Égypte, des couches violemment tourmentées. Décidément Typhon a passé par ici. Je ne sais ce qu'auraient fait pour le désarmer des Égyptiens du temps de Sésostris ; mais nos matelots ont un moyen sûr d'écarter les mauvaises chances de notre voyage, ils font un *zikr*.

C'est une étrange chose qu'un zikr ! Imaginez une douzaine d'hommes assis en rond, qui commencent par balancer gravement la tête en avant, en arrière, de droite à gauche, en disant avec beaucoup de gravité : Al-lah ! Al-lah ! Ce mot sacramentel, constamment répété, est comme une basse continue, tandis qu'une voix plus claire chante une prière et forme le dessus dans ce singulier concert; peu à peu le refrain se précipite et devient saccadé; les hochements de tête s'accélèrent; bientôt le cri Al-lah! sort des poitrines oppressées comme le hurlement d'une bête féroce ou le râle d'un moribond. Les mouvements convulsifs et les exclamations furieuses se succèdent avec une rapidité toujours croissante. Le progrès de cette excitation frénétique fait frémir; il semble qu'elle ne peut continuer sans briser ceux qui l'éprouvent, et que, d'autre part, il leur est impossible de s'arrêter. Ils ne s'arrêtent enfin que quand l'un d'entre eux est pris de convulsions épileptiques. Alors les autres se jettent sur lui, le saisissent et finissent par le calmer. Cette bizarre dévotion fait comprendre les contorsions furieuses, les emportements insensés qui accompagnaient certains cultes de l'antiquité, la danse des prêtres de Cybèle, le délire de l'*orgie*; mais il ne faut pas remonter si haut pour trouver des faits analogues à ce que nous avons sous les yeux. Voici les exercices religieux auxquels se livraient, il n'y a pas beaucoup d'années, des sectaires chrétiens dans l'Amérique du Nord : « On commence par balancer la tête *en avant et en arrière, de droite à gauche*, puis le mouvement devient plus rapide, jusqu'à ce qu'on soit jeté violemment contre terre ou qu'on se mette à bondir comme un ballon [1]. »

---

[1] Power, *Essay on the influence of the imagination over the nervous system.*

Ce qui m'a frappé chez ceux qui prenaient part à ces bizarres exercices de dévotion, c'est le mélange d'une raillerie irréligieuse avec les manifestations d'une exaltation qui touche au délire. Tandis que l'un d'entre eux était agité de convulsions extatiques, les autres plaçaient devant ses yeux des feuilles de salade et lui disaient en riant : — Frère, vois-tu les jardins de Mahomet? En somme, nos matelots m'ont paru très-peu dévots. Ils trouvaient notre rhum fort de leur goût, ne faisaient nulle difficulté de nous en demander, et savaient fort bien se passer de notre permission pour en boire. Quand Soliman faisait sa prière, il était presque toujours interrompu par les plaisanteries et les rires des matelots, qui cependant priaient aussi, surtout quand ils prévoyaient quelque danger. D'après ce que j'ai vu en Égypte et en Turquie, je serais porté à croire que, dans ces deux pays, la pratique de la religion musulmane n'est plus qu'une habitude dont on se moque en lui obéissant. Cette contradiction étrange entre la docilité de la pratique et le mépris de l'intelligence peut durer longtemps; mais un culte qui en est atteint est blessé à mort.

13 janvier.

Du reste, le zikr nous a réussi. Nous avons franchi sans accident la terrible pointe d'Abouféda. Au moment où le jour va finir, nous nous trouvons comme au milieu d'un grand lac fermé de toutes parts, puis le Nil reprend l'aspect d'un fleuve. Nous glissons, poussés par un vent égal et doux : c'est le vent du nord, et cependant son haleine n'a rien de rude; elle est légère et caressante. Des feux s'allument sur le rivage; l'un de ces feux semble se diriger vers nous : c'est un petit bateau qui descend le Nil. La barque de nos amis est proche, nous entendons leurs voix. La nuit est déjà venue, et le jour n'est pas tout à fait évanoui. Voilà un de ces moments dont on ne saurait exprimer le charme, et qui sont les meilleurs d'un voyage. On goûte une douceur infinie à se laisser vivre, à être porté sur les flots, poussé par la brise. Le sentiment qu'on éprouve n'a pas de forme et pas de nom ; il se concentre dans le cri d'un oiseau, dans l'apparition d'une étoile. La pensée, qui semble assoupie, est légère et rapide comme un oiseau qui planerait en dormant. On se sent loin du monde, et près par le cœur de ceux qu'on aime. J'en étais là de ma rêverie, quand on m'a crié : Manfalout! Nous passons devant cette ville sans nous y arrêter ; elle n'offre rien de curieux pour nous. Si le vent continue à nous être favorable, nous serons demain matin à Syout, l'antique Lycopolis.

14 janvier.

Ici, au cœur de l'Égypte, on trouve encore un souvenir de la culture grecque d'Alexandrie. Au cinquième siècle, un poëte alexandrin, un faible imitateur d'Homère, Coluthus, naquit à Syout, qui s'appelait alors Lycopolis. Plotin était aussi de Lycopolis. Aujourd'hui Syout ne donne plus au monde des poëtes et des philosophes, mais elle fournit le Caire d'eunuques, dont il existe ici une exécrable manufacture, exploitée, hélas! par des moines coptes qui se disent chrétiens. Le nombre des victimes va, dit-on, jusqu'à trois cents par année.

Comme le vent du nord, qui est nécessaire pour remonter le Nil, va bientôt cesser de souffler, nous avons eu le courage de passer sans nous arrêter devant les curieuses grottes de Beni-Hassan, et de remettre à notre retour la visite que nous leur devons. Aujourd'hui le calme me permet de m'arrêter à Syout et de voir des hypogées bien moins conservés que ceux de Beni-Hassan, mais précieux pour moi en raison de leur délabrement même qui les a fait négliger par Champollion et par Nestor L'Hôte. J'ai d'abord visité la plus grande des grottes funèbres. Ce devait être une magnifique sépulture, à en juger par ses dimensions et par la grâce des ornements dont on aperçoit les restes; aussi appartenait-elle, comme je m'en suis assuré, à un personnage important qui joignait à plusieurs titres bien connus un titre plus rare et que je ne me souviens pas d'avoir rencontré jusqu'ici : c'est celui de *prêtre du Nil supérieur*. Le Nil supérieur avait donc des prêtres spécialement consacrés à son culte. Ce culte était bien placé à Syout, qui est aujourd'hui la capitale de l'Égypte supérieure. Dans une autre grotte, j'ai trouvé deux fois le nom de la ville écrit en hiéroglyphes, Ci-ou-t[1]. Ce nom fait partie d'une inscription qui contient aussi un cartouche royal ancien, ce qui prouve que le nom actuel de la ville remonte aux vieux temps pharaoniques.

Je suis revenu de ma course aux hypogées seul sur mon âne, demandant comme je pouvais mon chemin en arabe. Je suivais des haies verdoyantes et des allées de saules un peu jaunis. La douceur de la température et l'aspect du pays me rappelaient la France, mais la France de septembre et non celle de janvier.

15 janvier.

Délicieuse journée de paresse, que j'ai passée presque tout entière à l'orientale, couché sur des coussins, fumant le narguilé, buvant de l'orangeade et déchiffrant en arabe les aventures de Sindbad le marin! On me montre en passant un village dont les habitants ont servi d'exemple à quiconque oserait toucher aux voyageurs. Une barque qui portait des Anglais avait été pillée, les passagers massacrés. Quarante habitants du village périrent dans les supplices. Il y eut sans doute bien des innocents frappés;

---

[1] Et non *Asout*, comme lit M. Wilkinson, t. II, 85. Le canard doit se prononcer *ct*.

il est douloureux de penser que c'est à de pareilles barbaries que nous autres voyageurs, qui, après tout, pourrions bien rester chez nous, devons de pouvoir glisser paisiblement sur le Nil en regardant le ciel et en fumant notre narguilé comme je le fais aujourd'hui.

Après un vrai jour d'Égypte, voici un soir qui est presque un soir du nord. Des nuages se montrent à l'horizon; la lune sort de leurs flancs noirs telle qu'une lune d'Ossian, et laisse tomber sur l'eau sombre des larmes d'argent pareilles à celles qui brillent sur un cercueil.

16 janvier.

Cet hiver est un hiver extraordinaire et très-rigoureux pour le pays, ce qui n'empêche pas des journées comme celle d'hier; mais ce matin le ciel est couvert, chose rare ici. Le soleil se fait sentir quelque temps avant de paraître. Il suffit qu'il se laisse apercevoir pour qu'on reconnaisse sa vigueur. Il se cache de nouveau; on le voit blanchir à travers des nuages grisâtres. Les escarpements de la rive sont pittoresques et mieux déchirés qu'à l'ordinaire. Au bas s'étend comme un golfe de sable; des torrents de sable descendent des ravins qui sillonnent les rochers. Ces torrents arides sont alimentés par la mer de sable qui est derrière les montagnes et qui s'épanche par-dessus leurs cimes. Le désert déborde et envahit. Il donne sa couleur aux flots jaunâtres du Nil. Aujourd'hui point d'oiseaux; tout est morne. Le ciel est pâle ; c'est le ciel que j'ai vu aux confins de la Laponie, vers la fin d'août, comme il allait neiger.

Soliman me parle encore de la misère du peuple. Un homme de la campagne qui va s'établir à la ville continue à payer comme habitant de son village et paye comme membre de la corporation dans laquelle il doit entrer. Les corporations supportent toujours une taxe égale, sans qu'on tienne compte des décès qui surviennent dans leur sein. Les impôts sur les métiers s'afferment; le gouvernement est pour celui qui offre le plus. Les prix exorbitants de ce fermage n'empêchent pas les traitants de gagner. Le gouvernement fait payer l'impôt d'avance, et dit aux contribuables : Je vous devrai; mais c'est un débiteur difficile à poursuivre. Tous les traitements civils et militaires sont arriérés; les soldats à qui on doit leur paye vont la vendre à des Juifs pour le tiers de sa valeur, car l'Arabe dit : Aujourd'hui j'ai mangé et bu, Dieu aura soin du lendemain.

17 janvier.

Nous faisons le tour de la ville d'Akhmin pendant qu'on renouvelle nos provisions; mais nous ne visiterons pas maintenant le peu d'antiquités qu'elle renferme, et qui la plupart sont du temps des Romains : nous sommes trop près de Thèbes, et le vent est trop favorable. L'intérieur de la ville présente un aspect misérable. Le bazar est couvert de lambeaux, de guenilles. La seule rencontre que nous fassions dans les rues assez solitaires est celle d'un homme déjà couché sur le ventre et prêt à recevoir la bastonnade. Nous entrons dans une petite église copte; un tableau me frappe; les noms de la Vierge, de l'enfant Jésus, des archanges Gabriel et Raphaël y sont écrits en arabe. Un sujet fréquent dans les peintures égyptiennes, la *pesée des âmes après la mort*, a été ramené là par l'art chrétien, qui l'avait adopté au moyen âge. Singulier retour des imaginations humaines! Que de chemin à travers les siècles sans sortir d'une idée!

La chaleur est revenue. Nous voyons des crocodiles et des palmiers-doum. C'est la haute Égypte. Un souffle suave enfle notre voile. Nous approchons de Thèbes; nous y serons peut-être demain.

18 janvier.

Un calme maudit nous arrête. Thèbes semble fuir devant nous. Le ciel se voile encore une fois. Encore une promenade en France, parmi les ajoncs, au chant des coqs, au gloussement des poules, dans des îles qui ressemblent assez aux îles Saint-Denis. Nous enrageons d'être ainsi retenus, parce que Thèbes nous attend et parce que la saison nous presse d'arriver; sans cela, ces retards auraient leur charme. Plus tard, je ne serai pas fâché d'avoir été forcé de passer cette journée à muser aux environs d'un village égyptien. Ce sont les jours perdus qui comptent quelquefois le plus dans les souvenirs que laisse un voyage. Si on ne faisait que passer ou étudier, on ne garderait aucune impression des lieux. Il faut des jours vides d'action pour qu'ils puissent être remplis d'images; il faut s'être ennuyé dans un pays pour le bien connaître. A ce compte, je n'ai pas perdu ma journée.

Je soupçonne Soliman d'avoir mis dans sa tête que nous n'avancerions pas aujourd'hui. Après avoir marché quelques heures, nous avons attendu la barque; mais elle s'est gardée de nous rejoindre. Près du lieu où nous attendions était une de ces chapelles consacrées à la mémoire d'un saint musulman qu'on appelle un *santon*. La coupole blanche s'arrondissait gracieuse parmi les palmiers. J'ai vu avec un certain attendrissement la pauvre femme attachée à la chapelle remplir d'eau les cruches qui attendent le voyageur.

Soliman, qui veut nous empêcher de nous impatienter, se met en frais de détails sur les mœurs du pays. Quand on a du bien mal acquis, nous dit-il, on en donne une partie à des santons qu'on rassemble dans sa maison. Il appelle cela donner *une soirée*. Il nous raconte qu'il a divorcé d'avec sa première femme parce qu'elle est allée voir son père sans la permission de son mari. Il semble encore irrité en nous en parlant. Dans tout cœur musulman il y a une jalousie de tigre.

Nous entrons dans un village; c'est jour de marché. Les femmes sont voilées; une *almeh* seule, le visage découvert, marche effrontément à travers la foule. Cette nudité semble indécente par le contraste.

19 janvier.

Nous arrivons le soir devant Denderah, que son zodiaque a rendu si célèbre, et où pour la première fois nous allons voir un temple égyptien. Nous descendons à Kenêh, sur la rive droite du Nil, en face de Denderah. Là est un agent français, M. Issa; j'ai une lettre pour lui. M. Issa est un Arabe qui nous reçoit dans son intérieur purement arabe. Cependant, grâce au drogman, je puis combiner avec lui les moyens de me faire arriver mes lettres dans les différents endroits où je m'arrêterai. Je n'aurais jamais cru qu'on pût prendre de tels arrangements dans le voisinage de Thèbes; mais en ce genre je suis décidé à ne plus m'étonner de rien.

Kenêh est la dernière ville d'Égypte qui tienne encore au reste du monde; située au point où le Nil se rapproche le plus de la mer Rouge, à la hauteur de Cosséir, elle est le passage du commerce que fait l'Égypte avec l'Arabie et des pèlerins qui se rendent à la

Mecque; au delà, il n'y a plus que les communications lointaines avec le Sennaar et l'Abyssinie. Ici commence cette série non interrompue de monuments qui part de Denderah, franchit à Syène les frontières de l'Égypte, et se prolonge dans la Nubie inférieure jusqu'aux colossales merveilles d'Ipsamboul.

20 janvier.

C'est un moment solennel dans le voyage d'Égypte, celui où l'on découvre le grand temple de Denderah. Les huit colonnes du portique apparaissent intactes, brillantes de couleurs que le temps n'a pas effacées, et surmontées de leurs chapiteaux étranges formés par des têtes de femmes à oreilles de génisses. Voilà une grande ruine parfaitement conservée, voilà un temple encore debout, peint et sculpté, couvert d'hiéroglyphes et de figures ; je vois pour la première fois de l'architecture égyptienne, de l'art égyptien. Les pyramides, ce n'était pas de l'architecture et de l'art ; c'était de la grandeur et de la force. Cependant il ne faut pas trop céder à cet enchantement produit par les premiers monuments qu'on rencontre et qui frappent vivement l'admiration neuve et vierge encore ; il ne faut pas se laisser séduire au point de mettre, comme l'ont fait MM. Jollois et Devilliers, les monuments de Denderah au-dessus de tous les autres monuments de l'Égypte ; il ne faut pas dire « qu'ils sont les plus parfaits sous le rapport de l'exécution, et qu'ils ont été construits à l'époque la plus florissante des siècles et des arts de l'Égypte. » Sans doute l'architecture que j'ai devant les yeux est admirable et ne diffère pas sensiblement de l'architecture des meilleurs temps de la civilisation égyptienne. Les Égyptiens reproduisaient fidèlement dans les constructions de l'âge le plus récent le type architectural des temps reculés. Toutefois, si de l'architecture on passe à la sculpture des bas-reliefs et des hiéroglyphes, on reconnaît bien vite l'immense infériorité du temple de Denderah comparé aux monuments anciens, par exemple, aux tombeaux voisins et contemporains des pyramides. Le dessin, loin d'être *plus gracieux et plus correct*, comme le veulent les savants que j'ai cités, est comparativement lourd et grossier. Il ne peut y avoir à cet égard nulle hésitation pour un œil non prévenu; mais les savants de l'expédition d'Égypte abordaient les monuments de Denderah avec des idées préconçues. Ce temple, qui contenait les fameux zodiaques où l'on voyait la preuve d'une antiquité de quinze mille ans, ce temple devait appartenir aux plus lointaines époques de cette science antique dont il retraçait pour eux les enseignements. En vain l'amoncellement moins considérable du sol au pied de l'édifice et la fraîcheur des couleurs dont il est orné suggéraient à MM. Jollois et Devilliers la sage pensée d'une *antiquité moindre*; ils résistaient à ce témoignage des yeux et du bon sens comme aux avertissements du goût; ils déclaraient le temple de Denderah l'un des plus anciens, et mettaient ses sculptures au nombre des plus belles de l'Égypte.

Visconti, dirigé par le tact de l'antiquaire, Belzoni, averti par l'instinct du voyageur, Gau, éclairé par la sagacité de l'architecte, élevèrent des doutes sur l'antiquité prétendue du temple de Denderah. En 1821, M. Letronne, appuyé sur une inscription grecque, avait avancé que l'un des zodiaques de Denderah datait du temps de Tibère, et l'autre (celui qui est aujourd'hui à Paris) du temps de Néron. Enfin, le 16 novembre 1828, Champollion, deux heures après son arrivée, avait lu sur les murs du temple, à la clarté de la lune et à la lueur d'un falot, les noms de Tibère, de Claude et de Néron. C'en était fait, le prestige de la haute antiquité s'évanouissait. Le temple de Denderah appartenait à l'époque romaine, et Champollion, dans une lettre qui respire l'enthousiasme le plus vrai pour l'architecture de Denderah, n'hésitait pas à dire : « N'en déplaise à personne, les bas-reliefs sont détestables ; » et il ajoutait à cette sentence très-méritée une distinction fine et juste : « La sculpture s'était déjà corrompue, tandis que l'architecture, moins sujette à varier, puisqu'elle est un *art chiffré*, s'était soutenue digne des dieux de l'Égypte et de l'admiration de tous les siècles. »

Ce temple était consacré à une déesse que les Grecs

appelaient Aphrodite. Ce n'était point Isis, comme l'ont cru les savants de l'expédition d'Égypte, mais Athor, comme l'a facilement reconnu Champollion. L'erreur de ces savants était naturelle; les attributs de la déesse Athor étant très-semblables à ceux d'Isis, il serait souvent impossible de distinguer ces deux déesses, si leurs noms n'étaient écrits à côté d'elles en hiéroglyphes. Du reste, Isis et Athor étaient des divinités très-voisines, on pourrait dire identiques ; elles offrent un des exemples les plus frappants de cette identité de type à laquelle une étude plus approfondie de la mythologie égyptienne ramènera, je pense, de plus en plus. Je crois que ce Panthéon compliqué et bizarre, mieux connu, se simplifiera et se réduira considérablement. Athor est, je pense, un autre nom d'Isis, comme le dit expressément Plutarque. J'ai pu reconnaître ici une identité plus nouvelle, et par conséquent plus curieuse, entre Athor et la déesse Pacht, la Bubastis des Grecs, qui est représentée d'ordinaire avec une tête de chat. Sur un des murs extérieurs du temple, au-dessus de la figure d'Athor, j'ai lu trois hiéroglyphes dont le sens était manifestement celui-ci : *La grande chatte.* Voilà donc Athor déjà reconnue identique à Isis, qui est ici assimilée à Pacht[1]. C'est une preuve encourageante pour moi des lumières que l'étude des monuments et des hiéroglyphes dont ils sont

---

[1] Les jolis chats de Babayn dont j'ai parlé étaient aussi en relation avec la déesse Athor.

couverts peut jeter sur la religion égyptienne. Ce fait, comme on voit, n'est pas sans importance, puisqu'il rapproche l'une de l'autre deux divinités qu'on avait toujours crues distinctes, et nous fait faire un pas vers l'identification des principales divinités féminines de l'Égypte.

J'ai mis le pied dans le temple avec ce sentiment de curiosité qu'inspire un objet nouveau pour les yeux et qui a longtemps occupé la pensée. Au-dessus de ma tête était ce fameux zodiaque du *pronaos*, que j'avais entendu citer si souvent dans les discussions académiques entre mes savants confrères Jomard, Letronne et Biot. Quoi qu'en puissent dire ceux qui tiennent encore pour l'antiquité du zodiaque, cette partie du temple ne saurait être plus ancienne que Tibère. L'inscription grecque, qui nous apprend que, la vingt-unième année de Tibère, les habitants du lieu ont élevé ce *pronaos*, ne peut laisser aucun doute à cet égard. Cette inscription porte encore aujourd'hui l'empreinte de la haine populaire que souleva contre lui, il y a dix-huit cents ans, un préfet d'Égypte, Aulus Avilius Flaccus. Son nom, à demi effacé, ne se lit qu'à peine. M. Salvador pense que ce sont les Juifs d'Égypte qui, dans une insurrection, s'efforcèrent d'abolir le nom d'un de leurs principaux persécuteurs[1]. Sur la plate-forme du temple est la petite chambre d'où l'on a en-

---

[1] *Histoire de la domination romaine en Judée*, I, 419. — Le système si original de M. Salvador touche en quelques points à l'Égypte.

levé l'autre zodiaque, celui qui est maintenant à la Bibliothèque royale de Paris, et qui a fait encore plus de bruit que le zodiaque du *pronaos*.

Le zodiaque circulaire de Denderah fut découvert par Desaix, qui le signala le premier à l'attention de ses officiers. Il fut acheté fort cher sous la Restauration[1], et devint alors le sujet d'un débat très-vif, auquel se mêlèrent les passions de l'époque. Les libéraux voltairiens voyaient dans l'antiquité prétendue de ce monument un triomphe de Dupuis et un démenti à l'Écriture ; les légitimistes orthodoxes voulaient que le zodiaque fût moderne, et se trouvèrent avoir raison. La critique de M. Letronne, peu suspecte de partialité, unie à la science nouvelle de Champollion, que certains regardaient avec quelque inquiétude, montrèrent surabondamment que ce zodiaque, dans lequel on voulait voir la représentation du ciel tel qu'il était plusieurs milliers d'années avant l'ère biblique de la création, avait été tracé sous Néron. Un épisode assez piquant de cette contestation n'a été mis en lumière que tout récemment par une révélation posthume.

A côté du zodiaque circulaire est une grande figure de la déesse Ciel, encore en place. Au pied de cette figure, on voit deux cartouches qui, ainsi que beaucoup d'autres, je ne sais pour quelle raison, sont res-

[1] Et on refusa pour 300,000 fr. la collection de Drovetti, la plus belle qui existe et qu'à notre honte a achetée le roi de Piémont.

tés vides. Ce vide déplut apparemment aux dessinateurs de l'expédition d'Égypte ; ils jugèrent à propos de le remplir par des hiéroglyphes de leur choix. Ce qu'il y eut de plaisant, c'est que, dans leur ignorance absolue du sens des signes qu'ils dessinaient, ils choisirent pour placer dans le cartouche vide un groupe d'hiéroglyphes qui exprime le mot grec *autocrator* (empereur), et qui eût été, s'il se fût trouvé là, la réfutation la plus complète de l'antiquité fabuleuse attribuée au monument. On ne saurait être mieux puni d'une infidélité de copie et se fustiger plus comiquement soi-même à son insu. Champollion reconnut que les cartouches en question étaient vides, et s'amusa beaucoup de la malencontreuse addition d'un mot grec faite à ce monument par ceux qui trouvaient absurde qu'on le crût postérieur à l'établissement des Grecs en Égypte ; mais alors Champollion n'était pas de l'Institut. L'ancienne expédition avait, dans le sein de l'Académie des inscriptions et belles-lettres, des représentants respectables, qui n'auraient peut-être pas trouvé très-bon qu'on relevât le *blunder* de leurs collaborateurs, et la lettre écrite par Champollion à son frère ne fut pas publiée. Elle vient de l'être. Quelques voix se sont élevées pour soutenir que les cartouches en question étaient revêtus d'un enduit noir déposé par le temps, et sous lequel se trouverait peut-être l'inscription qu'on disait ajoutée par les dessinateurs. J'étais curieux de savoir ce qu'il en était.

M. Durand et moi nous avons examiné les cartouches avec une grande attention, et nous pouvons affirmer qu'ils ne contiennent et n'ont jamais contenu aucuns caractères. La nouveauté du temple de Denderah est assez établie par les noms mille fois répétés de Tibère et de Néron, pour qu'on puisse se passer de cette preuve de plus.

Maintenant, d'ailleurs, que M. Letronne a établi l'origine grecque du zodiaque, il ne peut plus être question de l'antiquité démesurément reculée des zodiaques de Denderah; toutefois la discussion n'est pas moins vive pour s'être transportée sur un autre terrain. Il s'agit aujourd'hui, entre M. Biot et M. Letronne, de savoir si, comme le pense le premier, un état réel du ciel, à une époque déterminée, a été tracé au moyen d'une projection sur le planisphère de Denderah, ou bien si les figures et les groupes d'étoiles qui le remplissent n'ont aucune valeur astronomique et sont sans rapport avec un état réel du ciel; en un mot, si le zodiaque est un monument de la science, ou seulement une représentation mythologique. Ce débat entre deux savants illustres se rattache à deux manières différentes de considérer les antiquités égyptiennes : l'opinion de ceux qui croient que les Égyptiens ont connu la science proprement dite, et l'opinion de ceux qui ne le croient point. M. Biot est un esprit trop judicieux pour soutenir aujourd'hui les thèses chimériques de Dupuis et de

Bailly, lesquelles d'ailleurs ne sont, je crois, nullement de son goût. Traitant lui-même assez légèrement la science égyptienne, il emploie les ressources que lui fournissent un esprit aussi ingénieux qu'il est élevé et une profonde connaissance de l'astronomie, pour amener ses lecteurs à comprendre comment, par des procédés très-simples, les Égyptiens ont pu arriver à des notions astronomiques plus relevées qu'on ne serait tenté de le croire. La question ainsi posée perd beaucoup de son importance historique. Il est sans doute intéressant d'expliquer comment les Égyptiens ont pu se passer, jusqu'à un certain point, de la science; ce qui était vraiment important, c'était de savoir si, comme le pensaient Bailly et Dupuis, les hommes des temps anciens avaient pu s'élever jusqu'à elle. Quoi qu'il en soit, même en s'en rapportant complétement à M. Biot, en admettant sur sa parole, comme c'est un devoir de le faire pour les profanes, que les Égyptiens ont pu être, sans connaissances auxiliaires et sans instruments, de meilleurs astronomes qu'on ne le croirait, j'avoue que je conserve quelque doute sur la nature astronomique du zodiaque circulaire de Denderah. J'ai de la peine à m'expliquer pourquoi ce zodiaque, tracé, de l'aveu de M. Biot, au commencement de l'ère chrétienne, offrirait une représentation de l'état du ciel tel qu'il était sept cents ans auparavant. L'identification des étoiles du planisphère avec les constellations auxquelles M. Biot les rapporte ne me paraît point encore démontrée. Du reste, la discussion n'est pas fermée, et je suspends mon opinion jusqu'à la clôture des débats, heureux de n'être qu'auditeur ou tout au plus rapporteur dans un procès où je n'ai point de voix à donner, et où les illustres avocats ne peuvent être jugés que par leurs pairs, ce qui rend difficile la composition d'un tribunal compétent.

Pour moi, jusqu'à présent, j'incline beaucoup à voir, avec M. Letronne, dans les zodiaques de Denderah des tableaux analogues à ceux que présentent les tombeaux des rois à Thèbes, tableaux demi-funèbres, demi-astronomiques, ou plutôt astrologiques, dans lesquels les scènes de l'autre vie ont pour théâtre le monde des astres, et dans lesquels le soleil, la lune, les étoiles, figurent sous un rapport mythique plus que scientifique. En continuant mon voyage, je verrai si je trouve de quoi confirmer ces idées ou de quoi les combattre. Ce qu'il y a de certain, c'est que je suis provisoirement peu disposé à croire, comme MM. Jollois et Devilliers, que l'appartement du zodiaque ait été « un lieu consacré à l'astronomie et à la représentation des phénomènes terrestres qui se lient à ceux du ciel. »

Après avoir parcouru l'intérieur du temple, je fais le tour de ses murailles. Partout je lis les noms de Néron, de Tibère, de Caligula (Caïus). Parmi tous ces souvenirs romains, il en est un seul qui se rattache à l'époque grecque, c'est celui de Cléopâtre, et encore ce souvenir même n'est-il point étranger à l'influence romaine, car en regard de la figure de Cléopâtre, on voit, sur la muraille extérieure du temple, le fils qu'elle eut de César; il porte ici le nom de Ptolémée César; les historiens anciens l'appellent dédaigneusement Césarion. Cléopâtre, selon l'usage égyptien d'identifier toujours le souverain et la divinité, est représentée sous les traits d'Athor. C'est certainement un des résultats les plus piquants de la lecture des hiéroglyphes que de retrouver dans cette Athor colossale la sémillante amie de César et d'Antoine.

Derrière le grand temple d'Athor est le petit temple d'Isis, et un peu vers le nord un édifice que Strabon appelle *Typhonion*, et qui devait ce nom aux images d'un dieu difforme dans lequel on a voulu reconnaître le mauvais principe de la mythologie égyptienne, nommé Typhon par les Grecs; mais d'abord rien ne prouve que le grotesque dieu dont l'image est multipliée ici soit l'ennemi d'Osiris. Cette lutte d'Osiris et de Typhon, du bon et du mauvais génie de l'Égypte, qui représentait, dit-on, le combat de la force fécondante du Nil et de l'aridité du désert, cette lutte ne se retrouve point, à ma connaissance, dans les innombrables représentations mythologiques de l'ancienne Égypte. C'est là, je crois, une de ces interprétations philosophiques et physiques de la religion égyptienne, nées tard sous l'influence de l'esprit grec, et qui, sur la foi des écrivains grecs se sont transmises jusqu'à nous. Je ne sais aucun personnage qui, dans la mythologie figurée sur les monuments égyptiens, joue le rôle de Typhon[1] en guerre avec Osiris.

Quel que soit du reste le personnage hideux dont les images décorent ou plutôt enlaidissent le petit temple appelé par Strabon un *Typhonion*, la destination de ce temple n'est pas douteuse depuis Champollion; il était consacré à la maternité de la déesse Athor, qu'on y voit allaitant son jeune enfant. Champollion a reconnu en Égypte plusieurs monuments de ce genre dont le nom égyptien, qu'il a su lire, était *Ma-Misi*, c'est-à-dire lieu de naissance. On y voit en effet la naissance et l'allaitement d'Horus. Les savants de l'expédition d'Égypte n'ont pas manqué de trouver ici des représentations astronomiques. Ils ont en partie raison. Horus est certainement le jeune soleil, mais est-il bien sûr que les différentes phases de l'année solaire soient figurées avec l'exactitude scientifique supposée par les savants français?

Denderah mériterait un plus long séjour; mais Denderah a le grand tort d'être à une journée de Thèbes. Le vent est favorable, comment résister? D'ailleurs j'y reviendrai.

---

[1] La déesse à tête d'hippopotame nommée Otph, ou Toph, a peut-être fourni la racine du nom de Typhon; mais il serait difficile de reconnaître dans ce personnage féminin le Typhon des Grecs.

Avant d'arriver à Thèbes, qui est le grand intérêt du voyage, à Thèbes où il y a tant à voir et qui peut faire tout oublier, j'ai voulu fixer les impressions recueillies depuis vingt jours en suivant ce fleuve que je n'ai pas quitté, sur lequel j'ai vécu, étudié, admiré, rêvé. Ces impressions se sont traduites spontanément en vers. Il y a longtemps que telle chose ne m'était arrivée; je me croyais défendu de ce danger de la jeunesse par la maturité des années; je me croyais à couvert sous mes hiéroglyphes : vain espoir! j'ai succombé;... j'en demande pardon au lecteur. Si c'est un crime pour un membre de l'Académie des inscriptions de faire des vers[1], et si je me suis rendu coupable de ce crime, je puis affirmer du moins que c'est sans préméditation.

LE NIL

I

Dans ma barque étendu, le front vers les étoiles,
Je laisse aller mes vers au souffle de la nuit,
Au souffle qui murmure en jouant dans les voiles,
Au rivage qui passe, à l'onde qui s'enfuit.

Le Nil, c'est l'océan, et la brise inconstante
Nous pousse ou nous retient comme des mariniers;

---

[1] L'honneur que vient de me faire l'Académie française peut être invoqué comme une circonstance atténuante

LE NIL.

Le Nil, c'est le désert ; notre barque est la tente
Qui voyage ou s'arrête à l'ombre des palmiers.

Sans changer d'horizon et presque de rivage,
On voit se succéder d'uniformes soleils ;
Mais sans cesse un aspect du fleuve ou de la plage
Diversifie un peu ces bords toujours pareils.

Du chameau dans les airs la tête se balance ;
Comme un serpent son corps, il courbe son long col.
Marchant à pas égaux d'un air de somnolence,
L'ombre de son profil s'allonge sur le sol.

Dans le sable mouillé, côte à côte, s'étendent
Les buffles au poil noir, au pas lourd d'éléphant.
Des femmes lentement vers la rive descendent ;
Le front porte la cruche, et l'épaule l'enfant.

A terre, en cercle assis, les anciens du village
Fument silencieux, et seul un Bédouin,
La main sur son fusil, l'air dur, le front sauvage,
Suit de l'œil ces Français qui viennent de si loin.

Ici l'homme fut grand, on le voit à son ombre.
Le haillon qui le couvre avec grâce est porté,
Un fier regard se cache au fond de son œil sombre,
Et sous le dénûment perce la majesté.

Ce sont haillons de prince et misères divines ;
C'est une robe d'or, mais elle est en lambeaux.
C'est encor l'Orient, mais il est en ruines ;
Ce sont marbres encor, mais marbres de tombeaux.

La femme du fellah passe muette et fière,
D'un bracelet d'ivoire ornant son bras maigri,

Traînant d'un pas royal, à travers la poussière,
Le vêtement grossier qui cache un corps flétri.

Parfois le souffle heureux d'un art charmant décore
Ces huttes de limon où brûle le fumier ;
Sur leur toit s'arrondit le toit du sycomore,
Et se balance au vent la tige du palmier.

Dans ma barque étendu, le front vers les étoiles,
Je laisse aller mes vers au souffle de la nuit,
Au souffle qui murmure en jouant dans nos voiles,
Au rivage qui passe, à l'onde qui s'enfuit.

II

Quand s'enflent doucement nos deux voiles croisées,
Qui ressemblent de loin aux ailes des oiseaux,
Et qu'en sillons mouvants légèrement creusées
Aux côtés de la proue on sent glisser les eaux ;

Quand, sous l'effort du vent, notre barque inclinée
Semble un gai patineur au pied capricieux
Qui sur l'eau tout à coup par l'hiver enchaînée,
Trace négligemment des contours gracieux,

L'âme alors se ranime, et l'active pensée,
Comme le vent, la barque et l'horizon qui fuit,
Court agile et légère, et sa course pressée
Laisse loin la douleur qui haletant la suit.

L'âme semble flotter doucement dans le vide
Quand la barque traînée avance d'un pas lent ;
Le jour désoccupé coule pourtant rapide,
Comme le long du bord l'eau coule en gazouillant.

LE NIL.

La nuit vient, le vent tombe, on s'abrite au rivage ;
Longtemps des matelots bruit le chant discord ;
Puis tout cesse, on n'entend qu'un cri triste et sauvage,
On charge les fusils, on se ferme, on s'endort,

Ou l'on veille écoutant le silence des plaines,
La voix du pélican qui s'éveille à demi,
Le chien qui jappe au seuil des cabanes lointaines,
Les murmures confus du grand fleuve endormi.

Je ne connaissais pas ces nuits étincelantes
Où l'argent fondu roule en fleuve au firmament,
Où brillent dans les flots les étoiles tremblantes,
Comme rayonnerait sous l'onde un diamant.

Cependant du sommeil on consume les heures
A contempler le cours lent et silencieux
Des mondes où pour l'âme on rêve des demeures,
Hiéroglyphes brillants des mystères des cieux.

Et des astres nouveaux, inconnus à l'Europe,
Versent pour nous leurs feux dans le champ sidéral.
Au sud, où resplendit l'étoile de Canope,
Nous regardons monter la croix du ciel austral.

Et puis il faut saisir à sa première flamme
Ce soleil qui dans l'air fait chanter les oiseaux,
Qui fait dans notre sein chanter aussi notre âme,
Et rire la lumière à la face des eaux.

Quand le soleil penchant aux sommets luit encore,
Sur le bord de la barque il faut aller s'asseoir,
Voir le ciel qui blanchit comme ailleurs par l'aurore,
Et respirer à deux la pureté du soir.

Tout est beau sur le Nil, chaque heure a son prestige,
Ce monotone cours semble toujours nouveau ;

Le Nil mystérieux lui-même est un prodige ;
Nous voyons le géant, nul n'a vu le berceau.

Ce fleuve est fils du Ciel, comme le dit Homère,
On le trouve plus vaste en remontant son cours ;
Seul il n'emprunte rien aux sources de la terre,
Seul il ne reçoit rien, seul il donne toujours.

Au temps marqué, le Nil sort de sa couche immense,
Sur l'Égypte il étend ses deux bras, la bénit ;
La mort seule y régnait, la vie y recommence,
Le dieu satisfait rentre et dort dans son grand lit.

L'un sur l'autre écroulés, des siècles et des mondes
Près de lui maintenant dorment silencieux.
Leur sommeil est la mort ; mais il vit, et ses ondes
Réfléchissent toujours le désert et les cieux.

Il prodigue ses flots, qui jamais ne tarissent,
A ces peuples déchus de leur vieille splendeur,
Même à ces fils du Nord dont les fronts qui pâlissent
De ce puissant climat soutiennent mal l'ardeur.

Et pour se consoler des présentes misères,
Triste de ne plus voir rien de grand sur ses bords,
Rappelant du passé les gloires séculaires,
Le vieux fleuve se plaît au souvenir des morts.

Pensif, il s'entretient des prodiges antiques,
De ces rois oubliés dont lui seul sait le nom ;
Et de là, descendant aux âges héroïques,
Il murmure tout bas : Mœris, Ramsès, Memnon.

Il sourit comme un père aux solides ruines
Des temples dont il vit poser les fondements ;
Il salue en passant les deux cités divines :
Ton nom seul, ô Memphis ! Thèbes, tes monuments !

Ne voulant plus rien voir après les pyramides,
Comme un roi triomphant qui trancherait ses jours,
Le fleuve impatient hâte ses flots rapides,
Et sombre au sein des mers ensevelit son cours.

Dans ma barque étendu, le front vers les étoiles,
Je laisse aller mes vers au souffle de la nuit,
Au souffle qui murmure en jouant dans les voiles,
Au rivage qui passe, à l'onde qui s'enfuit.

VI

THÈBES

21 janvier.

Le cœur me battait en approchant de Thèbes comme il m'a battu jadis en approchant de Rome pour la première fois. Un de ces noms fait songer à l'autre, d'autant plus que les montagnes de Thèbes rappellent un peu les lignes de l'horizon romain.

Comment s'orienter dans ce dédale de ruines, comment donner au lecteur une idée de l'ensemble avant de l'initier aux détails? Je vais tenter d'y parvenir en prenant pour points de comparaison quelques monuments de Paris dont la position relative correspond à peu près à celle des monuments de Thèbes. Si l'on veut bien, une fois pour toutes, faire ce rapprochement mnémonique, on me suivra facilement dans ma description. Je supplie les archéologues de me pardonner un rapprochement profane et de me permettre de placer le lecteur, arrivé avec moi à Thèbes en remontant le Nil, tout juste dans la situation où il serait si, venant de Saint-Cloud par le bateau à vapeur, il se trouvait au pont d'Iéna.

Thèbes était bâtie sur les deux rives du Nil, comme Paris a été construit sur les deux rives de la Seine. Il n'y a de différence que la largeur, beaucoup plus considérable, du premier fleuve. Nous commencerons notre topographie comparative par la rive droite du Nil, la rive orientale, qui est à notre gauche puisque nous remontons. La position de Karnac, qui renferme les plus majestueux édifices de l'ancienne Égypte, est à peu près celle de l'arc de l'Étoile, le plus colossal monument de notre époque. De là, une avenue de sphinx conduisait aux palais de Louksor, comme, toute révérence gardée, l'avenue des Champs-Élysées conduit à la place Louis XV, où Louksor est représenté par l'obélisque qu'il nous a donné. Voilà pour la rive droite; passons à la rive gauche. Presque en face de Karnac, on trouve le palais de Gournah, dont nous désignerons l'emplacement par celui de l'École Militaire, qui s'élève à peu près en face de l'arc de l'Étoile. En remontant le fleuve et en nous éloignant de ses bords, nous arrivons à un monument dans lequel on a voulu retrouver le fameux tombeau d'Osymandias, et que Champollion, qui l'a reconnu pour être l'œuvre de Ramsès le Grand, a appelé le Ramesséum. La situation du Ramesséum sera représentée par celle du palais du Luxembourg. Remontant encore à peu près parallèlement au fleuve, mais s'en rapprochant un peu, on parvient aux colosses de Memnon, dont nous indiquerons l'emplacement par celui de l'École de Médecine. Enfin, il reste un grand ensemble de monuments qu'on trouve plus loin, toujours en remontant le cours du fleuve : c'est ce qu'on appelle Medinet-Habou. Medinet-Habou est, comme Karnac, une collection d'édifices de différents caractères et de différents âges ; l'emplacement de Medinet-Habou répond à celui du Muséum à l'extrémité du Jardin des Plantes.

Ainsi, sur la rive droite, deux groupes de monuments : Karnac, — l'arc de l'Étoile; Louksor, — la place Louis XV. — Sur la rive gauche, trois groupes de monuments : Gournah, — l'École Militaire; le Ramesséum, — palais du Luxembourg; Medinet-Habou, — Muséum.

Tels sont les points dont il faut tâcher de graver dans sa mémoire les positions respectives pour pouvoir se reconnaître dans la vaste plaine où fut Thèbes. Les monuments de moindre importance se grouperont facilement autour de ces cinq monuments principaux. Quatre portent le nom d'un village qui s'est élevé auprès d'eux; dès le temps de Strabon, Thèbes était divisée en plusieurs villages. Juvénal la vit déjà à l'état de ruine.

.... Centum jacet obruta portis.

Enfin la Thèbes de la rive gauche est bordée par une chaîne de collines analogues, quant à la position, aux collines qui s'étendent de Meudon à Clamart, en les supposant toutefois plus voisines de la Seine. Ces collines nues sont criblées de grottes funéraires qui ont servi de tombeaux à des particuliers. Derrière cette chaîne est une vallée parallèle au Nil, et qui renferme les tombeaux des rois, vastes demeures souterraines creusées dans le roc. Avec ces indications, on peut, ce me semble, se représenter la distribution des monuments que nous allons parcourir et rapidement examiner, comme des voyageurs qui reviendront.

J'ajouterai encore que la véritable ville, la ville d'Ammon, ou, comme disaient les Grecs, la ville de Jupiter (*Diospolis*), occupait la rive droite, qui est la rive orientale. La rive gauche confinait à la nécropole ou ville des morts, laquelle était située comme toujours au couchant, parce que la région du couchant était la région des morts. C'est encore un moyen mnémonique : les catacombes de Paris se trouvent sur la rive gauche. Comment communiquaient les deux parties de la grande cité thébaine? Était-ce par des barques innombrables, comme les caïques de Constantinople, ou par un pont, ainsi qu'à Babylone? Si ce pont a existé à Thèbes, il a dû être formé de bateaux, car autrement il resterait quelque trace de la maçonnerie. Du reste, les ponts n'étaient point inconnus des anciens Égyptiens ; on voit un pont représenté sur deux des monuments de Thèbes.

Il ne reste rien de la fameuse enceinte ; il est donc permis de révoquer en doute l'existence des murs sur lesquels pouvaient se promener des chars. Si cette enceinte eût jamais existé, elle aurait laissé quelques vestiges. L'enceinte, moins antique il est vrai, de la ville d'Elithya, a bien subsisté presque intacte jusqu'à nos jours, et l'on trouve, amoncelées en collines, les briques des murailles de Babylone.

Après ce coup d'œil général jeté sur la topographie de Thèbes, il est temps d'en visiter les débris. Par où faut-il commencer ? Je n'hésite point à répondre : par le plus beau. En voyage, on doit, je pense, aller à ce qui est frappant ; on a, de la sorte, une impression forte et complète. Si l'on arrive par gradation aux objets les plus remarquables, l'impression s'affaiblit et s'atténue pour avoir été trop préparée. A Rome, il faut se diriger d'abord vers le Colisée ou vers Saint-Pierre, et ne rien regarder sur la route. D'après ce principe, je commence par Karnac.

Quand on a traversé un petit bois de palmiers, on rencontre un vaste pylône, large comme la moitié de la façade des Invalides et haut comme la colonne de la place Vendôme. Il n'a pas été achevé[1]. Par ce pylône, on entre dans un vaste péristyle au milieu duquel

---

[1] Un pylône est l'encadrement d'une grande porte formé par deux massifs qui vont en diminuant de la base au sommet ; ce sont comme

s'élevaient douze colonnes. Toutes, une seule exceptée, ont été couchées par un tremblement de terre. Les tambours gisent accolés les uns aux autres, comme une pile de dames renversées. En face est un second pylône placé en avant de la grande et merveilleuse salle à colonnes qu'on appelle la salle hypostyle de Karnac. Ici, on commence à éprouver le sentiment du gigantesque. Le tremblement de terre a fait crouler un des massifs du second pylône, qui présente maintenant l'aspect d'un éboulement de montagne. En présence de ces débris, on ne pense à aucun monument humain ; on pense aux grandes catastrophes de la nature. Il y a, dans les Pyrénées, sur la route de Gavarnie, un lieu nommé avec raison le *Chaos*, où l'on voit des masses de rochers, grandes comme des maisons, entassées dans un désordre sublime. Le Chaos de Gavarnie est parmi les chutes de montagnes ce que le pylône de Karnac est parmi les ruines.

Une statue colossale et mutilée se tient debout au

---

deux pyramides tronquées et sur lesquelles repose une terrasse. Dans l'intérieur des massifs sont ménagés des escaliers conduisant sur la terrasse, qui forme le sommet du pylône, et qu'on croit avoir pu servir à des observations astronomiques. Il y a des pylônes en avant de l'entrée ou à l'entrée de presque tous les monuments égyptiens. Il est possible, comme on l'a dit, que l'épithète homérique de Thèbes *aux cent portes* soit une allusion aux nombreux pylônes qui la décoraient. J'en dirai autant de Thèbes *aux belles portes*, épithète qu'on lit dans une inscription tracée par un voyageur grec sur la statue de Memnon.

seuil de la grande salle : c'est l'image de Ramsès le Grand, celui qu'on appelle Sésostris, bien qu'il ne soit pas le vrai, l'ancien Sésostris, mais parce qu'il était déjà confondu dans la tradition avec le divin conquérant au temps de Germanicus. Ayant eu la fortune de découvrir une de ses filles enfouie dans un coin du musée de Marseille, je passe devant lui avec la confiance d'un homme qui a été assez heureux pour rendre quelque service à la famille, et je pénètre dans la grande salle. Le spectacle que j'ai devant les yeux surpasse tout ce que j'ai vu sur la terre.

Non, M. Wilkinson n'a point exagéré en disant que c'est la plus vaste et la plus splendide ruine des temps anciens et modernes. Pour Champollion, dont l'âme, naturellement ouverte au sentiment du grand, savait aussi bien admirer l'Égypte que la comprendre, on voit qu'il fut étourdi et comme foudroyé à l'aspect de cette merveille du passé. « Les Égyptiens, écrivait-il en présence de ce que je vois, concevaient en hommes de cent pieds de haut, et l'imagination, qui en Europe s'élance bien au-dessus de nos portiques, s'arrête et tombe impuissante au pied des cent quarante colonnes de la salle de Karnac... Je me garderai bien de rien décrire, ajoutait-il, car, ou mes expressions ne vaudraient que la millième partie de ce qu'on doit dire en parlant de tels objets, ou bien, si j'en traçais une faible esquisse même très-décolorée, je passerais pour un enthousiaste et peut-être même pour un fou. »

Ainsi Champollion trouvait plus facile de *lire* Karnac que de le décrire. Au risque de passer aussi pour un enthousiaste et pour un fou, j'essayerai de donner une idée de la prodigieuse salle de Karnac et de l'impression qu'elle a produite sur moi. Imaginez une forêt de tours, représentez-vous cent trente-quatre colonnes égales en grosseur à la colonne de la place Vendôme, dont les plus hautes ont soixante-dix pieds de hauteur (c'est presque la hauteur de notre obélisque) et onze pieds de diamètre, couvertes de bas-reliefs et d'hiéroglyphes ; les chapiteaux ont soixante-cinq pieds de circonférence ; la salle a trois cent dix-neuf pieds de long, presque autant que Saint-Pierre, et plus de cent cinquante pieds de large. Il est à peine besoin de dire que ni le temps, ni les deux races de conquérants qui ont ravagé l'Égypte, les pasteurs, peuple barbare, et les Perses, peuple fanatique, n'ont ébranlé cette impérissable architecture. Elle est exactement ce qu'elle était il y a trois mille ans, à l'époque florissante des Ramsès. Les forces destructives de la nature ont échoué ici contre l'œuvre de l'homme. Le tremblement de terre qui a renversé les douze colonnes de la cour que je viens de traverser a fait, je l'ai dit, crouler ce massif du grand pylône, qui me rappelait tout à l'heure une chute de montagnes ; mais les cent trente-quatre colonnes de la grande salle que je contemple maintenant n'ont pas chancelé. Le pylône, en tombant, a entraîné les trois colonnes les plus voisines de lui; la quatrième a tenu bon et résiste encore aujourd'hui à ce poids immense de débris.

Cette salle était entièrement couverte, on voit encore une des fenêtres qui l'éclairaient[1]. Ce n'était point un temple, mais un vaste lieu de réunion destiné sans doute à ces assemblées solennelles qu'on appelait des panégyries. L'hiéroglyphe dont ce mot grec semble être une traduction[2] se compose d'un signe qui veut dire *tout* et d'un toit supporté par des colonnes semblables à celles qui m'entourent. Ce monument forme donc comme un immense hiéroglyphe au sein duquel je suis perdu.

La grande salle de Karnac a été achevée par Ramsès Sésostris, mais elle avait été construite presque entièrement par son père Séthos[3], dont les exploits sont représentés sur les murs de l'édifice. Ces tableaux forment littéralement une épopée en bas-reliefs dont le héros est le Pharaon Séthos, une *séthéide* sculptée et vivante. Qu'on ne s'étonne pas de cette expression :

[1] Je ne sais si cette fenêtre avait des vitres; on conçoit qu'elles n'ont pu durer comme les colonnes. Ce qui est certain, c'est que les Égyptiens ont connu de bonne heure l'usage du verre. On voit des verriers à l'œuvre sur de très-anciens monuments, et on trouve des verroteries émaillées dans des tombeaux aussi fort anciens. Plus tard, Alexandrie fut célèbre par ses verreries, et c'est à Alexandrie que pour la première fois dans l'antiquité il est fait mention des vitres par Philon, sous Caligula.

[2] En grec πανήγυρις, de πᾶν, tout, et ἀγορά, lieu de réunion; dans le langage hiéroglyphique, le signe *tout* et une salle d'assemblée.

[3] C'est celui que Champollion appelle Ménephta Ier. Les travaux les plus récents ramènent à lui donner un nom que M. Lenormant le premier avait réclamé pour ce Pharaon.

ces peintures sont tellement homériques, que M. Wilkinson a pu penser qu'Homère les avait vues dans un voyage en Égypte et s'en était inspiré pour peindre les combats de l'*Iliade*. Chaque compartiment est comme un chant distinct. Ici on voit Séthos, debout sur un char, percer de ses flèches ses ennemis, qui tombent en foule dans mille attitudes désespérées. Le roi, le char, les coursiers, tout est gigantesque par rapport aux ennemis de l'Égypte. Le poitrail des chevaux lancés au galop domine la forteresse et couvre l'armée tout entière des vaincus. Plus loin, le vaillant Pharaon est aux prises avec un chef ennemi qu'il tient à la gorge et va percer ; son pied écrase un adversaire qu'il vient d'immoler. Le mouvement qui exprime cette double action est sublime. Ailleurs on voit Séthos traîner après lui les peuples soumis par ses armes, et, ce qui est plus extraordinaire, emporter plusieurs chefs sous son bras, ainsi qu'on emporterait un enfant mutin. Puis les vaincus font acte de soumission, ils abattent les forêts de leur pays comme pour l'ouvrir devant les pas du vainqueur. Le roi revient en triomphe dans ses États, où il reçoit les hommages de ses peuples, et où les grands et, ce qui est à remarquer, les prêtres, inclinés devant lui et représentés avec une stature très-inférieure à la sienne, offrent en toute humilité leurs respects au Pharaon victorieux[1].

---

[1] Les exploits de Ramsès le Grand, fils de Séthos, sont également

C'est sur une muraille de Karnac que Champollion a découvert ce fait si curieux qui est tout à la fois une preuve de la lecture des hiéroglyphes et un indice des lumières que cette lecture peut fournir à l'histoire. Sur le mur méridional de la grande salle de Karnac est représenté le roi égyptien Sésonch traînant aux pieds de ses dieux un grand nombre de figures humaines : toutes portent écrit sur la poitrine le nom des peuples et des pays dont elles sont des personnifications. Champollion a lu très-distinctement, et tout le monde peut, comme je l'ai fait, lire après lui sur la poitrine de l'une de ces figures, *Ioudh malk*, ce qui veut dire en hébreu royaume de Juda[1]. On ne doit pas s'étonner de voir un mot étranger écrit en caractères hiéroglyphiques, c'est-à-dire en lettres égyptiennes. Nous en faisons autant quand nous écrivons en lettres françaises le *pachalik* de Damas ou le *beylik* de Constantine.

Or, le *Livre des Rois* nous apprend que le roi égyp-

---

figurés à Karnac sur un mur. Champollion avait cru retrouver là écrit en hiéroglyphes magnifiques ce qu'il avait vu écrit en caractères cursifs sur un papyrus appartenant alors à M. Sallier. Ce papyrus, dont Salvolini a traduit quelques lignes, traduction qu'il a publiée sous le titre un peu fastueux de *Campagnes de Ramsès le Grand*, ce papyrus, maintenant à Londres, paraît se rapporter à une expédition différente de celle qui est sculptée sur le mur de Karnac.

[1] Ou plutôt *Juda royaume*. *Malk* est la traduction phonétique du signe *pays*, qui suit toujours les noms de peuples, et qui est ici après *malk*. Les Égyptiens avaient l'habitude d'écrire un mot en toutes lettres à côté de la figure ou du symbole qui exprimait un objet ou une idée.

tien Sésac, dans lequel il est impossible de ne pas reconnaître le roi Sésonch de Karnac, a pris Jérusalem et a emmené captif le roi Roboam, et voilà qu'on découvre le royaume de Juda parmi les pays dont Sésonch a triomphé. Pouvait-on trouver une concordance plus frappante entre le *Livre des Rois*, les monuments égyptiens, et les listes de Manéthon, qui placent ici un Sésonchis, évidemment le même que Sésonch? Ainsi donc, vers la fin du dixième siècle avant Jésus-Christ, voilà un point de repère, et pour ainsi dire un point d'appui inébranlable, fourni aux tâtonnements chronologiques par lesquels on parvient à remonter beaucoup plus haut.

Au delà de cette merveilleuse salle, on trouve encore à Karnac un certain nombre de monuments, les uns en ruines, les autres assez bien conservés, mais ils ne sont plus comparables pour la grandeur à ce qu'on vient de voir : on a quitté la demeure des géants, on est rentré parmi les hommes.

Pour être moins considérables, ce qu'on peut appeler comparativement les petits monuments de Karnac n'en offrent pas moins d'intérêt et souvent de beauté. Rien n'est plus beau, par exemple, que les hiéroglyphes qui décorent l'obélisque qu'on aperçoit sur la gauche en sortant de la grande salle de Karnac. Cet obélisque a été élevé par une reine qui fut régente pour son frère Thoutmosis. Ce qui est très-remarquable, c'est que le personnage qui figure sur l'obélisque, où il est représenté plusieurs fois faisant diverses offrandes aux dieux, est un personnage masculin, bien qu'il s'agisse d'une reine, d'une *fille du Soleil*, dans les inscriptions qui accompagnent les bas-reliefs. Le caractère sacerdotal, inhérent à la royauté égyptienne, n'a pas permis que le souverain fût représenté sous les traits d'une femme[1].

En pénétrant à travers les débris, on arrive à l'emplacement où furent élevés, plusieurs siècles avant que Séthos construisît la salle gigantesque, les plus antiques édifices de Karnac. Là était le sanctuaire des premiers Pharaons de la dix-huitième dynastie ; là, un roi bien plus ancien, Osortasen Ier, de la douzième, avant l'invasion des pasteurs, avait gravé sur des colonnes qui ont échappé aux ravages de la conquête son nom, que j'ai déjà lu sur l'obélisque d'Héliopolis. Les débris de cette époque sont précieux, car ils sont rares ; ils reportent la pensée vers une période de l'histoire d'Égypte postérieure de bien des siècles aux rois des pyramides, mais qu'on appelle néanmoins l'*ancien royaume*, par comparaison avec

---

[1] C'est, je crois, la véritable raison de cette substitution d'un personnage masculin à une figure de femme que sembleraient devoir indiquer les désignations féminines de l'inscription. Champollion et Rosellini ont cru que le roi représenté sur l'obélisque était le mari de la reine, et que le nom du mari, nom qu'ils lisaient Amenmehé, remplaçait le nom de la femme ; mais ce nom du prétendu Amenmehé est un nom de femme, comme on le voit sur une des faces de l'obélisque, où il est accompagné de cette désignation, *fille du Soleil*, tandis que sur une autre face le prétendu Pharaon est dit *aimée d'Ammon*.

l'âge relativement moderne qui vit bâtir les grands monuments de Thèbes, cet âge des Thoutmosis et des Ramsès qui est lui-même antérieur d'environ quinze cents ans à l'ère chrétienne. Vraiment, ici, les siècles sont entassés sur les siècles, comme les ruines sont amoncelées sur les ruines.

Et notez que les colonnes qui portent le nom de cet Osortasen Ier, de la douzième dynastie, aussi bien que les hiéroglyphes de l'obélisque d'Héliopolis[1], montrent que l'art et la civilisation étaient parvenus, en Égypte, à un haut degré de perfection, quand ce pays tomba sous la domination du peuple étranger qu'on appelle les *Pasteurs*, peuple barbare qui n'a pas laissé un seul temple debout, mais qui n'a pu, par une occupation de cinq siècles, éteindre le génie égyptien; car à peine les Pasteurs sont-ils expulsés, qu'on voit, sous l'empire de cet élan national toujours produit par l'affranchissement d'un joug étranger, s'élever les admirables monuments de Karnac.

Cette époque qui suit l'expulsion des barbares est précisément celle où l'art égyptien atteint rapidement sa plus grande perfection. C'est l'âge des Thoutmosis qui fut le siècle de l'élégant et de l'achevé, comme l'âge des Ramsès fut le siècle du majestueux et du

---

[1] Il faut joindre encore aux monuments de cette époque reculée, remarquables par la beauté de l'exécution, les deux statues d'Osortasen Ier, conservées au musée de Berlin, et les admirables peintures des grottes de Beni-Hassan, tracées sous Osortasen II.

grand. Ici la marche ordinaire de l'art a été renversée ; le beau a paru avant le sublime, Praxitèle est venu avant Phidias. C'est comme si Eschyle eût été devancé par Euripide et Corneille par Racine. Il est vrai qu'il y avait dans les profondeurs de l'antiquité égyptienne un autre âge, d'une grandeur primitive, auprès de laquelle la grandeur de la salle de Karnac disparaît : c'est l'âge reculé des pyramides. Cependant l'époque des Thoutmosis connut aussi la grandeur. Le sphinx des pyramides est un portrait colossal de Thoutmosis III. C'est aussi son nom qu'on lit sur l'obélisque de Saint-Jean de Latran, le plus grand des obélisques connus. A Karnac, l'édifice qu'on appelle le palais de Thoutmosis serait grand partout ailleurs que dans le voisinage de la salle des Ramsès.

À un des angles de ce palais de Thoutmosis était une petite chambre fameuse sous le nom de *chambre de Karnac*. Elle n'est plus à Thèbes, mais à Paris. M. Prisse, après avoir surmonté de grandes difficultés et des obstacles de tout genre, est parvenu à emporter les parois de la salle, et il en a généreusement fait don à la France. M. Lepsius, qui n'avait pas eu nouvelle de cet enlèvement, a cherché, dit-on, pendant quelque temps la chambre de Karnac sans pouvoir comprendre comment il ne la trouvait pas. On dit aussi qu'il avait le dessein de faire ce qu'a fait M. Prisse, si celui-ci ne l'avait devancé. Du reste, M. Lepsius a noblement exprimé sa satisfaction que ce précieux document historique fût soustrait aux chances de destruction qui menacent les monuments de l'Égypte.

Les murs de la chambre de Karnac montrent le roi Thoutmosis III offrant un hommage religieux à une suite de princes qui l'ont évidemment précédé. L'image de chaque personnage est accompagnée de son nom ; c'est donc une chronologie figurée de la plus haute importance pour l'époque antérieure à la dix-huitième dynastie, c'est-à-dire pour l'époque la moins riche en monuments historiques. Malheureusement cette suite de noms ne forme pas une série continue ; c'est un choix parmi les prédécesseurs de Thoutmosis, et probablement parmi ses ancêtres[1]. Cependant, en comparant la chambre de Karnac avec d'autres séries de noms royaux et surtout avec le précieux papyrus de Turin, qui contient un grand nombre de noms de rois antérieurs à la dix-huitième dynastie, on commence à voir se dessiner les linéaments de cette ancienne histoire.

Si maintenant on laisse à gauche le palais de Karnac

---

[1] D'après les travaux de MM. de Bunsen, Lepsius, Prisse et de Rougé, il semble que la partie gauche contient des noms de rois antérieurs à la douzième dynastie, et que sur la partie droite on lit des noms qui appartiennent aux dynasties intermédiaires entre la douzième et la dix-huitième, aux dynasties légitimes qui régnèrent sur une partie de l'Égypte pendant que les pasteurs occupaient la plus grande portion du pays. Ce chapitre obscur de l'histoire d'Égypte a été surtout éclairé par les recherches très-solides et neuves en grande partie de M. de Rougé. Voyez les *Annales de philosophie chrétienne*. Voyez aussi deux savants mémoires de M. Barrucchi.

et qu'on avance vers le sud, on trouve quatre grands pylônes placés à la suite et à une certaine distance les uns des autres. Le troisième est appelé pylône d'Horus, parce qu'il a été élevé sous le roi de ce nom. Horus appartient à cette dix-huitième dynastie sous laquelle l'art égyptien atteignit à toute la perfection dont il était susceptible. Aussi le pylône qui porte son nom est-il revêtu de bas-reliefs dont on ne saurait se lasser d'admirer la beauté. Ici les descriptions ne peuvent rien, il faut voir.

Ces magnifiques pylônes sont dans ce moment à demi démolis ; on fouille pour chercher du salpêtre dans leurs entrailles. Le pacha comprend beaucoup mieux l'utilité de la poudre que le mérite des antiquités. Passe encore pour le pacha, c'est son métier d'être barbare : en Orient, on peut être civilisateur sans être civilisé ; mais ce qui révolte au delà de toute expression, c'est d'entendre un homme très-civilisé, très-éclairé, le docteur Bowring, expliquer froidement comment il faut faire pour se procurer du salpêtre, et donner cette recette : *on prend des ruines de vieille ville*[1], exactement comme il dirait : pour faire pousser du blé, on prend du fumier. Espérons que le coton-poudre, en fournissant un moyen de se passer de salpêtre, sauvera les édifices de Thèbes, et que le pacha trouvera assez d'avantage à exploiter ainsi son coton pour consentir à épargner ses monuments.

[1] *Bowring report of Egypt and Candia.*

Le cœur me saignait en voyant ces ruines faites de toute pièce pour avoir du salpêtre, selon le procédé de M. Bowring; mais cette sauvagerie a eu son bon côté, car les matériaux intérieurs des pylônes mis au grand jour ont fait d'intéressantes révélations. En effet, sur ces matériaux on a lu le nom d'un frère du roi Horus, qui ne figure point dans les listes de Manéthon; ce nom a été[1] parfois effacé, peut-être par Horus, comme le nom de Géta le fut sur les arcs de triomphe et aussi dans les inscriptions hiéroglyphiques par Caracalla. Il y a sans doute un drame de *frères ennemis* enfoui dans ces masses séculaires, et près de reparaître à la voix de la science sur la scène du monde. Un autre nom encore plus curieux que recélaient les débris du pylône d'Horus et qu'on a retrouvé ailleurs, c'est le nom d'un roi dont le type physique est tellement singulier, qu'il a été pris pour une femme[2]. Une autre particularité, c'est que, partout où paraît cet étrange personnage, on le voit rendre un culte au Soleil figuré d'une manière bizarre, par des rayons qui portent des mains à leurs extrémités. Ce qui ajoute à

---

[1] On lit ce nom Amentouonch; il faut lire, je crois, Amenonchtou. L'*ou* me paraît être la désinence du pluriel, et le mot vouloir dire l'*Ammon des vivants*.

[2] Cette supposition, qu'on avait mise en avant, est inadmissible. Le roi Bechan-Aten-Ra est représenté avec sa femme. — L'Hôte, *Lettres*, p. 93; Prisse, *Monuments d'Égypte*, pl. X. — Cette publication de M. Prisse, dans laquelle se trouvent des monuments inédits et importants, choisis en général avec beaucoup de discernement, forme une suite indispensable au grand ouvrage de Champollion.

l'intérêt de ces bas-reliefs, c'est qu'ils offrent sous le rapport de l'art un caractère entièrement différent du caractère commun à tous les autres monuments égyptiens. Ils ont beaucoup moins de roideur et de convenu; l'expression est même si fortement accusée, que parfois elle arrive à la manière ou touche même à la caricature. Des bœufs dessinés avec une liberté extraordinaire, pleins de mouvement et de vie, ont été copiés par M. Prisse, d'après une pierre du pylône d'Horus. Il a trouvé aussi d'autres noms de rois appartenant également à cette singulière phase du culte et de l'art égyptiens, et ce qui est inexplicable, c'est qu'on est obligé de les intercaler dans la série des rois de la dix-huitième dynastie, celle dont les monuments présentent le type le plus pur comme le plus achevé de l'art égyptien, type constant sous tous les Pharaons. L'étrange particularité des rayons de soleil terminés par des mains, l'aspect insolite des personnages, le goût des sculptures entièrement différentes des autres sculptures, toutes ces circonstances avaient porté à chercher là de très-anciens rois, ou des rois d'une race étrangère à l'Égypte, comme la race des pasteurs; mais les débris du pylône d'Horus et d'autres monuments ne permettent pas de placer plus haut que la dix-huitième dynastie cette inconcevable intrusion d'une race de rois distingués des autres rois de cette dynastie par la configuration physique, la forme du culte et de l'art, et qui paraît avoir régné à Thèbes, où nous venons de trouver ses traces, et où l'un de ces souverains a son tombeau. D'où vient cette veine inconnue et bizarre qui traverse les couches régulières de la chronologie égyptienne? C'est un des plus curieux d'entre les problèmes qu'offre l'histoire de l'ancienne Égypte, cette histoire que l'on commence à reconstruire avec des débris.

Près des pylônes est un temple dédié au dieu Khons dont les Grecs traduisaient le nom par celui d'Hercule[1]. Ce temple ne présente pas, comme le palais de Karnac, l'empreinte de la puissance des Ramsès, mais il offre, ce qui est plus curieux peut-être, les traces d'une usurpation qui a suivi cette puissance. Le temple de Khons a été élevé sous les faibles descendants du grand Ramsès II, celui que l'admiration des peuples confondait avec l'antique Sésostris. Auprès de leurs noms sans gloire, on voit figurer les noms des membres d'une famille de prêtres thébains, qui substituèrent graduellement le pouvoir théocratique au pouvoir militaire. Le plus ancien de ces prêtres a bien, déjà placé son nom dans cet encadrement qu'on appelle un cartouche et qui distingue les noms royaux,

---

[1] M. Prisse a fait dans ce temple des fouilles importantes. Il y a découvert douze chambres : dans l'une d'elles, il a trouvé, ce qui était jusqu'ici sans exemple, la représentation d'*un dieu* à tête de lion. M. Prisse a aussi déterré un petit temple plus voisin du palais de Karnac, et il y a lu le nom du roi éthiopien Taraka (le Zarach de l'Écriture). Ce nom est souvent martelé. Le petit temple découvert par M. Prisse renferme de curieuses représentations de divinités inconnues, peut-être éthiopiennes.

mais il n'a pas encore osé écrire à côté le titre de roi; il s'appelle seulement *grand prêtre dans la demeure d'Ammon*. Cependant Rosellini a été assez heureux pour découvrir un endroit obscur du temple où le prêtre ambitieux, roi de fait, roi honteux, a timidement osé prendre dans l'ombre le titre royal. De pareilles précautions, accompagnant et déguisant le plus possible une usurpation graduelle du pouvoir et de la dignité des Pharaons, nous font mieux assister qu'aucun récit ne le pourrait faire aux divers degrés et, pour ainsi dire, aux pas successifs de cet empiétement d'une théocratie qui, cachée dans l'ombre du sanctuaire, en vient insensiblement à remplacer par fraude et par ruse la glorieuse famille des conquérants. Ainsi la lecture de quelques noms propres a révélé toute une révolution dont le résultat a été de faire monter une race sacerdotale sur le trône guerrier des Ramsès.

On remarque deux pieds dessinés en plusieurs endroits sur la plate-forme du temple. Ces deux pieds, qui semblent indiquer un pèlerinage accompli dans le lieu saint, sont en général accompagnés d'inscriptions en caractères vulgaires. C'est qu'alors le pèlerin était de condition populaire et ne s'élevait pas jusqu'à l'écriture hiéroglyphique. Cependant j'ai relevé une inscription en hiéroglyphes, disposée comme les autres à côté des pieds mystérieux. On voit par l'inscription que cette fois le pèlerin était un prêtre, ce qui explique l'emploi qu'il a fait d'une écriture plus savante.

La dévotion des anciens Égyptiens a laissé un autre vestige dans des pierres de l'édifice évidemment grattées par les fidèles, selon toute vraisemblance, dans l'intention d'emporter un peu de la poussière sacrée du temple. Cette explication, dont l'idée m'a été suggérée par M. Durand, est corroborée par un rapprochement qui m'a frappé. A Aidmore, en Irlande, est un rocher dans lequel saint Declan, contemporain de saint Patrik, passe pour être enseveli. Selon la légende, c'est sur ce rocher qu'il vint de Rome en Irlande entre l'*Introït* et l'*Ite missa est*. Encore aujourd'hui, une vieille gardienne n'a d'autre industrie que de *gratter* le granit de la roche et de le débiter aux pèlerins[1]. Quelque chose de semblable se passait sans doute dans le temple de Khons.

Telles sont les principales ruines de Karnac. Joignez-y plusieurs petits édifices que je ne mentionne pas dans cette première vue d'ensemble, et surtout trois pylônes gigantesques, s'élevant isolés, l'un au sud, l'autre à l'est et l'autre au nord, comme pour garder ces ruines, amas de palais, de temples, de portiques, que domine la salle aux cent trente-quatre colonnes, et du milieu desquelles s'élèvent deux élégants obélisques dont la pointe effilée se détache sur un

---

[1] *Excursion dans le pays de Galles et en Irlande*, par M. Pichot.

ciel parfaitement pur. Errez maintenant parmi ce labyrinthe d'édifices et de débris à l'heure où les rayons obliques d'un soleil de feu baignent tout ce que vous voyez d'une lumière étincelante, ou quand la lune presque pleine comme aujourd'hui tapisse de ses clartés les ruines immenses, quand les pylônes dressent dans la nuit leurs masses blanches ou noires, et vous aurez une impression de majesté, de tristesse et de grandeur, comme je ne pense pas qu'on puisse en éprouver une semblable sur la terre.

Il y a trente ans, ces masses étaient muettes; maintenant elles ont une voix et elles racontent plus de vingt siècles de l'histoire d'Égypte. Rien ici ne remonte à l'antiquité primordiale de l'âge des pyramides. On trouve même très-peu de textes datant de l'ancien royaume et antérieurs à l'invasion de ces barbares qu'on appelle les Pasteurs; mais à peine, après cinq cents ans d'une domination toujours contestée sur quelque point de l'Égypte, les barbares ont-ils été expulsés par la vaillance persévérante des premiers rois de la dix-huitième dynastie; que dis-je? pendant que la lutte dure encore aux extrémités septentrionales de l'empire, sous ces rois de l'Égypte délivrée, s'élèvent, non loin du lieu où était l'ancien sanctuaire détruit durant l'invasion, ce palais de Thoutmosis III qui existe encore, les obélisques, enfin tout ce qui subsiste de la partie la plus ancienne des édifices de

Karnac. Les dimensions de ces édifices ne sont point gigantesques ; les hiéroglyphes et les bas-reliefs offrent la perfection qui caractérise l'époque brillante des Thoutmosis. A côté de ces monuments d'un goût pur et de dimensions moins considérables, la famille conquérante des Ramsès vint élever un édifice immense, dont les nombreuses et formidables colonnes reproduisent partout leur image et leurs noms, dont les murs sont couverts par les reproductions épiques de leurs guerres et de leurs triomphes. Plus tard, cette splendeur décline, les derniers des Ramsès ne méritent plus d'être confondus avec Sésostris. On dirait les pâles descendants de Charlemagne. Alors une famille de prêtres thébains se glisse sur le trône des Pharaons. Le titre royal, clandestinement usurpé sur les murs du temple de Khons, révèle les progrès tortueux de cette dynastie sacerdotale ; mais elle dure peu, le génie guerrier se ranime dans une famille de conquérants qui lutte avec l'empire d'Assyrie. Un roi d'Égypte emmène captif un roi de Juda, et cette page historique de la Bible se retrouve écrite sur un mur de Karnac. La suite des événements ultérieurs de l'histoire d'Égypte est représentée à Karnac au moins par quelques vestiges. On y a trouvé le nom d'Amyrtée, qui défendit son royaume contre les Perses ; le nom de Nectanébo, qu'une légende enfantée par l'orgueil égyptien faisait père d'Alexandre, comme une légende née de la vanité persane faisait d'Alexandre un frère de Darius ; enfin, le frère d'Alexandre a gravé son nom, qu'un autre a fait si grand, sur le granit des antiques constructions qui datent des premiers Thoutmosis ; puis sont venus les Ptolémées, et si l'on reconnaît, comme toujours, au goût de la sculpture et au dessin des hiéroglyphes, une époque de décadence, l'architecture a un air de grandeur digne des Pharaons. C'est par un pylône élevé sous Épiphane qu'on entre dans la salle aux colonnes, et cette entrée ne la dépare point. Ce sont les Ptolémées qui ont dressé les trois grands pylônes du nord, du sud et de l'est. Le nom de Tibère, accolé à celui de Ramsès le Grand, complète cette série de siècles, représentés par les différents monuments dont se compose ce monde de ruines et de souvenirs, que, du nom d'un humble village situé à son ombre, on appelle Karnac. Enfin ce sont ces magnifiques débris que nos soldats, qui étaient des héros, mais point des antiquaires, ont salués de leurs applaudissements. Le canon y a retenti dans une fête nationale célébrée par le général Béliard en l'honneur de la république française, cette dernière puissance qui vient clore la liste de toutes les puissances tombées dont ce lieu retrace le souvenir, et qui elle aussi fait partie de leur glorieux passé.

De l'angle sud-ouest des ruines de Karnac part une allée de sphinx à tête de bélier qui se dirige vers le sud, et allait autrefois rejoindre les palais de Louksor[1]. Quel aspect sévère et majestueux devait offrir cette double file d'images mystérieuses et sacrées se prolongeant ainsi presque en ligne droite pendant une demi-lieue, et réunissant deux masses de palais telles que l'Europe n'en connaît point ! Des arbres comme on en voit encore sur une partie du chemin le bordaient sans doute. A l'ombre des palmiers, des acacias, des sycomores, les processions marchaient entre ces figures symboliques, qui, muettes et accroupies, les regardaient passer. Il faut se transporter, par l'imagination, dans un autre état de choses, pour retrouver la grandeur de cette singulière décoration, car, dans l'état où elles sont aujourd'hui, les fameuses avenues de sphinx préparent au voyageur un véritable désappointement. Les sphinx sont pour la plupart mutilés ou renversés. Ici, ce n'est pas ce que l'on voit, mais ce que l'on sait, qui est grand.

J'ai déjà dit que le sphinx était l'hiéroglyphe de la puissance. Cet hiéroglyphe voulait dire *seigneur*. Quand le sphinx avait une tête d'homme, on l'employait pour désigner la royauté ; quand il avait une tête de bélier, la tête d'Ammon, le grand dieu égyptien, il exprimait la puissance divine. Dans le voisinage de Karnac, les sphinx sont remplacés par des béliers portant sur la

---

[1] Une autre allée de sphinx, presque parallèle à la première, conduisait à une enceinte en briques vers le milieu de laquelle est une pièce d'eau ; cette enceinte renfermait plusieurs monuments que je négligerai aujourd'hui.

poitrine une image de Thoutmosis III, figuré en Osiris infernal, c'est-à-dire rappelé par la mort au sein d'Ammon. C'est ainsi, du moins, que je lis cette phrase de pierre.

En suivant l'avenue de sphinx, puis en traversant une plage de sable, nous avons gagné notre barque, qui nous avait déposés à la hauteur de Karnac, et avait remonté le fleuve jusqu'aux ruines de Louksor. Nous les visiterons demain.

22 janvier.

Louksor est un village arabe qui, comme Karnac, a donné son nom obscur à des débris célèbres ; mais, tandis que les Arabes de Karnac ont eu le bon esprit de bâtir leurs huttes à côté des monuments, ceux de Louksor ont eu l'idée funeste de se loger parmi les ruines mêmes, de sorte que, pour visiter ces ruines, il faut entrer dans une vingtaine d'intérieurs misérables où de pauvres familles de fellahs dorment, mangent, travaillent ; les enfants se précipitent sur l'étranger en lui demandant l'aumône ; les femmes se voilent, s'enfuient ou se détournent en présence des infidèles. Ces ménages et ce vacarme gâtent un peu les ruines, et toute cette cohue sale et babillarde trouble désagréablement le silence et la majesté des siècles. Louksor, ce qui veut dire en arabe *les palais*, est, comme Karnac, un assemblage de monuments de différents siècles; seulement cet assemblage est moins considérable, et la chronologie en est plus simple. Tout se rapporte aux deux époques entre lesquelles se partagent aussi les principaux monuments de Karnac. La partie la plus ancienne est l'œuvre d'Aménophis III, celui que les Grecs ont appelé Memnon, et dont le double colosse s'élève sur l'autre rive du fleuve. Aménophis III, qui était de la famille des Thoutmosis, a élevé le palais méridional de Louksor. Dans ce palais, plusieurs tableaux sont consacrés à représenter l'histoire de la naissance et de l'éducation du roi Aménophis, aidées l'une et l'autre par l'assistance des dieux. Ces bas-reliefs offrent la beauté accomplie d'un âge que j'ai déjà dit être l'âge de la perfection de l'art égyptien. Au nord de ce monument d'Aménophis, une galerie de colonnes, achevée par ses successeurs, conduit à un autre édifice qui a été construit par le grand Ramsès. Ici on remarque la même différence de dimensions qui nous a frappé à Karnac. L'édifice du Pharaon conquérant de la dix-neuvième dynastie domine de sa majestueuse architecture l'architecture plus modeste du Pharaon de la dix-huitième. Le caractère de ces deux époques est empreint dans les deux monuments de Louksor, et mesuré, pour ainsi dire, par leur grandeur.

L'édifice de Ramsès se compose d'une grande cour entourée par un portique et qui couvre une superficie de deux mille cinq cents mètres. C'est en avant du pylône qui précède l'entrée de cette grande cour que Ramsès éleva les deux obélisques dont l'un est encore debout, et dont l'autre orne maintenant une de nos places publiques, où il produit un très-bel effet; il en produisait un beaucoup moindre à côté du pylône de Louksor; car il gagne à être isolé. Les Égyptiens ne l'avaient pas mis là pour l'amour du pittoresque; cette masse de granit, qui pèse trois cent soixante milliers, était, je l'ai dit, un signe, une syllabe, un mot; ce mot, qui voulait dire *stable*, devait être écrit près d'une porte; c'était sa place dans la phrase; pour nous, il est un ornement, et a cessé d'être un signe; sans cela eussions-nous osé dresser le signe de la *stabilité* sur la place de la Révolution?

Une seule considération pourrait faire regretter le déplacement de l'obélisque, c'est la pensée du dommage que notre climat lui a déjà causé. J'étais tout chagrin aujourd'hui en voyant son frère intact et resplendissant au soleil, et en me rappelant combien le nôtre s'éraillait et s'attristait dans nos brumes. Quoi qu'en dise le lieu commun, rien n'est plus périssable, on pourrait presque dire plus fragile, que le granit. Il se délite par l'action de l'humidité. J'ai vu, au bord de la Manche, du granit se résoudre en sable. Est-ce là la destinée qui attend l'obélisque de Ramsès, exilé là-bas dans cette sombre cité de l'Occident qu'on appelle Paris?

Les deux jumeaux portent à peu près la même légende. Que de fois on m'a dit d'un air un peu goguenard : Pourriez-vous lire ce qui est écrit sur l'obélisque de la place Louis XV ? Oui, messieurs les incrédules, on peut lire et on a lu ce qui est écrit sur l'obélisque. Champollion avait écrit une analyse des inscriptions : c'est Rosellini qui nous l'apprend[1]. Or, Salvolini en ayant publié une traduction satisfaisante, d'après l'abus qu'il a fait trop souvent de la confiance de Champollion, on a tout lieu de croire que ce dernier est pour beaucoup dans la traduction de Salvolini[2]. Cette traduction montre la vérité de ce que Champollion disait des inscriptions tracées sur les obélisques dans ses *Lettres sur l'Égypte* : « On sait déjà (c'était grâce à lui) que, loin de renfermer, comme on l'a cru si longtemps, de grands mystères religieux, de hautes spéculations philosophiques, les secrets de la science occulte, ou tout au moins des leçons d'astronomie, ce sont tout au plus des dédicaces plus ou moins fastueuses des édifices devant lesquels s'élèvent les monuments de ce genre. » Celui-ci, en effet, dit, comme son frère de Paris, que le Pharaon Ramsès II, fils du Soleil, approuvé par le Soleil, dieu bienfaisant, maître du monde, vainqueur des peuples, etc., a réjoui Thèbes par des édifices grands et durables. Cette pompeuse inscription est un peu vide, mais du moins elle

---

[1] *Monumenti storici*, t. II, p. 2, p. 47, note.
[2] M. Lenormant a publié un essai de traduction qui lui appartient bien véritablement.

donne l'âge de l'obélisque, et nous apprend aussi que l'édifice à l'entrée duquel il s'élevait fut bâti par Ramsès le Grand. En somme, tout cet appareil d'hiéroglyphes gravés sur notre obélisque de la place Louis XV, pour provoquer l'ébahissement des badauds et le scepticisme des incrédules, ne contient guère qu'une date dans un protocole ; mais cette date est quelque chose, car c'est celle de Sésostris.

Quatre colosses de trente pieds sont placés contre le pylône, auprès des obélisques. Ce sont des portraits de Ramsès le Grand. La tête et le buste des colosses s'élèvent au-dessus du sable dans lequel leur corps est enfoui. Sur les massifs du pylône sont retracées des scènes de bataille analogues à celles qui représentent les victoires de Séthos à Karnac. Le fils a voulu, comme le père, écrire et figurer sur son monument le récit de ses conquêtes. Champollion, qui, le premier, a lu quelque chose des longues inscriptions tracées près des tableaux de batailles, y distingua les narrations et comme les bulletins de deux affaires différentes dans la même campagne, l'une et l'autre de la même année, la cinquième de Ramsès, et du même mois (*epiphi*), mais la première du 5 et la seconde du 9. Et il y a des personnes qui doutent encore que la lecture des hiéroglyphes puisse servir à l'histoire !

Outre les deux époques principales auxquelles se rapportent les édifices de Louksor, l'époque d'Aménophis III de la dix-huitième dynastie et l'époque de Ramsès II de la dix-neuvième, quelques inscriptions hiéroglyphiques font connaître les réparations qui ont eu lieu à diverses autres époques : la plus curieuse est celle que fit aux jambages de la grande porte de l'édifice de Ramsès le roi éthiopien Sabaco, huit siècles avant Jésus-Christ. « Les bas-reliefs où figure ce roi étranger sont très-curieux sous le rapport du style, dit avec raison Champollion. Les figures en sont fortes et très-accusées, avec les muscles vigoureusement prononcés. » C'était alors le seul exemple qu'on eût trouvé sur les monuments de l'Égypte de figures se distinguant, par un sentiment plus vrai et un *rendu* plus sincère, du style convenu et abstrait qui en général caractérise la sculpture égyptienne. Maintenant que L'Hôte et M. Prisse ont fait connaître des représentations trouvées d'abord à Psinaula, puis ailleurs et à Thèbes même, de personnages dessinés dans des attitudes expressives jusqu'à la contorsion, l'exception unique alors que présentaient les bas-reliefs du roi éthiopien de Louksor, en intéressant toujours autant Champollion, l'étonnerait moins.

Enfin le nom d'Alexandre, que nous avons trouvé à Karnac, se retrouve ici. Un Alexandre est dit avoir réparé l'ancien monument d'Aménophis. Champollion pense que cet Alexandre est le fils et non le frère du conquérant. A cela près, Louksor est pur de monuments appartenant à l'époque grecque, qui en Égypte commence la décadence de l'art, et à l'époque romaine, qui la consomme.

23 janvier.

Nous avons visité aujourd'hui la rive gauche du Nil; une barque nous a portés de l'autre côté du fleuve. Là, nous avons trouvé des ânes, qui, en ce pays, attendent le voyageur partout où il y a quelque chose à voir. On a le choix des montures, et, si l'on s'est muni à Alexandrie d'une bonne selle, en la plaçant sur le baudet le plus vigoureux, on peut se transporter rapidement et sans fatigue vers les différents points que l'on veut explorer. Un voyage en Égypte, c'est une partie d'ânes et une promenade en bateau entremêlées de ruines.

Remontant la plaine de Thèbes du nord au sud, parallèlement au Nil, sur la rive gauche, comme nous l'avions fait sur la rive droite, nous avons d'abord rencontré Gournah. C'est le nom d'un édifice beaucoup plus simple que ceux de Louksor et surtout de Karnac. Gournah est un monument de l'âge des Ramsès; aucune partie de l'édifice ne date d'une époque antérieure; il n'offre donc pas le même intérêt historique que Karnac ou Louksor; il n'est pas non plus d'un effet aussi extraordinaire. Vu de face, il rappelle davantage un temple grec. Deux pylônes isolés, que réunissait une avenue de sphinx, élèvent à une certaine distance de l'édifice leurs massifs inclinés[1]. Arrivé au monument lui-même, on est immédiatement en présence d'un portique de cent cinquante pieds, soutenu par dix colonnes. L'aspect qu'il offre aux yeux n'a rien de gigantesque; il est sévère et seulement grand. Cela repose de Karnac. Il y a bien ici une salle soutenue par des colonnes; mais, au lieu d'en compter cent trente-quatre, on en compte six. Cependant le monument de Gournah date des mêmes règnes que la salle de Karnac, les règnes glorieux de Séthos et de son fils Ramsès le Grand, qu'on a confondu avec Sésostris. De même aussi le père construisit l'édifice, et le fils y mit la dernière main, les derniers ornements. C'est ce que dit clairement la dédicace traduite par Champollion.

Les nombreuses représentations qui couvrent les murs de l'édifice retracent, comme de coutume, le Pharaon faisant hommage aux dieux et recevant d'eux la puissance et l'empire. C'est une consécration perpétuelle du pouvoir royal par l'autorité divine, et, remarquons-le en passant, sauf à y revenir plus tard, sans l'intermédiaire du sacerdoce. C'est le roi qui est le prêtre, c'est lui qui offre l'encens ou les pains sacrés; c'est à lui que chaque dieu invoqué répond par cette légende, qui ne manque jamais : « Nous t'accordons

---

[1] Quand les pylônes, au lieu de servir d'encadrement à l'entrée du temple, sont ainsi isolés comme des arcs de triomphe, on les appelle *propylônes*.

la force, la puissance, la victoire, » etc. Souvent le dieu et le roi sont debout tous les deux et semblent presque traiter sur un pied d'égalité. Plus on étudie les monuments égyptiens, plus on est frappé de l'idée que la royauté participait, jusqu'à un certain point, du caractère de la divinité. Ici on en trouve une preuve frappante. Dans une salle de Gournah, on voit Ramsès Ier, le chef de la famille de ce nom, l'aïeul de Ramsès Sésostris, placé derrière Ammon, le grand dieu de Thèbes, recevoir, sous les emblèmes divins d'Osiris, avec lequel il semble identifié, les hommages religieux de son petit-fils.

J'aurai occasion de reparler souvent de ce culte des rois assimilés aux dieux par la religion ; je me contente d'en noter un remarquable exemple. Nous sommes bien loin de cette fameuse théocratie d'Égypte, de cet empire absolu des prêtres sur les rois dont il a été si souvent question. L'étude des monuments égyptiens peut, je pense, redresser beaucoup d'opinions légèrement formées et opiniâtrément transmises touchant l'état religieux et social de l'Égypte. Le témoignage des Grecs, surtout celui d'Hérodote, a son prix, mais le témoignage de nos yeux est encore plus sûr. A quelques égards, nous pouvons voir l'ancienne Égypte mieux qu'Hérodote ne l'a vue, car elle vit tout entière, mille fois reproduite, sur les parois des temples et des tombeaux. Or, les temples ne lui étaient pas aussi accessibles qu'à nous. Le temps, cet hiérophante universel, a fait tomber les portes qui se fermaient devant les pas des profanes ; il a fait entrer le jour dans les tombeaux où ni la lumière du ciel ni le pied de l'homme ne pouvaient pénétrer. Enfin nous ne sommes pas obligés, comme Hérodote, de nous en rapporter au témoignage des prêtres. Souvent nous pouvons lire ce qu'ils traduisaient à leur gré ; l'Égypte, pour Hérodote, était un livre fermé dont on lui racontait le contenu merveilleux ; pour nous, c'est un livre ouvert que nous commençons à déchiffrer.

De Gournah nous sommes allés faire visite non plus à une curieuse antiquité, mais à un docte antiquaire, M. Lepsius, si connu par ses importantes publications, et qui, à la tête d'une expédition scientifique envoyée par le gouvernement prussien, a parcouru l'Égypte et la Nubie jusqu'à Méroé. M. Lepsius est à Thèbes depuis plusieurs mois ; c'était une bonne fortune qu'une telle rencontre. Nous nous sommes empressés d'en profiter.

L'expédition prussienne est établie dans une petite maison que M. Wilkinson a eu la généreuse pensée de faire bâtir à mi-côte de la montagne qui sépare la plaine de Thèbes de la vallée des tombes royales, pour que ceux qui viendraient étudier les ruines pussent habiter ailleurs que dans leurs barques. Cette demeure est ainsi ouverte à qui veut l'occuper comme la tente de l'Arabe ; M. Wilkinson a montré que la civilisation européenne entendait l'hospitalité aussi bien que la barbarie du désert. Nous avons été très-cordialement accueillis, et M. Lepsius a bien voulu nous accompagner dans notre promenade archéologique; nous ne pouvions avoir un meilleur cicerone.

Nous sommes entrés d'abord dans le Ramesséum, situé au-dessous de sa demeure, et qu'il visitait en voisin. Il en a fait reconnaître par des fouilles et relever par des plans la disposition architecturale plus complétement qu'elle ne l'avait été jusqu'ici. Ce monument est important à plusieurs égards, d'abord parce qu'il a passé et qu'il passe encore auprès de plusieurs savants pour le fameux tombeau d'Osymandias, dont Diodore de Sicile fait une description si merveilleuse, et qui, à en croire les récits des voyageurs grecs rapportés par cet écrivain, aurait été à lui seul aussi vaste que les quatre plus grands monuments de Thèbes; mais M. Letronne a, selon moi, parfaitement montré que le tombeau d'Osymandias, tel que Diodore de Sicile le décrit, différait du Ramesséum par des traits essentiels [1], en sorte que le prétendu monument d'Osymandias serait invraisemblable et impossible, et tout juste aussi historique que le tombeau de Merlin. Ainsi le tombeau d'Osymandias avec sa bibliothèque, dont l'inscription : *Officine de l'âme*, a été imaginée,

---

[1] Voyez *Mémoires de l'Académie des inscriptions*, nouvelle série, t. IX, 317. M. Saint-Martin, qui croyait que le Ramesséum était réellement le tombeau d'Osymandias, pensait qu'on y trouverait le nom de ce roi, qui paraît être la forme altérée d'un vieux nom écrit *sment;* mais dans le Ramesséum on ne trouve que le nom de Ramsès.

je pense, d'après celle de la bibliothèque d'Alexandrie, avec ses pylônes de granit, ce qui est sans exemple, et surtout avec son fameux cercle astronomique en or de six cents pieds de circonférence et d'un pied et demi d'épaisseur [1], ce merveilleux tombeau n'a jamais existé que dans les fables intéressées des prêtres égyptiens et dans l'imagination crédule des voyageurs grecs.

Délivré des fausses dénominations dont on l'a affublé, le Ramesséum est évidemment un de ces monuments moitié palais et moitié temples, selon moi plus palais que temples, tels qu'en élevèrent sur les deux rives du Nil les rois de la dix-huitième et de la dix-neuvième dynastie. Ces monuments se composaient d'une suite de cours et de salles entourées ou remplies de colonnes, dans lesquelles on voyait tour à tour le Pharaon rendant un hommage religieux aux divinités locales de Thèbes, ou assis à côté d'elles et recevant les adorations de sa race. Celui-ci, élevé par Ramsès le Grand, était plein de sa mémoire. Les exploits du conquérant furent sculptés sur ces murailles, comme à Karnac et à Louksor. Un colosse en granit, de cinquante-trois pieds, le représentait assis sur son trône. Ce colosse est aujourd'hui brisé et gisant. Ce n'est pas

---

[1] Pockoke et Montucla ne croient pas plus que M. Letronne au cercle d'Osymandias. Montucla dit sagement : « J'espère que, dans ce siècle éclairé des lumières de la critique et de la philosophie, l'immense cercle d'Osymandias et l'observatoire de Bélus trouveront peu de croyance. » (*Histoire des mathématiques*, I, p. 54.)

le temps ou un accident fortuit qui a pu le mutiler ainsi ; il a fallu la main de l'homme et de puissants efforts. Tel qu'il est, c'est la plus grande ruine de statue qui existe ; son pied a plus de deux toises de long. Quand j'ai grimpé sur son bras, il m'a semblé gravir un rocher.

Le Ramesséum, dit Champollion, est peut-être ce qu'il y a ici de plus noble et de plus pur. M. Wilkinson dit qu'il peut rivaliser avec tout autre monument de l'art égyptien. C'est le Parthénon de Thèbes. Il mérite donc qu'on entre dans son intérieur pour admirer la grâce noble et chaste des colonnades. Ce n'est plus l'écrasante majesté de Karnac ; ce sont des dimensions modestes pour l'Égypte, et qui partout ailleurs seraient grandioses. La salle des panégyries ou assemblées solennelles n'est pas supportée par cent trente-quatre colonnes comme à Karnac, mais elle en offre encore trente, qui, comme le dit Champollion, charmeraient, par leur élégante majesté, les yeux même les plus prévenus contre tout ce qui n'est pas architecture grecque et romaine.

Dans cette salle, on voit sur un mur les vingt-trois fils de Ramsès avec leurs noms. Ses treize filles sont représentées dans un temple de Nubie. Ailleurs, une inscription hiéroglyphique, datée de la soixante-quatrième année de son règne, montre que sa vie a été longue. Beaucoup d'autres inscriptions, les bas-reliefs sculptés sur les parois des édifices de Thèbes et d'une foule d'autres localités, se réunissent pour nous apprendre qu'il fut un grand conquérant et pour nous faire connaître les noms des peuples qu'il a soumis. Nous avons trouvé à Louksor la date précise de ses victoires qui en accompagnait le récit et le tableau. Voilà déjà bien des choses enseignées par les hiéroglyphes, encore accusés de ne point renfermer d'histoire.

C'est aussi sur un pylône du Ramesséum que Ramsès est représenté recevant un hommage qui semble religieux, tandis qu'on porte devant lui les statuettes de dix-huit rois, dont le plus ancien est Ménès, le fondateur de la monarchie égyptienne, et dont le plus récent est Ramsès II lui-même, montrant par là qu'au bout de deux mille cinq cents ans, après dix-huit changements de dynastie et une invasion étrangère, il se regardait comme le légitime successeur de Ménès, que la famille nouvelle et glorieuse des Ramsès rattachait son pouvoir à cet antique roi.

A peu de distance du Ramesséum, on trouve un vaste emplacement semé de débris que le limon du Nil a enfouis en partie et que recouvrent les hautes herbes, mais qui cependant reparaissent par intervalle. Ces tronçons de colonnes et ces fragments de statues gigantesques sont les restes du palais de Memnon. C'est le nom donné par les Grecs au Pharaon Aménophis III, de la dix-huitième dynastie, qui avait élevé un édifice sur cette rive, comme il en avait élevé un sur l'autre rive, à Louksor. Le premier a été ren-

versé, et cette destruction n'est pas facile à expliquer.
Il ne reste plus de l'Aménophium de la rive gauche
que les deux colosses, encore intacts, assis au milieu
de la plaine de Thèbes qu'ils remplissent de majesté.
Tous deux sont le portrait du même roi. Celui qui est
le plus au nord, célèbre par les sons qu'il rendait au
lever de l'aurore, a été fameux sous le nom de statue
de Memnon.

Les bas-reliefs et les hiéroglyphes sculptés sur les
trônes des deux colosses sont d'une perfection achevée. Champollion a dit des derniers : Ce sont de véritables camées d'un pied de haut. Soixante-douze inscriptions latines et grecques, les unes en prose, les
autres en vers, couvrent la jambe énorme de la statue.
Pour les lire, on monte sur le pied, qui a un mètre
d'épaisseur. Ces inscriptions sont des *souvenirs* laissés
par de nombreux visiteurs qui tous affirment avoir
entendu la merveilleuse voix. Parmi ces inscriptions,
beaucoup sont insignifiantes, quelques-unes sont touchantes ou curieuses, et d'autres sont ridicules. On
remarque, au milieu de ces noms obscurs, le nom de
l'empereur Adrien et celui de Sabine, son épouse.
Quelquefois le miracle n'a pas eu lieu au moment où
on l'attendait, il a fallu revenir à plusieurs reprises.
Je remarque aussi que les mois dans lesquels les voyageurs sont venus saluer Memnon sont précisément les
mois de l'automne, de l'hiver ou du printemps, ceux
pendant lesquels les touristes modernes font le voyage

d'Égypte comme les touristes anciens, et par la même raison. Plusieurs fois la pensée des absents est rappelée d'une manière aimable. Un certain Aponius trace le nom de sa femme à côté du sien, et s'écrie : Que n'est-elle près de moi! Une grande dame de la suite de l'impératrice Sabine nous a gratifiés de plusieurs pièces de vers écrites dans le dorien le plus pédantesque, où elle a trouvé le moyen de nous faire connaître sa généalogie et d'apprendre à l'avenir qu'elle descendait du roi Antiochus. Je tire ces particularités de l'excellent travail de M. Letronne sur ces inscriptions. On ne peut aujourd'hui venir saluer le colosse sans rendre hommage à celui qui a composé sur la statue vocale de Memnon une dissertation remplie d'une érudition aussi piquante que solide. Voici à peu près ce dont il s'agit dans cette dissertation. Quelle a pu être la cause de ce bruit singulier attesté par plusieurs auteurs de l'antiquité, et, ce qui ôte toute espèce d'incertitude, par soixante-douze témoins auriculaires, parmi lesquels sont l'empereur Adrien et l'impératrice Sabine? Pourquoi ce bruit a-t-il cessé? Enfin, pourquoi la statue d'Aménophis III, roi d'Égypte, s'est-elle appelée la statue de Memnon, héros grec et fils fabuleux de l'Aurore? Tout en répondant à ces différentes questions de la manière la plus satisfaisante, M. Letronne a rencontré plusieurs résultats extrêmement curieux et assez inattendus. D'abord l'étude des inscriptions et divers passages des écrivains anciens prouvent que le son rendu par la statue au lever de l'aurore n'a commencé à se faire entendre que vers l'époque de Néron, peu de temps après qu'elle eut été en partie brisée par un tremblement de terre, et n'a plus été entendu depuis que Septime Sévère, dans son zèle dévot pour le paganisme et probablement dans le désir de faire pièce au christianisme, eut restauré le colosse mutilé. Il s'attendait qu'après cette restauration le dieu ne se bornerait plus à exhaler un son fugitif, mais rendrait de véritables oracles comme on imaginait qu'il en avait autrefois rendu; mais, voyez le malheur! la vibration sonore, cause naturelle du phénomène, ne se reproduisit plus après que le colosse eut été réparé. Sans le vouloir, Septime Sévère y avait mis, comme dit M. Letronne, une *sourdine*. Aussi, depuis lors, plus d'inscriptions, plus de sons extraordinaires célébrés par les voyageurs comme des sons divins. Brisée, la statue parlait; entière, elle fut muette.

Quant au nom de Memnon donné à la statue d'Aménophis, qu'au reste Pausanias et les auteurs de plusieurs inscriptions savaient fort bien s'appeler Amenoph ou Phamenoth, M. Letronne y voit avec une extrême vraisemblance une confusion reposant, comme tant d'autres confusions de la mythologie grecque et de beaucoup de mythologies, sur une ressemblance de sons, et, pour trancher le mot, sur une sorte de calembour. Memnon, fils de l'Aurore, était un héros de la tradition homérique. Sa qualité de roi des Éthiopiens fit chercher sa trace en Égypte. Or, à Thèbes, un quartier de la ville, celui-là même où est placé le colosse, s'appelait *Memnonium*. Dès lors le colosse du Memnonium fut Memnon, et, comme la vibration sonore déterminée par le brusque passage de la température nocturne à la température du jour produisait fréquemment son effet vers l'heure où se lève le soleil, l'imagination des Grecs, dans sa crédulité toujours ingénieuse, s'avisa qu'au lever de l'aurore, Memnon saluait sa mère. Voilà comment d'un fait très-simple, mais dont ils ne connaissaient pas l'explication, les anciens faisaient une fable; voilà comment la science actuelle, sans avoir recours, comme la philosophie du dernier siècle, à l'éternelle supposition des prêtres imposteurs qu'on n'a pas manqué d'alléguer ici, explique les croyances de l'homme par la nature de ses facultés. L'homme se trompe plus souvent qu'il n'est trompé; c'est à peine si de nos jours il commence à se demander compte de la réalité des faits avant de les admettre. Pendant de longs siècles, il fut crédule aux autres et encore plus à lui-même. Il n'était pas besoin des combinaisons profondes d'une théocratie menteuse pour lui imposer des erreurs; pour forger les plus étranges, c'était assez de son imagination et de son ignorance.

Il nous reste à voir encore un grand ensemble de

ruines, le Karnac de la rive gauche, Médinet-Habou. L'ensemble des édifices de Médinet-Habou se compose de deux groupes de monuments. Ici, comme à Karnac, comme à Louksor, on voit en présence l'élégante architecture du temps des Thoutmosis et l'architecture majestueuse de l'âge des Ramsès. A côté d'un petit temple de Thoutmosis III, Ramsès III, appelé Meiamoun, aussi grand conquérant que ses aïeux Ramsès le Grand et Séthos, a élevé des bâtiments immenses précédés d'un palais qu'on appelle son *pavillon*. Ces deux architectures, au lieu d'être placées l'une à la suite de l'autre comme à Karnac et à Louksor, sont donc ici placées côte à côte. Nous terminerons notre examen de Médinet-Habou par l'étude de cette royale habitation de Ramsès Meiamoun et du grand édifice composé de plusieurs salles ou plutôt de plusieurs cours dans lesquelles il a représenté les magnificences de ses triomphes. Nous allons le commencer par tout ce qui, dans la construction de Médinet-Habou, n'appartient pas à Ramsès Meiamoun, le principal fondateur.

Cette portion pour ainsi dire accessoire est en partie plus ancienne et en partie plus moderne que lui. Ce qu'il y a ici de plus ancien est le petit temple de Thoutmosis III auquel conduisent : 1° une cour extérieure, construite sous l'empereur Antonin; 2° un pylône, qui porte le nom de deux Ptolémées; 3° une seconde cour, où on lit le nom d'un roi éthiopien, nom qui a été effacé par Nectanébo, le dernier des Pharaons et le père fabuleux d'Alexandre. Quelle variété de souvenirs ! comme on passe brusquement d'un siècle à un autre siècle, d'un peuple et d'une dynastie à un autre peuple et à une autre dynastie ! Et c'est grâce à la lecture des hiéroglyphes que la pensée peut faire ces voyages de siècles en allant d'une ruine à celle qui la touche immédiatement, comme en géologie on parcourt des milliers d'années en passant d'une roche à la roche superposée. Avant la découverte de Champollion, les monuments de la douzième dynastie et de la vingt-sixième, les monuments élevés par les conquérants éthiopiens, les rois grecs et les empereurs romains, étaient tous des *monuments égyptiens*; mais aujourd'hui on distingue sur-le-champ les époques et les origines. On lève les yeux sur un cartouche, et l'on sait immédiatement à quel temps, à quel peuple, à quel roi appartient l'édifice en présence duquel on se trouve; on fait un pas, et l'on voit qu'on a franchi vingt siècles; on s'oriente au sein des âges.

Ayant l'avantage de parcourir les ruines de Médinet-Habou avec M. Lepsius, nous étions sûrs qu'aucun détail de leur structure ne nous échapperait. Il nous a indiqué plusieurs remaniements et surcharges opérés sur des noms anciens par des personnages plus modernes; ce sont des révélations de l'histoire. La plus curieuse remarque en ce genre est celle qu'il a faite de certains noms d'anciens rois qui ont été réparés sous les Ptolémées : les hiéroglyphes ainsi récrits ont un caractère beaucoup plus moderne que l'époque à laquelle appartient le roi dont ils retracent le nom. C'est une preuve singulière, et qui n'est pas unique, de la prétention qu'avaient les Ptolémées de continuer les Pharaons.

Au-dessus de cette confusion de ruines et de souvenirs s'élèvent et dominent à Médinet-Habou les édifices construits par ce descendant de Ramsès le Grand, cet autre Ramsès, qui fut grand aussi, qui fut aussi conquérant, et qu'on désigne sous le nom de Ramsès Meiamoun[1]. On trouve d'abord ce qu'on appelle le *pavillon* de ce prince. Ce petit palais, mieux qu'aucun autre en Égypte, nous donne l'idée de ce qu'était une résidence royale. Au dehors, des consoles soutenues par des cariatides lui donnent un air d'élégance inaccoutumé; sur un mur est représenté un tableau d'intérieur, une scène de harem : on voit Meiamoun entouré de jeunes filles ou de jeunes femmes dans des attitudes gracieuses, mais chastes; le roi joue avec l'une d'elles à une espèce de jeu dont les pièces participent de la nature des échecs par la figure et de la nature des dames par l'uniformité. Des objets semblables à ceux qui sont dessinés ici ont été trouvés

---

[1] Cette désignation n'est pas très-fondée, car elle pourrait s'appliquer tout aussi bien à Ramsès II ou le Grand, qu'à Ramsès III; mais l'usage l'a consacrée, et elle a l'avantage de distinguer nettement les deux Ramsès.

dans les tombes; on a trouvé aussi l'échiquier. Est-ce pour avoir vu ce jeu en Égypte que Platon a dit que les échecs avaient été inventés par le dieu Thot?

En avançant vers le grand palais de Ramsès Meiamoun, on passe bientôt des proportions élégantes d'une maison de plaisance royale à la majesté d'un édifice de représentation solennelle; à la demeure intime de l'homme succède la résidence publique du Pharaon. Un grand pylône, dont les bas-reliefs rappellent les campagnes du roi et dont les inscriptions contiennent les noms des peuples qu'il a vaincus, conduit dans une première cour bordée à gauche par une colonnade, à droite par une galerie que forment des piliers à figure humaine. Après avoir traversé cette première cour, où des chapiteaux imitant la fleur du lotus[1] semblent s'épanouir à la surface du sol amoncelé autour des colonnes enfouies à demi; après avoir franchi un second pylône, on arrive à une seconde cour entourée d'un péristyle soutenu ici par de magnifiques colonnes, là par de puissantes cariatides; cette cour est une des merveilles de l'Égypte. Nulle part, même à Karnac, la grandeur des Pharaons n'est représentée par une suite de bas-reliefs aussi remarquables que ceux de la grande cour de Médinet-

---

[1] Il n'est pas bien sûr que ce soit la fleur du lotus que les Égyptiens aient reproduite dans les chapiteaux de leurs colonnes. Il règne encore une grande incertitude dans la botanique architecturale et hiéroglyphique des anciens Égyptiens.

Habou. Sur le mur méridional du péristyle, le Pharaon triomphe de ses ennemis par les armes, et, assis sur son char dans la tranquille majesté du triomphe, il voit entasser devant lui des mains coupées et les résultats d'une autre sorte de mutilation exercée sur les vaincus[1]. Sur le mur opposé, la royauté conquérante des Ramsès a déployé toute sa magnificence. La pompe royale, représentée sur ce mur du péristyle, est en ce genre ce que les antiquités égyptiennes offrent de plus imposant. On voit le Pharaon porté en triomphe dans une châsse comme une divinité, entouré de sa cour et des chefs de son armée, tour à tour encensé comme dieu et brûlant lui-même l'encens sur l'autel d'Horus. C'est évidemment la représentation d'une cérémonie destinée à célébrer le couronnement du roi, une sorte de sacre triomphal. Pour l'analyse de ce tableau, qui n'offre pas moins de deux cents personnages, je ne puis que renvoyer à la description exacte et animée de Champollion[2].

Des colonnes corinthiennes, débris d'une église chrétienne, s'élèvent au milieu de la cour si bien conservée de Médinet-Habou. L'édifice antique est intact; c'est la ruine qui est moderne.

Les murs extérieurs de la grande cour de Médinet-Habou sont couverts de bas-reliefs comme les murs

---

[1] Quelque chose d'analogue a lieu encore aujourd'hui chez les Gallas d'Abyssinie. Voyez le *Voyage* de M. Rochet-d'Héricourt.
[2] *Lettres*, p. 243 et suivantes.

intérieurs. Sur la paroi du sud est un calendrier sacré contenant l'indication des fêtes de chaque mois, c'est-à-dire un tableau complet de la vie religieuse des Égyptiens ; mais ce curieux document est en partie enfoui sous le sol amoncelé contre le mur. Le déblayement serait facile. On en peut dire autant de plusieurs des tableaux de la paroi septentrionale, qui représentent les divers événements d'une campagne entreprise par Ramsès Meiamoun, dans la onzième année de son règne, contre plusieurs peuples asiatiques dont les noms se trouvent dans le récit hiéroglyphique gravé au-dessus des bas-reliefs. Il y a là une grande page d'une histoire inconnue à mettre en lumière.

Enfin il y aurait un autre déblayement à faire dont l'importance n'est pas moins évidente. Les deux cours dont j'ai parlé formaient les abords magnifiques du bâtiment de Médinet-Habou. Ce bâtiment lui-même est rempli de terre et de débris, on n'y a jamais pénétré. Après les deux péristyles entourant une cour sans toit devait venir une salle couverte comme celle de Karnac, remplie aussi de colonnes et, à en juger par ce qui précède, digne de lui être comparée. C'est là ce qui est encombré, ce que la pelle et la pioche pourraient facilement, dans un pays où la main-d'œuvre est pour rien, rendre à la clarté du jour et livrer à la curiosité savante de l'Europe. Ce qui donnera peut-être une idée de l'étendue de la plate-forme couvrant la partie encore inexplorée de Médinet-Habou, c'est qu'un village a été bâti sur cette plate-forme; il est maintenant abandonné, et les huttes de terre des Arabes sont devenues à leur tour des ruines; ces ruines misérables déshonorent les grandes ruines qui les portent.

24 janvier.

Nous avons vu les cinq monuments principaux de Thèbes, dont chacun renferme plusieurs monuments : sur la rive droite du Nil, Karnac et Louksor; sur la rive gauche, Gournah, le Ramesséum et Médinet-Habou. Ces cinq édifices ont servi de demeures aux vivants. Aujourd'hui nous irons faire visite aux morts. Nous visiterons la nécropole, cette ville des tombeaux qui, placée à côté de Thèbes pour recueillir les cadavres de ses habitants, a dû être bientôt plus peuplée qu'elle, car la nécropole recevait toujours sans rien rendre et sans rien perdre. Assurer la perpétuité du corps, symbole peut-être de l'immortalité de l'âme, c'était, on le sait, le grand but des Égyptiens. Pour les corps qu'ils voulaient défendre de la destruction, il fallait créer des demeures impérissables. C'était chez eux, comme l'a dit madame de Staël, « un besoin de l'âme de lutter contre la mort, en préparant sur cette terre un asile presque éternel à leurs cendres[1]. »

[1] Le mot *cendres* est pris ici dans un sens très-général et comme dans une acception poétique. Madame de Staël savait parfaitement que

Les premiers rois avaient imaginé les pyramides ; mais les pyramides elles-mêmes peuvent être détruites par la main de l'homme. Naguère l'une d'elles a failli succomber sous les instruments de la civilisation mis au service de la barbarie. Il était plus sûr encore d'abriter ses restes dans le sein de ces pyramides naturelles qui dominent la plaine de Thèbes, de ces montagnes calcaires qui, entièrement dépourvues de végétation, ne recevant jamais l'eau du ciel, n'étant traversées par aucune source, offrent toutes les garanties possibles de permanence et d'*indestructibilité*. Aussi, c'est là que sujets et monarques ont voulu reposer dans des grottes souterraines qui souvent sont des habitations spacieuses. La montagne qui regarde Thèbes, du côté de l'ouest, est criblée de tombeaux dont les hôtes, comme on le voit par les inscriptions hiéroglyphiques, appartenaient tous aux classes élevées de la société. Où étaient enfouis les morts d'une condition obscure ?

L'asile sépulcral des Pharaons était plus mystérieux, plus séparé du monde des vivants. Pour l'atteindre, il faut franchir cette montagne de l'ouest, et on ne peut le faire qu'avec assez de fatigue. Alors on arrive dans la vallée des Rois, gorge d'un aspect sévère, où rien ne rappelle la vie, et qui n'est habitée et habitable que par la mort. Là, dans le sein du roc, dans les profon-

les Égyptiens ne brûlaient pas les morts ; mais elle a trouvé *leurs cendres* plus élégant et plus harmonieux à la fin de la phrase que *leurs restes*.

deurs du sol calcaire, sont creusés des palais souterrains composés d'un grand nombre de chambres et formés quelquefois de plusieurs étages. Ces palais, dont tous les murs sont couverts d'hiéroglyphes et de peintures, et resplendissent aux flambeaux des couleurs les plus brillantes, ce sont les *tombeaux des rois*.

Pour arriver dans cette vallée funèbre, on passe auprès d'un groupe de ruines qui, par diverses raisons, offre un assez grand intérêt et sur lequel je reviendrai. Ce lieu s'appelle *El-Assasif*. Je me bornerai à signaler maintenant une belle porte de granit élevée par la reine Ra-ma-ka, cette sœur de Thoutmosis, dont nous avons déjà lu le nom sur un obélisque de Karnac. Ici, Thoutmosis III a effacé le nom de sa sœur et lui a substitué le sien; seulement il a laissé subsister la terminaison féminine de tous les mots qui, dans la suite de l'inscription, se rapportent au nom effacé. Pendant longtemps cette usurpation n'a pu être reconnue; mais Champollion étant venu indiquer, dans sa grammaire, quel était dans l'écriture hiéroglyphique le signe du féminin, on a pu rendre à la reine Ra-ma-ka son monument, tandis que l'incomplète mutilation opérée ici et ailleurs par Thoutmosis III, son frère et son époux, indique entre eux des luttes politiques dont la guerre de leurs cartouches a seule conservé l'histoire.

Près de l'Assasif est un tombeau creusé dans la

montagne et qui a trois étages. Il est plus vaste qu'aucun des tombeaux des rois. Cependant ce n'est pas le tombeau d'un roi, mais seulement celui d'un prêtre nommé Pétemenof. Les sculptures et les hiéroglyphes qui couvrent les murs des galeries et des chambres sont d'une grande perfection. On voit là ce qu'étaient à Thèbes certaines existences sacerdotales. L'étendue occupée par la demeure funèbre de ce Pétemenof est évaluée par Wilkinson à plus de 20,000 pieds carrés ou à un acre un quart. Contre l'ordinaire, on n'y voit point figurer les membres de sa famille; je n'y ai trouvé que le nom de sa mère; il était donc à peu près seul dans son grand tombeau. Jamais créature humaine n'a occupé plus d'espace après sa mort que ce prêtre de Thèbes. — On voit qu'Hérodote a eu raison de dire que les Égyptiens ne cherchaient point à donner de la durée à leurs maisons, parce que la vie est passagère, mais à leurs tombeaux, parce que la mort est éternelle. On n'a pas trouvé dans Thèbes les traces d'une maison, et on y trouve des tombeaux par milliers.

Dans un second séjour j'étudierai en détail les tombes des particuliers, si intéressantes pour mes recherches sur l'organisation de la famille et sur l'hérédité des professions, et par suite sur la séparation absolue des castes, à laquelle je crois moins à mesure que je vois plus de monuments, quoi qu'en aient dit tous les auteurs anciens et modernes qui ont parlé de l'Égypte.

Aujourd'hui je ne veux prendre de Thèbes qu'une vue d'ensemble, et je me hâte de la compléter en franchissant la montagne de l'ouest pour aller dans la vallée des Rois. Là aussi j'ajournerai tout examen détaillé jusqu'à mon retour; je ne ferai cette fois qu'indiquer la disposition générale des monuments extraordinaires que je vais visiter.

Ces monuments se trouvent tant dans la vallée parallèle au Nil que dans une vallée adjacente moins fouillée et qui semble avoir été le lieu de sépulture des Pharaons de la dix-huitième dynastie, comme l'autre était destinée à recevoir ceux de la dix-neuvième. Ainsi, ces deux grandes dynasties, celle de Thoutmosis et celle de Ramsès, que nous avons vues, à Karnac, à Louksor, à Médinet-Habou, élever, l'une auprès de l'autre, l'architecture rivale de leurs palais, avaient choisi chacune son vallon de mort pour y construire cette autre architecture plus singulière et plus durable encore, ces palais funèbres qui ont pour murs les solides parois de la montagne, demeures magnifiques et mystérieuses dont, pendant tant de siècles, les splendeurs n'ont été ni éclairées par un rayon de lumière ni contemplées par un œil humain. En effet, chose étrange! ces galeries, ces salles nombreuses, étaient creusées dans le roc avec beaucoup de travail et d'effort; des légendes innombrables, des figures de dieux, d'hommes, d'animaux, des scènes de la vie et de la mort étaient sculptées et peintes avec un grand soin sur les parois souterraines, où pas une place ne restait vide ; et quand tout était fait, quand on avait mis le mort dans son sarcophage de granit, on fermait l'entrée, et on le laissait seul en possession de ces merveilles patientes, qui n'étaient destinées qu'à lui.

Cependant on pénétrait quelquefois dans cette nuit ; peut-être la piété des successeurs allait-elle honorer les aïeux. Ce qu'il y a de certain, c'est qu'à l'époque gréco-romaine, les tombeaux des rois furent visités, comme ils le sont de nos jours, par des curieux qui ont laissé, dans une centaine d'inscriptions, les traces de leur passage. En général, ces inscriptions expriment l'admiration qu'a fait éprouver aux voyageurs l'aspect des *syringes*, c'est le nom que les Grecs donnaient à ces demeures souterraines. Seul, un certain Épiphanius a pris ses mesures pour que la postérité n'ignorât pas qu'il était un sot[1].

Depuis ces visiteurs de l'antiquité, les tombeaux des rois, dont les abords étaient presque tous enfouis sous les éboulements de la montagne, ne reconquirent toute leur célébrité que le jour où l'intrépide Belzoni tourna vers eux l'attention de l'Europe, en découvrant

---

[1] M. Wilkinson, qui cite l'inscription, t. II, 210, en traduisant cette ligne de celui qu'il appelle *the morose old gentleman* : « je n'ai rien admiré *que la pierre*, » croit que ce dernier mot se rapporte au sarcophage voisin de l'inscription. Il me semble évident que *la pierre*, veut dire ici *la statue*, c'est-à-dire la statue de Memnon. Elle est souvent désignée ainsi dans d'autres inscriptions.

le plus beau de tous, celui du père de Ramsès le Grand, de Séthos, qui a élevé la salle gigantesque de Karnac. Ainsi ce nom se trouve écrit à Thèbes sur le plus grand édifice et dans le plus magnifique tombeau.

Vingt et un tombeaux ont été retrouvés. Strabon dit que, de son temps, on en connaissait quarante. Nous en sommes donc seulement à la moitié des découvertes qu'il est permis d'espérer. Il y a, je crois, beaucoup à attendre de la vallée adjacente où étaient les Pharaons de la dix-huitième dynastie, et où l'on n'a encore trouvé que le tombeau d'Aménophis-Memnon et celui d'un de ces rois qui adoraient le Soleil sous l'emblème d'un disque dont les rayons sont terminés par des mains. Ces rois eux-mêmes, on le sait, viennent s'intercaler dans la dix-huitième dynastie, sur les autres monuments de laquelle leurs propres monuments tranchent d'une manière si remarquable par le type physique des personnages, presque semblables à des femmes, et par le caractère de l'art plus libre et plus vivant qu'il ne l'est nulle part en Égypte. Il y a donc encore là de belles trouvailles à faire. J'étais saisi d'une véritable émotion en contemplant ces rocs arides et en me disant que dans leur intérieur, séparées de moi peut-être par quelques pelletées de pierres et de débris, étaient d'immenses salles remplies de peintures, couvertes d'hiéroglyphes; que dans ces ténèbres inexplorées se cachaient encore peut-être les enseignements les plus curieux et les plus merveilleux spectacles. Heureux qui, pénétrant dans ces ombres, pourra dire : Que la lumière soit!... Et la lumière sera, et un monde sortira de la nuit.

Cet enthousiasme fera peut-être sourire le lecteur, mais il le partagerait, j'en suis sûr, s'il venait comme moi de pénétrer successivement dans une douzaine de ces prodigieux tombeaux. Plus tard je dirai quelque chose de chacun d'eux ; aujourd'hui je n'en décrirai aucun en particulier, mais je voudrais communiquer, autant qu'il est possible, le sentiment d'admiration et d'étonnement dont le premier coup d'œil m'a rempli. En pénétrant dans l'intérieur d'un tombeau royal, on trouve en général une pente, tantôt douce, tantôt rapide, quelquefois même escarpée. Le nom du Pharaon est écrit près de l'entrée. Des deux côtés du corridor incliné, d'immenses inscriptions hiéroglyphiques se déroulent sur les murailles ; à droite les lignes marchent dans un sens, à gauche elles marchent dans le sens opposé ; de sorte que la lecture de ces inscriptions, dont l'étendue représente des volumes, peut se faire en descendant dans la demeure funèbre et en remontant de ses profondeurs vers la lumière du jour. Ces volumes d'hiéroglyphes ne se déchiffrent pas encore couramment, il s'en faut ; mais on voit que ce sont des prières semblables à celles qui se lisent sur les papyrus funéraires et sur les caisses de momies. C'est un long office des morts à l'intention du roi pour lequel a été creusé le tombeau. En avançant, les représentations figurées se montrent parmi les inscriptions hiéroglyphiques. C'est toujours, comme dans les papyrus funéraires, mais sur une échelle infiniment plus considérable, l'histoire de l'âme après la mort, le tableau des épreuves qu'elle doit subir, des jugements qui sont prononcés sur elle par les dieux et par une foule de génies à tête d'homme, de quadrupède, d'oiseau et de serpent. Les âmes auxquelles est imposé ce long et terrible pèlerinage traversent le feu et l'eau, s'arrêtent dans des lieux paisibles parmi des arbres et des moissons, puis continuent leur marche souvent à travers les supplices. Ici on les voit mutilées et décapitées; plus loin elles ont retrouvé leurs membres et leurs têtes. On avance, comme Dante, cheminant à travers les cercles de l'enfer ; seulement tout cet enfer semble marcher avec vous et tendre vers un but mystérieux. Quel est ce but? peut-il être deviné par nous? pouvait-il être atteint par elles? ou étaient-elles destinées à aller et à revenir ainsi sans repos et sans fin, sans sortir jamais du cercle infini de l'existence et de la douleur? Ce sont là des questions que je me pose avec une ardente curiosité et une sorte d'effroi en descendant et en remontant ces longues galeries. Peut-être, quand je serai revenu plusieurs fois dans ces lieux que je ne fais que traverser aujourd'hui, trouverai-je une réponse à ces questions formidables. Je ne fais à cette heure que recueillir l'impression de l'ensemble, impression sublime que j'affaiblirais en cherchant à l'analyser. A peine si je remarque les chambres latérales qui, dans plusieurs tombeaux, s'élèvent des deux côtés de la galerie souterraine. Je reverrai ces chambres dont chacune mérite d'être étudiée à part. Je ne m'arrête que dans la dernière, celle où était le sarcophage du monarque et où on le retrouve souvent encore aujourd'hui. Ici sont déployées toutes les magnificences de la mort et toutes les splendeurs de la vie future. Les plafonds sont étincelants de la clarté des étoiles, parmi lesquelles rayonne le soleil de l'autre monde, image du Pharaon qui, parvenu au séjour de la lumière, voyage parmi les astres dans la barque divine à travers les cieux.

Encore étourdis de ces merveilles, nous sommes allés profiter de l'invitation hospitalière de M. Lepsius, qui, entouré des membres de l'expédition prussienne, nous a reçus dans l'habitation préparée pour les étrangers par la généreuse prévoyance de M. Wilkinson. J'accablais M. Lepsius de questions, auxquelles il ne m'a pas semblé répondre avec une discrétion trop exagérée. Il nous a montré de fort beaux dessins. Je ne voudrais pas affirmer que ce fût précisément ce que ses portefeuilles contenaient de plus neuf et de plus curieux; mais tout a été offert avec courtoisie et accueilli avec gratitude. Je n'ai pas touché, sans un certain respect, ce livre *des Rois*, commencé par lui avant son voyage d'Égypte, et qui contient une collection de noms royaux plus complète qu'aucune autre ne peut l'être, et un ensemble de chronologie égyptienne depuis l'ancien roi Ménès jusqu'à Septime Sévère. Cette série va plus loin encore, car M. Lepsius ne s'arrête pas à ce nom, le dernier qu'eussent trouvé écrit en hiéroglyphes Champollion et ses autres successeurs. M. Lepsius a été assez heureux pour découvrir, dans un petit temple de Thèbes où Champollion avait trouvé le nom d'Othon, les noms de Galba, de Pescennius Niger, et, ce qui est plus important, de l'empereur Dèce. Par cette découverte, M. Lepsius prolonge la série hiéroglyphique d'un demi-siècle au delà de Septime Sévère, où elle s'arrêtait jusqu'ici. On a donc une suite de monuments et d'inscriptions qui s'étendent depuis 2500 avant Abraham jusqu'à 250 ans après Jésus-Christ. Il n'y a rien de semblable dans les annales humaines.

Il fallait tout l'intérêt que m'inspiraient les doctes confidences de M. Lepsius pour m'empêcher d'être distrait par le magnifique spectacle que j'avais sous les yeux. Le soleil, disparaissant derrière nous, éclairait encore de ses reflets la plaine de Thèbes, silencieuse à nos pieds. Du point où j'étais placé, je l'embrassais tout entière. Mes yeux tombaient d'abord sur les deux colosses assis majestueusement au milieu de la campagne solitaire dont ils semblaient les rois muets. Le soleil, couché déjà pour la plaine, venait frapper leur dos et leur tête de sa lumière rouge et duré, comme il éclaire encore un sommet de montagne quand les vallées sont dans l'ombre. Ces colosses semblaient se recueillir aux approches de la nuit qui allait les envelopper. Je pouvais de loin reconnaître les cinq grandes masses de ruines qui s'élèvent sur les deux rives du Nil comme des montagnes de souvenirs. La colline que je foulais aux pieds, je la sentais elle-même toute pleine de tombeaux, toute creusée de sépulcres. Derrière moi je voyais encore en esprit ces immenses palais de la mort où j'avais erré pendant plusieurs heures; Thèbes m'était donc présente tout entière. A cette heure solennelle, l'image de Rome, qui s'était offerte à moi la première en arrivant, me revenait en mémoire; mais maintenant que j'avais vu Thèbes, que je pouvais évoquer par la pensée toutes ces ruines de temples, de palais, de colosses, de siècles, Rome ne me semblait plus égale à mes impressions, à mes souvenirs, et je me suis écrié : Thèbes, c'est Rome en grand !

VII

HAUTE ÉGYPTE

SILSILIS — OMBOS — SYÈNE — PHILÆ

---

25 janvier.

Avant de quitter Thèbes, pour continuer à remonter le fleuve, j'ai écrit à M. de Chateaubriand, qui m'avait demandé de lui parler *des oiseaux du Nil :*

« Je suis à Thèbes, et j'écris à Chateaubriand ; que placer entre ces deux noms qui ne soit indigne d'eux? Tenterai-je de décrire cette Rome de la Thébaïde à celui qui a si admirablement peint Rome et la Thébaïde? Vous parlerai-je, monsieur, de mes chers hiéroglyphes? Hélas! vous y croyez médiocrement. Dois-je vous entretenir des antiques dynasties qui ont passé sur cette terre, des ruines qui la couvrent? Après avoir contemplé dans le passé et dans le présent la chute de tant de dynasties et d'empires, après avoir médité sur tant de ruines et de souvenirs, vous ne devez pas vous intéresser beaucoup à un spectacle si souvent renouvelé. Chrétien avant tout, les plus grandes destinées vous semblent petites, parce que vous les mesurez avec ce qui est infini. A cette hauteur, les choses de l'homme ne vous atteignent plus, mais les scènes de la nature vous touchent toujours. Aussi, quand je suis allé visiter Athènes, ne m'avez-vous point parlé de cette Grèce nouvelle, qui cependant est en partie votre ouvrage; mais vous m'avez chargé d'aller visiter de votre part les abeilles du mont Hymette, qui se souviennent de Platon et de vous, et, quand je suis venu dans ce pays, vous m'avez recommandé les *oiseaux de l'Égypte*. Il y aurait beaucoup à en dire, monsieur; mais il faudrait la plume de Bernardin de Saint-Pierre, à défaut de la vôtre, pour peindre cette multitude ailée au milieu de laquelle je vis depuis trois mois, habitant du Nil comme elle. Je me bornerai à quelques traits, et votre imagination fera le reste.

« Partout la plage, les îlots, les rochers, sont couverts d'une foule d'oies blanches et noires, qui tout à coup s'élèvent, tourbillonnent, se répandent dans l'air comme un nuage ou une fumée. Des escarpements sont noircis par d'innombrables cormorans, qui s'envolent en tumulte quand un coup de fusil les détache par milliers des parois abruptes qu'ils tapissaient.

« Aux approches de la nuit, on aperçoit, immobile

auprès du rivage, le pélican appelé le *chameau du Nil*, et qui jette un cri singulier dans les ténèbres. Cependant, le long du bord, les bergeronnettes sautillent et les huppes marchent en frétillant d'un air coquet. Sur les branches de palmier roucoulent les tourterelles, celui des oiseaux qui, selon les musulmans, aime le plus Allah, parce qu'il murmure en hochant la tête comme un musulman qui fait le *zikr*. Un des plus jolis oiseaux de ce pays, ce sont les hérons blancs. Souvent j'en ai vu plusieurs perchés sur la tête d'un buffle noir, étrange sous cet éblouissant panache. J'en ai vu aussi une douzaine étagés sur un palmier qui semblait porter de grandes fleurs blanches. Vous étiez surtout curieux des oiseaux qui hantent les ruines, et vous aviez bien raison, car ils les accompagnent et les ornent admirablement. Jamais je ne me suis trouvé le crayon à la main, recueillant une inscription hiéroglyphique, sans être distrait par quelque incident pittoresque et poétique produit par eux et sans me rappeler ce que vous me disiez avant mon départ de l'effet que les oiseaux d'Égypte devaient produire au milieu des débris. Tantôt c'est le vautour blanc qui plane sur la tête du colosse de Memnon ; tantôt c'est l'épervier sacré, le dieu Horus *aux yeux d'or*, qui vient en personne se poser sur sa propre statue, ou enfin, comme faisant contraste à ces grands effets, c'est le babil infatigable des moineaux blancs et noirs, compagnons ordinaires de mes études dans tous les temples, ou le roucoulement amoureux des pigeons que je voyais hier à Hermonthis voltiger autour des architraves d'un temple bâti par Cléopâtre : double souvenir de Vénus. Voilà quelques images saisies en passant et esquissées sur des feuilles d'album que je déchire et que je vous envoie ; pardon d'avoir été si mauvais peintre et d'avoir fait un portrait si indigne de vos protégés. Il me faudrait maintenant leurs ailes pour me porter près de vous. »

Hermonthis.

Hermonthis, dont je parle dans la lettre qu'on vient de lire, est la première station au-dessus de Thèbes ; par terre, c'est une distance de deux lieues environ. On passe auprès du temple qui porte dans l'ouvrage de la commission d'Égypte le nom de *temple situé à l'extrémité de l'hippodrome*. Cet édifice présente une configuration singulière. Un corridor, dans lequel donnent des chapelles latérales, fait le tour du sanctuaire. L'architecture est du temps des empereurs. C'est là que Champollion a trouvé les hiéroglyphes dont se compose le nom d'Othon, qui régna si peu de temps. Ce nom n'a été trouvé, je crois, nulle part ailleurs. Dans un coin du même temple, M. Lepsius a lu d'autres noms d'empereurs, Galba, Vitellius et Decius : ce dernier est le plus récent de tous ceux dont la présence a été constatée sur un monument égyptien.

Laissant le petit temple à droite, nous avons trouvé bientôt ce grand espace entouré de talus assez semblables à ceux du Champ de Mars et que la commission d'Égypte appelle l'hippodrome. Champollion pensait que là fut un camp permanent habité par les troupes formant la garnison de Thèbes et la garde des Pharaons. Selon M. Wilkinson, c'était le lac sacré que traversaient les morts pour arriver au lieu de leur sépulture, ainsi qu'on le voit dans les représentations funèbres, lac qui semble avoir été le type de l'Achéron des Grecs, et dont l'idée a dû naître naturellement chez un peuple qui, pendant une partie de l'année, vivait pour ainsi dire sur les eaux.

Nous avons fait un assez long circuit afin d'éviter les restes de l'inondation, qui a laissé çà et là des flaques d'eau dans une plaine verte remplie de grandes herbes, et assez semblable aux marais Pontins. A une halte près d'un village, un vieillard s'est approché, m'a pris affectueusement la main en me disant : *Taïbin !* ce qui équivaut à bonjour. Arrivés aux sables, une femme nous a apporté à boire en se voilant.

Une longue chaussée nous a conduits à Hermonthis. Le principal monument d'Hermonthis est un temple consacré au dieu Mandou et à la déesse Ritho par Cléopâtre. Mandou était le dieu local d'Hermonthis, comme Ammon de Thèbes. Dans le petit temple devant lequel nous avons passé en partant, et qui était intermédiaire entre les deux districts, les deux divinités sont adorées de concert. Les dieux locaux d'une province (*nome*) donnaient ainsi l'hospitalité à ceux de la province la plus proche, et *voisinaient* pour ainsi dire avec eux.

Le temple d'Hermonthis est d'un effet agréable. Tout auprès s'élèvent le dôme blanc d'un *santon* et des palmiers. Les pigeons, dont je parle dans ma lettre à M. de Chateaubriand, volent et tourbillonnent par milliers autour des chapiteaux, ou se posent en longues files sur les architraves. L'impression qu'on éprouve ici n'est pas la stupeur dans laquelle on tombe en présence des ruines de Karnac. Cette ruine a de la grâce et va bien au souvenir de Cléopâtre.

Dans l'intérieur du temple, un triste spectacle m'attendait : on a fait de cet intérieur une prison. Je me suis trouvé tout à coup entouré de mornes figures portant toutes l'expression de la patience et de la résignation. Là, m'a-t-on dit, sont des enfants qu'on garde depuis un an, parce que leurs parents ont fui. Cet homme a été ruiné par la mauvaise qualité des bœufs que le gouvernement lui a vendus. Un autre est ici depuis cinq ans parce que le Nil n'est pas venu féconder son champ et qu'il a été dans l'impossibilité de payer le tribut. Je remarque un noir enchaîné, et qui ne peut repousser les mouches dont il est dévoré. On conçoit qu'il me reste peu de liberté d'esprit pour étudier les représentations mythologiques étalées sur les parois du temple. C'est dommage, car elles semblent curieuses. En général, la mythologie du temps des Ptolémées et des empereurs romains est beaucoup plus compliquée que celle des âges pharaoniques, elle offre par conséquent encore plus de problèmes à résoudre et d'énigmes à déchiffrer.

Une excavation faite récemment à quelque distance du temple a appelé mon attention. On a tiré de là des débris antiques pour servir à la fabrication d'un pont. Cette excavation ne datant que de quatre années, les voyageurs qui m'ont précédé n'en ont point parlé. C'était donc une bonne fortune pour moi que de l'avoir aperçue. J'y ai trouvé les débris d'un édifice dans les fondations duquel ont été employées des pierres portant, non des hiéroglyphes de l'époque dégénérée de Cléopâtre, mais de beaux hiéroglyphes du siècle des Thoutmosis. J'ai reconnu sur une des pierres le nom de Thoutmosis III. Les fragments mutilés m'ont permis de lire une dédicace hiéroglyphique au dieu Mandou. Ceci prouve que, déjà sous les Pharaons de la dix-huitième dynastie, il existait ici un temple élevé en l'honneur de ce dieu, et que ce temple a fourni des matériaux à un édifice plus moderne, maintenant renversé. A toutes les époques, le culte du dieu Mandou a donc été le culte d'Hermonthis. L'édifice, aux fondations duquel on avait fait servir l'ancien temple du temps des Thoutmosis, datait probablement de l'âge des Antonins; du moins j'ai trouvé sur un fût de colonne le nom d'Adrien, écrit

Adrians. Ainsi deux noms révèlent deux monuments.

En revenant, j'ai rencontré un chameau qui s'emportait. Parfois ces animaux sont saisis d'une fureur soudaine, et se mettent à courir en ligne droite à travers le désert, jusqu'à ce qu'ils tombent morts de fatigue avec leur cavalier. Tandis que, de retour sur ma barque, je regardais la colonnade de Louksor réfléchir dans le Nil son image rougie par le soleil couchant, j'ai vu passer des groupes qui paraissaient fort animés. Soliman m'a appris qu'un meurtre venait d'être commis en plein jour à deux pas d'ici. Voici le récit de Soliman : « Celui qui a été frappé avait tué, il y a plusieurs années, un homme du village de Gournah. Celui-ci avait des enfants. Sans cesse ils demandaient à leur sœur : Où est notre père? Et elle répondait : Il a été assassiné. Quand ils ont été grands, ils ont tué celui qui avait tué. »

La vengeance du sang est dans les mœurs arabes. Peut-être la *vendetta* est-elle d'origine arabe et a-t-elle été importée en Corse par les Sarrasins. Demain il y aura un grand dîner dans le village de Gournah, et on enterrera le mort. On ne l'enterre qu'après qu'il a été vengé.

Esné.

Le grand temple d'Esné, qui à cause de son zodiaque passait, ainsi que le temple de Dendérah, pour un des monuments les plus anciens de l'Égypte, ne remonte pas au delà du temps des Ptolémées et des empereurs romains. On y lit les noms d'un grand nombre d'entre eux, depuis Claude jusqu'à Caracalla. L'orthographe hiéroglyphique de ces noms, c'est-à-dire l'emploi alternatif de tel ou tel caractère pour exprimer un son identique, est fort bonne à étudier ici, car il est aisé de reconnaître le même nom d'empereur écrit de diverses manières, et on peut parvenir, par cette synonymie des lettres, à connaître la prononciation des caractères employés. Ainsi, j'ai trouvé la syllabe *to*, dans Antoninus, rendue par la *voile*, hiéroglyphe dont le sens est assez clairement indiqué par sa forme, mais dont la prononciation était, je crois, inconnue. C'est par beaucoup d'observations de ce genre qu'on parviendra de jour en jour davantage à déterminer le sens et le son qu'on doit attacher à tous les hiéroglyphes.

Le temple d'Esné pourrait être d'un grand effet. Son architecture est belle; son portique, parfaitement conservé, a été récemment déblayé par le pacha; mais il semble enfoui dans un trou. Quant au style des sculptures et des hiéroglyphes, il est très-grossier, surtout dans la partie romaine. On voit ici, comme à Dendérah, combien l'architecture a mieux conservé que la sculpture les traditions de la perfection antique. Ce que le premier de ces arts a pu recevoir des influences grecques, en lui donnant un peu plus de légèreté, ne lui a rien enlevé de sa grandeur. Pour la sculpture, chose singulière, l'influence de la Grèce l'a rendue barbare.

Esné est le principal séjour des almées que Méhémet-Ali, cédant aux représentations des ulémas, a bannies du Caire. Dans son imitation des procédés de la civilisation européenne, il s'était empressé d'abord d'en faire une matière d'impôt.

Sur le Nil, 30 janvier.

La splendeur et la richesse de la lumière sont ici incomparables, c'est quelque chose de plus que la Grèce et l'Ionie elle-même. Les teintes roses de l'aube, la pourpre ardente, l'or embrasé des soleils couchants au bord du Nil surpassent encore les plus gracieuses et les plus éblouissantes scènes de lumière d'Athènes et de Smyrne. Ce n'est plus l'Europe ni l'Asie Mineure, c'est l'Afrique. Le soleil n'est pas radieux, il est rutilant ; la terre n'est pas seulement inondée des feux du jour, elle en est dévorée. Aussi dans ce pays le soleil, sous les noms d'Ammon-ra, d'Osiris, d'Horus, était le dieu suprême. Il suffit de venir en Égypte, même au mois de janvier, pour ne pouvoir douter que la religion égyptienne était une religion solaire. *L'éclat de la nuit* est encore plus extraordinaire que celui du jour. Si Racine le fils, qui n'était jamais sorti de France, a pu dire, il est vrai d'après Homère, *nuit brillante*[1], j'ai peut-être ici le droit de parler de la splendeur des nuits d'Égypte. Nous employons les longues soirées que nous fait le voisinage des tropiques à contempler les astres. Nous regardons la constellation que la flatterie d'un poëte alexandrin, Callimaque, nomma *chevelure de Bérénice*. Ce nom de Bérénice que nous avons déjà lu tant de fois sur les monuments, les étoiles qui composent cette constellation semblent le tracer dans le ciel en hiéroglyphes lumineux et impérissables. Nous aimons à voir toujours devant nous Canopus, cette belle étoile, invisible en France, et presque aussi brillante que Sirius. L'étoile polaire s'est abaissée vers l'horizon. Des astres nouveaux, une nouvelle physionomie du ciel, donnent encore mieux qu'une terre nouvelle la sensation du lointain, du *dépaysé*. Nous verrons bientôt la Croix du sud, ce flambeau d'un autre hémisphère qui éclaire chez Dante les abords mystérieux du paradis.

Si Osiris, qui a pour hiéroglyphe un *œil sur un trône*, est un dieu soleil, Isis, qui porte sur la tête le disque surmonté de deux cornes formant le croissant, Isis est la lune, on n'en saurait douter. Le disque horizontal de l'astre nous semble figurer la barque de la déesse.

---

[1] C'est ainsi qu'en sanscrit le mot *radj*, nuit (*Râmâyana*, xxiv, 1, édit. Goresio), semble provenir de la racine *radj*, briller. On le conçoit pour l'Inde.

La population actuelle des bords du Nil a pour fonds l'ancienne population égyptienne plus ou moins pure. La langue des fellahs est l'arabe, mais ils ne sont purement Arabes ni par le type physique ni par le caractère moral. Ils sont encore Égyptiens, ou du moins il est resté chez eux beaucoup de l'égyptien. Souvent j'ai cru reconnaître, surtout chez les femmes, les originaux de ces petites statuettes trouvées dans les tombeaux, et qui sont les portraits des anciens habitants de l'Égypte. Un ânier offrait exactement le profil de Sésostris. La race égyptienne paraît avoir produit les fellahs d'une part et de l'autre les Coptes[1]. Les uns et les autres rappellent à certains égards les anciens Égyptiens. Ce sont deux altérations d'un même type qui se sont produites dans des circonstances différentes et par des mélanges divers, dont plusieurs éléments nous sont inconnus, mais où l'élément arabe semble être entré pour bien peu. Cette antique race égyptienne elle-même, qu'était-elle? On est revenu de l'opinion qui en faisait une race nègre[2]. Ce qui paraît le plus probable, c'est qu'elle a été de bonne heure altérée par le contact des populations

---

[1] C'est du moins l'opinion du savant docteur Pruner (*Die Ueberbleibsel der alten Ægyptischen Menschen-race*).

[2] Blumenbach, Cuvier, Semmering, les docteurs Leach, Morton, etc., ont formé des collections de crânes égyptiens, et leurs inductions s'accordent parfaitement sur ce point, que la formation ostéologique des têtes de momies appartient essentiellement au type caucasien, et ne présente notamment aucun des caractères du type nègre. (*Bulletin de la Société ethnologique*, t. I, 21.)

éthiopiennes. Ainsi peuvent s'expliquer certains traits de la figure de quelques Pharaons et l'expression d'Hérodote qui dit des Égyptiens que leur couleur est noire et leur chevelure crépue. Plus on remonte le Nil et plus on trouve de ressemblance entre les populations qui vivent aujourd'hui sur ses bords et la race antique, telle que les monuments la représentent et que les momies l'ont conservée. M. Caillaud, en voyageant dans la haute Nubie, était à chaque instant frappé de ces ressemblances. Larrey a trouvé les crânes des momies fort semblables à ceux des Nubiens actuels. Ceci tendrait à confirmer l'opinion généralement établie d'après laquelle la race égyptienne serait descendue de l'Éthiopie en suivant le cours du Nil. J'admets volontiers la vérité de cette opinion; mais je suis loin d'en conclure, comme on l'a fait souvent, que la civilisation égyptienne a suivi la même marche et qu'elle aussi est descendue de l'Éthiopie jusque dans la basse Égypte. La civilisation égyptienne, j'en suis convaincu, a au contraire remonté le cours du Nil. Memphis a précédé Thèbes. Les monuments de l'Éthiopie, les pyramides de Méroé, par exemple, qu'on avait crues le type primordial des pyramides d'Égypte, ont été démontrés incomparablement plus récents; l'époque de leur construction ne saurait être reportée au delà de l'époque grecque. L'Égypte a donc été peuplée par le sud et civilisée par le nord. Il n'y a là aucune contradiction. Autre chose est la racine d'un peuple, autre chose son épanouissement. En Grèce, les Pélasges et les Hellènes sont venus du nord; cependant le sud de la Grèce a été civilisé le premier; d'autre part, c'est à l'extrémité occidentale de leur course, c'est en Islande que s'est développée le plus complètement la civilisation propre aux races scandinaves, et ces races venaient de l'Orient.

Élithya.

La première chose qui frappe en approchant de la ville d'El-Kab, l'Élithyia des anciens, c'est son enceinte parfaitement conservée. Cette enceinte est construite en briques, et dessine un carré qui environnait l'ancienne ville, de laquelle il ne reste plus que de faibles débris. Chose singulière, tous les monuments ont disparu, et l'enceinte de la ville subsiste intégralement. C'est l'inverse de ce qu'on voit à Thèbes, où de grands monuments subsistent et où l'enceinte a péri. Élithyia peut donc à cet égard suppléer Thèbes, pour ainsi dire, et la compléter.

A quelque distance de la ville sont des grottes sépulcrales, des tombeaux de famille, dont les parois sont couvertes de peintures et d'inscriptions. C'est dans une de ces tombes que Champollion a lu la chanson que le laboureur adresse à ses bœufs, et qui est certainement la plus ancienne chanson connue. J'ai remarqué dans les peintures de ces grottes, ce qu'on peut observer ailleurs, que la couleur des hommes est le rouge, et la couleur des femmes le jaune ou le rose. Évidemment, il y a là du convenu, mais je pense que le peintre a voulu exprimer par cet artifice que la peau des femmes, moins exposées au soleil que les hommes, avait une teinte moins foncée. Une couleur plus pâle paraît avoir appartenu aux classes élevées, comme dans l'Inde, où les castes supérieures ont le teint plus clair que les autres; M. Nestor l'Hôte l'a remarqué pour les fils de Sésostris, et mon ami M. d'Artigues a trouvé, dans la nécropole de Thèbes, deux petits pieds de femme qui étaient d'une délicatesse très-aristocratique et d'une parfaite blancheur.

Après avoir passé plusieurs heures à étudier la vie des anciens Égyptiens dans ces demeures de la mort, à recomposer les familles qui les ont creusées pour leur sommeil, à faire, pour ainsi dire, parmi les peintures funèbres et les inscriptions hiéroglyphiques, connaissance avec ces morts dont les images sont accompagnées de leurs noms, de leurs professions, de l'indication de leur degré de parenté, de leurs alliances; après avoir ainsi vécu dans l'intimité domestique de ce passé si ancien et en même temps si conservé, on pourrait dire si présent, nous avons repris nos ânes, et continué à nous éloigner du fleuve à travers une plaine nue. Après nous être arrêtés pour visiter deux petits temples élevés, l'un par Sésostris, l'autre par un Ptolémée, nous sommes arrivés vers le soir à un édifice charmant, comme l'est toute architecture qui appartient à l'élégante époque des Thoutmosis et des Aménophis.

Aménophis III, celui que les Grecs ont confondu avec Memnon, celui dont l'image est figurée par le double colosse de la plaine de Thèbes, Aménophis III est représenté ici offrant un hommage religieux à la déesse du lieu[1] et à son père, qui est associé, comme il arrive souvent, au culte que reçoivent les divinités. J'ai copié une grande partie des inscriptions tracées sur les murs de ce temple, qui n'ont jamais été recueillies dans leur ensemble, et qui mériteraient de l'être ; les peintures qui les accompagnent mériteraient également d'être copiées avec soin, car il y a là des marques évidentes de remaniements et de surcharges considérables. Ces remaniements se montrent dans beaucoup de monuments de l'Égypte et de la Nubie, et semblent se rapporter à une révolution religieuse et politique qui se rattacherait à la fois au culte du dieu Ammon et au nom d'Aménophis III, nom dans lequel entre celui de ce dieu. C'est un point curieux à éclaircir. Je me borne à signaler le temple à l'est d'Élithyia comme un des exemples les plus frappants et les moins étudiés de ces substitutions de cer-

[1] La déesse Sowan, qui présidait aux accouchements, d'où les Grecs avaient nommé la ville Élithyia.

taines peintures et de certains cartouches à d'autres peintures et à d'autres cartouches, seule trace de vicissitudes sociales et religieuses aujourd'hui inconnues.

La nuit nous a surpris dans le temple, et nous sommes revenus par un admirable clair de lune qui faisait étinceler d'une lumière blanche et vive le sol aride sous les pas de nos montures, tandis que la température la plus suave nous délassait des ardeurs de la journée.

Edfou.

Le grand temple d'Edfou est une des ruines les plus imposantes de l'Égypte; quand il apparaît de loin aux voyageurs qui remontent le Nil, les deux massifs de son gigantesque pylône ressemblent un peu aux tours d'une cathédrale.

Les deux temples d'Edfou ne remontent pas au delà de l'époque des Ptolémées; le grand temple est un des monuments les plus imposants et les plus majestueux de l'Égypte. Ici le goût grec n'a point rendu plus sveltes les proportions des colonnes comme à Esné. L'architecture égyptienne, au contraire, est devenue plus massive et plus compacte qu'au temps des Pharaons. Si l'on voulait prendre un type de cette architecture telle qu'on se la figure ordinairement, c'est le grand temple d'Edfou qu'on choisirait, et précisément ce temple n'est pas de l'époque égyptienne. En approchant, on voit d'abord les deux massifs du pylône parfaitement conservés et sur ces massifs l'image gigantesque d'un roi tenant de la main gauche par les cheveux un groupe de vaincus que de la droite il menace de frapper. C'est un Ptolémée qui est représenté dans cette attitude traditionnelle, donnée si souvent sur les monuments pharaoniques aux rois conquérants de la dix-neuvième dynastie; ce Ptolémée singe Sésostris. On a cru que ces représentations indiquaient chez les anciens Égyptiens l'usage des sacrifices humains : c'est une erreur. Le monarque brandissant la massue, les captifs agenouillés devant lui et saisis par sa main puissante, formaient un groupe hiéroglyphique, exprimant, dans de vastes proportions, l'idée de la soumission absolue au vainqueur, du droit de vie et de mort dont celui-ci était investi, et rien de plus. Cet immense hiéroglyphe, répété sur chacun des massifs du pylône qui sert de porte au temple d'Edfou, devait produire chez ceux qui arrivaient à cette porte colossale une forte impression de terreur et de respect en leur présentant une image parlante de la puissance souveraine et formidable de leur roi.

La cour, entourée d'un péristyle, est malheureusement en partie encombrée. En plusieurs endroits, les énormes chapiteaux semblent sortir de terre et s'épanouir à la surface du sol comme une fleur sans tige. Il en résulte un effet extraordinaire, et qui a quelque chose de monstrueux. Un déblaiement, facile à exécuter, permettrait de contempler sous son véritable aspect cet édifice, dont les proportions réelles échappent aujourd'hui au regard, et qui semble un géant enfoui jusqu'à la ceinture et dominant encore de son buste énorme les chétives statures des hommes.

Après avoir fait le tour du temple intérieurement et extérieurement, — car à l'extérieur il est couvert aussi d'hiéroglyphes, — et avoir recueilli ceux qui me paraissaient offrir quelque intérêt, je suis venu me reposer d'une journée laborieuse en m'asseyant sur le mur qui enceint la partie postérieure du temple. Là, les pieds ballants, l'esprit et le corps alanguis par l'attention et la fatigue, j'ai contemplé longtemps d'un regard rêveur la plaine, entrecoupée de terrains arides et de terrains cultivés, qui s'étendait devant moi, tandis que les approches du soir ramenaient les fellahs vers leurs pauvres demeures, vers les huttes de terre que je voyais là-bas au-dessous de moi comme des taupinières. Après avoir joui longtemps, sur le mur où j'étais perché, du calme, du silence et de la sérénité qui m'entouraient, je suis redescendu, j'ai regagné ma barque, et, le vent du nord s'étant levé, nous avons continué notre route aux clartés de la lune, qui répandait sur le Nil une blancheur lactée et faisait resplendir les rames dans la nuit.

Sur le Nil.

Tandis que nous voguons, poussés doucement par un vent favorable, les matelots, qui n'ont rien à faire, racontent des histoires. L'un d'eux dit la sienne, que Soliman me traduit à mesure. « J'étais maçon ; le grand pacha, qui avait des pierres à transporter, me fit capitaine de barque. Comme je criais toujours : Je ne suis pas matelot, je suis maçon, l'on me mit de force sur la barque que je devais commander, avec des soldats pour me contraindre à être capitaine ; puis on me prit mon manteau, pour m'empêcher de fuir. Je leur disais : J'ai froid, rendez-moi mon manteau. Alors ils me prirent mes deux chemises, toujours pour me forcer à être capitaine ; mais je parvins à rattraper mes deux chemises, mon manteau, et je m'enfuis. » Je m'intéressais à ce pauvre diable, victime d'une tyrannie à laquelle j'avais échappé à grand'-peine aussi bien que lui. Le pacha avait voulu faire de ce maçon un capitaine, comme de moi un mathématicien.

L'ombre est rare sur les bords du Nil, où dominent l'acacia, qui fournit la gomme appelée arabique, et le tamarisque au mince feuillage, célébré par les poëtes arabes. C'est un trait des sites de ce pays, dit avec raison un des savants de l'expédition d'Égypte, M. de Rozière, d'être dénués d'ombrages sans être pourtant dénués d'arbres. Cela est assez triste ; un arbre sans ombre est un peu comme une fleur sans parfum. Le sycomore offre seul un épais et frais ombrage; mais il est rare en Égypte, et, à mesure qu'on avance vers le sud, il le devient toujours davantage. L'ombre diminue alors qu'elle serait plus nécessaire. Je ne sais pas ce que Bernardin de Saint-Pierre aurait dit de cette *harmonie de la nature.*

La sensitive est douée dans ce pays d'une grande irritabilité. On sait que cette irritabilité singulière, qui lui a fait donner par les botanistes le seul nom gracieux qu'ils aient inventé, *mimosa pudica*, augmente avec la température, par l'action de la lumière, par la présence d'une sève abondante; elle semble donc déterminée par des conditions semblables à celles qui excitent la sensibilité physique des animaux. Un dernier trait de ressemblance, c'est qu'elle est paralysée par l'éther.

Le palmier est le compagnon fidèle du voyageur qui descend ou remonte le Nil. La forme de ces arbres semble d'abord monotone, mais leur attitude et leur disposition varient à l'infini. Tantôt ils se groupent en bouquets, tantôt ils s'allongent en allées ou s'étendent en forêts sur les bords du fleuve. La constance de leur forme ne lasse point; l'œil s'y accoutume et s'y attache comme à une sorte d'architecture végétale qui plaît en raison de sa régularité. De même que les colonnes des temples égyptiens imitent souvent le palmier par la décoration de leurs chapiteaux, le palmier rappelle les colonnes par ses chapiteaux vivants.

Quoi qu'on en ait dit, le palmier, en Égypte du moins, se montre bien avant les tropiques[1]. Cet arbre est utile autant que poétique, ses usages sont innombrables : il subvient à presque tous les besoins de la vie. Son fruit est le pain de l'Arabe; aussi le palmier lui est-il cher comme le cheval et le chameau. L'Arabe dit que le palmier lui appartient, car il a conquis toutes les régions où croît cet arbre de Mahomet, qui prospère seulement dans les pays où l'on professe l'islamisme. D'après une légende musulmane, comme il restait un peu du limon dont Dieu avait pétri le corps de l'homme, il s'en servit pour former le palmier, qui est le frère de l'homme. Les dattes sont citées par Varron parmi les mets étrangers aimés des Romains, et on lit dans Grégoire de Tours qu'au septième siècle un cénobite des environs de Nice se nourrissait de dattes apportées par des marchands égyptiens[2], fait curieux pour l'histoire du commerce de l'Égypte avec l'Europe, continué à travers les plus sombres époques du moyen âge.

---

[1] A peine trouve-t-on le palmier au delà des tropiques, dit l'agronome Teissier, *Journal des savants*, t. II, 408. Il paraît que dans l'Inde le palmier ne croît que dans les régions tropicales où il n'y a pas de fortes pluies. — Lassen, *Indische Alterthumskunde*, 204. — Cela explique comment en Égypte, où il pleut très-peu, le palmier s'avance plus au nord.

[2] Grég. de Tours, vi, 6.

Silsilis.

Ici le lit du Nil se resserre considérablement. Le nom du lieu, qui veut dire en arabe et voulait dire en égyptien *la chaîne*, semble indiquer qu'à une époque très-ancienne les rochers de grès qui s'avancent très-près l'un de l'autre des deux côtés du fleuve formaient une chaîne ou un barrage de l'un à l'autre bord. Dans l'état actuel, ce point est comme le *Sund* du Nil. Les canges que je vois s'y croiser me rappellent les voiles que je voyais, il y a dix-huit ans, courir entre les rives rapprochées de la Baltique. Quelle distance dans l'espace et dans le temps, et qu'un coup d'œil de la pensée la franchit rapidement !

C'est de Silsilis que sont sortis les monuments de Thèbes. A l'orient du fleuve sont des carrières, dont les parois, taillées à pic et d'une grande hauteur, n'offrent presque point d'hiéroglyphes. Nous avons erré quelques heures entre ces murs immenses, parmi ces gouffres à ciel ouvert, où nulle vie n'habite et où l'on n'entendait que la plainte étrange d'un oiseau invisible, pareille au bruit d'un instrument qui ferait crier la pierre. Cette solitude, ce silence sous un ciel brûlant, me portaient à rêver; j'étais frappé de cette pensée que ce grand vide a été creusé pour en tirer les magnificences que j'ai naguère contemplées; d'ici sont sorties les colonnades de Karnac, de Luxor, de Gournah, de Médinet-Abou, comme des enfants sortent des entrailles de leur mère, et moi j'étais à cette heure enfoui dans les entrailles profondes qui, déchirées pendant des siècles, ont enfanté ces merveilles de Thèbes.

Sur l'autre rive du fleuve, sur la rive occidentale, on trouve les parois des rochers et des grottes funèbres couvertes d'hiéroglyphes. Là sont, comme sur le bord opposé, des carrières, mais moins considérables. J'y ai relevé une certaine quantité de signes que nul voyageur n'a recueillis, et que j'ai vus ailleurs sur des rochers. Ces signes ne sont point des hiéroglyphes et ne ressemblent aux lettres d'aucun alphabet connu. Peut-être ont-ils été dessinés par les populations illettrées des bords du Nil. Cependant on reconnaît parmi ces figures bizarres le signe de la vie et peut-être quelques autres caractères hiéroglyphiques; les images de divers animaux ont été grotesquement tracées sur les mêmes rochers; j'ai remarqué des lions, des girafes, des autruches, un éléphant; ces deux derniers animaux ne figurent point dans l'écriture hiéroglyphique. Pour la girafe, on l'ajoute dans cette écriture au mot *grand* comme complément de l'idée de grandeur. L'éléphant a été représenté dans les bas-reliefs égyptiens; l'autruche ne paraît ni sur les bas-reliefs, ni parmi les hiéroglyphes.

. . . .

Je suis venu de grand matin copier les inscriptions gravées sur les rochers. Le soleil n'est pas encore levé. A cette heure, il y a dans l'air une suavité, une légèreté dont rien ne peut donner idée ; il est délicieux de jouir de cette sérénité matinale en copiant des hiéroglyphes. C'est que, tandis que je les copie, je les reconnais ou les remarque pour les reconnaître ou les deviner ; j'entrevois, tout en écrivant, le sens qui s'éclaircira plus tard, et cette occupation, quelque intéressante qu'elle soit, n'absorbe pas tellement mon attention, qu'elle me rende insensible au charme de cette admirable matinée, à la beauté de la lumière, du ciel, des eaux. Aucun bruit ne se fait entendre ; je suis là seul au bord du Nil comme dans mon cabinet. Les oiseaux qui s'éveillent chantent pour m'encourager à l'ouvrage ; un gros serpent noir se glisse à travers les broussailles, mais il s'éloigne bien vite pour ne pas me troubler.

Après les stèles ou plutôt les pans de rochers sur lesquels sont gravées de grandes inscriptions historiques qui se rapportent à divers Pharaons de la dix-neuvième dynastie, et les chapelles où ces rois sont représentés offrant ou recevant un hommage religieux, j'ai visité les grottes funèbres creusées dans le rocher. Ces grottes sont toujours l'objet de ma prédilection, parce que les inscriptions qu'elles renferment sont celles qui peuvent jeter le plus grand jour sur l'organisation de la famille et de la société, et que cette histoire, non des faits, mais des hommes, est celle qui m'intéresse le plus. Je crois avoir recueilli le premier quelques-unes de ces inscriptions. Les chambres sépulcrales sont parfois taillées à une certaine hauteur dans le rocher, et, pour grimper jusqu'à elles, pour passer de l'une à l'autre sans me casser le cou ou les jambes, j'avais grand besoin du secours de Soliman; ce secours, du reste, m'a été souvent précieux, et je ne saurais trop recommander ce drogman modèle aux voyageurs pour son adresse, ses prévenances, son intelligence et sa résolution.

Dans plusieurs de ces grottes, on voit des statues qui représentent en général le couple défunt qui y fut enseveli. Ces statues sont assises dans le fond de la grotte, comme les statues des dieux au fond des temples. Sur les parois, les mêmes personnages sont représentés recevant l'hommage de leurs descendants. Devant eux est une table chargée d'offrandes, et on fait des libations en leur présence comme en présence des dieux. La vénération des ancêtres a donc enfanté ici un véritable culte; la religion des morts était en Égypte une véritable religion. Ces grottes sépulcrales sont des chapelles. Ici, comme à Élithyia, on voit le passage de la tombe de famille aux grands temples creusés dans le roc d'Ipsamboul et de Guerché-Hassan. Il ne faut pas oublier que, selon les idées des Égyptiens, qui associaient la pensée de la mort à tout, chaque tombeau est un temple, et chaque temple, à quelques égards, un monument funèbre.

La structure géologique de l'Égypte est très-simple:

les terrains calcaires s'étendent depuis la mer jusqu'à Silsilis ; ici commence à se montrer le grès ; le granit paraît un peu avant la première cataracte. On ne voit point de traces de terrains volcaniques. L'Égypte, pays de stabilité par excellence, ne paraît pas avoir éprouvé de grandes commotions géologiques. Les tremblements de terre y sont rares, bien que, ainsi que le remarque M. Lyell, l'Égypte soit placée sur une ligne où il y en a beaucoup. Les institutions antiques s'élevèrent sur un sol immuable comme elles. Toutefois il ne faudrait pas trop insister sur ce rapprochement, car les anciens remarquaient également, de l'Égypte et des Gaules, qu'elles étaient peu sujettes aux tremblements de terre[1], et on ne saurait dire que le caractère du génie gaulois soit l'immobilité. Les tremblements de terre ne sont pas d'ailleurs inconnus en Égypte, les historiens musulmans en ont mentionné plusieurs ; le Caire vient d'en éprouver un, assez faible, il est vrai, il y a quelques semaines.

Ombos.

Le grand temple d'Ombos est remarquable entre tous les temples de l'Égypte par une singularité de structure dont il n'y a pas d'autre exemple. Ce temple est double, il porte une double dédicace et il a deux

---

[1] *Gallia et Ægyptus minime quatiuntur*, dit Pline. Pour notre pays au moins, la citation de Pline n'est pas frappante d'actualité.

entrées principales. Une des moitiés de l'édifice est dédiée à Horus, dieu soleil, et l'autre à Sevek, dieu crocodile. Ces deux divinités, en apparence si différentes, étaient honorées conjointement dans le temple d'Ombos.

La première idée qui se présente, c'est qu'un dieu crocodile doit être un dieu dévorant et représenter le principe de la destruction et de la mort, tandis qu'un dieu soleil doit être un dieu bienfaisant et représenter le principe de la fécondité et de la vie ; mais un trait fondamental de la mythologie égyptienne est, selon moi, d'associer dans les mêmes types divins les attributs les plus contraires. Il n'est point de divinité égyptienne qui ne soit tour à tour une puissance lumineuse et une puissance de ténèbres, un principe de vie et un principe de mort. Osiris, le dieu bon, comme l'exprime une de ses dénominations, *Onofris*; le dieu solaire, comme le fait voir l'hiéroglyphe de son nom qui est un œil sur un trône; Osiris est aussi le dieu infernal, le terrible juge des morts; par la même raison Sevek, le dieu crocodile, le dieu dévorant dont la queue est l'hiéroglyphe des ténèbres, est assimilé au dieu soleil, à Horus. Sur le mur du portique d'Ombos, tous deux sont placés en regard portant sur la tête le disque solaire. Cette association dans un même type des attributs les plus contraires est, selon moi, le caractère fondamental de la mythologie égyptienne et, je crois, la véritable origine de la divinisation du crocodile, de sa corrélation avec Horus dans le temple d'Ombos.

Il n'y a pas besoin de raffiner, comme on l'a fait, et de supposer que les Égyptiens adoraient le crocodile, parce que, remontant avec la crue des eaux du Nil, il annonce le temps de l'inondation. Cette opinion subtile, admise par plusieurs modernes, repose sur une assertion d'Eusèbe, qui prétend que, dans le langage hiéroglyphique, le crocodile signifiait *l'eau potable;* mais on peut affirmer que cette assertion est sans fondement et que le crocodile n'a jamais, dans les hiéroglyphes, le sens que lui prête Eusèbe[1]. Nous savons par Juvénal que des querelles furieuses mettaient aux prises les habitants d'Ombos et ceux de Tentyris (Denderah), parce que les premiers étaient de zélés adorateurs et les seconds d'implacables ennemis du crocodile. Ces querelles acharnées étaient le produit des cultes locaux et montrent quelle énergie animait chacun de ces cultes. En présence de ces faits et d'autres faits analogues, en voyant chaque ville d'Égypte vouée spécialement à l'adoration d'une di-

[1] De plus, si la cause de l'adoration du crocodile par les Égyptiens devait être attribuée à cette circonstance, que le crocodile pénètre dans l'intérieur des terres à l'époque où le Nil déborde et afflue dans les canaux, nul lieu n'aurait été plus mal choisi pour son culte qu'Ombos, dont le temple s'élève au-dessus d'un escarpement à pic qui ne permettait ni au Nil ni au crocodile de pénétrer dans l'intérieur des terres. Il serait étrange que ce fût précisément dans un tel lieu qu'on eût consacré un temple au dieu crocodile, si les rapports du crocodile avec le débordement pouvaient être la cause de ce culte.

vinité parfois proscrite dans une autre ville, j'en suis venu à croire que très-anciennement chaque partie de l'Égypte avait son animal sacré, qui était pour elle un véritable fétiche, le fétiche de la localité, comme il arrive aux populations sauvages qui habitent d'autres parties de l'Afrique. Dans cette hypothèse, un corps de prêtres en possession non pas d'une science supérieure (on sait que je ne crois pas à l'existence de cette science chez les anciens Égyptiens), mais en possession d'un point de vue religieux un peu plus élevé et dont l'idée de la vie exprimée par le soleil et par le signe de la reproduction était la base principale ; ce corps de prêtres, dis-je, trouvant dans chaque coin de l'Égypte un fétichisme local établi, aurait accepté ce fétichisme en le rattachant à ses propres idées sur la vie et la mort, aurait conservé ces types empruntés à la nature animale, et que la superstition populaire avait consacrés, le bélier, le chacal, l'épervier, le crocodile, et en aurait fait les dieux de son panthéon. Si c'est là l'origine de la religion égyptienne, si elle s'est formée ainsi au moyen d'un dogme sacerdotal greffé sur un fétichisme local, on comprend pourquoi les différentes villes étaient consacrées à des dieux différents, et pourquoi, ces dieux étant primitivement les objets d'un culte indigène, les sectateurs des uns pouvaient être les contempteurs des autres. Le crocodile, devenu le dieu Sevek dans la mythologie égyptienne, avait été probablement le fétiche primitif d'Ombos. Ceci tient, comme on voit, à tout un système sur la religion égyptienne que je n'ai point à développer ici, mais que j'ai cru devoir indiquer à propos du culte particulier d'Ombos et de la disposition extraordinaire de son temple.

Je crois qu'on a trop souvent voulu expliquer les mythologies anciennes par des idées empruntées aux temps modernes et en particulier par des considérations d'utilité matérielle. Cicéron, par exemple, parle de l'utilité de l'ichneumon, du chat, du crocodile. Or, quelle a jamais été l'utilité du crocodile?

Le climat du Nil offre une invariable régularité. Bossuet a pu dire avec raison : « La température toujours uniforme du pays y faisait les esprits solides et constants. » En effet, nulle part dans le monde le jour qui précède n'est aussi semblable au jour qui suit. En Égypte, les caprices de l'atmosphère sont à peu près inconnus; jamais on ne fait entrer dans ses projets les variations des baromètres. On sait d'avance que le lendemain sera semblable à la veille. Le ciel immuable fait paraître le temps immobile.

L'année égyptienne n'était pas divisée comme la nôtre en quatre saisons. Il n'y avait ni un printemps, ni un été, ni un automne, ni un hiver, mais une saison des semailles, une saison de l'inondation, une saison de la récolte. C'est ce que les hiéroglyphes des divisions du temps ont appris à Champollion, qui les a interprétés le premier. Cette division de l'année en trois parties existe encore en Égypte, à ce que m'a dit Soliman, qui ne l'a point trouvée dans les hiéroglyphes. Elle résulte d'une nécessité permanente du climat dans ce pays singulier, où il n'y a ni une saison froide et une saison chaude, ni une saison sèche et une saison des pluies. Au reste, la division de l'année en trois parties n'est pas particulière à l'Égypte, on la retrouve dans l'Inde ; elle ne doit donc pas compter parmi les objections qu'on oppose à l'opinion d'après laquelle l'origine de la civilisation égyptienne serait dans l'Inde, opinion, du reste, que je suis loin de partager.

Le climat de l'Égypte est très-sain, les plaies s'y guérissent avec une extrême facilité. Il n'y a que deux maladies à craindre, l'ophthalmie et la dyssenterie ; de la première on se défend par des lunettes bleues, de la seconde par un régime sobre et régulier, en évitant la fatigue et surtout le passage de la chaleur du jour à la fraîcheur des soirées enchanteresses et dangereuses du Nil.

L'Égypte est un pays d'une fertilité incomparable ; ici les lieux communs de la poésie et les hyperboles de l'éloquence n'ont rien d'exagéré. On fait facilement trois récoltes dans l'année. Il en est de même dans l'Inde. L'Égypte approvisionnait l'empire romain pour quatre mois de l'année. Aussi les anciens ont-ils cru que l'agriculture était originaire d'Égypte et qu'Osiris avait inventé la charrue. Ce qu'il y a de certain, c'est que la charrue, telle qu'elle est représentée sur les monuments, et telle qu'on la voit aujourd'hui aux mains du fellah, est bien la charrue primitive. C'est un hoyau renversé et traîné par des bœufs.

Syène.

Nous nous sommes éveillés au pied d'une berge dorée par le soleil levant et couronnée de palmiers. Les murs d'une petite ville ruinée viennent border le fleuve : cette ville est Syène (aujourd'hui Assouan), la dernière de l'Égypte du côté de la Nubie. Strabon est venu à Syène, Juvénal y fut relégué. Nous touchons à une des extrémités du monde romain.

On prétend que Syène, bien que située un peu avant le tropique, est, grâce à diverses circonstances climatologiques, le lieu le plus chaud de la terre. Je ne sais ce qui en est, mais ce que je sais bien, c'est qu'il faisait ce matin une belle chaleur pour la saison. Nous avions le plaisir de mourir de chaud le 3 février, en errant sur l'emplacement de l'ancienne ville. A peine y trouve-t-on quelques débris d'antiquités. Ce qu'on voit en abondance, ce sont des pierres funèbres qui marquent le lieu de nombreuses sépultures mahométanes. Cet emplacement est saint pour les musulmans, et on y apporte de très-loin les corps des dévots qui ont désiré y être ensevelis. En réfléchissant que l'île de Philæ, voisine de Syène, était un des endroits où les Égyptiens plaçaient la tombe d'Osiris auprès de laquelle ils se plaisaient à être enterrés, il m'est venu dans l'esprit que la coutume musulmane pourrait bien remonter à l'antique usage égyptien. Ce serait un exemple de plus de ces traditions qui ignorent leur origine, de ces effets qui survivent à leur cause. Le musulman qui vient de bien loin chercher un tombeau dans le voisinage de l'île sacrée continue sans s'en douter la vieille dévotion égyptienne au tombeau divin d'Osiris.

Nous avons erré curieusement dans les carrières de Syène. Ces carrières sont une plaine de granit taillée à ciel ouvert pour les besoins de l'architecture et surtout de la sculpture égyptiennes. L'Égypte offre, en effet, très-peu de monuments construits en granit, mais tous les obélisques, beaucoup de statues et de sphinx sont de granit et de ce granit rose particulier à Syène, d'où il a pris le nom de syénite[1]. C'est donc d'ici que sont sortis ces monolithes célèbres qui, après avoir décoré Thèbes ou Héliopolis, embellissent maintenant les places de Rome et de Paris.

On comprend comment ces masses ont pu être détachées. Des trous qu'on voit encore disposés le long d'une fente horizontale montrent par quel procédé on a séparé de la roche de grands morceaux de

---

[1] Malgré son nom, la syénite n'est pas l'espèce de granit dominante à Syène; ce qui caractérise la syénite, c'est l'absence de mica, remplacé par l'amphibole.

granit. Dans ces trous, on enfonçait les coins qui servaient à briser le roc. On voit même dans la carrière de Syène un obélisque qui n'a pas été entièrement détaché; il est là couché sur le sol, auquel il tient encore par un côté. En contemplant ce témoignage vivant d'un travail qui a cessé depuis tant de siècles, il semble qu'on assiste à ce travail et qu'on le voie s'interrompre. On peut croire que les ouvriers, après avoir fait leur sieste, vont revenir et terminer leur ouvrage; l'œuvre inachevée semble durer encore.

La grande affaire des voyageurs, c'est d'arranger le passage de la première cataracte. Ce fait seul, que l'on franchit la cataracte dans sa barque en remontant le fleuve, montre combien le nom de cataracte est usurpé. Les cataractes du Nil ne sont que des rapides; en les voyant de près, on cherche à s'expliquer les exagérations dont elles ont été l'objet dans l'antiquité et même dans les temps modernes. Selon Diodore de Sicile, personne ne saurait les remonter, à cause de l'impétuosité du fleuve qui surpasse toutes les forces humaines. Sénèque décrit un vaste précipice dans lequel le fleuve tombe avec un fracas qui fait retentir les environs; Cicéron va plus loin, il parle de ceux qui deviennent sourds par le grand bruit que fait le Nil en se précipitant de montagnes très-élevées. Les poëtes de la renaissance ne se sont pas fait faute de reproduire et d'amplifier le témoignage des anciens. Politien peint à l'oreille le fracas assourdissant du Nil tombant des hautes cataractes.

> Con tal tumulto onde la gente assorda
> Dell' alte cataratte il Nil rimbomba.

Bien que l'exagération soit naturelle aux poëtes et aux voyageurs, j'ai peine à croire que le témoignage des anciens fût radicalement faux, et j'incline à penser que la barrière de rochers qui traverse le Nil au-dessus de Syène a pu être abaissée avec le temps par l'effort du fleuve.

Un fait bien curieux, découvert par M. Lepsius, pourrait avoir quelque rapport avec cet abaissement des rochers. Au-dessus de la seconde cataracte, à Semnéh, il a trouvé des marques gravées, il y a près de quatre mille ans, sur le roc pour indiquer les hauteurs atteintes par le niveau du fleuve à diverses époques du règne de ce Pharaon, qui, à une autre extrémité de son vaste empire, creusait le lac Mœris et construisait le labyrinthe. Ces marques avec la date de l'année du règne se voient encore sur les bords escarpés du Nil, comme les grandes crues de la Seine sont marquées sur les piliers de nos ponts. Or, ces marques sont beaucoup au-dessus du niveau actuel. Les rochers ont donc pu former autrefois comme un barrage d'où les eaux se précipitaient en cascade et qu'elles auront fini par briser. La même chose a dû arriver pour la première cataracte. Ainsi serait expliquée l'origine d'une renommée qui se serait prolongée longtemps encore après qu'elle aurait cessé d'être méritée. On vit quelquefois sur une vieille réputation dont on n'est plus digne. Quoi qu'en ait pu dire Diodore de Sicile, nous allons franchir la cataracte à l'aide d'un bon vent de nord et d'une centaine de Nubiens qui doivent aider la puissance du vent, et avec des cordes diriger notre barque au milieu des rochers.

L'objet de notre négociation chez l'aga a été de faire prix pour ce secours nécessaire, et, comme toute négociation avec les Arabes ou les Nubiens, elle a été longue et fort accompagnée de gesticulations, exclamations, réclamations et pourparlers sans fin. J'assistais à tout ce débat, qui se passait entre Soliman et les naturels du pays, assis à côté de l'aga et fumant avec une grande majesté. Le marché conclu, je me suis mis à fureter dans les rochers pour y trouver quelques inscriptions que j'avais remarquées quand nous nous rendions chez l'aga. Les scènes représentées sur ces rochers sont analogues à celles qu'on voit sur les stèles funèbres. Ce sont des familles adressant des prières aux dieux. Le nom et la condition de chaque personnage sont écrits auprès de lui en hiéroglyphes que j'ai recueillis, car je recueille avec soin tous les monuments qui pourront m'aider à recomposer l'organisation de la famille et de la société chez les anciens Égyptiens.

Nous fîmes une visite à l'île d'Éléphantine, dans laquelle une partie des ruines qu'y trouva encore l'expédition d'Égypte n'existe plus. Ce qui m'a surtout frappé, c'est une porte de granit sur laquelle on lit le nom d'Alexandre[1]. Les formules qui accompagnent officiellement le nom de tous les Pharaons, de tous les Ptolémées, de tous les empereurs, font un singulier effet quand on les voit accompagner le nom d'Alexandre. Ces dénominations emphatiques de *seigneur du monde, vainqueur du Nord et du Midi, de l'Orient et de l'Occident, maître des trônes*, sont vraies cette fois. Ces exagérations, qu'avait imaginées la flatterie et qu'elle distribuait au hasard, la gloire en a fait des réalités.

Nous sommes partis de Syène vers quatre heures, poussés par un vent de nord assez fort pour nous faire remonter rapidement le courant qu'on rencontre après Syène. Ce moment est un de ceux que je n'oublierai pas. Il y avait quelque chose d'imposant dans cette nouvelle phase du voyage. Nous avions pris à bord un pilote nubien, car le pilote égyptien ne nous aurait plus servi de rien au delà de la première cataracte. Nous allions laisser l'Égypte derrière nous, entrer dans un pays nouveau. Une nouvelle race nous entourait, les visages étaient plus noirs, les physionomies plus étranges. Le passage des cataractes est

---

[1] Suivant Champollion, il s'agit du fils du conquérant et non du conquérant lui-même.

toujours un événement : comme la barque court quelque risque, on fait porter par terre, à dos de chameau, ce qu'on a de plus précieux. Le lecteur imagine sans peine que, pour moi, c'étaient mes notes et les ouvrages de Champollion. Du reste, rien n'est plus agréable que de se sentir emporté ainsi à contre-courant à travers des rochers qu'on évite adroitement, et qui semblent tourbillonner. Le Nil murmure et bouillonne, le vent lutte contre le courant, la barque penche, on crie : une manœuvre la relève bientôt. Pour la première fois je suis entouré de tous côtés de bords abrupts, formés par des rochers noirs comme du basalte. Ces roches noires percent un sable d'or, car ici le désert est le lit du Nil. Cette côte, d'un aspect si nouveau, paraît fuir et tournoyer autour de moi. Tout enivrés de cette navigation étourdissante, nous arrivons à la première station, qu'on appelle la première *porte*. Nous n'avancerons pas davantage aujourd'hui ; demain la barque franchira les autres *portes*, et nous irons par terre nous embarquer plus loin pour passer dans l'île de Philæ ; car il y a à voir sur le chemin les débris du mur antique élevé contre les nomades pour la protection des pèlerins qui allaient à Philæ visiter le tombeau d'Osiris ; il y a aussi des hiéroglyphes à relever. Les rochers en sont couverts comme aux portes de Syène ; dès le soir, j'ai commencé ma chasse, qui n'a pas été sans résultat. J'ai trouvé gravés sur le roc les noms de plusieurs particuliers obscurs et le prénom d'un Pharaon très-ancien et très-célèbre, Mantonotep. Ici est indiquée la quarantième année de son règne. Ce règne a donc duré au moins quarante ans.

Outre la bonne fortune de mon cartouche, je cherchais avidement les noms obscurs, car je fais une collection de noms propres égyptiens. Il y aura là matière à quelques observations curieuses. Les noms des Pharaons les plus célèbres sont portés fréquemment par des particuliers. Il y avait des bourgeois de Thèbes qui s'appelaient Ramsès, Thoutmosis, etc. Comment s'en étonner? Il y en avait bien qui portaient des noms divins, les noms d'Ammon et d'Athor. J'ai trouvé sur ces rochers un Osortasen, et très-souvent répété le nom propre d'*Ammoni*, celui dont les Grecs ont fait Ammonios, les Romains Ammonius, et qui reparaît plusieurs fois dans l'histoire de l'école d'Alexandrie. Après ce nom, j'ai vu très-souvent un signe singulier, que je ne crois pas un hiéroglyphe, et qui ressemble à un *phi* grec, φ. Peut-être était-ce l'initiale de Philæ. A côté des hiéroglyphes, on a dessiné sur les rochers de véritables *bonshommes*. Évidemment ces inscriptions hiéroglyphiques ont une origine populaire. Quelques-unes ont servi peut-être à désennuyer un soldat de la garnison de Philæ. Ceci pourra étonner ceux qui croient que les hiéroglyphes étaient un mystérieux système d'écriture réservé aux prêtres et inintelligible au vulgaire; mais cette opinion, longtemps régnante, ne peut tenir contre les faits. Les temples, les palais, les tombeaux, les meubles les plus usuels, les ustensiles les plus vulgaires, même les jouets d'enfants trouvés dans les tombes, sont couverts d'hiéroglyphes, destinés évidemment à être lus par tout le monde. Ici, les inscriptions éparses sur les rochers, et qui ne contiennent rien de mystérieux, montrent assez l'universalité et la prodigalité des signes hiéroglyphiques ; elles montrent aussi que dans tous les temps certains hommes ont eu la manie de graver pour l'avenir des noms inconnus et d'immortaliser leur obscurité.

Nous avons fait assez de chemin, allant à travers le sable, d'un massif de rocher à un autre, montant et descendant tour à tour, selon que nous apercevions sur un sommet ou dans la plaine la blancheur de quelques hiéroglyphes se détachant sur la pierre noire. De la cime de l'un de ces massifs, où nous avait attirés une convoitise de ce genre, nous avons eu un spectacle qui valait mieux que ce que nous étions venus chercher. Au bout d'une plaine de sable, nous avons aperçu tout à coup, aux dernières lueurs du jour expirant, s'élever dans la solitude les monuments de l'île de Philæ. Ces monuments sont à peu près intacts, et nous paraissaient l'être entièrement ; rien de moderne ne se mêle à ces temples antiques d'une si étonnante conservation. On pouvait croire qu'on avait devant les yeux une ville égyptienne encore habitée. Quand les pèlerins qui venaient adorer le tombeau d'Osiris découvraient les temples de Philæ, ces temples leur apparaissaient ainsi à l'horizon. Ce qui frappait leurs regards vient de frapper les nôtres, et à cet aspect inattendu d'une ville antique, se dressant tout à coup dans le désert, nos cœurs, à nous pèlerins de l'étude, n'ont pas battu, je crois, moins fortement que les leurs.

Philæ.

Ce matin, après nous être éveillés au murmure torrentueux du Nil, nous nous acheminons sur nos ânes vers le point du rivage d'où une barque nous transportera dans l'île de Philæ. Nous traversons une plaine de sable, et, pour compléter la sensation du désert, on nous parle d'un lion qui a paru dans le voisinage et qui pourrait bien venir manger nos ânes ; mais je soupçonne nos Nubiens de vouloir nous flatter. Sans trouver le plus petit lion, nous atteignons un village où nous nous embarquons pour passer dans l'île sainte, dernier asile du culte égyptien, lequel y subsistait encore au sixième siècle.

Ici le Nil est semblable à un lac dont les rives noires et abruptes décriraient de sinueux contours. En pénétrant dans cette anse retirée, il semble qu'on s'éloigne du monde des vivants, et on éprouve un sentiment extraordinaire de silence et de recueillement ;

on laisse à gauche un rocher couvert de grands hiéroglyphes qui se détachent en blanc sur la teinte sombre de la pierre.

Quelques lambeaux de terrain cultivé se montrent çà et là, quelques palmiers s'élèvent au milieu des masses suspendues, qu'on dirait des basaltes amoncelés. On pense à la Chaussée des Géants d'Irlande sous le ciel de Nubie. Les ruines de Philæ dominent majestueusement ce chaos. En approchant, on voit grandir un pylône qui semble dépasser les lignes des collines environnantes. Les ruines de l'homme paraissent ici plus grandes que les ruines de la nature. Enfin la barque s'arrête au pied d'une berge où croissent quelques arbustes. Nous suivons un petit sentier et nous nous trouvons tout à coup comme par enchantement dans un temple parfaitement conservé que soutiennent des colonnes aux chapiteaux verts et bleus qui ont conservé les teintes des singulières feuilles dont ils se composent. Cette entrée brusque et furtive dans un temple presque intact est une des plus agréables surprises que réserve le voyage d'Égypte. Je me recueille un moment dans ce muet sanctuaire où je viens de pénétrer, mais bientôt la multitude d'hiéroglyphes qui m'entourent sollicitent ma curiosité ; je me lève et je commence à m'orienter dans cet ensemble de monuments qui couvrent et remplissent seuls l'île inhabitée de Philæ. Il n'y a rien ici d'un peu ancien, rien qui remonte plus haut que le temps des Césars ou des Ptolémées, si ce n'est un petit temple situé à l'extrémité méridionale de l'île et un pylône[1] portant le nom de Nectanébo, le dernier souverain national de l'Égypte, contemporain d'Alexandre et son père, suivant une légende inventée par la vanité égyptienne. Ce dernier des Pharaons est leur unique représentant dans l'île de Philæ.

Ce temple du sud, auprès duquel s'élève un obélisque, était consacré à Isis, comme le prouve une inscription hiéroglyphique dont voici la traduction littérale : « Nectanébo a élevé à sa mère Isis la grande demeure d'elle par une construction à toujours. » En suivant une galerie qui ramène vers le nord, on voit Tibère accoutré en Pharaon et sacrifiant au dieu Ammon. Sur une colonne, j'ai lu le commencement du nom de cet empereur, Tib.... La fin du mot n'a jamais été écrite. Qui a arrêté la main du scribe? Est-ce la nouvelle que l'empereur n'était plus? On peut le croire, et ce mot inachevé transporte vivement dans le passé.

En pénétrant dans le groupe de temples qui s'élève

---

[1] Sur ce pylône et sur le grand pylône du temps des Ptolémées, dans lequel il est engagé, se lisent diverses inscriptions grecques et latines. Plusieurs ont été tracées avant les figures et les hiéroglyphes qui les recouvrent en partie, ce qui étonnait beaucoup à une époque où l'on croyait que tout ce qui est égyptien devrait toujours être beaucoup plus ancien que ce qui est grec. M. Durand a rapporté quelques-unes de ces inscriptions à mon illustre confrère M. Letronne, qui en a enrichi l'atlas du second volume de son savant et ingénieux ouvrage sur les inscriptions grecques et latines de l'Égypte.

vers la partie occidentale de l'île, on trouve à gauche, dans la première cour, une inscription qui, lorsque j'ai quitté Paris, occupait beaucoup les savants à cause de ses rapports avec la célèbre inscription découverte à Rosette, dans laquelle le même texte est, comme on sait, reproduit trois fois : la première en hiéroglyphes, la seconde dans un autre caractère égyptien qu'on appelle démotique ou populaire, la troisième en grec. Tout le monde sait que l'heureuse trouvaille de Rosette, due aux Français, a été le point de départ de l'immortelle découverte de Champollion. Ceux qui voudraient ne pas croire à cette découverte demandent comment, au bout de vingt-cinq ans, on n'a pas encore obtenu, à l'aide de la traduction grecque placée au-dessous du texte hiéroglyphique, une traduction complète de ce texte. Je ne crois pas qu'il fût impossible de la donner aujourd'hui ; mais la difficulté à surmonter serait très-grande. D'abord le texte hiéroglyphique de l'inscription de Rosette ne nous est point parvenu dans son intégrité ; la pierre est tronquée par en haut et obliquement, de sorte que plusieurs lignes de la partie supérieure manquent entièrement et que les autres sont incomplètes à leur extrémité. Le texte hiéroglyphique n'offre pas une seule ligne absolument intacte ; de plus le style, comme celui de toutes les inscriptions du temps de Ptolémée, est plus recherché et d'une intelligence beaucoup plus difficile que sous les Pharaons. Il peut sembler bizarre de juger du style d'une inscription hiéroglyphique comme s'il s'agissait de la latinité d'un auteur romain; pourtant il suffit d'une assez légère connaissance des hiéroglyphes pour reconnaître bien vite, non-seulement à la forme des caractères, mais au choix des expressions, si l'inscription appartient à l'époque des Pharaons ou à celle des Ptolémées. Sous ces derniers, le style hiéroglyphique, je maintiens l'expression, est beaucoup moins simple; les signes qui sont, on s'en souvient, tantôt des lettres, tantôt des mots, offrent une étrangeté et une complication qu'on ne trouve point sur les anciens monuments. Si l'inscription de Rosette avait mille ans de plus d'antiquité, elle eût été déchiffrée plus facilement. Mais, direz-vous, on a le grec qui peut donner le sens de l'égyptien. Le sens général sans doute, mais pas toujours, je puis l'assurer, une version parfaitement littérale. C'est à tous ces obstacles qu'il faut s'en prendre si nous n'avons jusqu'ici de l'inscription de Rosette que la traduction d'un certain nombre de phrases seulement[1].

Ce qui précède se rapporte au texte hiéroglyphique de l'inscription de Rosette. Quant au texte démotique placé au-dessous du premier, il a été, dans ces derniers temps, l'objet d'une découverte importante.

---

[1] Champollion en a donné quelques-unes dans sa grammaire. Savolini avait commencé une traduction analytique de l'inscription de Rosette.

Rien n'a été publié de Champollion sur le démotique. On nomme ainsi de certains caractères entièrement différents des hiéroglyphes, et qui semblent avoir été d'un usage plus général. Bien que les hiéroglyphes, ainsi que nous l'avons vu, ne fussent point, comme on l'a dit, la propriété exclusive des prêtres, l'écriture démotique ou populaire (c'est le sens de ce mot) était fréquemment employée. On possède des contrats démotiques en assez grand nombre, et je n'ai pas vu de monuments, en Égypte, où quelque inscription démotique n'ait été gravée, probablement par la dévotion des voyageurs. Enfin un papyrus très-précieux, le papyrus de Leyde, offre un certain nombre de mots écrits en caractères démotiques, accompagnés de leur transcription en caractères grecs. Le papyrus de Leyde étant postérieur de plusieurs siècles à la pierre de Rosette, l'alphabet fourni par les transcriptions en lettres grecques que renferme le premier ne peut suffire pour lire le texte démotique conservé sur cette pierre. Voilà où en étaient les choses [1], quand M. de Saulcy a publié un alphabet

[1] Depuis, M. de Saulcy a publié en un volume in-4° de 262 pages la traduction d'une partie notable du texte démotique de Rosette, établie sur une analyse approfondie de ce texte déchiffré pour la première fois. Il est impossible que, dans un travail si hardi et si nouveau, des erreurs de détail n'aient pas échappé à M. de Saulcy; mais il est encore plus impossible que la science n'ait été considérablement avancée par ce travail. Une nouvelle épreuve vient de confirmer les principes de M. de Saulcy. Ce savant a lu récemment à l'Académie des inscriptions la traduction d'un morceau écrit en caractères dé-

démotique plus complet qu'aucun autre. Appliquant l'instrument découvert par lui à la lecture du texte démotique de Rosette, il y a trouvé des mots dont le sens, expliqué à l'aide du copte, se rapporte au sens contenu dans le texte grec. M. de Saulcy poursuit l'épreuve de sa méthode en l'appliquant à toute la partie conservée du texte démotique. Ce n'est qu'après que l'épreuve aura été poussée jusqu'au bout qu'elle sera décisive; mais ce que je ne crains pas d'affirmer dès aujourd'hui, c'est que les vrais principes de la lecture et de l'interprétation du démotique ont été posés par M. de Saulcy. Grâce à lui, deux vérités que n'avait point vues Champollion sont acquises à la science. La première, c'est que la langue du texte hiéroglyphique n'est pas exactement la même que la langue du texte démotique, l'une correspondant au dialecte sacré et l'autre à l'idiome populaire; la seconde, c'est que, sauf un très-petit nombre de cas dans lesquels l'écriture démotique a conservé les signes figuratifs de l'écriture hiéroglyphique, cette écriture n'est pas, comme la première, en partie idéographique, en partie phonétique (c'est-à-dire représentant par ses signes tantôt des idées, tantôt des sons), mais qu'elle est purement phonétique, de sorte qu'elle ne contient que des signes de son, de véritables lettres. L'alphabet

motiques. Il y est traité du dieu Ammon. M. de Saulcy regarde ce fragment mythologique comme ayant été écrit à Alexandrie vers le temps de Dioclétien.

démotique est donc un véritable alphabet. Ces deux opinions que M. de Saulcy a établies le premier, et qui sont fondamentales, me paraissent devoir rester, quand le progrès d'une science qu'il a créée devrait rectifier quelques-uns des résultats auxquels il est parvenu. Telle est l'histoire sommaire des travaux auxquels a déjà donné lieu la triple inscription de Rosette.

On conçoit combien l'intérêt des savants dut être excité, quand on apprit que M. Lepsius venait de découvrir sur un mur du grand temple de Philæ un autre exemplaire du décret de Rosette en caractères hiéroglyphiques et en caractères démotiques. Le texte grec manquait ici ; mais, presque complet sur la pierre de Rosette, son absence était moins à regretter. La joie des égyptologues fut grande. Au lieu d'une inscription dont le tiers supérieur est détruit, et dont pas une ligne n'est intacte, on allait avoir la partie hiéroglyphique tout entière et une précieuse ressource pour déterminer les caractères douteux de l'inscription démotique. Si l'envie de rapporter le plus tôt possible à mon pays une empreinte de cette précieuse inscription ne fut certes pas l'unique motif de mon voyage en Égypte, elle acheva de me décider à l'entreprendre.

Je me suis donc trouvé en présence de cette inscription qu'avaient vue Salt et Champollion, et j'ai compris pourquoi ils ne l'avaient point recueillie. D'abord elle est placée à une hauteur de dix pieds, et, sans une échelle apportée du Caire, mon compagnon de voyage, M. Durand, n'aurait pu prendre laborieusement une empreinte en papier de l'inscription. Elle n'est pas aussi bien conservée, il s'en faut, que les premières nouvelles l'avaient annoncé. Le grès dans lequel les caractères sont tracés a souffert, et de plus de grandes figures accompagnées d'hiéroglyphes ont été tracées par-dessus l'inscription primitive : c'est un palimpseste hiéroglyphique. Je crains qu'on n'en puisse tirer que des groupes isolés, mais pas une phrase entière et suivie ; c'est donc, par rapport à l'inscription de Rosette, *obscurum per obscurius*. Cependant l'inscription de Philæ ne sera point inutile, elle pourra fournir des variantes curieuses pour les parties où elle suit le texte de Rosette ; mais il n'est pas encore démontré que ce soit une reproduction exacte de ce texte. La dernière ligne, qui est bien la même, contient l'injonction de publier le décret *en caractères sacrés, en caractères populaires et en caractères grecs*, mais c'est une formule qui a pu être mise au bas de tous les décrets analogues. Une différence notable, c'est qu'auprès du nom du roi Épiphane à Philæ, on lit le nom de la reine Cléopâtre, qui ne figure point sur la pierre de Rosette. Ce fait seul prouve que les deux décrets ne peuvent être identiques, puisqu'à l'époque où fut rendu celui de Rosette, Épiphane avait douze ans et demi, et qu'à cet âge il n'était pas marié à Cléopâtre[1].

Le sanctuaire du grand temple porte les noms de Ptolémée Philadelphe et de Bérénice. Dans l'épaisseur d'une porte qui regarde le Nil, j'ai copié une assez singulière litanie en l'honneur du roi ; en voici quelques versets :

« Dieu bienfaisant, mine d'or et d'argent de tout le pays.
« Dieu bienfaisant, soleil de l'Égypte, lune des pays étrangers.
« Dieu bienfaisant... qui a été père plusieurs fois par sa femme. »

Ici l'expression est d'une franchise que j'ai dû adoucir dans la traduction ; l'hiéroglyphe, encore plus que le latin, *brave l'honnêteté*. La partie du temple qui date de Philadelphe est supérieure, pour le goût des sculptures, à ce qui est l'œuvre de ses successeurs ; mais la distance est encore plus grande entre les monuments de Nectanébo, le dernier des Pharaons, et ceux de Philadelphe, le second des Ptolémées. Le commencement de la décadence est très-sensible en passant de l'époque égyptienne à l'époque grecque. Une fois qu'on est entré dans celle-ci, la décadence continue, mais moins visiblement. Un petit temple très-élégant, à l'est, n'a pas été achevé. Ses colonnes s'élèvent avec leurs chapiteaux à feuilles de lotus, comme une corbeille imparfaite. On aime à y lire le nom de Trajan. Voici comment M. Lancret[2] explique

---

[1] Letronne, *Inscriptions égyptiennes*, I, 265.
[2] *Expédition d'Égypte, Antiquités*, I, 13.

l'effet particulièrement gracieux de ce petit temple. « Ces colonnes ne sont pas plus élancées que dans les autres temples, mais elles sont surmontées d'un dé égal au quart de leur hauteur, ce qui donne à l'ensemble de l'édifice un air de légèreté qui contraste avec les proportions ordinaires des monuments. »

Plus loin mes yeux ont salué, au milieu des hiéroglyphes, l'inscription suivante :

L'AN VI DE LA RÉPUBLIQUE,
LE 13 MESSIDOR,
UNE ARMÉE FRANÇAISE COMMANDÉE.
PAR BONAPARTE EST DESCENDUE
A ALEXANDRIE.
L'ARMÉE AYANT MIS, VINGT JOURS
APRÈS, LES MAMELOUKS EN FUITE
AUX PYRAMIDES,
DESAIX, COMMANDANT LA
PREMIÈRE DIVISION, LES A
POURSUIVIS AU DELA DES
CATARACTES, OU IL EST ARRIVÉ
LE 18 VENTÔSE DE L'AN VII.

Une main insolente avait ajouté : *Où était cette armée en 1814 ?* Une main indignée a répondu par ces mots : *Ne salissez pas une page de l'histoire.*

C'est un charme de passer plusieurs jours dans cette île de ruines, allant d'un temple à l'autre sans y rencontrer d'autres habitants que les figures mystérieuses qui couvrent les murs et les tourterelles qui roucoulent sur les toits. Je me trompe ; dans un petit édifice, j'ai trouvé une pauvre femme dont tout le mobilier consistait en une écuelle de bois. A la rigueur, cela suffit pour vivre sous le ciel d'Égypte; mais quelle vie! La nuit, nous écoutions le gémissement des roues à pots qui ne s'arrêtent jamais; ce gémissement nous semblait le soupir de l'Égypte, s'élevant comme une plainte à demi-étouffée de cette terre misérable vers le ciel magnifique, à travers la sérénité des nuits. Avant le jour, nous étions assis sur une petite éminence au centre de l'île, et nous regardions le soleil poindre tout à coup derrière le faîte des temples. Quelles journées dans mon souvenir que ces journées de solitude, de travail et de rêverie, dans cette île inhabitée et peuplée de merveilles, qui était notre empire!

IX

IBSAMBOUL
LA SECONDE CATARACTE

Nous avons dépassé l'Égypte, l'île de Philæ fuit derrière nous. Le Nil est tortueux et resserré, ses bords ont bien un air de Nubie. Des montagnes noires percent des plaines de sable. Une poussière d'un jaune doré est disposée autour de ces rochers comme les champs de neige autour des cimes aiguës des Alpes; mais ici les champs de neige sont des champs de feu. Par leur teinte et leur chaleur, ils rappellent la Solfatare de Naples. Les villages nubiens sont presque imperceptibles. Quelques rares palmiers les désignent à peine à l'attention du voyageur; on a un vif sentiment du désert, de l'inhabité. Sur les sommets, pas un brin de mousse ou de lichen; la vie n'est pas si complétement absente des hauteurs les plus solitaires des Alpes. Là, quelque végétation arrive, un papillon ou un oiseau s'égare sur l'aile des vents. Ici, rien de pareil; l'aile des vents ne porte que la mort; il n'y a de vivant que la lumière.

Déboud.

A Déboud est un petit temple de l'époque des Ptolémées et auquel on a travaillé sous Auguste et Tibère. Nous retrouvons et nous retrouverons encore plus d'une fois cette alliance, qu'on n'eût pas soupçonnée avant Champollion et qui frappe encore plus en Nubie qu'en Égypte, entre l'architecture des Pharaons et les souvenirs de l'histoire romaine.

Ce n'est pas là tout l'enseignement des hiéroglyphes à Déboud : non-seulement ils nous montrent, comme ailleurs, des noms connus de l'histoire, mais à cet intérêt, auquel nous sommes accoutumés, s'en joint un plus nouveau. La lecture des hiéroglyphes nous révèle l'existence d'un roi dont l'histoire n'a pas conservé la mémoire. Il s'appelait Atharramon, et vivait probablement sous les premiers Ptolémées. Ce nom n'avait jamais été écrit avec d'autres caractères que les caractères hiéroglyphiques avant d'être écrit en caractères français dans la correspondance de Champollion.

En revenant du temple, nous avons contemplé un tableau vraiment nubien. Un petit garçon noir et nu sautait en frappant de sa lance son bouclier de peau d'hippopotame, un autre en brandissant un long glaive; un vieux Nubien, à mine d'anthropophage de la mer du Sud, les regardait bondir; quelques jeunes filles battaient des mains avec une gaieté sauvage. La couleur locale et l'étrangeté des costumes ne manquaient pas à la scène. Le vêtement des jeunes Nubiennes avait juste trois doigts de hauteur; ce vêtement est un collier; mais si les modes de Nubie diffèrent autant des modes parisiennes, il est des susceptibilités féminines qui sont les mêmes en tout pays. Une de ces dames court-vêtues s'est indignée de ce qu'un de nos matelots l'a appelée, selon l'usage égyptien, *ma mère*.

A peine avions-nous repris notre navigation sur le Nil, que nous avons vu le rivage se couvrir de femmes qui couraient çà et là en poussant des cris et comme éperdues. On nous dit qu'un crocodile vient d'enlever un enfant, hélas! peut-être un de ces petits nubiens qui, tout à l'heure, sautaient si gaiement sur le rivage.

La Nubie me semble à la fois plus sombre et plus riante que l'Égypte. Ce qui est cultivé est très-vert. La zone de culture qui s'étend des deux côtés du Nil se resserre extrêmement : au delà, le désert s'étend d'un côté jusqu'à l'Indus, de l'autre jusqu'au Sahara; mais cette zone, si étroite, est admirablement féconde. Sur les terrains que le Nil vient d'abandonner, l'orge est encore verte; celle qu'on a semée sur les pentes que le fleuve a quittées depuis plus longtemps jaunit déjà ; un peu plus haut, l'orge est mûre ; tandis qu'on sème, on recueille.

Nos Arabes chantent en réjouissance de la guérison de M. Durand, qui a été malade. L'un d'eux récite une mélopée, les autres répètent *salam, salam* (santé). Voilà le chœur de la tragédie antique ; il est bien dans la nature.

Aujourd'hui, 3 février, le thermomètre marque, à l'ombre, 30° centigrades. Le ciel est blanc au lieu d'être rouge comme en Égypte. La chaleur est étouffante, nous allons tâcher de dormir au coassement des grenouilles et au sifflement des serpents.

Gartach.

Nous avons erré dans les carrières de Gartach ; elles sont curieuses par la quantité d'inscriptions grecques tracées sur les parois des rochers. Les noms propres qui figurent dans ces inscriptions sont ou grecs, ou latins, ou évidemment égyptiens d'origine. Quelques-uns de ceux-ci sont rares et insolites, comme Pamechemis, Petetais, Petermonthos. La plupart de ces inscriptions renferment un *hommage* rendu à une divinité par un personnage accompagné de divers membres de sa famille. L'un de ces personnages a deux noms, un nom égyptien, Pamès, et un nom grec, Drakôn. Il est remarquable qu'il y ait plus de ces *hommages* écrits en grec qu'en égyptien populaire (démotique). Tous ceux qui savaient un peu de grec mettaient leur vanité à l'écrire.

Beit-Ually.

Ce lieu offre un des plus remarquables monuments de la Nubie. C'est un *speos* (temple taillé dans l'intérieur du roc) de médiocre grandeur, avec un corridor à ciel ouvert qui conduit à l'entrée ; sur les parois de ce corridor, une suite de bas-reliefs du plus grand intérêt montre le grand Ramsès[1] triomphant de ses ennemis. Les scènes ordinaires de siéges et de combats sont diversifiées par quelques détails qui ont particulièrement attiré mon attention. Ramsès, représenté avec une taille gigantesque, saisit par les cheveux un guerrier géant aussi, quoique moins grand, dont la tête dépasse la forteresse que son corps semble remplir, tandis qu'un fils de Ramsès attaque la porte une hache à la main ; sur le rempart, une scène animée représente des guerriers qui parlementent, des femmes qui supplient, un prêtre qui s'avance au-devant du conquérant, l'encensoir à la main, tandis qu'un défenseur désespéré se précipite des remparts, et qu'une mère tient son enfant suspendu dans les airs pour le précipiter aussi ou pour

---

[1] C'est lui et non son père, comme le croyait Champollion (*Lettres*, p. 156 et suivantes), trompé par une variante dans le prénom de Ramsès le Grand, qui lui avait fait compter un Ramsès de plus que n'en offrent les monuments.

attendrir le vainqueur. Ailleurs, dans une déroute, un nègre blessé revient vers sa demeure, appuyé sur deux de ses compagnons ; sa femme et son enfant s'avancent à sa rencontre avec des gestes de douleur. Ces détails montrent que ces peintures guerrières ne sont pas toutes jetées dans un moule uniforme, et offrent des épisodes pleins de vie et de réalité ; mais, ce qui est surtout digne d'attention, ce sont les tributs apportés au Pharaon vainqueur par le peuple qu'il a soumis. Parmi ces tributs, on remarque l'or en anneaux, qui remplaçait la monnaie dans l'antique Égypte, comme, chez les anciens peuples du Nord, la poudre d'or renfermée dans des sacs, et différents animaux, parmi lesquels on reconnaît la girafe, le singe, l'autruche et le guépard. La nature des objets présentés au vainqueur par les populations vaincues montre qu'il s'agit ici de victoires remportées sur les habitants des régions situées au midi de l'Égypte, sur les Éthiopiens, et les traits des vaincus, qui sont évidemment des nègres, achèvent la démonstration. Cet usage de placer des animaux dans les pompes triomphales se retrouve, en Assyrie, sur un obélisque nouvellement découvert à Nimroud. En Égypte, les Ptolémées marchèrent, à cet égard, sur les pas des Pharaons, comme le prouve la description de la pompe triomphale que Ptolémée-Philadelphe montra aux Alexandrins et où figurait une girafe, au rapport d'Athénée.

Kalabché.

Non loin du monument peu considérable, mais *classique*, de Beit-Oually, s'élèvent les ruines colossales et comparativement modernes de Kalabché. Presque tout ce qui subsiste de Kalabché date des Ptolémées ou des empereurs; mais c'est là le plus magnifique reste de cet âge récent. Si l'on n'était averti par les inscriptions hiéroglyphiques et par le style des bas-reliefs, on pourrait se croire chez les vieux Pharaons. Plusieurs cours encombrées d'immenses ruines, d'énormes colonnes encore debout, un grandiose qui rappelle celui de Thèbes, feraient supposer qu'on a devant les yeux un monument des plus belles époques de l'art égyptien et non de l'époque gréco-romaine. Kalabché a un faux air de Karnac. Les peintures, étant moins anciennes, ont mieux conservé leur fraîcheur. Les signes dont les murs sont couverts brillent des couleurs les plus vives : le bleu, le vert, le rouge, y resplendissent au soleil de Nubie avec un éclat incomparable. Il y a ici d'intéressantes études à faire sur la mythologie égyptienne, telle qu'elle était devenue en s'éloignant de sa simplicité antique, en multipliant les personnages divins sans changer l'idée religieuse que ces personnages représentent. Le système religieux des Égyptiens se compose partout d'un petit nombre d'éléments qui, avec le temps, vont se diversifiant à l'infini. Peu de types et beaucoup de variantes : c'est la loi de la mythologie aussi bien que de l'écriture égyptienne.

Dandour.

Nous avons dépassé le tropique; c'est un événement pour un voyageur. En Nubie, bien plus qu'en Égypte, les monuments égyptiens se pressent sur les bords du Nil. A Dandour est un petit temple purement romain, et dont cependant les sculptures ont un certain mérite. Il nous arrête quelques heures[1], puis nous remontons sur le Nil. Nous regardons longtemps Canopus; c'est une étoile presque égale en éclat à Sirius, et qu'on ne voit point en France. Nous sommes sous un ciel étranger, nous saluons des astres nouveaux.

..... Nova sidera norunt.

Girchè-Hassan.

Nous avons vu Girchè-Hassan à la lueur de notre *machallah* : on appelle ainsi une grille placée à l'extrémité d'un bâton, et dans laquelle on fait brûler un bois résineux. Cette espèce de fanal jette une vive lumière. Après l'avoir bien allumé, nous nous sommes acheminés vers le monument. C'est le pre-

---

[1] Je remarque que les dieux ont ici les cheveux nattés à la manière des Nubiens de nos jours. On leur a donné le costume du pays.

mier exemple de ces temples-grottes creusés dans les montagnes et décorés de cariatides sculptées dans le roc, dont Ibsamboul offre un modèle magnifique. A la lueur du machallah, tout nous a semblé plein de majesté. Aujourd'hui, la clarté du soleil fait paraître les cariatides lourdes et écrasées. A Dandour, nous avons vu de bonnes sculptures d'une époque de décadence; aujourd'hui, nous avons sous les yeux de mauvaises sculptures d'une bonne époque. Dans l'intérieur sont de nombreux enfoncements, et, dans chacun de ces enfoncements, trois ou quatre statues. Le roi figure toujours au milieu d'un groupe d'images divines. Ces statues mutilées, subitement illuminées par la flamme agitée et petillante du machallah, avaient un aspect extraordinaire. La foule noire qui nous suivait nous représentait le peuple égyptien tel qu'il se pressait autrefois à l'entrée de cette grotte sacrée, et nous étions les prêtres qui le retenaient à distance sur le seuil du temple.

Nous sommes revenus escortés par la population. Elle était un peu plus nombreuse et un peu plus bruyante que nous n'aurions voulu. Sa manière de demander le *bakchich* ressemblait assez à une menace. Les gestes animés, les visages noirs et vivement éclairés par une flamme que le vent faisait tourbillonner, donnaient à notre entourage un aspect peu aimable. L'impatience commençait à nous gagner. Un de nos Arabes a ôté, au plus vif d'entre nous, un bâton qui, en se levant sur un de ces moricauds, aurait pu causer de fâcheuses représailles. Grâce à cette précaution, nous sommes arrivés sans encombre à notre barque. Une fois rentrés dans notre forteresse, nous avons hissé le pont-levis, c'est-à-dire la planche qui établissait une communication entre la terre et nous, et nous avons parlementé. Les Nubiens ont crié et gesticulé longtemps pour obtenir plus que nous ne voulions leur donner; mais nous avons tenu bon, et ils ont fini par nous laisser dormir. C'est la première fois que nous avons pu concevoir quelque appréhension de violence, et nous n'avons même pas été menacés sérieusement.

Dakké.

Voilà encore un monument de plusieurs époques. Je néglige ce qui date des Ptolémées et des Césars, et je m'attache aux inscriptions qui se rapportent à un roi d'Éthiopie, nommé Ergamène, dont parle Diodore de Sicile.

Cet Ergamène m'intéresse. J'aime ce roi éthiopien, contemporain des premiers Ptolémées, et qui, sans doute éclairé par la philosophie grecque[1], osa se soulever contre le sacerdoce égyptien; ce roi qui, sommé par les prêtres d'avoir à mourir pour leur complaire,

---

[1] La physionomie grecque de son nom peut faire penser qu'il était Grec d'origine.

refusa de leur obéir et les extermina. Une particularité me préoccupe, et, si j'ose dire ainsi, m'intrigue vivement. Ergamène est figuré rendant hommage à un personnage dont la figure est accompagnée d'un cartouche dans lequel on lit : *la grande maison* ou *la maison du grand*. Quel est ce personnage qui, dans d'autres tableaux, rend lui-même hommage à diverses divinités ? Je ne puis expliquer ce double rôle qu'en voyant là un Ptolémée (et, d'après l'époque où vivait Ergamène, probablement Ptolémée-Philadelphe), dont la suzeraineté sur ce roi nubien, inconnue à l'histoire, semble attestée par ce monument.

Tandis que j'étais occupé à copier les hiéroglyphes qui accompagnent la figure du roi Ergamène, le vent, ce soir assez violent, s'engouffrait dans une ouverture placée au-dessous de l'inscription, et plusieurs bouffées sont venues me frapper dans le ventre. J'y ai senti comme le coup d'un projectile et une vive douleur. J'ai continué quelque temps de copier, mais il a fallu me retirer; il me semble que je suis blessé aux entrailles. Je me souviendrai du roi Ergamène.

Il y a eu une espèce d'orage cette nuit. Je me lève tard; je suis las et souffrant. Mes yeux, qui errent languissamment sur de grands plateaux de sable blanc, d'où sortent des montagnes pittoresquement groupées en pyramide, sont réjouis par une scène gracieuse du désert. Un chef bédouin, coiffé d'un turban magnifique, trotte à quelque distance sur un dromadaire blanc[1], tandis que ses jeunes fils et des esclaves suivent sur des dromadaires plus petits. Cavaliers et montures ne ressemblent pas plus aux fellahs et aux chameaux des caravanes qu'un écuyer habile sur un cheval de luxe ne ressemble à un paysan sur un cheval de trait.

Maraka.

Les ruines de Maraka sont peu considérables ; mais elles méritent d'être vues à cause d'un bas-relief très-singulier, et que je ne me souviens pas d'avoir vu décrit nulle part. Il offre une curieuse association de la religion égyptienne et de la mythologie gréco-romaine. Jupiter, avec le pallium et le sceptre, s'y montre en regard de l'Ammon égyptien, le fouet à la main et deux grandes plumes sur la tête. La troisième personne de la triade est une divinité féminine qui n'a rien d'égyptien. Ainsi l'Égypte n'est représentée que par un des trois personnages divins. On voit là une alliance et comme un compromis entre les deux religions, qui transporte vivement à l'époque où elles se sont rencontrées sur cette terre lointaine, et fait assister, pour ainsi dire, à la fusion de leurs éléments.

[1] Les dromadaires d'Égypte sont des chameaux qui n'ont qu'une bosse comme les autres; ils ne s'en distinguent que par une tournure plus fine et plus élégante.

Essebouah.

Essebouah veut dire en arabe *les lions*. Le nom de ce lieu vient des lions de pierre qui formaient ici une avenue en avant du temple, et qui gisent encore sur le sable et dans le sable. On dirait un troupeau de lions qui se noie ; les uns dominent le déluge dans lequel les autres s'engloutissent. Le temple est entièrement enfoui dans le sable ; on ne voit que le pylône et un portique soutenu par huit colosses-piliers, qui représentent le grand Ramsès. Un bas-relief montre ses quatorze filles avec leurs noms ; parmi elles est sans doute celle dont j'ai été assez heureux pour découvrir le portrait dans le musée de Marseille, mais je ne puis la reconnaître parmi ses sœurs. Tandis que je regarde curieusement mes princesses égyptiennes, de petits moineaux noirs et blancs chantent gaiement, perchés sur les colosses. Ceux-ci sont en partie renversés ; ils semblent avoir succombé à un effort violent. L'un a la tête en bas et les jambes en l'air ; l'autre est couché sur la face. On dirait des titans foudroyés.

Comme nos deux compagnons de l'autre barque ont quitté les ruines plus tôt que M. Durand et moi, nos Arabes en ont conclu qu'ils n'avaient pas *trouvé leurs ancêtres*. Nous, qui sommes restés plus longtemps, nous avons trouvé nos ancêtres. Voilà des gens qui me croient d'assez bonne famille, descendant des Ramsès, pas davantage. J'espère qu'ils auront à l'avenir quelque respect pour moi.

A propos des lions d'Essebouah, placés ainsi sur deux lignes et formant une avenue de pierre aux abords du palais de Ramsès, je dirai un mot sur le rôle des lions dans l'architecture des Égyptiens et de quelques autres peuples. On va voir que le choix de cet animal avait sa raison dans le système hiéroglyphique. Le lion ou la tête de lion est un hiéroglyphe qui exprime la vigilance [1], parce que, disait-on, cet animal dort les yeux ouverts ; selon moi, c'est pour ce motif que des lions sont souvent placés à l'entrée ou aux abords des monuments égyptiens. A Dakké, deux lions sont sculptés des deux côtés d'une porte qui conduisait probablement dans le trésor. Ces lions sont des hiéroglyphes sculptés figurant l'idée de la vigilance qui garde le seuil. Au Muséum britannique, on est entré dans l'idée égyptienne en plaçant deux lions à l'entrée de la galerie appelée le *Salon égyptien*. Ce n'est pas seulement en Égypte qu'on voit les lions placés comme les gardiens des portes. Dans l'Inde, deux lions sont accroupis à l'entrée des souterrains d'Ellora. En Chine, deux lions se tiennent devant le petit temple de

---

[1] Le lion paraît avoir été, dans l'ancienne Égypte, un animal domestique attaché à la garde des Pharaons. Ramsès le Grand est représenté accompagné de son lion ; Méhémet-Ali, le Pharaon moderne, avait aussi son lion apprivoisé.

Macao. En Assyrie, M. Layard a vu deux lions à l'entrée d'un monument qu'il a découvert. Enfin, en Grèce, deux lions gardent la célèbre porte de Mycène. Deux lions étaient placés devant une des portes d'Ancyre, et, si l'on vient jusqu'au moyen âge, on trouve des lions au portail des églises[1]. N'est-ce pas là, dans l'architecture de différents peuples, une tradition aveuglément transmise de ce sens symbolique de vigilance figuré par le lion, et qui s'accorde avec le sens littéral de l'hiéroglyphe ?

Amada.

Le petit temple d'Amada est un de ceux qui offrent le modèle le plus achevé de l'architecture et de la sculpture égyptiennes à l'époque où ces arts ont atteint leur dernière perfection, à l'époque des Thoutmosis, sous la dix-huitième dynastie, quelque dix-sept cents ans avant l'ère chrétienne et deux cents ans avant Moïse. J'ai dit que le dix-huitième siècle (avant Jésus-Christ) était l'âge de Périclès pour l'Égypte. Rien de plus fini que les bas-reliefs peints et les hiéroglyphes qui couvrent les murs du temple d'Amada. Les moindres détails sont rendus avec une finesse ex-

---

[1] Sur les sceaux des rois d'Angleterre on voit, jusqu'au quinzième siècle, deux lions des deux côtés du trône. C'est que l'usage s'était établi au moyen âge de rendre la justice à la porte des églises *entre les lions, inter leones.* Ainsi un nouveau sens symbolique, né d'un usage moderne, avait remplacé la signification antique qu'avait dans la langue hiéroglyphique le signe du lion.

quise, on dirait parfois les vignettes délicatement enluminées d'un missel[1]. Malheureusement le temple est en partie ensablé; la base des murs est cachée. Il en est ainsi à Ombos et dans beaucoup d'autres lieux. L'opération du déblaiement serait extrêmement facile et très-peu coûteuse. Cette fouille, faite à coup sûr, rendrait à la lumière des pans de muraille qui sont à la fois des tableaux et des manuscrits.

Un des objets d'étude les plus intéressants que présentent les monuments égyptiens, ce sont les *surcharges*. On nomme ainsi l'opération par laquelle on a substitué un personnage ou une inscription à un autre personnage ou à une autre inscription. Quelquefois la figure ou l'hiéroglyphe effacés ont laissé une trace suffisante pour être reconnus, quelquefois ils ont disparu entièrement. Ce sont des palimpsestes monumentaux sous lesquels il est souvent impossible de reconnaître le texte primitif; mais le fait seul de la substitution opérée est un fait curieux et qui jette l'esprit dans le champ des conjectures. Ainsi on se demande pourquoi l'hiéroglyphe du dieu Seth, qui figure dans le nom du roi Sethos, père du grand Ramsès, a été effacé presque toujours des cartouches de ce roi. En voyant ce nom Seth devenir celui du mauvais principe dans les derniers temps de l'égyptia-

---

[1] J'apprends que ces merveilles de l'art égyptien ont été indignement mutilées. Une partie de la surface du mur a été sciée dans la grande salle du temple. Puisse, à défaut d'autre châtiment, la honte due à cet acte odieux en atteindre l'auteur!

nisme, on s'explique jusqu'à un certain point comment le dieu qui le portait a pu être, à une époque antérieure et dans des circonstances que nous ignorons, dégradé, pour ainsi dire, persécuté, aboli par le culte et les prêtres d'un dieu rival. Ce simple fait de l'effacement de la syllabe divine qui forme le nom du roi Sethos nous révèle donc une révolution religieuse survenue après l'intronisation de la dix-neuvième dynastie. Divers monuments de Thèbes offrent des exemples de pareilles substitutions, mais aucun n'est plus curieux que ceux que présente le petit temple nubien d'Amada. Partout, dans ce temple, le nom du roi Aménophis (Amen-otf), dont les deux premières syllabes sont formées par le nom du dieu Ammon, a remplacé un nom plus ancien qui a disparu. Partout aussi le nom et la figure d'Ammon remplacent le nom et la figure d'un autre dieu. La substitution est manifeste ; de plus, on remarque que la figure nouvelle et les hiéroglyphes du nom nouveau sont beaucoup plus grossiers que le reste des figures et des hiéroglyphes. Comment expliquer ce singulier phénomène? Probablement ici encore une révolution religieuse s'est accomplie. Le dieu Ammon a remplacé un dieu condamné, le culte vainqueur a voulu faire disparaître le nom et l'image de ce dieu proscrit, et cette persécution du nom divin détrôné s'est étendue, chose remarquable, jusqu'au nom du roi Aménophis, auquel il fournissait ses deux premières syllabes. Ces simples changements attestent une révolution religieuse qui a soulevé probablement bien des passions, bien des luttes acharnées, et aujourd'hui nulle trace ne subsisterait de ce grand événement qui a agité un âge antique, si la découverte de Champollion ne nous en révélait le souvenir dans quelques hiéroglyphes effacés.

Derr.

Derr est la capitale de la basse Nubie. Quelle capitale! on n'y trouve qu'une seule maison un peu respectable : c'est le palais de l'aga. En nous y rendant, nous trouvâmes sur notre chemin des femmes nubiennes, mais non dans le costume léger des villageoises dont j'ai parlé plus haut. Les citadines étaient, au contraire, enveloppées de longues robes flottantes ; elles ne voilaient pas très-exactement leurs visages, et on pouvait reconnaître que leurs cheveux étaient nattés comme on le voit sur les monuments égyptiens. Nous rencontrâmes aussi quelques tombes, à l'extrémité desquelles étaient placés un vase grossier, quelquefois de petits cailloux, j'ignore dans quelle intention. La salle d'audience de l'aga ressemblait beaucoup à une grange : lui-même paraissait assez grossier. Cependant l'Europe l'intéressait, et il nous demanda des nouvelles du roi Louis-Philippe. J'eus à Derr une autre preuve des progrès de la civilisation en Nubie ; quoique le service régulier des postes s'arrête à la frontière égyptienne, je confiai aux soins de l'aga de

Derr une lettre pour Paris, où elle est arrivée sans encombre et sans retard considérable. A Derr, comme dans le reste de la Nubie, on ne sait pas faire le pain; en revanche, on sait faire arriver une lettre à Paris.

La civilisation n'a pas encore aboli, chez les Nubiens, la coutume mahométane de s'engager par des vœux imprudents. Nous eûmes une occasion curieuse de nous en convaincre. Nous avions pris, en quittant l'Égypte, un pilote nubien, pour remonter le Nil depuis la première cataracte jusqu'à la seconde. Dans cet intervalle, le lit du fleuve, hérissé de rochers, rend la navigation difficile; il faut être guidé par un homme du pays à travers des écueils d'où le pilote égyptien ne saurait vous tirer. Celui-ci reste donc oisif sur sa barque, où règne le nouveau venu. Dans cette situation, une querelle était survenue entre les deux pilotes au sujet de quelques feuilles de légumes destinées à leur souper, et le résultat de cette querelle avait été un vœu solennel, fait par le pilote nubien, de renvoyer ses deux femmes, ou de ne pas rester sur la même barque que le pilote égyptien. Soliman me fit part de cet événement d'un air consterné en ajoutant : *C'est très-grave*, expression doctrinaire qui me parut singulière dans la bouche d'un Arabe. Je ne compris pas d'abord toute la gravité de la situation. Je ne pouvais admettre que le pilote que nous avions loué pour nous conduire à la seconde cataracte et nous ramener à la première, sous prétexte d'un vœu, se permît de nous abandonner à une direction qui ne nous donnait point de garantie. Je ne voyais pas ce que ses femmes avaient à faire là dedans. Soliman m'expliqua qu'on ne pouvait revenir sur un vœu, et me peignit le malheur de ces pauvres femmes et de leurs enfants. Je commençai à juger la chose plus sérieuse qu'elle ne m'avait semblé l'être d'abord, et il fut décidé qu'on soumettrait la difficulté à l'aga. On se rend chez lui, le cas lui est soumis, il écoute gravement et répond : « Cet homme a eu tort de s'engager ainsi, mais je ne puis exiger de lui qu'il rompe son vœu ; tout ce que je puis faire pour vous, c'est d'ordonner qu'on lui applique cinq cents coups de bâton. » Nous nous gardâmes de profiter, comme on peut croire, de la proposition obligeante de l'aga. En quittant l'autorité civile, nous rencontrâmes l'autorité religieuse, le muphti en personne. On lui exposa le fait ; même réponse, sauf l'offre des coups de bâton : « Il a eu tort de s'engager par ce vœu, mais on ne peut revenir sur un vœu. » Et nous voilà de retour vers notre barque, ne sachant comment faire pour avoir un pilote sans mettre dans la rue deux familles. Nous ne pouvions céder à cette fantaisie qu'avait eue le Nubien de sacrifier notre sécurité à un mouvement d'humeur contre son camarade, et nous lui déclarâmes qu'il resterait sur notre barque. Je n'ai jamais vu sur une figure humaine une consternation pareille à celle de notre pauvre pilote ; il se résignait, mais comme on se résigne à la mort. Pour lui rendre la vie et ne pas troubler son bonheur domestique, nous le fîmes passer sur la barque de nos amis, où était aussi un pilote nubien qu'ils voulurent bien nous prêter. Grâce à cet ingénieux échange, le malheureux père de famille ne fut point forcé de manquer à son vœu, et tout fut arrangé. Ses femmes et ses enfants ne se doutaient pas du danger qu'ils couraient pendant ce temps-là.

On voit que la puissance du vœu subsiste en Orient depuis le temps de Jephté. Cette coutume n'a jamais cessé d'y régner. La veille de la bataille d'Ana-Sanka, le sultan Baber jura, s'il était vainqueur, de renoncer au vin et de laisser croître sa barbe.

Le temple de Derr a été creusé dans le roc comme ceux d'Ibsamboul et de même par ordre de Ramsès le Grand. Il offre un curieux exemple de cette assimilation du roi et du dieu, qui est un trait caractéristique de la religion et de la société égyptiennes. Au fond du sanctuaire, Ramsès est assis, lui quatrième, avec les dieux Phta, Ammon et Phré. Ce qui est plus singulier, c'est que, sur les murs du temple, on lit également le nom de Ramsès à côté de la figure qui reçoit et à côté de la figure qui accomplit l'hommage religieux. Étrange apothéose, dans laquelle le Pharaon est à la fois le prêtre et l'objet d'un même culte !

On voit par là à quel point le monarque était identifié avec la divinité. C'est par la même raison que le nom du souverain des hommes était le même que celui du souverain des dieux[1], que l'épervier et l'*uræus* étaient à la fois les symboles hiéroglyphiques de la divinité et de la royauté. Ce sont diverses expressions de l'identité de l'idée divine et de l'idée royale chez les Égyptiens, identité qui ne se traduisit jamais d'une manière plus frappante que par la représentation du Pharaon Ramsès, tour à tour assis parmi les dieux et combattant parmi les hommes, enfin comme roi s'adorant comme dieu.

Ibrim.

Notre ascension dans les grottes d'Ibrim a été singulière. Ces grottes sont taillées dans le roc à quelques mètres au-dessus du Nil. Les eaux étant basses, les grottes se trouvaient plus élevées. On n'y arrive que par des échelles appliquées contre le rocher. De jour, rien n'est plus facile; mais, n'ayant pu atteindre Ibrim qu'à la nuit et impatients de visiter les grottes, nous fîmes notre ascension à dix heures du soir et notre visite aux flambeaux. Ces quatre grottes, ouvertes dans le rocher comme des tiroirs, sont, les unes du temps des Aménophis, les autres du temps des Ramsès. On y voit représentés, ou les offrandes faites aux

---

[1] Ammon-ra, Ammon-Soleil, nom du dieu; Pharaon (Phra), le soleil, nom du roi.

dieux par le Pharaon, ou les hommages adressés à celui-ci par des princes nubiens ses vassaux.

Ibrim fut la limite où s'arrêtaient les populations nubiennes vers le nord, et que ne dépassèrent pas les dominateurs grecs et romains. Plus bas, entre Ibrim et la frontière d'Égypte, le pays fut envahi et ravagé pas les Blemmies. Au cinquième siècle, un roi chrétien d'Abyssinie, Silco, vint les combattre, ainsi que le prouve une longue et curieuse inscription grecque, dans laquelle ce roi célèbre ses conquêtes dans un style pompeux, dont quelques formules semblent empruntées aux anciens Pharaons. Sur la hauteur sont les ruines de la ville moderne d'Ibrim, détruite en 1810 par les mamelouks qui se retiraient à Dongola, après le massacre du Caire. Nous avons erré parmi les débris de cette ville, où se montrent quelques vestiges du culte chrétien. La place d'une église est indiquée par des chapiteaux renversés et ornés d'une croix.

Pendant que nous parcourions ces ruines de différents âges, le ciel s'est couvert d'un voile grisâtre. On eût dit un effet de brume, mais les brumes, dans ce pays, sont des brumes de sable. Une teinte blanchâtre s'est répandue sur le désert qui était à nos pieds et sur les eaux ternes du Nil. En même temps, un vent violent s'était élevé. C'était le souffle étouffant du *chamsin*. Le ciel est resté gris et poudreux pendant plusieurs jours. La nuit, nous avons eu une véritable tempête. Le Nil secouait notre barque avec tant de violence, que plusieurs fois nous avons cru qu'elle allait se briser contre le rivage. Le matin, la violence des secousses l'avait à demi enfouie dans le sable. Il a fallu d'assez longs efforts pour la remettre à flot.

Korosko.

Le Nil fait, en cet endroit, un tel détour, il revient si complétement sur lui-même, qu'en arrivant ici nous avions le soleil couchant à notre gauche, au lieu de l'avoir à notre droite. Nous tournions momentanément la face vers le nord, et nous aurions pu croire que nous revenions au Caire.

Korosko est un point assez important. Le Nil décrivant ici une grande courbe vers l'ouest, les voyageurs qui se rendent dans la haute Nubie, et qui n'ont rien à voir sur ses bords, s'en éloignent et abrégent leur route en traversant le désert. A ce sujet, Soliman nous a raconté un fait qui montre comment le gouvernement du vice-roi est aimé et obéi. Des voyageurs européens vinrent, il y a quelque temps, à Korosko, munis de firmans du pacha et accompagnés de gens à lui. Ils avaient besoin d'un certain nombre de chameaux pour traverser le désert. Rien n'eût été plus facile pour eux sans la protection spéciale du pacha ; mais les firmans et les gens de sa hautesse qui accompagnaient les voyageurs firent croire qu'ils appartenaient au gouvernement, et, comme le *gouvernement ne paye pas*, tous les chameaux du pays disparurent et furent emmenés à trente lieues dans le désert. Il fallut attendre longtemps pour que, l'erreur étant reconnue, les chameaux fussent ramenés ; ce qui arriva dès qu'on fut bien convaincu qu'on avait affaire à des étrangers, à des infidèles : touchante confiance du peuple égyptien dans l'administration de son pays.

Je gravis une berge escarpée qui dominait le fleuve, et j'allai regarder l'entrée du grand désert, qui commence à Korosko. Le soleil se couchait sur des montagnes noires et empourprait quelques palmiers. Les chameaux d'une caravane étaient au repos parmi des tentes. Des esclaves, amenés par des marchands, étaient accroupis sous les arbres, prenant leur repas du soir. Je n'eus pas l'avantage, ainsi que mon savant ami M. Lenormant, de trouver dans un marchand d'esclaves un compagnon d'études, un *Dabot*, comme il s'appelait, en souvenir de ce pensionnat célèbre où il avait fait ses classes. Ce personnage singulier, avant de se livrer à son trafic, avait exercé un métier bizarre. Le serment *par la barbe* étant obligatoire en justice dans les pays mahométans, et les populations au sein desquelles il vivait étant peu fournies de cet ornement, le pauvre diable de renégat, qui était mieux pourvu, louait sa barbe à ceux qui voulaient jurer par elle. Singulier fermage ! Je ne rencontrai pas un si curieux personnage parmi les marchands d'esclaves de Korosko ; mais je remarquai une très-jeune fille noire, qui me parut d'une grande beauté : elle était dans la simplicité du costume nubien, dont se scandalisait, il y a cinq siècles, le voyageur arabe Ibn-Batuta.

On sait que l'esclavage est fort doux en Orient. Les mœurs, qui, encore aujourd'hui, ont quelque chose de patriarcal, font de l'esclave comme un membre de la famille ; elles l'y introduisent souvent tout à fait en lui permettant d'épouser une fille de son maître. Sa condition n'a rien d'humiliant, et ne le condamne point à une infériorité perpétuelle. Dans les pays musulmans, il est assez fréquent de commencer par être esclave pour devenir ministre. C'est quelquefois le contraire dans les pays chrétiens.

Malgré cette bénignité de l'esclavage oriental, ce n'en est pas moins une œuvre pie pour un musulman d'affranchir un esclave. Soliman témoignait un grand mépris pour le trafic de ces marchands et me disait que ceux qui s'y livrent se croient obligés de s'en racheter par des aumônes. D'ailleurs, on ne doit pas oublier que, si la condition de l'esclave est supportable dans la maison de son maître, il faut, pour y arriver, qu'il soit arraché à sa famille, à sa patrie, et subisse souvent de la part de ses ravisseurs les plus affreux traitements. Il faut lire les récits de chasse aux nègres[1].

---

[1] Le journal de la Société géographique de France annonçait pour le mois de septembre 1845 une grande expédition de ce genre composée de 6,000 hommes et accompagnée d'un médecin européen. A ce sujet, un abolitionniste s'écriait avec une bien juste indignation :

qu'a donnés M. Léon de Laborde. Après avoir connu ces horreurs, on désirera, sans l'espérer, de voir le pacha d'Égypte suivre l'exemple donné par le bey de Tunis, le premier abolitionniste musulman.

Ibsamboul.

Nous approchons enfin d'Ibsamboul. Ses temples souterrains sont la merveille de la Nubie, ainsi que les palais et les tombeaux de Thèbes sont la merveille de l'Égypte. On voit d'abord les têtes des colosses sortir du sable comme des rochers : l'une d'elles, aperçue du fleuve, me semble la statue entière d'un géant mutilé. Un vent impétueux comme notre désir nous pousse. Les colosses se dessinent, grandissent. Avant d'arriver aux temples, une figure assise dans une niche nous apparaît tout à coup comme un personnage vivant qui habiterait l'intérieur de la montagne et nous regarderait passer. Enfin, nous nous arrêtons dans le lieu singulier où nous attendaient ces monuments extraordinaires. Deux rochers d'une grande hauteur plongent dans le Nil leurs parois à pic ; entre eux est un champ de sable incliné vers le fleuve. C'est dans ces rochers qu'ont été creusés les deux temples ou grottes magnifiques d'Ibsamboul. Dans le premier rocher qu'on rencontre est taillé ce qu'on appelle le

« Est-ce pour cela que le pacha d'Égypte vient de recevoir le grand cordon de la Légion d'honneur? »

petit temple ; des deux côtés de la porte, on a sculpté dans le roc six colosses debout, effigies du grand Ramsès et de sa femme, la reine Nofreari. Ce sont des enfants en comparaison des colosses du grand temple, et cependant le pied de la reine, je lui en demande pardon, est égal à cinq des miens.

Pendant plusieurs jours, je vais habiter dans le sein de la montagne avec les colosses. De ce lieu étrange, on ne peut aller nulle part. C'est une espèce d'île étroite, bornée d'un côté par le fleuve, de l'autre par une pente abrupte, d'où se précipite comme une immense cataracte de sable. De ce côté, il n'y a pas d'horizon ; comme lorsqu'on est au pied d'un mur, il faut lever la tête pour apercevoir le ciel. Si l'on regarde vers le Nil, on découvre au milieu du fleuve un grand banc de sable blanc, qui n'est habité que par des crocodiles. Par delà, sur l'autre rive, une ligne de verdure s'étend au pied d'un rempart de montagnes brunes. Du reste, on n'aperçoit aucun vestige d'habitation humaine ; il n'y a même à Ibsamboul d'autre végétation que quelques broussailles. Serré entre le fleuve, dont les flots ont la couleur jaunâtre du désert, et le courant de sable qui s'écoule incessamment dans le Nil, on est entre deux fleuves et deux déserts.

Nous commençons par le moins grand de ces monuments ; je ne puis me résoudre à l'appeler le *petit temple.* Entre les six colosses qui décorent les deux côtés de la porte sont des contre-forts sculptés dans le roc aussi bien que les statues, et sur lesquels on a gravé les plus beaux et les plus grands hiéroglyphes qui existent. Il en est qui ont deux pieds de long et six pouces de profondeur. Un de nos matelots nubiens a débuté par grimper à une vingtaine de pieds, en se servant de ces lettres gigantesques comme d'échelons.

Nous allons nous mettre sérieusement à l'étude. M. Durand a déjà jeté son dévolu sur quelques figures dont il saura rendre le sentiment exquis et le charme étrange; moi, j'ai à parcourir toutes les murailles couvertes d'hiéroglyphes des deux temples, c'est-à-dire toutes les pages de ces deux volumes d'un très-grand format, d'une impression assez ancienne et d'une fort belle conservation. Nous avons commencé par une revue générale faite aux lumières. Je viens de voir les deux temples éclairés par nos machallahs. Je n'ai voulu me laisser arrêter par la séduction et la curiosité d'aucun détail pour être tout entier à l'effet des tableaux étincelant sous les vives lueurs du bois résineux. La lumière mobile qu'on promène sur les bas-reliefs peints fait ressortir avec une grande puissance les figures de ces étonnants bas-reliefs, les têtes d'épervier, de bélier, de chacal, de tous ces animaux sacrés dont les Égyptiens savaient reproduire l'aspect, le port, le caractère spécifique, avec une fidélité qui charme le naturaliste, tout en leur laissant cependant je ne sais quel caractère étrange, et divin. Cette clarté fait resplendir la grande figure de Ramsès s'élançant d'une enjambée héroïque sur le corps du guerrier qu'il va immoler tandis qu'il foule du talon un autre ennemi, — l'immense élan de ses coursiers, les énergiques et sombres visages des vaincus ; enfin elle fait apparaître, dans toute la grâce de leur pose et de leur expression, ces figures de reine d'une simplicité et d'une bizarrerie si élégantes, et qui ont un air tout ensemble si primitif et si *comme il faut*. Cependant cette lumière échoue contre les colosses, surtout contre les quatre colosses assis dans le sable à la porte du grand temple. Toute lumière est trop faible pour les éclairer et part de trop bas pour les atteindre. Il faut que le soleil vienne dorer leurs têtes et créer sur leurs lèvres grandioses comme un majestueux sourire, ou que la lune donne à leurs fronts une sublime pâleur.

. . . .

J'ai employé six journées à faire, tantôt à la clarté du soleil se glissant sous la terre, tantôt en m'aidant d'une bougie, le tour des trois salles du petit temple et des seize salles du grand. Je n'ai laissé passer aucune figure et aucun hiéroglyphe sans les considérer avec attention. J'ai épelé presque tous les mots de ce livre monumental, et j'ai eu le bonheur de comprendre une très-grande partie du précieux texte qu'il contient. Du reste, il est des pages hiéroglyphiques plus difficiles à lire. Je ne sais comment Rosellini a trouvé celles d'Ibsamboul d'une difficulté remarquable. Ici les inscriptions sont, en général, courtes et claires, d'une bonne époque et d'un bon style. L'égyptologue est heureux quand il a affaire à des textes tels que ceux-ci, qui ne contiennent ni les interminables et indéchiffrables prières qui tapissent les tombeaux des Pharaons à Thèbes, ni surtout les textes hiéroglyphiques de la décadence, les signes rares, recherchés, compliqués à dessein de l'époque grecque ou romaine. Le public ne voudra pas croire, mais les initiés savent qu'à la première vue il est facile de dire si une inscription hiéroglyphique est du temps des Pharaons ou du temps des Ptolémées. On le reconnaît à la physionomie générale, au choix des signes employés, et, pour dire la chose telle qu'elle est, au style..., comme on distingue tout d'abord un vers d'Homère d'un vers de Lycophron.

Le plus grand nombre des observations que j'ai faites, pendant ces six jours, trouveront leur place dans un travail d'un autre genre. Je me borne aujourd'hui à indiquer ce qui caractérise chacun des deux temples d'Ibsamboul, la disposition qui leur est propre, la pensée dans laquelle ils ont été conçus, ce qu'on pourrait appeler le sens de ces monuments. Quant au petit temple, Champollion a très-bien montré qu'il était consacré à la déesse Athor. Cette divinité, dans laquelle les Grecs ont voulu retrouver leur Aphrodite, n'a rien du caractère riant de la fille des mers. Par ses attributs et sa coiffure, elle est entièrement semblable à Isis. Comme Isis, elle est mère d'Horus, et souvent il serait impossible de distinguer ces deux déesses, si l'on n'était éclairé sur ce point par la légende hiéroglyphique. Dans la religion égyptienne, plus que dans aucune autre peut-être, divers types mythologiques se laissent ainsi ramener à un seul. Je crois donc qu'il y a là un travail de réduction à opérer. J'espère pouvoir, grâce à ces identités divines, beaucoup simplifier le panthéon, en apparence si multiple et si confus, de la vieille Égypte. Ce qui achève de prouver que ce temple était consacré à la déesse Athor, c'est qu'Athor, comme Isis et comme Io, qui fut probablement une forme grecque d'Isis, était représentée avec une tête de génisse, et qu'on découvre les débris d'une tête semblable dans la niche du sanctuaire.

Une particularité remarquable distingue ce temple d'Athor de tous les autres temples égyptiens ; il a été, je ne dirai pas bâti, mais creusé par Ramsès et sa femme, la reine Nofreari, dans une pensée de tendresse conjugale, que les hiéroglyphes traduisent d'une manière gracieuse. La grande inscription tracée sur les contre-forts extérieurs, et dont notre Nubien se servait l'autre jour comme il eût fait d'une échelle, cette inscription, placée à l'extérieur du temple, avertit d'abord que « le fils du soleil a construit ce monument pour sa royale épouse. » En revanche, dans la dédicace gravée sur l'architrave, dans l'intérieur du temple, à la suite de la légende ordinaire de Ramsès, vainqueur des peuples, seigneur des seigneurs, etc., on lit cette ligne, dont les hiéroglyphes nous révèlent la tendresse de la reine pour Ramsès : « Sa royale épouse, qui l'aime, la grande mère Nofreari, a construit cette demeure dans la grotte de la pureté. » Les deux époux, par une tendre association de pensée, se sont donc unis pour la création du temple souterrain qu'ils se dédient mutuellement. Tout porte l'empreinte de ce sentiment d'harmonie et de communauté conjugale. A l'intérieur, on ne voit pas, comme dans le grand temple, des représentations de batailles et de triomphes. Seulement, des deux côtés de la porte, le Pharaon est représenté offrant aux dieux un ennemi qu'il a saisi par les cheveux, tandis qu'il lève sa hache victorieuse sur ce représentant d'une race vaincue; la reine est présente et semble participer à l'offrande et à la gloire de son époux. Sauf ces deux tableaux, qui sont là comme le signalement et, pour ainsi dire, la signature du conquérant, on ne voit point de sujet pareil représenté sur les murs du *petit temple* d'Ibsamboul. Ce ne sont que scènes religieuses dans lesquelles figurent alternativement et parallèlement le roi Ramsès et la reine Nofreari.

Aux deux côtés de chacun des six piliers à tête de vache, soutenant la montagne qui sert de toit à la plus grande salle, sont placées en regard l'une de l'autre, et avec une égalité parfaite, la légende du roi et la légende de la reine ; la reine figure même plus souvent que Ramsès sur les faces de ces piliers, et, si un singulier empiétement de la royauté sur la religion a placé dans le sanctuaire Ramsès divinisé, Nofreari est debout derrière le monarque pour prendre, elle aussi, sa part de cette apothéose. Enfin, sur les premiers piliers, remplaçant la déesse Isis et la déesse Athor, dont les noms se lisent dans la dédicace de ces piliers et dont elle porte les insignes, Nofreari semble s'identifier avec la divinité. Elle se montre donc en toute chose presque l'égale de l'époux, qui semble avoir mis un soin attentif, et que j'oserai appeler délicat, à multiplier, sous différents aspects et en divers costumes, la figure de celle que la légende dictée par Ramsès appelle *la royale épouse qu'il aime*, ce qui est assez gracieux et assez galant pour des hiéroglyphes. Du reste, la reine est charmante, et le spectateur ne se lasse pas plus de retrouver partout son image que le Pharaon ne s'est lassé de la reproduire. Quelques autres détails de la décoration du temple expriment l'idée de l'égalité conjugale, idée en général si étrangère à l'antique Orient, mais qui ne le fut point à l'Égypte. Ainsi, sur un des piliers du temple, le dieu Chons est représenté tenant à la main le signe de la vie divine, deux fois répété sans doute pour donner à entendre que le dieu destinait le bienfait de la vie céleste aux deux époux. Sur un autre pilier, Thot (Hermès), celui qui compte les années des règnes sur les dents dont son sceptre est crénelé, tient à la main *deux* de ces sceptres, dont les entailles figurent les années que les dieux accordent aux rois. Les deux sceptres ne sont pas d'une égale grandeur, et ils ne devaient pas l'être : les destinées les mieux unies ne finissent pas le même jour ; mais rien n'indique auquel des deux époux la plus longue vie est réservée.

Telle est, selon moi, l'idée ou plutôt le sentiment qui a présidé à la dédicace de ce temple et lui donne une physionomie à part. C'est ce sentiment conjugal, accompagné d'une courtoisie imposante, que Racine a prêté à Assuérus, lorsque, sortant de sa majesté presque divine, il touche Esther éperdue de son sceptre d'or et lui dit : Ma sœur !

Entre le petit temple et le grand est, comme je l'ai dit, un fleuve de sable qui, glissant sur un escarpement, coule sans cesse vers le Nil. On ne peut tenter de cheminer sur cette nappe toujours mobile, et c'est en enfonçant jusqu'à mi-jambe dans le sable qu'on arrive au grand temple, creusé aussi dans le roc. Les colosses assis, auprès desquels ceux du petit temple ne méritent guère ce nom, sont adossés à la montagne, dans laquelle ils ont été taillés, et dont ils ne sont pas détachés. Ces colosses sont des portraits gigantesques de Ramsès le Grand. Chacun des géants émerge de plus en plus du sable accumulé autour d'eux à mesure qu'on se rapproche du rivage. Cet aspect est d'une majesté extraordinaire. On est en face de ces grandes figures, entre le Nil roulant au fond de son lit abrupt et les rochers noirs qui se dressent au-dessus du sable jaune. C'est une sorte de tête à tête étrange dans la plus profonde solitude. La halte qu'on fait sur le Nil, à Ibsamboul, est une halte au désert.

Si l'on entre dans le grand temple en pénétrant au sein de la montagne où il est creusé, on voit d'abord devant soi une pente rapide formée par le torrent de sable qui s'est engouffré là silencieusement pendant des siècles. On descend cette pente, et, dans le demi-jour qui tombe par la porte d'entrée comme par un soupirail, on aperçoit huit colosses-piliers qui ont été sculptés dans la masse intérieure de la montagne dont ils faisaient partie, et que maintenant ils soutiennent sur leur tête. Ils offrent encore l'image toujours reproduite de Ramsès. On retrouve ici le profil particulier, la courbure du nez et l'expression de douceur qui le caractérisent, car ces colosses sont des portraits s'il en fut.

On a dit que les sculpteurs égyptiens représentaient toujours le même type, sans tenir compte de l'individu représenté. Les savants qui ont soutenu cette thèse n'avaient pas comparé l'admirable statue du grand Ramsès qui est au musée de Turin, le colosse de Memphis et ceux d'Ibsamboul ; ils auraient vu que toutes ces statues se ressemblent parfaitement et ne ressemblent aux statues d'aucun autre Pharaon. Pour moi, si de fortune j'apercevais un de ces jours l'antique

Ramsès errant dans ces grottes ténébreuses où l'imagination s'attend sans cesse à le rencontrer, je le reconnaîtrais sur-le-champ.

Ramsès est représenté sous les traits de l'Osiris infernal, car tout homme mort est uni à Osiris, transformé en Osiris, et dans les légendes funéraires s'appelle Osiris. Les innombrables statuettes qu'on trouve dans les tombeaux, portraits obscurs des bourgeois égyptiens, ont les insignes d'Osiris, comme le grand Ramsès. Cette sorte d'apothéose funèbre était pour tous. Les huit images de Ramsès qui sont là debout devant moi ont toutes les traits bien marqués du conquérant. Le noir des yeux et des sourcils les fait paraître vivantes, en même temps que leurs bras croisés sur la poitrine et toute leur attitude expriment le recueillement. Cette expression d'un recueillement qui dure depuis plus de trois mille ans, cette silencieuse immobilité des statues séculaires qui portent les montagnes en priant, ce roi, qui est à la lettre le pilier du temple, tout cela plonge dans une émotion religieuse. Je considère une à une les peintures qui décorent les trois grandes salles et les seize salles plus petites du temple, ces peintures encore si fraîches, qu'elles font dire aux Arabes : « Il semble que les ouvriers n'ont pas encore eu le temps de se laver les mains depuis qu'ils ont terminé leur travail. » Je m'enfonce, je m'oublie dans ces demeures souterraines, je vais des grandes salles aux petites chambres latérales. J'admire partout le majestueux style de l'époque du grand roi ; je contemple les colossales cariatides ; je marche au milieu de cette allée de géants ; je me tais comme eux ; j'écoute leur silence solennel, et puis j'en viens à me figurer qu'ils l'ont rompu quand ils étaient séparés du jour et de l'air, ensevelis dans la profondeur de la montagne. Qu'ont-ils pu se dire durant les siècles de cette longue nuit ?

Je sors, je retourne vers leurs frères, auprès desquels ils me semblent petits. Une des têtes a roulé dans le sable et gît aux pieds du roi décapité par le temps ; une autre toute blanche, vue de loin, semble la tête d'une fantôme gigantesque ; la troisième est un peu mutilée, mais il en est une parfaitement conservée, et qui, vue de profil, est d'une grande beauté, — oui, beauté. — Dans les contours de cette masse admirable, dans ce fragment de montagne taillée qui, d'un peu loin, se confond avec les autres rochers entassés autour de lui, il y a, je l'affirme, il y a de la grâce.

Si la disposition du petit temple a été inspirée par une pensée commune de tendresse conjugale, autre est la pensée qui domine le grand temple d'Ibsamboul. Ici point de partage, ici l'image de Ramsès est partout reproduite ; il est assis à la porte, debout dans l'intérieur du temple ; dans le sanctuaire, il siége parmi les dieux ; les parois de la grande salle sont couvertes de peintures qui représentent ses batailles et ses triomphes [1].

Les autres salles le montrent en adoration devant les dieux. A peine si l'on retrouve ici l'image de la reine sur deux piliers de la première salle. Ses images taillées dans le roc à l'extérieur, bien que deux fois plus grandes que nature, n'atteignent pas en hauteur la moitié de la jambe de son époux. Ramsès ne l'a pas oubliée; mais on voit qu'elle tient ici peu de place, c'est lui qui remplit tout.

Ce temple est consacré à deux grands dieux de la religion égyptienne, Ammon et Horus. A chacun des deux appartient, pour ainsi dire, un côté du temple : Ammon a la droite, et Horus la gauche [2].

Cette disposition du grand temple d'Ibsamboul, qui détermine sa destination religieuse, n'avait pas, je crois, été remarquée. Elle montre, à l'époque des an-

---

[1] Tantôt il est représenté sur son char, dispersant, poursuivant, foulant aux pieds ses ennemis, comme on le voit représenté sur le mur de Karnac, tantôt forçant une ville, comme à Beit-Oually. On a trouvé des sujets semblables à Nimroud.

[2] C'est ainsi que sont placées leurs statues dans le sanctuaire. Dans les deux salles qui le précèdent, la barque terminée à l'avant par la tête de bélier d'Ammon, et portée solennellement par des prêtres, se voit sur la paroi droite, et la barque à tête d'épervier d'Horus se voit sur la paroi gauche. Dans la grande salle, deux dédicaces se lisent sur l'architrave que soutiennent les colosses. La dédicace de droite est en l'honneur d'Ammon, celle de gauche en l'honneur d'Horus. Enfin, l'inscription en magnifiques hiéroglyphes gravée sur le rocher, au-dessus des quatre colosses extérieurs, contient le nom d'Ammon dans la moitié qui répond à la droite, et le nom d'Horus dans la moitié qui répond à la gauche du sanctuaire.

ciens Pharaons, une distribution analogue à celle qu'offre le temple d'Ombos, qui appartient à l'âge des Ptolémées. On se souvient que, dans ce dernier temple, Horus occupe la gauche, et Sevec, le dieu crocodile, la droite de l'édifice. Cette particularité, signalée comme unique à Ombos, n'est donc point une fantaisie architecturale des temps de décadence ; c'était la reproduction d'un type ancien. Ombos, sous ce rapport, n'était qu'une imitation et une contrefaçon d'Ibsamboul.

Cet art singulier, qui consiste à creuser des édifices dans le roc, à y tailler des statues qu'on n'en détache point entièrement, qui continuent à faire partie de la montagne, dont elles soutiennent le poids, ou aux flancs de laquelle elles sont adossées ; cet art, dont les produits gigantesques se confondent, pour ainsi dire, avec les œuvres de la nature, n'est point, comme on l'a dit dans l'ignorance où l'on était de l'antiquité des monuments égyptiens avant de savoir lire leur date dans leurs hiéroglyphes ; cet art n'est point le premier âge de l'architecture s'essayant d'abord à imiter et à agrandir les grottes naturelles avant d'élever des monuments sur le sol à la face du ciel. En effet, les temples d'Ibsamboul ne sont pas le début de l'architecture égyptienne. Creusés sous la dix-neuvième dynastie, au temps de la plus grande splendeur de l'empire des Pharaons, ils sont contemporains des merveilles de Thèbes. Ils n'offrent point l'origine de l'art égyptien, mais sa perfection, et, chose remarquable, cette perfection est souterraine.

Quant à la sculpture colossale, c'est la gloire du peuple égyptien ; nul peuple peut-être ne l'a surpassé à cet égard. Nous ne pouvons apprécier que par ouï-dire ou d'après quelques débris ce que les Grecs avaient produit en ce genre, et qui ne forme qu'une exception dans l'art tel qu'ils le concevaient, plein de sobriété et de mesure. A la Grèce les œuvres régulières, les dimensions qui ne dépassent point la nature ; à l'Orient les œuvres gigantesques et l'immense donnant le sentiment de l'infini. Les géants de Ninive ont un autre caractère. Bien que le convenu s'y montre encore, la réalité y est plus accusée, mais le style est moins idéal et moins grand.

Cette singulière apothéose, qui consiste à représenter les Pharaons adorant eux-mêmes leur propre effigie placée parmi les dieux, est encore plus frappante à Ibsamboul qu'à Derr, où je l'ai déjà rencontrée. Dans la seconde salle du grand temple d'Ibsamboul, à gauche de la porte, on voit, comme à Derr, Ramsès adoré par Ramsès. Ici le personnage humain, placé au rang des dieux pour y être l'objet de ses propres adorations, a été introduit après coup parmi eux. On reconnaît encore parfaitement les jambes de l'ancienne figure assise qui a été déplacée par celle de Ramsès assis. Le dieu occupait primitivement la place que le Pharaon occupe maintenant. On a refoulé le dieu pour donner place à l'image de l'illustre conquérant, afin qu'il fût lui-même l'objet de son propre hommage. J'aime à penser que cette altération profane n'a pas eu lieu du vivant de Ramsès ; mais la consécration même de la mort et de la gloire n'empêche pas qu'il ne soit bien extraordinaire de voir intercalé dans la triade sacrée le roi même par qui elle est adorée.

Ce fait bizarre tient à un fait plus général, l'assimilation des Pharaons à la divinité. L'idée de l'identité du roi et du dieu s'exprimait encore autrement. Dans les inscriptions votives, des noms royaux sont mêlés aux noms divins qu'invoque le suppliant, quelquefois même des noms royaux sont seuls invoqués. Dans les inscriptions funèbres, des prières sont adressées aux dieux par l'intermédiaire ou l'intercession des rois, qui font alors un peu l'office des saints de la religion chrétienne. Quelquefois même ce sont des dieux dont l'hommage s'adresse aux rois.

Tous ces faits extraordinaires s'accordent pour montrer ce qu'était la royauté dans la haute Égypte. J'aurai occasion d'examiner un jour plus en détail si l'on a eu raison de considérer une royauté qui se présente ainsi associée à la puissance divine comme subordonnée aux prêtres et leur docile instrument. J'espère prouver que, sur ce point comme au sujet des castes, le lieu commun le plus répété peut n'en être pas plus vrai pour cela, et que les monuments figurés, ainsi que les inscriptions hiéroglyphiques, nous forcent à reviser ou au moins à expliquer les assertions des écrivains de l'antiquité.

Les hiéroglyphes d'Ibsamboul étant en général d'une grande dimension, sculptés et peints avec une extrême finesse et dans le plus minutieux détail, ce lieu est très-convenable pour l'étude de ces caractères. Ce qui, dans l'étude ordinaire, semble n'offrir qu'un signe arbitraire et insignifiant, se montre ici comme un objet reconnaissable et déterminé. Entre le simple trait des signes usuels et les riches développements des signes monumentaux, il y a la même différence qu'entre les mots maigres et contractés des langues dérivées et les mots amples et abondants des langues primitives. Grâce à cette richesse d'exécution, on peut ici remonter par les yeux à cette étymologie de forme qui est aux hiéroglyphes ce que l'étymologie des sons est aux mots.

Une étude aussi très-curieuse est celle de la couleur des hiéroglyphes. Cette couleur, sans être absolument constante, l'est cependant assez pour qu'on puisse établir quelque règle à cet égard, ce qu'on n'a point, que je sache, songé encore à faire. Ainsi j'ai remarqué que les hiéroglyphes qui représentent une partie du corps sont rouges; tels sont les bras, les jambes, etc. En effet, la couleur des Égyptiens figurés sur les monuments est rougeâtre. Le rouge est la couleur du *cœur*, réceptacle du sang, organe que la préparation des momies avait fait connaître. Le rouge, couleur du feu, est attribué à tout ce qui brûle. Les parfums sont représentés rouges dans l'encensoir. Ici la couleur est un véritable hiéroglyphe. Elle caractérise l'objet comme le ferait un adjectif dans une autre langue. *Parfums rouges*, cela veut dire *parfums brûlants*.

Le noir est la couleur des hiéroglyphes qui désignent l'Égypte, *la terre noire d'Égypte*, qui est, en effet, très-noire et mérite son ancien nom, Khemi (*la noire*). Si le signe des pays égyptiens est noir, tandis que celui qui accompagne les noms des pays étrangers est rouge, c'est que l'Égypte est une contrée fertile, formée d'un noir limon, et que les régions qui l'entourent sont couvertes d'un sable brûlant. L'hiéroglyphe de l'eau est bleu. En effet, dans un pays où il n'y a pas de nuages, toutes les fois qu'elle est pure, l'eau réfléchit un ciel azuré. Le jaune est la couleur naturelle des signes qui se rapportent à la lumière. Cette couleur est quelquefois remplacée, dans ce cas, par le rouge; ce qui se conçoit, quand on a vu les teintes rougeâtres d'un ciel d'Égypte. Une fois j'ai trouvé que l'hiéroglyphe-soleil était blanc, au lieu d'être jaune; or, la blancheur de la lumière m'avait souvent frappé dans les *ciels* de Nubie.

La couleur, comme la forme, peut servir à indiquer l'étymologie figurée de cette langue visible des hiéroglyphes qui parle aux yeux. Les exemples de ces explications du sens d'un signe par sa couleur seraient difficiles à saisir sans le secours de figures reproduisant ces couleurs. Je ne fais qu'indiquer ici les principaux éléments d'un travail spécial sur cet objet, parce que la plupart de ces éléments, je les ai trouvés dans les salles souterraines d'Ibsamboul.

Avant de dire adieu à ce lieu extraordinaire, je suis allé de bonne heure faire mes dernières dévotions aux gigantesques figures du grand temple. Comme j'arrivais à l'entrée, j'ai vu le soleil levant projeter, par cet étroit soupirail, un rayon horizontal dans le cœur de la montagne, atteindre le sanctuaire et éclairer un moment le front des statues mutilées qui siègent dans les ténèbres. Cette rencontre inattendue m'a frappé ; il m'a semblé que je ne sais quoi de religieux s'accomplissait. Puis la réflexion m'a montré, dans ce hasard apparent, une combinaison de la pensée sacerdotale. Je me suis souvenu d'avoir lu dans les *Oracles* de Fontenelle que, selon Rufin, on avait pratiqué dans le temple de Sérapis une petite fenêtre par où entrait, à un certain jour, un rayon de soleil qui allait tomber sur la bouche du dieu.

Sur le Nil, avant la dernière cataracte.

Nous atteindrons aujourd'hui notre dernière station. Le vent nous traite bien, comme on traite bien des gens qui demain n'auront plus besoin de nos services. Il est agréable de marcher rapidement vers le terme du voyage, au moment où nous en sommes si proches.

Faire lentement les derniers pas serait insupportable, ce qui reste de chemin après Ibsamboul est presque de trop, et a besoin d'être expédié rapidement pour ne pas ressembler tout à fait à un *post-scriptum* superflu.

Je jouis délicieusement, pour la dernière fois, du charme de la navigation à la voile. Ce charme va cesser bientôt ; la grande voile va être repliée, la petite voile réservée seule, et pour servir assez rarement. La rame va les remplacer, la rame qui fatigue, si on sent l'effort des rameurs, et impatiente, si, ce qui est plus ordinaire, on sent dans leurs mouvements languissants la paresse de leurs bras. Le vent est une force invisible et presque mystérieuse ; il vient d'en haut. Quand il est favorable, il semble un don du ciel, un souffle des bons génies. La rame est un instrument matériel baigné de la sueur humaine ; le rameur fait toujours un peu penser au galérien.

A tous égards, je sens que la période poétique de notre navigation finit aujourd'hui. Depuis deux mois, chaque jour, presque chaque moment, ont été marqués par les impressions les plus vives, les plus agréables. Tout était nouveau, imprévu, c'était la lune de miel du voyage. Maintenant nous allons *revoir* ; nous verrons mieux sans doute, mais peut-être avec moins d'enthousiasme. Les inconvénients du climat commencent à se faire sentir ; les précautions à prendre, complétement négligées jusqu'ici, ne peuvent plus l'être impunément. Nous allons entrer dans une période de prudence, de raison, d'étude approfondie. Sans doute elle aura aussi son intérêt, intérêt plus sérieux peut-être ; mais dans les voyages, comme dans les affections, comme dans la vie, il y a une première fleur qui, une fois cueillie, ne renaît plus : autre chose est de monter le fleuve ou de le redescendre.

Ouadi-Halfa.

Les ruines égyptiennes qui existent encore sur la rive gauche du Nil, en face de Ouadi-Halfa, sont fort peu considérables. Il vaut mieux les étudier dans Champollion que sur place. Il les a vues mieux conservées et moins enfouies qu'elles ne sont aujourd'hui. Au reste, elles appartiennent à l'âge brillant de Thoutmosis, et à cet égard méritent tous les respects. Ce qui en faisait le principal intérêt, c'étaient deux statues, dont l'une est à Florence et l'autre à Paris. La première porte une inscription importante, car elle contient les noms des différents peuples soumis par un roi bien plus ancien que les Thoutmosis, par cet Osortasen Ier, qui fit élever à Héliopolis, vers l'autre extrémité de son empire, les deux obélisques, dont un seul est encore debout, et un obélisque dans le Fayoum. On lit le nom d'un des successeurs immédiats d'Osortasen dans l'Égypte moyenne, sur les parois des tombes de Beni-Hassan. Cet Osortasen et sa dynastie ont donc régné sur toute l'Égypte et sur une partie de la Nubie, et tout cela, selon Champollion et Rosellini, à une époque où les pasteurs avaient conquis et possédaient l'Égypte. Rien ne saurait expliquer, dans cette hypothèse maintenant abandonnée par la science, la simultanéité de la domination des pasteurs et de la puissance si étendue des Osortasen. On ne peut donc plus, comme les deux savants cités plus haut, faire les Osortasen contemporains des pasteurs ; on est obligé, avec tous les égyptologues récents qui ont traité ces questions, MM. de Bunsen, Lepsius, de Rougé, Lesueur, de les rejeter vers l'époque de l'ancien empire, avant l'irruption des barbares. Placer Osortasen au temps des pasteurs, c'est comme si l'on plaçait le règne d'Adrien sous Attila.

Seconde cataracte.

Ne pouvant aller aujourd'hui à Florence ou à Paris compléter nos études sur les antiquités absentes de Ouadi-Halfa, nous avons dit adieu aux antiquités, et nous nous sommes dirigés vers la seconde cataracte et vers le rocher d'Abousir, d'où l'on en saisit tout l'ensemble, et qui est la dernière étape du voyage ordinaire d'Égypte et de Nubie. Entre les ruines de Ouadi-Halfa et le rocher d'Abousir, on parcourt deux lieues du désert, en suivant le bord du Nil. Dans cet intervalle, on n'aperçoit aucune trace d'habitation, sauf une espèce de tour sur une colline, et plus bas une petite église ruinée où nous sommes entrés. M. Durand y a trouvé des peintures chrétiennes en assez mauvais état, mais offrant quelques particularités remarquables.

Du point où s'élève la chapelle abandonnée, on domine l'ouverture de la cataracte. En cet endroit, on n'entendait pas encore son bruit, et, le Nil étant fort bas, elle méritait encore moins son nom qu'à l'ordinaire; mais la fine verdure des arbrisseaux qui croissent au milieu des rochers noirs était d'un effet charmant. Ces rochers noirs s'élevant au-dessus de l'onde presque tarie me rappelaient les animaux de bronze des bassins de Versailles, quand les eaux ne jouent pas. Je demande pardon à ceux que scandaliserait ce souvenir de Versailles auprès de la seconde cataracte; mais que diront-ils si je leur confesse qu'un instant auparavant, parlant de Paris avec un de mes compagnons de voyage, je me suis surpris à dire : *Ici*.

En approchant d'Abousir, la cataracte commence à gronder, et, quand on arrive au sommet du rocher, on la voit se développer dans toute son étendue. C'est un très-beau et très-singulier spectacle que cette multitude d'îlots abrupts entre lesquels les mille bras du Nil bouillonnent. La couleur noire et le poli des rochers leur donnent l'apparence du basalte[1]. Au delà

---

[1] Ce sont, suivant M. Caillaud, des rochers d'amphibole et de feldspath.

du tropique, je pouvais penser aux basaltes du Nord, aux Orcades, au Pavé des Géants ; mais le soleil se couchant sur des sables me ramenait au désert. Ce soleil était le plus lointain que je devais saluer dans ce voyage, et probablement dans tout le reste de ma vie. Au sud, j'enfonçai mon regard le plus loin qu'il m'était possible vers les grandes montagnes qui, de ce côté, s'élèvent presque indiscernables à l'horizon ; puis je me retournai vers le nord, et je fis avec une certaine émotion mon premier pas vers la France.

Avant de faire ce pas solennel, je parcourus des yeux les noms qu'ont gravés sur le rocher d'Abousir les voyageurs de tous les pays. J'eus le plaisir d'y trouver le nom d'un ami, de M. Lenormant, compagnon de Champollion, et qui m'a précédé dans le voyage d'Égypte comme dans les études hiéroglyphiques. Ce nom me rappelait doublement la patrie ; il me représentait, au milieu de la Nubie, les deux mondes entre lesquels ma vie parisienne se partage, le monde des sciences et le monde de l'amitié, l'Académie des Inscriptions et l'Abbaye-aux-Bois. Il fallait, avant de partir, boire à la cataracte. Je m'avançai de pierre en pierre jusqu'à ce que, me penchant, je pusse me désaltérer au courant le plus rapide. En quittant cette posture assez gênante, je me trouvai tout naturellement à genoux ; je ne me relevai qu'après y être resté quelques moments, remerciant Dieu de m'avoir conduit jusque-là et lui demandant avec confiance de me ramener auprès de mes amis.

Il y eut aussi des réflexions douloureuses parmi ces pensées d'espoir, et des souvenirs tristes et sacrés qui se mêlèrent à ces perspectives de retour ! Je crus que c'était piété de les exprimer. Cette considération me fera pardonner par les lecteurs qui ont bien voulu me suivre dans mes courses, et dont je vais me séparer bientôt, les derniers vers dont je les importunerai.

> Je touche au but du long pèlerinage ;
> De mon retour c'est le commencement,
> Et je me sens, au terme du voyage,
> Bien loin, plus près dans le même moment.
>
> Je me sens loin, car grande est la distance
> Entre ces bords et tout ce qui m'est cher ;
> Mais à présent je marche vers la France,
> Et chaque jour viendra m'en rapprocher.
>
> Quand d'Abousir je gravis la colline
> Qui montre à l'œil un si vaste horizon,
> Et sur le Nil pend comme une ruine,
> Là d'un ami je retrouvai le nom.
>
> Soudain j'ai cru retrouver ceux que j'aime,
> Ceux que le ciel m'a laissés ici-bas ;
> Pour un instant, j'ai cru retrouver même
> Ceux qu'au retour je ne reverrai pas.
>
> Il me semblait que ma famille entière
> Vivait ailleurs que dans mon souvenir ;
> Il me semblait que vers toi, pauvre père,
> Comme autrefois, je devais revenir.

Ainsi de loin on rêve la présence
De qui ne peut être à nos vœux rendu.
C'est le retour plus triste que l'absence
Qui fait sentir tout ce qu'on a perdu.

Il fait sentir tout ce qui reste encore.
O mes amis ! pardonnez, près de vous
Je vaincrai mieux le regret qui dévore.
Oui, pardonnez, le retour sera doux.

J'ajouterai seulement quelques lignes au récit qu'on vient de lire et qui a présenté mes impressions et mes recherches jour par jour, dans l'ordre où se sont succédé les unes et les autres. Le retour fut entremêlé de travaux repris avec ardeur entre des intervalles de santé souvent assez longs et des rechutes successives qui amenèrent enfin une maladie grave. Heureusement j'eus le temps de voir tout ce que je voulais voir, d'accomplir tout ce que je devais faire. Je passai encore une quinzaine de jours parmi les ruines de Thèbes, étudiant en détail ce qu'à mon premier passage j'avais embrassé dans l'ensemble. Tous les jours, monté sur mon âne et emportant avec moi une bouteille d'eau de gomme et un peu de riz, j'allais, à travers cette vaste plaine de Thèbes, d'un monument à un autre monument, c'est-à-dire d'un quartier de l'ancienne ville à l'autre. Pendant les premiers jours, je me crus tout à fait rétabli, mais la continuité de la fatigue dissipa bientôt ce mieux passager. La prudence alors eût conseillé le repos ; mais comment rester sur sa barque, tandis qu'à deux pas étaient Luxor et Karnac? Quand le péril arrêta-t-il la passion? La passion me soutint jusqu'au dernier jour; mais, en disant adieu à Thèbes, je me mis au lit, heureux de trouver un lit et un asile, grâce à la manière dont on voyage sur le Nil, en emportant sa maison. Dès ce moment, je fus condamné à un repos absolu. Je n'en sortis que deux fois pour aller visiter les curieuses grottes d'El-Tell et les tombeaux de Beni-Hassan. Je ne pouvais renoncer à voir les premières, car elles contiennent des peintures d'un style tout particulier, d'un dessin beaucoup plus libre, plus vivant, plus expressif que le dessin égyptien ne l'est ordinairement. Les personnages qui s'inclinent devant le roi ont un air humble et obséquieux qui touche à la caricature, et ces grottes sont celles où figurent des rois à poitrines de femmes, adorant le soleil sous la forme d'un disque dont les rayons sont terminés par des mains. Je tenais extrêmement à visiter les grottes d'El-Tell, aucune description, aucun dessin même ne pouvant remplacer ici la vue immédiate des monuments. En conséquence, bien bardé de cataplasmes, on me hissa sur un âne, et je traversai ainsi la plaine poudreuse qui sépare les grottes du fleuve. A Beni-Hassan, il ne se trouvait point d'âne pour faire le trajet. Comme j'étais hors d'état de me tenir longtemps sur mes jambes, on m'assujettit sur une chaise, et les Arabes me portèrent à tour de rôle. Mon triste état paraissait les toucher assez.

Pendant ce retour de Nubie au Caire, ma patience fut cruellement mise à l'épreuve. Par un hasard bien contraire, le vent du nord soufflait avec tant de violence, que le courant n'était pas assez fort pour lutter contre lui, bien que notre barque fût dépouillée de toutes ses voiles. Il était dur de ne pouvoir suivre la pente du fleuve. Huit jours s'écoulèrent ainsi, pendant lesquels nous fîmes à peine quelques lieues. Je me souviens de ces longues journées que je passais si tristement à voir la barque mise en travers et, laissée à elle-même, dériver d'un bord à l'autre, et à regarder pendant douze heures le même palmier, et cela au moment où je n'avais plus qu'un désir, celui du retour; quand il ne me restait plus qu'à descendre le Nil, il me fallait remonter le vent. Cet obstacle inattendu semblait un ensorcellement. A tout événement j'ajoutai aux vers qu'on a lus plus haut une variante pour le cas où je ne reviendrais pas :

> Oui, mes amis, le retour serait doux.
> Oui, je voudrais aimer et vivre encore,
> Mais c'en est fait, ce ciel que j'aimais me dévore.
> Plaignez-moi, mes amis, car je meurs loin de vous.

Ma variante faite, et m'étant mis en règle dans toutes les hypothèses, je tâchai de prendre patience en lisant un dictionnaire arabe. Ma seule inquiétude était de manquer le bateau à vapeur du Caire à Alexandrie, qui ne part qu'une fois par mois, et, soupçonnant peut-être à tort Soliman d'être d'intelligence avec les matelots pour prolonger la navigation, je lui dis avec fermeté que j'entendais être tel jour au Caire. Je fus, en effet, au Caire le jour que j'avais indiqué, tout juste la veille du départ du bateau à vapeur pour Alexandrie. Au Caire, je reçus les conseils de deux médecins éminents. Malheureusement pour moi, ces conseils étaient absolument contradictoires. Prenez du calomel, disait l'un ; surtout ne prenez pas de calomel, disait l'autre. Il était difficile d'obéir à ces deux hommes si distingués, dont chacun était fait pour m'inspirer une égale confiance. Une fois au Caire, je me croyais presque arrivé, je n'étais plus qu'à six cents lieues de Paris, et j'entrais dans la série des communications régulières. Les deux journées que je passai sur le bateau à vapeur qui me portait à Alexandrie me semblèrent délicieuses. Je venais de retrouver la civilisation et presque la patrie. Je goûtai dans la cabine du bateau tout le charme d'un salon de Paris, au milieu d'une aimable famille française qui revenait de Bourbon. Moi, j'avais vécu quatre mois sur le Nil et parmi les ruines. Malade depuis plusieurs semaines, on peut juger du plaisir que je prenais à la conversation de mes compatriotes ; mais, à Alexandrie, je me trouvai plus las ; il me fut impossible de me lever. Enfin, je m'embarquai pour la France ; la mer m'ayant extrêmement fatigué, je fus forcé de m'arrêter à Malte, où je fis ma quarantaine. Par hasard, je me retrouvai dans cette même chambre du fort Manuel, où, trois ans auparavant, j'avais passé quatorze jours si agréables avec Mérimée, travaillant le jour en présence d'une mer et d'un ciel admirables, et le soir recevant de notre savant compagnon de voyage, M. de Witte, des leçons d'archéologie que Mérimée payait régulièrement par une caricature. Le contraste de ce temps heureux avec ma situation présente était bien triste. Ma faiblesse augmenta rapidement, et en même temps augmentait la nécessité d'une privation absolue de nourriture. Il me fallut renoncer à l'eau de riz comme à un aliment trop substantiel, et vivre uniquement d'eau de gomme, ce qui est un régime peu fortifiant. J'en fus bientôt venu à une débilité telle qu'il fut impossible, pendant mon séjour à la quarantaine, de me conduire jusqu'à une fenêtre de ma chambre qui donnait sur la mer, et d'où, pendant mon premier séjour, j'aimais à la regarder. Toutes les fois que je tentai de gagner cette fenêtre, porté dans un fauteuil, je fus près de m'évanouir, et il fallut y renoncer. Dans cet état, je fus parfaitement soigné par M. Durand et M. d'Artigue; dans le premier, je trouvai un excellent médecin, dans le second une admirable sœur de charité. Quant aux médecins italiens du lazaret, c'était la partie comique du drame. Chaque matin l'un d'eux paraissait sur le seuil de la porte, et, à dix pieds de distance, me criait : Montrez votre langue, puis m'adressait quelques questions, toujours les mêmes, et me prescrivait des drogues dans lesquelles je n'avais pas plus de confiance que dans celui qui les ordonnait. Je les faisais acheter scrupuleusement, pour ne point mécontenter ces personnages, qui auraient pu me déclarer suspect de maladie contagieuse, mais j'avais grand soin, eux partis, de jeter les remèdes à la mer.

Enfin, le terme de la quarantaine arriva. On me mit dans une chaise à porteurs, et, à la grande surprise de mes amis comme à la mienne, je vins à bout de traverser la ville de Malte sans perdre connaissance. Tandis que, mon flacon sous le nez, je m'appliquais à résister au vertige et à l'étourdissement de ma pauvre tête, et que toute mon attention et toute ma force de volonté se concentraient sur l'effort que je faisais pour ne point m'évanouir, je fus au moment de rire en voyant un grand jeune homme s'approcher de la chaise à porteurs, et, s'adressant à ce moribond qui avait l'air d'un cadavre, lui demander l'aumône, c'est-à-dire m'inviter à ouvrir la portière pour lui donner un sou. Cette persistance de l'habitude et cet instinct opiniâtre de mendicité me semblaient caractéristiques. Enfin, j'arrivai à l'hôtel de France, dont le maître se montra très-attentif pour moi, et où les attentions aimables de lord et de lady Hamilton, les soins de mes deux fidèles compagnons de voyage et d'un autre ami, le docteur Darnel, m'aidèrent à supporter ma triste condition. Bientôt je partis seul sur un bateau à vapeur anglais, qui se rendait directement à Marseille sans toucher la côte d'Italie, et, sur ce sol étranger, j'eus encore à me louer du capitaine et du médecin du *Polyphemus*. Enfin, je vis le rivage de la patrie, mais mon pied ne le toucha point; j'avais entièrement perdu l'usage des jambes. On me porta dans la voiture qui devait me conduire à l'hôtel d'Orient. Dans ce confortable hôtel, je me trouvai entre les mains paternelles du docteur Cauvier, cet homme, l'un des plus spirituels et des meilleurs que j'aie rencontrés, sous les auspices duquel j'ai fait à l'Athénée de Marseille mes débuts dans l'enseignement, et qui a tendrement soigné mon père dans sa dernière maladie. Grâce à la science du docteur, j'eus au bout de quelques jours l'indicible bonheur de faire *mon premier pas*. Je pus bientôt me traîner au bord de la mer, appuyé sur le bras de quelques amis. Qu'on me permette enfin de dire comment la patrie me fut tout à fait rendue. Un jour, dans ce même hôtel, je vis arriver M. de Chateaubriand, qui revenait de Venise, son dernier voyage. C'était retrouver ce que la France possédait de plus glorieux, c'était, par lui-même et par tout ce qu'il me représentait, un retour soudain aux plus chères habitudes de ma vie. Quelle surprise! quelle émotion! Hélas! ce souvenir est bien douloureux, aujourd'hui que j'ai accompagné vers un autre rivage celui qui m'accueillait alors sortant presque de la tombe, revenant de si loin vers mes amis et mon pays.

Au bout d'un mois, je pus m'embarquer, remonter le Rhône, et, après m'être arrêté quelques jours à Lyon, dans ma ville natale, parmi d'excellents parents, j'arrivai enfin à Paris, après avoir fait, de la seconde cataracte à Orléans, presque tout le voyage par eau, à savoir sur le Nil, sur la Méditerranée, sur le Rhône, sur la Saône, sur la Loire, et n'avoir fait par terre qu'une trentaine de lieues environ, de Mâcon à Digouin.

Ma plaie d'Égypte fut lente à guérir. La prolongation de cette maladie a retardé la publication de mes travaux sur l'Égypte, et c'est pour cela que je l'ai rappelée. J'ai eu le droit de parler de mon zèle, parce qu'il est l'excuse de ce retard dont il a été la cause. Récemment encore un retour foudroyant a interrompu cette narration, que je termine aujourd'hui. Je suis toujours sous le coup d'une menace; mais ni en Égypte dans mes plus tristes instants de souffrance et d'isolement, ni depuis mon retour, au milieu des rechutes, je ne me suis repenti d'un voyage que ma santé a payé un peu cher, et, quand je devrais souffrir encore des suites de mon entreprise, je n'y aurais pas regret, car j'ai vu l'Égypte, j'ai vu Thèbes et Ibsamboul.

X

DES CASTES

ET DE LA TRANSMISSION HÉRÉDITAIRE DES PROFESSIONS DANS L'ANCIENNE ÉGYPTE[1]

S'il est une opinion généralement admise, c'est celle qui veut que la nation égyptienne ait été divisée en castes vouées exclusivement à des fonctions spéciales qui passaient des pères aux enfants par une transmission héréditaire. D'un côté la caste des prêtres, de l'autre la caste des guerriers, entièrement distinctes et séparées, et au-dessous de ces deux castes supérieures, les différentes professions soumises aussi à l'hérédité, les enfants continuant nécessairement la condition de leur père. Telle est l'idée qu'on se forme de l'organisation de la société dans l'ancienne Égypte. Depuis l'antiquité on voit cette opinion se reproduire

---

[1] Ce morceau a été lu dans la séance publique de l'Académie des inscriptions et belles-lettres, le 1er septembre 1848.

de siècle en siècle. Quand Bossuet a dit : « La loi assignait à chacun son emploi, qui se perpétuait de père en fils ; on ne pouvait ni en avoir deux ni changer de profession, » il n'a fait que reproduire une assertion mille fois répétée, et qui l'est encore de nos jours. Elle a été énoncée avec énergie par Meiners, auteur d'un travail spécial sur les castes d'Égypte : « Les deux ordres (celui des prêtres et celui des guerriers) étaient, dit le savant professeur de Gœttingue, tellement circonscrits, que les fils suivaient presque toujours les traces de leurs pères, et qu'ils avaient coutume ou étaient contraints d'embrasser le même genre de vie que leurs ancêtres [1]. » Dans le Manuel classique d'archéologie d'Otfr. Müller, on lit qu'en Égypte, « pour chaque fonction, il y avait des gens voués héréditairement à cette fonction [2]. » Je pourrais citer un grand nombre de passages semblables. Rosellini seul, averti par les monuments, a soulevé quelques doutes sur ce sujet ; mais le peu de place que cette question pouvait occuper dans son grand ouvrage, et des conclusions trop restreintes et trop vagues ne lui ont pas permis de porter à un préjugé déjà ancien et invétéré un coup décisif. C'est ce que je vais tâcher de faire aujourd'hui.

J'entreprends de démontrer que cette idée, qu'on se

---

[1] *De veteri Ægyptiorum origine* — dans *Mémoires de la société de Gœttingue*, t. X, p. 67.
[2] *Handbuch der Archæologie der Kunst*, p. 210.

fait depuis si longtemps, de l'ancienne société égyptienne comme divisée en castes, dont chacune était vouée à des occupations spéciales, exclusives et héréditaires, n'est point exacte ; que cette société n'a mérité, sous ce rapport, ni les louanges ni le blâme dont elle a été tour à tour l'objet.

Je crois pouvoir établir avec certitude :

Qu'il n'y avait pas de caste dans l'ancienne Égypte, en prenant ce mot dans un sens rigoureux, le sens, par exemple, qu'il a dans l'Inde, bien que plusieurs savants, et entre autres Bohlen, aient affirmé le contraire ;

Que plusieurs professions importantes : celles de prêtre, de militaire, de juge, et quelques autres n'étaient pas constamment héréditaires ;

Qu'il n'y avait qu'une distinction profonde entre les diverses parties de la société égyptienne, la distinction qui se montre partout dans les sociétés civilisées, entre les hommes livrés aux professions éminentes et les hommes qui exercent les métiers.

Contre des assertions répétées de siècle en siècle, je n'invoquerai qu'un genre de témoignage, mais il me semble irrécusable ; c'est le témoignage des monuments. L'Académie m'ayant fait l'honneur de désirer entendre aujourd'hui la lecture de ce mémoire, j'ai dû me mettre en mesure de lui obéir. Cet empressement, qui était un devoir, ne m'a pas permis de rassembler, à l'appui de la thèse que je soutiens, plus de soixante-quinze monuments. Il me sera facile d'augmenter ce nombre de beaucoup. Rassurez-vous cependant, messieurs, la nature de cette séance m'interdit de vous présenter autre chose que des raisonnements et des conclusions ; mais je prends l'engagement de mettre sous les yeux de l'Académie, comme je l'ai fait déjà, les pièces justificatives de mon mémoire, qui sont des inscriptions hiéroglyphiques presque toutes expliquées pour la première fois.

A ceux qui ne croient pas que la clef véritable de la lecture des hiéroglyphes ait été trouvée par Champollion, je n'ai rien à dire. Dans leur opinion, je suis un rêveur ; dans la mienne, ils ferment les yeux à la lumière du jour. La discussion n'est pas possible entre nous.

Ceux qui, sans se prononcer sur le degré de perfection auquel a été porté le déchiffrement des inscriptions hiéroglyphiques, sont d'accord sur le principe de ce déchiffrement, et je crois pouvoir affirmer qu'ils forment la très-grande majorité des savants qui ont examiné la question, ceux-là seront en droit de me demander un compte sévère de l'application que j'aurai faite de la méthode de Champollion, et je ne décline point l'obligation où je suis de les satisfaire. En effet, toute l'économie de mon argumentation repose sur des textes hiéroglyphiques, interprétés d'après les principes posés dans la Grammaire égyptienne de Champollion. Messieurs, je crois, d'une conviction intime et profonde, à la vérité de ces principes, éprouvés par moi sur des milliers d'inscriptions dans divers musées de l'Europe, et sur les monuments de l'Égypte et de la Nubie, au milieu desquels j'ai passé plusieurs mois. Je ne crois ni à l'infaillibilité ni à la science universelle de Champollion ; j'estime que sa Grammaire peut être quelquefois rectifiée, plus souvent complétée ; mais j'estime pareillement que, toutes les fois qu'on ne prouvera pas qu'il y a lieu à rectifier ou à compléter cet ouvrage de génie, il faudra provisoirement admettre la vérité des règles qui y sont établies par un grand nombre d'exemples, sauf démonstration d'erreur. Telle me paraît être la conduite que commande l'état actuel de la science. Au delà, il y a confiance aveugle ; en deçà, il y a, selon moi, méconnaissance d'une découverte susceptible de perfectionnement, mais qui peut déjà être appliquée utilement aux recherches historiques. C'est une application de ce genre que je tente aujourd'hui.

Je déterminerai d'abord les limites dans lesquelles l'emploi de l'instrument dont je vais faire usage doit être restreint, selon moi, pour qu'il puisse inspirer une confiance légitime.

Dans l'état actuel de la science, il est une portion des textes hiéroglyphiques qui ne peut se traduire encore avec certitude, et cette portion est de beaucoup la plus considérable. Non que la méthode de Champollion soit ici en défaut, mais c'est que la syntaxe, qui doit montrer le lien des phrases, n'est pas encore assez bien connue pour qu'il soit toujours possible d'apercevoir leur enchaînement, et surtout parce que notre vocabulaire n'est pas assez riche pour nous permettre d'interpréter toujours, soit le sens encore ignoré de certains caractères, soit la valeur de certains mots que nous lisons parfaitement, mais dont la signification ne se retrouve pas dans cette faible partie de la langue copte (dérivée, comme on sait, de l'ancienne langue égyptienne) que nous ont conservée quelques parties de traductions des livres saints et quelques légendes chrétiennes : les auteurs de ces fragments n'ayant eu ni les moyens ni l'intention de nous faire parvenir tous les mots de la langue égyptienne, surtout ceux qui se rapportaient à des usages oubliés ou à un culte aboli.

Mais si l'on doit reconnaître avec sincérité que la lecture de tous les textes égyptiens n'est pas encore possible, on peut affirmer avec assurance qu'il est une portion de ces textes dont l'intelligence est certaine. C'est à cette portion comparativement restreinte des textes hiéroglyphiques, c'est à elle seule que je m'adresserai. J'écarterai tout ce qui serait susceptible d'une interprétation douteuse ; je ne m'appuierai que sur des traductions de formules très-fréquentes, de phrases courtes et claires, dont le sens ne saurait offrir aucune incertitude aux savants qui reconnaissent l'autorité des principes de Champollion.

Ceci posé, j'aborde la question de l'existence des castes dans l'ancienne Égypte.

Commençons par déterminer avec précision le sens du mot *caste*. Ce mot vient du portugais *casta*, qui veut dire *race*, *lignée*. Au reste, *caste* n'est pas le seul terme employé pour désigner quelque particularité des sociétés de l'Orient qui dérive du portugais : *mandarin* et *bayadère* veulent dire en cette langue, l'un *magistrat*, et l'autre *danseuse*. Ceux qui, en employant ces expressions, croiraient faire de la couleur locale, doivent renoncer à la satisfaction de se servir en français d'un mot chinois ou d'un mot indien. Tout ce qu'ils peuvent espérer, c'est de montrer que, s'ils ignorent les langues orientales, ils ne connaissent pas mieux les langues de l'Europe.

C'est en parlant de l'Inde que le mot *caste* est surtout employé aujourd'hui. On désigne par ce nom les quatre ordres de l'ancienne société indoue (tels que les présentent les *Institutions* de Manou, et les deux grandes épopées nationales, le *Râmâyana* et le *Mahâbhârata*. Ces quatre ordres sont les *brâhmanes*, les *kchattriyas* (guerriers), les *vaiçyas* (marchands), et les *çoûdras* (serviteurs).

Le mot *caste* s'applique aussi, dans l'Inde, à une foule innombrable de subdivisions des castes principales. Chacune de ces subdivisions est vouée à une industrie ou à une profession particulière ; chaque individu faisant partie d'une de ces castes doit rester pur de toute alliance, souvent même de tout contact avec les individus et s'interdire tous les métiers étrangers à sa caste. S'il manque à l'une où à l'autre de ces obligations, *il perd la caste*.

Ainsi, trois conditions me paraissent essentielles à l'existence de la caste : s'abstenir de certaines professions qui lui sont étrangères et interdites, se préserver de toute alliance en dehors de la caste, continuer la profession qu'on a reçue de ses pères. Bien que ces conditions n'aient pas toujours été remplies rigoureusement en Orient, et ne l'aient presque jamais été en Occident, on s'est servi du mot *caste* pour désigner, par une exagération un peu malveillante, les classes aristocratiques et sacerdotales de nos sociétés modernes. La caste n'a existé réellement dans aucun État chrétien, car la caste constitue un fait social incompatible avec l'égalité des natures humaines proclamée par le christianisme. La noblesse et le clergé n'ont jamais formé de véritables castes dans le sens absolu du mot ; mais on a appelé ainsi ces ordres, parce qu'on trouvait chez eux les caractères dominants de la caste, savoir : des professions exclusives, spéciales ; chez les nobles, des professions héréditaires et un éloignement plus ou moins constant pour s'allier à ce qui était hors de leur classe.

Dans l'Inde, la différence des castes semble se rattacher à une différence de race. Le mot *varna*, par lequel sont désignées les quatre castes principales, ce mot, on le sait, veut dire *couleur*. Ceci paraît indiquer entre les castes indiennes une différence de couleur, et par suite une différence d'origine.

On est d'autant plus porté à admettre cette explication, que la population du nord de l'Inde, point de départ évident des races supérieures, montre dans la configuration de ses traits des caractères qui les distinguent des races du Sud, lesquelles semblent avoir fourni les éléments des castes inférieures.

Quelque chose de pareil se retrouve-t-il dans l'ancienne Égypte? Je n'en aperçois nulle trace. Sur les murs des temples et des tombeaux, rois, sujets, prêtres, guerriers, offrent le même type physique. La coloration de leur peau est semblable; nulle différence physiognomonique n'atteste une variété de race. Si une variété de race eût existé, l'art égyptien, qui accuse si nettement dans les captifs le type africain et le type asiatique, n'aurait pas manqué de la reproduire ici.

Mais, quelle que soit l'origine hypothétique des castes, voyons, en fait, si elles ont existé dans l'antique Égypte.

Pour l'examen cette question, je m'adresserai, comme je l'ai dit, aux monuments, et surtout à la classe la plus nombreuse des anciens monuments égyptiens, aux monuments funéraires.

C'est aux inscriptions hiéroglyphiques tracées sur les murs des tombeaux, sur les parois des sarcophages, et principalement sur les stèles ou pierres funèbres, que je demanderai une réponse aux questions qui m'occupent.

Les monuments funéraires doivent fournir à ces questions une réponse péremptoire. En effet, tous ces monuments, et particulièrement les stèles funèbres, indiquent toujours le nom du mort et des parents du mort, le degré de consanguinité qui les unissait à lui, souvent la profession qu'exerçait chacun d'eux, quelquefois enfin, le nom et la profession des parents de l'épouse du défunt. Grâce à ces indications, on peut recomposer le tableau d'une famille égyptienne, souvent fort nombreuse, connaître la profession de chacun de ses membres, et suivre leurs alliances pendant plusieurs générations. J'ai fait un assez grand nombre de recompositions généalogiques de ce genre sur des familles qui comptaient jusqu'à sept générations. Je puis citer un de ces tableaux funèbres qui contient cent parents.

Voyons donc si ces textes, interrogés attentivement, ne fourniront pas une réponse aux questions que nous nous sommes proposées.

Je ne crains pas d'affirmer qu'il n'y a, parmi les savants, personne, ou presque personne, qui mette en doute le sens des signes hiéroglyphiques qui veulent dire père, mère, fils, fille, frère, sœur, qui désignent les principales conditions, les principaux titres sacerdotaux, militaires et civils, etc. Ce vocabulaire très-limité, et que je restreins à dessein pour le rendre plus sûr, ce nombre assez peu considérable d'expressions dont le sens a été en général établi dans la Grammaire de Champollion, ou que j'ai eu occasion de vérifier sur des centaines d'exemples, nous suffira pour arriver, avec aussi peu de chances d'erreur que possible, à des conséquences qui présenteront, ce me semble, quelque intérêt historique et une certaine nouveauté.

D'abord je me demanderai :

Y avait-il en Égypte une caste sacerdotale et une caste militaire ?

Les monuments nous répondront :

1° Que les fonctions sacerdotales et les fonctions militaires n'étaient point exclusives, mais étaient associées les unes avec les autres, et chacune d'elles avec des fonctions civiles, le même personnage pouvant porter un titre sacerdotal, un titre militaire et un titre civil ;

2° Qu'un personnage revêtu d'une dignité militaire pouvait s'unir à la fille d'un personnage investi d'une dignité sacerdotale ;

3° Enfin, que les membres d'une même famille, soit le père et les fils, soit les fils d'un même père, pouvaient, les uns remplir des fonctions et revêtir des dignités sacerdotales, les autres des fonctions et des dignités militaires, d'autres, enfin, des fonctions et des dignités civiles. Quand j'aurai établi que les mêmes individus ou des membres de la même famille pouvaient exercer des professions attribuées à des castes différentes, que ces professions ne passaient pas nécessairement aux enfants, je le demande, que restera-t-il des castes égyptiennes et de l'hérédité universelle des professions ?

Or, lorsqu'on étudie les monuments, et principalement les pierres funéraires, si nombreuses dans les musées, et dont une quantité notable a été publiée, il n'est pas rare de trouver réunis sur la même tête des titres sacerdotaux et des titres militaires. Je citerai, entre beaucoup d'autres, le sarcophage, conservé au Musée britannique, d'un prêtre de la déesse Athor, lequel était commandant d'infanterie.

Si les fonctions sacerdotales n'excluent point les fonctions militaires, elles se concilient encore mieux avec les fonctions civiles.

Une association de ce genre se trouve dans un des curieux hypogées d'El-tell, dont les parois sont couvertes de représentations figurées si étranges, où l'on voit des rois à poitrine de femme qui adorent une image du soleil dont les rayons sont terminés par des mains.

Ceci ne date guère que de dix-huit cents ans avant l'ère chrétienne, et c'est pour l'Égypte une médiocre antiquité; mais j'ai trouvé la même association entre des fonctions religieuses et des fonctions administratives dans un des tombeaux contemporains des Pyramides, et qui étaient déjà extrêmement anciens à l'époque dont je parlais tout à l'heure.

Ces faits témoignent contre l'existence de fonctions spéciales attribuées à une classe d'hommes dans le régime des castes. Qu'est-ce qu'une caste sacerdotale dont les membres, en même temps qu'ils sont prêtres, sont généraux ou intendants de province, ou juges, ou architectes ?

Dira-t-on, et on l'a dit, que les fonctions civiles qu'on trouve unies à des fonctions sacerdotales étaient le monopole des prêtres ? Mais souvent, très-souvent, les noms de ceux qui exercent ces fonctions civiles ne sont accompagnés d'aucune désignation sacerdotale. Ainsi, les prêtres égyptiens pouvaient être investis de diverses charges judiciaires ; mais ces charges n'étaient pas exclusivement leur apanage, des laïques pouvaient en être revêtus.

Le droit de rendre la justice n'était donc pas l'attribut spécial du sacerdoce : on pouvait être juge, soit qu'on fût prêtre, soit qu'on ne le fût pas. Quoi de plus contraire à l'esprit exclusif des castes ? Nous-mêmes nous n'allons pas jusque-là, et notre ordre sacerdotal se sépare aujourd'hui des autres citoyens par une incapacité de rendre la justice qui ne l'en séparait pas en Égypte.

L'état militaire, comme le sacerdoce, s'y accommodait de la condition civile. Le même homme était chef des archers et intendant de l'Égypte méridionale, préposé aux constructions royales et chef de soldats étrangers.

S'il y avait, comme l'ont dit Bossuet, Meiners et d'autres, s'il y avait des professions exclusives auxquelles on était voué en naissant, sans pouvoir en embrasser d'autres, ce ne sont point celles dont il est fait mention dans les inscriptions funéraires : car toutes celles-là pouvaient être associées à des professions différentes. Le cumul était un fait très-fréquent dans l'ancienne Égypte.

Au lieu de cette démarcation qu'on s'imagine généralement avoir existé entre les classes, la confusion entre elles a été poussée si loin, qu'on trouve des personnages qui ont été à la fois revêtus de fonctions sacerdotales, militaires et civiles. Ce mélange se présente plusieurs fois dans les tombes célèbres de Beni-Hassan.

Ceci est une première brèche faite à l'opinion que je combats. Je vais en ouvrir une seconde, en établissant qu'il y avait alliance entre les diverses classes. On voit, en étudiant les inscriptions funéraires, qu'un militaire pouvait épouser la fille d'un prêtre. Je trouverai tout à l'heure l'occasion de citer un exemple remarquable de ce genre d'alliance.

En attendant, je ferai observer qu'il ne pouvait en être autrement d'après ce qui précède. L'éloignement des castes pour des alliances qu'elles refusent de former avec des individus nés hors de leur sein repose sur la séparation des professions diverses. Des prêtres ne veulent point se mêler par le sang à des guerriers, des prêtres à des profanes, des guerriers à des familles qu'ils méprisent, parce qu'elles sont vouées aux arts de la paix; mais là où les prêtres sont officiers et les officiers prêtres, comme il arrivait en Égypte, là où les uns et les autres exercent des professions civiles, il n'y a plus lieu à ce mépris et à cette antipathie qui font qu'on évite de s'unir; l'isolement des classes n'a plus de motif quand les occupations de ces classes ne sont pas séparées, de même que, chez nous, un noble qui aurait fait le commerce n'aurait pu croire se mésallier en donnant sa fille à un commerçant.

Le dernier argument qui me reste à produire contre l'opinion que je combats, c'est la démonstration de la non-hérédité des professions chez les anciens Égyptiens.

Sans doute, il existait, et les monuments le prouvent, des familles dont plusieurs membres étaient consacrés par une religion spéciale à telle ou telle divinité; il y avait alors hérédité du culte et souvent du sacerdoce paternel. Il y avait entre les frères communauté de culte et même de sacerdoce. Il faut reconnaître encore que l'on peut citer des exemples de la transmission héréditaire des fonctions militaires et civiles, et je pousserai la franchise jusqu'à en rapporter un qui est assez remarquable.

Dans un des tombeaux qui entourent les pyramides, j'ai trouvé un intendant des bâtiments royaux sous Chéops, l'auteur de la grande pyramide, qui était fils d'un intendant des bâtiments royaux sous le même Pharaon.

Mais, hâtons-nous de le dire, des faits de ce genre ne prouvent point que les fonctions fussent toujours héréditaires : car des faits semblables se présentent dans les sociétés les plus éloignées du régime des castes. Il y a dans toutes une tendance naturelle, et souvent injuste, à ce que les emplois des pères passent aux enfants, et, à défaut d'enfants, aux neveux et aux cousins. Cet abus existe dans notre siècle, qui lui applique le nom de *népotisme*. L'indiscrétion des hiéroglyphes nous a montré qu'il date du roi Chéops, et qu'il est aussi ancien que les pyramides.

Que l'on ait hérité quelquefois de l'emploi de son père, et peut-être sans en être digne, ce n'est donc point un fait particulier à la société égyptienne. C'est un fait de tous les temps, duquel on ne peut rien conclure, tandis que de cet autre fait qui me reste à établir, savoir, que souvent les emplois n'étaient pas héréditaires, il ressort nécessairement que cette société n'était pas soumise au principe des castes, principe dont l'essence est d'être absolu, et qui ne peut exister là où l'hérédité des professions n'est pas un usage invariable et constant.

Or, si nous en croyons les monuments, l'hérédité

des professions n'était ni une coutume invariable ni une loi rigoureuse, comme le veut Meiners. Les fonctions religieuses, militaires, civiles, ne sont point nécessairement héréditaires. Un guerrier a pour fils un prêtre, un prêtre a pour fils un guerrier. Il n'est pas rare non plus qu'un fonctionnaire civil ait pour fils un fonctionnaire religieux ou militaire ; enfin, ce qui achève de ruiner l'hypothèse des professions exclusives auxquelles eussent été vouées les diverses familles, et par suite les diverses castes, c'est de trouver que dans la même famille les fils des mêmes parents sont les uns de condition sacerdotale, les autres de condition militaire, les autres de condition civile.

Je pourrais citer de ces faits un grand nombre d'exemples; mais démonstratifs par leur unanimité, ils seraient fatigants par leur monotonie. J'aime mieux, en terminant, concentrer votre attention sur un monument que renferme le musée de Naples, et qui à lui seul suffirait pour établir la thèse que je soutiens aujourd'hui.

Ce monument de granit gris a la forme d'un biseau tronqué. A sa face antérieure, il présente neuf figures en bas-relief; chacune porte une inscription hiéroglyphique.

Les neuf figures, comme l'indiquent les inscriptions, représentent, l'une, le mort en l'honneur duquel ce petit monument a été élevé, les autres, divers membres de sa famille dont les professions sont énoncées. Le mort est le quatrième en commençant par la droite du spectateur ; auprès de lui sont rangés, d'un côté, son père, ses trois frères et un oncle paternel ; de l'autre, le père et les deux frères de sa femme. Sur la face postérieure, sont neuf figures qui représentent des parentes du défunt, parmi lesquelles sa mère, sa femme, la mère de sa femme et des tantes maternelles ; sur chacune des deux faces latérales il y a trois parents : en tout, le mort compris, vingt-quatre personnes de la famille.

Le mort en l'honneur duquel le monument est élevé était un général d'infanterie ; si le caractère qui suit le titre ne me trompe point, il commandait l'infanterie étrangère. A côté de ce titre militaire, il a aussi un titre civil : il est dit préposé aux constructions de [1]... Son frère ainé a le titre de préposé aux constructions et de prêtre du dieu Emphé. Celui-ci était donc prêtre et architecte, peut-être architecte religieux, tandis que son frère aurait été architecte civil. Un autre frère a, comme l'aîné, un titre religieux ; le troisième a le titre singulier de *fils royal*, et semble avoir été gouverneur de province.

Ainsi, voilà deux frères d'un militaire, lequel exerce une profession probablement civile, qui ont

---

[1] Ici est un caractère dont le sens n'est pas encore suffisamment clair pour moi.

des fonctions purement sacerdotales. Le troisième a une fonction administrative et un titre princier ; le père est prêtre d'Ammon.

Quant à la famille de l'épouse du défunt, c'est une famille toute sacerdotale. Cette femme et sa mère sont vouées à Ammon ; son père, son frère, deux frères de sa mère, sont prêtres de divers dieux.

Cette famille sacerdotale ne s'est pas moins unie par mariage avec un général d'infanterie.

On voit que les membres de la même famille appartenaient, les uns à ce qu'on a appelé la caste militaire, les autres à ce qu'on a appelé la caste religieuse ; de sorte que si les castes eussent existé, deux frères n'eussent pas appartenu à la même caste ; ce qui est difficile à comprendre.

Nous avons vu aussi que le même individu, remplissant et des fonctions sacerdotales et des fonctions militaires, aurait appartenu à la fois à deux castes, ce qui ne se comprend pas davantage.

Il n'y avait donc point de castes en Égypte : c'est un lieu commun auquel il faut renoncer. Ceux qui le regretteront peuvent se consoler, il en restera encore d'autres après celui-là.

Au lieu de cette division de la société égyptienne, j'en aperçois une autre. Je remarque que les professions qui figurent sur les monuments sont toujours les mêmes : prêtres, guerriers, juges, préposés à l'architecture, chefs de districts ou de provinces, ce sont là, avec quelques titres qui semblent purement honorifiques, à peu près les seules conditions qui paraissent dans les inscriptions funèbres. Les autres professions, celles de laboureur, d'agriculteur, d'artisan, de médecin même, ce qui est surprenant après tout ce qu'on a dit de la médecine égyptienne, ne se sont pas rencontrées jusqu'ici sur les monuments funéraires. Ce genre d'honneur qui consiste à montrer le mort recevant les hommages de sa famille et honorant les dieux, les priant de le protéger dans l'autre monde, cet honneur n'est jamais accordé qu'aux professions ci-dessus énumérées.

Cette circonstance me paraît établir une distinction fondamentale entre les classes, je ne dis pas les castes, entre les professions regardées comme éminentes et qui avaient droit à la mention et à la représentation funéraire, et les professions qui n'étaient pas jugées dignes de cet honneur.

Il me resterait à montrer comment s'est établi le préjugé que je viens de combattre ; une erreur n'est complétement réfutée que lorsqu'elle est expliquée.

Celle-ci me paraît reposer sur quelques passages d'Hérodote, de Platon, de Diodore de Sicile, qui contiennent des assertions sinon complétement fausses, du moins un peu exagérées, et dont l'exagération a été, comme il arrive toujours, fort accrue par ceux qui l'ont reproduite.

Hérodote[1] distingue sept classes de personnes en Égypte. Il suffit de les énumérer pour faire voir qu'elles ne sont pas du même ordre. Ce sont les prêtres, les guerriers, les bouviers, les porchers, les cabaretiers, les interprètes et les pilotes. Le mot γένος, employé par Hérodote, désigne-t-il ici de véritables castes ou de simples corporations? Cette dernière interprétation me paraît la plus vraisemblable. Cependant, quelque bizarre que pût paraître une caste de cabaretiers et une caste de pilotes, il ne faudrait pas trop s'étonner de leur existence; car, dans l'Inde, il y a des castes héréditairement vouées à des professions encore moins relevées. Peut-être en était-il ainsi dans l'ancienne Égypte, et sur ce point, les monuments funéraires où ne figurent point ces professions ne confirment ni ne démentent ce qu'on peut croire avoir été l'opinion d'Hérodote.

Mais il est un point sur lequel cet historien s'énonce en des termes qui ne laissent place à aucune incertitude, et sur lequel les monuments ne sont pas entièrement d'accord avec lui; je veux parler de l'hérédité des fonctions militaires. Et encore, il se borne à dire que les guerriers n'exercent aucun autre art que celui de la guerre, et que, parmi eux, les enfants succèdent à la condition de leur père[1]. Hérodote, en

---

[1] II, 164.

[2] II, 166 : Οὐδὲ τούτοισι ἔξεστι τέχνην ἐπασκῆσαι οὐδεμίαν, ἀλλὰ τὰ ἐς πόλεμον ἐπασκέουσι μοῦνα, παῖς παρὰ πατρὸς ἐκδεκόμενος.

On pourrait soutenir que cette assertion d'Hérodote ne se rapporte

affirmant la transmission héréditaire de la profession militaire, est trop absolu sans doute, car cette transmission, nous l'avons vu, n'était pas constante ; mais nous avons vu aussi qu'elle n'est point rare sur les monuments. L'assertion d'Hérodote n'est donc pas entièrement erronée, et comme il ne dit rien des autres classes, loin d'en tirer cette conclusion que l'hérédité était la loi générale, il serait plus naturel d'induire de ce qu'il avance au sujet de la classe militaire, que dans les autres classes on était libre de suivre la carrière paternelle ou de l'abandonner.

Diodore de Sicile divise la population égyptienne autrement que ne l'avait fait Hérodote. Pour lui, il n'y a que cinq classes : les prêtres, les guerriers, les agriculteurs, les pasteurs et les artisans[1]. Les deux premières seules possèdent le sol, ce qui semble indiquer entre ces deux classes cette espèce d'égalité, et entre elles et toutes les autres cette distinction tranchée que l'étude des monuments nous a fait reconnaître. Seulement, ni Hérodote, ni Diodore de Sicile, ne parlent des conditions civiles dont il est souvent question sur ces monuments. Il y a, à cet égard, dans les deux historiens grecs une lacune considérable que la lecture des inscriptions hiéroglyphi-

---

qu'à la portion de l'ordre militaire qu'il nomme les *Calasiries* et dont il est exclusivement question dans tout ce paragraphe.

[1] I, 73.

ques peule seule combler : les fonctions de juge, celles
d'architecte ou intendant des constructions, si importantes dans un pays bâtisseur comme l'Égypte ; celles
d'intendant des greniers qu'on rencontre fréquemment, et que l'histoire de Joseph montre avoir été si
considérable ; celles de gouverneur de province.
Toutes les fonctions civiles qui, sur les monuments,
tantôt sont réunies à la condition de prêtre et de guerrier, et tantôt en sont séparées, ne sont mentionnées
ni par Hérodote, ni par Diodore de Sicile. On voit par
ce fait que les renseignements qu'ils nous donnent
sur les différentes catégories de la société égyptienne
ne sont pas complets ; ce qui nous permet, jusqu'à
un certain point, d'admettre que ces renseignements
n'étaient pas rigoureusement exacts. Du reste, si je
suis forcé par l'évidence du témoignage des monuments de reconnaître cette inexactitude chez les deux
historiens que j'ai cités, je me hâte de dire qu'elle
n'est pas considérable.

Nous avons vu Hérodote affirmer d'une manière
trop absolue l'hérédité de la condition militaire. Diodore de Sicile a dit des prêtres ce qu'Hérodote avait
dit des guerriers ; de même, il a donné comme constant ce qui ne l'était point, l'hérédité des fonctions.
Mais il faut avouer que, sur ce fait, les expressions
n'ont rien de très-absolu[1]. « Ils (les guerriers) trans-

[1] I, 73.

mettent à leurs descendants un genre de vie pareil au leur. » Nous avons vu que, pour les guerriers comme pour les prêtres, cette transmission héréditaire, sans être de rigueur, était assez fréquente. Il n'y a donc de grands reproches à faire ni à Hérodote, ni à Diodore ; tout deux ont énoncé un fait presque vrai. Cependant leur assertion n'était pas tout à fait exacte, et la légère inexactitude qui s'y était glissée a suffi pour établir sur l'hérédité des fonctions et la séparation des castes chez les Égyptiens un système qui a fini par devenir complétement erroné, et que ce mémoire a pour but de combattre.

On a également abusé d'un autre passage dans lequel Diodore de Sicile dit qu'il est défendu aux artisans d'exercer plusieurs métiers[1]. On en a conclu que personne en Égypte ne pouvait remplir plusieurs fonctions : des fonctions sacerdotales, par exemple, et des fonctions militaires. Les monuments qui nous ont montré tant d'exemples de l'association de ces fonctions réputées incompatibles, sont formellement contraires à cette conséquence, légèrement tirée et aveuglément admise ; mais ils ne disent rien contre l'assertion de Diodore, restreinte aux termes dans lesquels il l'a énoncée, car les monuments, privilége funéraire des classes élevées, ne font jamais mention

---

[1] Εἴ τις τῶν τεχνιτῶν...... τέχνας πλείους ἐργάζοιτο, μεγάλαις περιπίπτει ζημίαις. I, 74.

des artisans, et c'est des artisans seuls que parle Diodore.

Tout le monde connaît le discours que Platon, au commencement du *Timée*, place dans la bouche d'un prêtre égyptien s'adressant à Solon et lui disant : « Vous autres Grecs, vous êtes toujours des enfants, » etc., etc. Dans ce discours, se trouve un passage souvent invoqué pour établir l'existence des castes égyptiennes.

J'emprunte la traduction de M. Martin, auteur d'un si remarquable travail sur le *Timée*, traduction à laquelle je ne ferai qu'un reproche, celui d'avoir rendu γένος tantôt par classe, tantôt par caste, ce qui est loin d'être indifférent. « Et d'abord, les prêtres forment une classe séparée de toutes les autres, et de même, la classe des artisans, dont chaque branche exerce sa profession à part sans se mêler aux autres ; ensuite, celles des pâtres, des chasseurs, des cultivateurs ; la caste des guerriers est également ici, comme tu l'as peut-être entendu dire, entièrement séparée des autres, et ses membres doivent, d'après les lois, ne s'occuper que du soin de la guerre. »

Platon, dans ce passage célèbre, se borne à dire qu'en Égypte les différentes professions *sont séparées et ne se mêlent pas*, ce qui pouvait être vrai de celles qu'il cite, savoir : celles de pasteur, de chasseur, de cultivateur, les monuments ne nous fournissant aucune preuve du contraire. Quant aux classes supérieures, Platon se borne à dire que les prêtres forment une classe séparée de toutes les autres, et que les guerriers ne s'occupent pas d'autre chose que de la guerre, ce qui est vrai d'une vérité générale partout où il y a un corps sacerdotal et un corps militaire; mais ce qui, nous l'avons vu, cesserait de l'être si l'on en concluait qu'il y avait en Égypte une caste de guerriers ne pouvant s'allier aux autres classes ni réunir aux fonctions militaires des fonctions sacerdotales ou civiles; or, c'est ce que Platon n'affirme point positivement.

Ainsi les assertions d'Hérodote, de Platon, de Diodore de Sicile, fondées, il faut le reconnaître, sur certains faits réels, empreintes seulement de quelque exagération et de quelque inexactitude, ont été moins une cause qu'une occasion d'erreur. Ces auteurs avaient dit un peu trop, on a dit beaucoup plus encore après eux, et ainsi on a toujours été s'éloignant de la réalité et s'approchant du système. Cette histoire est celle de la formation de sérieuses erreurs. Un mot pris dans un sens plus absolu que celui qu'il avait dans la pensée de l'auteur, les formules remplaçant et faussant par leur exagération tranchante une assertion vraie, mais d'une vérité d'à peu près qui n'est point la vérité géométrique, cet *à peu près* qu'on outre et qui devient alors positivement faux, le temps enfin consacrant cette fausseté qu'il a faite; voilà comment bien des préjugés historiques se sont établis; et l'on n'a pas toujours, pour éclairer le jugement de la postérité, la lumière des hiéroglyphes !

Oui, la lumière des hiéroglyphes ! Oui, la main inspirée de Champollion a allumé un flambeau dont l'éclat toujours plus vif percera de ses rayons la nuit séculaire d'où ce flambeau a été tiré ! La gloire de Champollion est déjà l'une des plus éminentes gloires de l'érudition française; elle grandira par tous les travaux que suscitera la découverte de ce grand homme, et qui seront un hommage à son génie. La méthode de Champollion a conquis le monde savant ; l'Angleterre, l'Italie, l'Allemagne, l'Amérique, la proclament ; la France pourrait-elle ne pas l'honorer ; et, la vraie manière de l'honorer n'est-ce pas de la continuer? Par une inintelligence qui serait de l'injustice et de l'ingratitude, voudrait-elle nier un des plus beaux titres d'honneur qu'elle ait reçus du siècle où nous vivons ? Non, il n'en sera point ainsi, messieurs; et si, hors de cette enceinte, d'incroyables aberrations prétendaient faire rebrousser chemin à la science, découvrir ce qui a été trouvé, chercher dans le pays des rêves ce que le génie a placé dans la sphère des réalités, j'opposerais à cet aveuglement la voix de l'Europe savante, l'autorité de l'Académie, les travaux de plusieurs de ses membres. C'est sur la trace de ces confrères illustres que je me suis efforcé de marcher aujourd'hui, c'est encouragé par leur voix et par leur exemple que j'ai essayé cette première application de la méthode de Champollion à l'éclaircissement d'un fait important dans l'histoire de la civilisation, encore imparfaitement connue, de l'antique Égypte.

LETTRE DE M. AMPÈRE

A M. LE MINISTRE DE L'INSTRUCTION PUBLIQUE

RELATIVEMENT A SON VOYAGE EN ÉGYPTE

(*Moniteur* du 23 mars 1845.)

Kéneh, le 19 janvier 1845.

Monsieur le ministre,

Vous avez eu la bonté de m'accorder un congé qui me permit de faire en Égypte un voyage dont mes études hiéroglyphiques pussent tirer quelque fruit, et vous êtes venu en aide à ce voyage en voulant bien m'adjoindre M. Paul Durand, que sa connaissance du pays et son talent pour en reproduire les monuments figurés avec une exactitude expressive, rendait pour moi un compagnon précieux et un auxiliaire indispensable. En m'adressant les expressions trop flatteuses d'un intérêt qui m'honore, et que je m'efforcerai de mériter, vous avez désiré, monsieur le ministre, que je vous rendisse compte des principaux résultats de mes recherches dans le champ immense que le génie de Champollion a ouvert, et où ma plus grande ambition serait de faire quelques pas après lui. Pour vous montrer mon empressement à me conformer à vos intentions, je vais commencer à vous entretenir de cette première partie de mon voyage, qui en est en quelque sorte la préface.

Je vous écris en face de Dendera, et des premiers temples égyptiens que l'on rencontre en remontant la vallée du Nil, à 120 lieues de la mer ; c'est d'ici à la seconde cataracte que se trouvent les monuments les plus considérables et les plus intéressants. Ainsi, à plus de 800 lieues de Paris, je suis, pour ainsi dire, au seuil du sanctuaire. Cependant les deux mois qui se sont écoulés depuis mon départ n'ont pas été perdus pour l'étude, et je puis dès aujourd'hui vous soumettre quelques observations recueillies, soit dans les collections publiques et particulières que j'ai rencontrées sur ma route, soit en présence des monuments que j'ai déjà visités. Je me bornerai à un petit nombre de faits qui me semblent avoir quelque importance et quelque nouveauté. Je me servirais du mot de découverte s'il n'était trop ambitieux, en rappelant toutefois que, dans une science nouvelle dont les bases impérissables ont été jetées par un homme de génie, et que les travaux de plusieurs générations n'achèveront pas, tout progrès est une petite découverte, et que, dans l'état où sont les connaissances hiéroglyphiques, trouver est presque le seul moyen d'apprendre.

L'Égypte a commencé pour moi à Marseille. Une statue mutilée, qui m'avait été indiquée l'année dernière par mon ami, M. le docteur Roulin, dans une pièce reculée du musée de Marseille, examinée de près, s'est trouvée offrir un intérêt historique ; car, en me glissant entre l'angle du mur et le support postérieur de la statue, j'ai reconnu sur ce support la bannière et le prénom de Sésostris. La statue, étant une statue de femme, doit représenter une princesse de la famille du célèbre monarque égyptien. Comme la base du support a disparu, le nom et le titre qui devaient s'y lire manquent également. Les monuments nous font connaître la mère de Sésostris dont il existe à Rome une magnifique statue en basalte noir ; comme celle-ci, elle porte sur son appui postérieur la bannière, le prénom et de plus le nom du roi ; le nom de la reine, avec son titre de *royale mère, royale épouse*, est tracé sur une autre partie de la figure. La statue de Marseille représenterait-elle aussi la mère de Sésostris? Je n'ai pu le penser. J'avais trop présents à la mémoire les traits de la princesse dont l'image est un des plus beaux ornements du musée grégorien, et je suis retourné cette année à Rome, en partie pour revoir ces traits fortement caractérisés et portant ce sceau d'individualité qui ne permet pas de refuser le mérite du *portrait* aux représentations des personnages historiques de l'ancienne Égypte. Ces traits diffèrent entièrement des traits de la statue de Marseille; de plus, celle-ci ne porte pas comme celle de Rome, dans sa coiffure, la trace du basilic, symbole de la royauté; en outre, elle a un air de très-grande jeunesse. Comme les monuments qui nous offrent les vingt-trois fils, les neuf filles et les trois femmes de Sésostris, ne nous montrent jamais l'image de ses sœurs, ce qui lui est commun avec les autres Pharaons et tous les Ptolémées dont les sœurs ne sont représentées que lorsqu'elles étaient en même temps épouses du roi; on ne peut voir ici une sœur de Sésostris. Une de ses femmes aurait porté dans sa coiffure le basilic, indice de la royauté, comme le portait la statue de sa mère, épouse du roi Menephta Ier, comme on le voit sur la tête de celle de ses trois femmes dont l'image est gravée sur le côté de cette statue de la mère de Sésostris. Notre princesse égyptienne de Marseille ne peut donc être une des filles de Ramsès le Grand. On peut choisir parmi les six noms qu'on lit encore à Silsilis; mais il faut exclure la princesse Batianté, représentée dans le grand temple d'Ibsamboul, parce que celle-ci a régné, ce qu'indique le cartouche qui entoure son nom, et que notre princesse, comme je l'ai déjà dit, ne porte point sur la tête le signe de la royauté.

La statue reléguée jusqu'ici dans un coin du musée de Marseille, et placée de manière à cacher le plus possible la légende hiéroglyphique qui lui donne quelque intérêt, offre donc l'image d'une *fille de Sésostris*, et doit prendre son rang dans le nombre assez peu considérable des statues de princesses égyptiennes qui figurent dans les musées de l'Europe. Ce qui a échappé aux mutilations, c'est-à-dire la tête, les bras et le torse, presque jusqu'aux genoux, est d'un bon style, digne de la glorieuse époque de l'art égyptien, à laquelle il est permis de rapporter cette statue. Elle est probablement contemporaine de Sésostris, et doit être un portrait. M. Durand a pris de cette figure un dessin très-exact à la chambre claire. M. Reynard, maire de Marseille, qui a déjà tant fait pour l'embellissement de cette ville, s'est empressé de me promettre que la statue que je lui recommandais serait tirée de ses ténèbres et placée de telle sorte qu'on puisse en faire le tour et lire l'inscription hiéroglyphique qui m'a permis de reconnaître en elle l'image d'une des filles du plus célèbre des Pharaons.

Au lieu de continuer notre route par la voie du trajet indirect des bateaux de l'État, qui nous aurait fait perdre sur mer cinq ou six jours par le détour de Syra, nous avons pensé que ce temps serait mieux employé à explorer les musées égyptiens de Rome et de Naples, et qu'en rejoignant à Malte le trajet direct suivant, nous serions presque aussitôt à Alexandrie. Nous avons mieux fait encore que nous ne pensions, car le bateau qui nous aurait conduits à Syra ayant manqué un départ pour l'Égypte, nous serions arrivés en réalité à Alexandrie dix jours plus tard.

D'ailleurs, j'étais curieux de comparer la princesse pharaonique de Marseille avec celle de Rome, et, outre l'intérêt général du musée égyptien de cette ville, j'avais à vérifier l'exactitude de la copie que j'y avais prise, il y a un an, de quelques inscriptions hiéroglyphiques, entre autres d'une inscription fort longue et fort curieuse qui couvre et enveloppe entièrement une petite statue que Champollion et Rosellini ont connue, mais dont l'importance n'a été réellement découverte que par le père Ungarelli. Cette statue est celle d'un personnage qu'un hasard heureux pour l'histoire a fait vivre sous les trois derniers rois de la vingt-sixième dynastie égyptienne, et sous les deux premiers rois de la dynastie persane qui lui a succédé. Les prénoms d'Apriès, le dernier roi légitime, de l'usurpateur Amasis, de Psamménit, fils de ce dernier, et dont le cartouche ne se retrouve sur aucun autre monument; les noms de Cambyse et de Darius se lisent dans l'inscription consacrée à la mémoire du personnage en question, et par laquelle nous apprenons qu'il a conservé ses titres malgré une révolution et une conquête. Le père Ungarelli, dans une dissertation lue, il y a plus d'un an, à la Société romaine d'archéologie, avait signalé l'importance de cette inscription, et en avait traduit quelques phrases, d'où il résultait que Cambyse à Saïs, dans la basse Égypte, n'avait pas montré contre la religion égyptienne l'hostilité qu'il manifesta dans les deux dernières années de sa vie, après que les désastres de son expédition en Éthiopie l'eurent jeté dans une sorte de démence. Le personnage dont la statue du Vatican offre l'image, était grand prêtre de la déesse Neith dans la ville de Saïs, et il atteste que *Cambyse a présenté les offrandes à la déesse comme les autres rois.* Le père Ungarelli m'avait signalé ce passage important. Depuis, en étudiant l'inscription, j'y ai trouvé un certain nombre de faits qui corroborent les passages traduits par le père Ungarelli, et concourent à prouver que l'on a fort exagéré les dévastations de Cambyse et l'influence qu'elles ont pu avoir sur l'art et la civilisation de l'Égypte, thèse que mon savant confrère, M. Letronne, a si bien établie dans un mémoire où, rendant un juste hommage à la science créée par Champollion, il a cité l'inscription hiéroglyphique de Rome à l'appui des textes classiques dont son érudition sait faire un si habile usage.

J'étais impatient de m'entretenir avec le père Ungarelli qui, à un premier voyage, m'avait accueilli avec tant de confiance et de bonté. Je me faisais une grande joie de lui parler de sa découverte et de lui soumettre la traduction des passages que j'avais moi-même essayé de déchiffrer. Quelle a été ma douleur en trouvant le savant et vénérable barnabite dans un état de santé qui ne lui permettait de se livrer à aucune étude et de supporter aucune application d'esprit ! Heureusement un état si triste s'est déjà amélioré, et on peut espérer que le père Ungarelli achèvera d'illustrer le curieux monument dont je viens de parler. Jusque-là je crois devoir m'abstenir d'y toucher; en attendant que la science l'éclaire, qu'il reste entre les mains de M. Ungarelli comme un dépôt sacré.

Je ne vous présenterai pas, monsieur le ministre, le catalogue des objets précieux que renferme le musée égyptien fondé au Vatican par S. S. Grégoire XVI, et que j'ai étudié avec soin dans tous ses détails. Je signalerai seulement à la reconnaissance des savants la fondation des trois musées auxquels le docte et vénérable vieiljard qui régit l'Église a attaché son nom : le musée étrusque et le musée égyptien au Vatican, et à Saint-Jean-de-Latran une collection, qui, commencée à peine, contient de curieuses mosaïques romaines, une admirable statue de Sophocle et des bas-reliefs chrétiens fort intéressants. M'attachant à l'objet spécial de mes études, je me plais à citer comme très-remarquable le musée égyptien. Sa Sainteté y a réuni tout ce qui était épars dans la ville de Rome. On trouve ainsi rassemblés les produits de l'art égyptien de toutes les époques. La mère de Sésostris offre un type majestueux de cet art au temps de sa grandeur sévère. Les deux lions qui ornaient la fontaine des *Termini* portent sur la base le prénom de Nectanébo, presque contemporain d'Alexandre, et, dans la souplesse de leurs flancs, on sent déjà, ce me semble, l'habileté du ciseau grec. Enfin, une salle tout entière, où figure au premier rang l'Antinoüs du Capitole, est remplie de sculptures sans hiéroglyphes, imitations romaines du style égyptien. En outre, le vice-roi d'Égypte, avec lequel le pape est dans des rapports très-bienveillants, a enrichi le musée grégorien de plusieurs envois précieux. C'est ainsi qu'un musée de plus a germé sur ce sol de Rome, où chaque année enfante, pour ainsi dire, une nouvelle moisson d'antiquités.

Quand je parlais tout à l'heure du musée étrusque, je ne m'écartais pas de mon sujet, car il est aussi un peu égyptien. J'y ai reconnu des scarabées couverts d'hiéroglyphes très-exactement figurés, et ces scarabées ont été trouvés, on n'en peut douter, dans des tombes étrusques. Je joins à cette lettre, monsieur le ministre, la copie de l'inscription recueillie sur l'un d'eux.

N'est-ce là qu'un accident semblable à celui qui a fait trouver dans les tombes égyptiennes un certain nombre de vases chinois, ou bien ce fait a-t-il une importance plus grande, et se rattache-t-il aux analogies frappantes qu'on remarque entre certaines figures égyptiennes et certaines figures étrusques. C'est ce qu'il ne m'appartient pas de décider, et ce que la science révélera peut-être un jour. En attendant, la présence des scarabées couverts d'hiéroglyphes parmi des antiquités étrusques, est une singularité qui m'a trop frappé pour que j'aie pu la passer sous silence.

Avant de quitter le musée du Vatican, je vous signalerai, monsieur le ministre, un cartouche de reine que je n'ai vu cité nulle part, et qui est tracé sur trois de ces vases funéraires, improprement appelés *canopes*. Sur un seul, le nom de cette *fille de roi* est écrit dans son entier. Il peut se lire *la-cit-icé* et se traduire : *l'aigle femelle fille d'Isis*. Nul autre caractère n'accompagne ce cartouche, et rien ne peut indiquer de quel roi cette princesse était fille, et comment elle a régné. Mais ce n'est pas moins un nom royal de plus qui ira prendre sa place parmi les cartouches *incertæ sedis*, qui attendent que l'on sache à quel personnage les rapporter. Ainsi, après avoir été assez heureux pour reconnaitre à Marseille l'image d'une princesse égyptienne, j'ai eu la fortune de trouver à Rome le nom d'une autre.

Les antiquités égyptiennes du musée de Naples sont loin de provenir toutes de Pompeï, d'Herculanum et de Pouzzoles, comme le répètent à tous les voyageurs les *ciceroni* de l'établissement. Loin de là, un très-petit nombre a cette origine. Vous savez, monsieur le ministre, qu'un temple consacré à Isis existe encore à Pompeï, et que les peintures retrouvées dans cette ville montrent des prêtres égyptiens célébrant les rites étrangers. Il serait curieux de savoir ce qu'étaient devenus l'art et l'écriture de l'Égypte, transportés dans une ville romaine, et jusqu'à quel point l'un et l'autre s'étaient altérés dans cette importation à une époque où le paganisme, las du passé et impatient d'un avenir inconnu, ouvrait son sein vieilli à toutes les religions de l'Orient.

Parmi les monuments égyptiens que possède le musée de Naples et qui proviennent de Pompeï, il en est peu qui portent des hiéroglyphes, et qui, par là, rentrent dans l'objet particulier de mes études. Une grande et belle stèle, improprement appelée, dans le catalogue, *table isiaque*, y est donnée comme ayant été trouvée dans le temple d'Isis, à Pompeï. Bien que ce monument soit placé trop haut pour qu'il m'ait été possible d'en prendre copie, j'en ai vu assez pour être assuré qu'il est purement égyptien : le style des quatorze figures qui occupent la partie supérieure, et celui des vingt lignes d'hiéroglyphes tracées au-dessous des figures. Ce style est excellent et rappelle les meilleurs temps de l'art et de la calligraphie égyptienne. Autant que j'ai pu en juger du point où je me trouvais, cette stèle représente une offrande faite à une divinité par un grand personnage égyptien portant le titre de *rpa-ha*, *noble chef*, qui se lit très-souvent sur les monuments de cette classe. Une des dernières lignes de l'inscription offre, dans un cartouche, avec les caractères qui précèdent toujours le nom des rois, le mot *ononofré*, qui est un nom d'Osiris, mais qui ne peut guère être ici qu'un nom de roi, puisqu'il est précédé par l'abeille et le roseau, comme tous les noms royaux. S'il en est ainsi, il s'agit dans l'inscription d'un roi dont le cartouche n'a été, que je sache, cité par personne. Quoi qu'il en soit, cette stèle mériterait d'être étudiée. Jusque-là on ne peut rien en dire de plus. Mais, bien qu'elle provienne de Pompeï, je serais fort étonné, d'après le style des figures et des hiéroglyphes, qu'elle n'appartînt pas originairement à l'ancienne Égypte, et à une époque qui précédât de beaucoup l'introduction du culte d'Isis à Pompeï.

Il n'en est pas de même d'une base rectangulaire de bronze trouvée à Pompeï, et sur laquelle sont tracés quelques figures et quelques hiéroglyphes ; le tout semble trahir l'imitation. Les hiéroglyphes manquent de netteté, bien que le catalogue les appelle *nitidamente incisi*. J'ai cru reconnaître le nom d'Osiris, mais placé au-dessus de l'homme qui fait l'offrande, au lieu de l'être au-dessus du dieu qui la reçoit. Il m'a semblé surprendre là une intention de reproduire des hiéroglyphes, assez maladroitement exécutés par des gens qui en avaient vu, mais ne les comprenaient pas.

Je ne me suis presque pas arrêté à Alexandrie, le bateau à vapeur partant pour le Caire le lendemain de mon arrivée ; j'ai renvoyé au retour le peu qu'il y a à faire pour la science dans la ville fondée par Alexandre. Les hiéroglyphes qui peuvent encore se lire sur l'obélisque appelé l'*aiguille de Cléopâtre*, et où sont gravés trois noms des rois de la dix-huitième dynastie, ont été recueillis par Champollion. Deux sarcophages m'ont été indiqués dans des jardins. Pour ne pas perdre la seule journée que je passais à Alexandrie, j'ai, avec l'aide de M. Durand, copié en partie les inscriptions de l'un de ces sarcophages. Elles m'ont offert plusieurs titres que je ne connaissais pas. L'un veut dire *préposé aux deux trônes* ; les autres, dont je ne comprends pas le sens, sont peut-être des variantes du premier, et plus probablement des titres différents. A l'exemple de Champollion, j'enregistre avec soin toutes les dénominations de charges et d'emplois que présentent les monuments funèbres, de manière à en former une liste semblable à celle de notre almanach royal. Je me rappelle avoir entendu dire à Cuvier que, pour connaître l'organisation sociale d'un pays, il voudrait avant tout en avoir l'*Almanach royal*.

Au Caire, j'ai passé la meilleure partie de mon temps à visiter les collections particulières, parmi lesquelles celle de Clot-Bey et celle du docteur Abbot tiennent le premier rang. M. Rousset possède aussi quelques antiquités fort remarquables. Dans cette foule d'objets curieux, et dont un grand nombre mériteraient d'être publiés, je m'attachai surtout à trouver des noms nouveaux de rois, de reines ou de fils de rois, ou des variantes de noms royaux déjà connus ; car les noms de rois sont l'*a b c* de l'ancienne histoire d'Égypte que, grâce aux travaux de M. Champollion, on commence à reconstruire. Les rois antérieurs à la série continue, qui commence à la fin de la seizième dynastie, méritent une attention particulière, puisqu'on n'est pas encore parvenu à trouver la place de la plupart d'entre eux. Parmi ces anciens noms de rois est celui du roi Papa ou Papi. Ce nom se lit sur un vase d'albâtre, de la collection de M. Abbot. M. Rousset possède aussi un vase assez semblable, sur lequel se trouve le même nom. Les deux vases offrent, dans les titres qui accompagnent le nom royal et sont enfermés dans le même cartouche que lui, quelques variantes légères que j'ai copiées. L'un et l'autre vase présentent l'étendard du roi Papi, plus rare encore que le nom. La légende de cet étendard, dont le sens est : *qui aime les deux Égyptes*, n'est pas à négliger, car elle semble indiquer qu'à cette époque reculée, quand les rois ne prenaient pas encore, comme ceux de la dynastie thébaine, le titre de *souverains de l'Égypte supérieure et de l'Égypte inférieure*, les deux parties de l'Égypte étaient déjà réunies sous leur empire.

En fait de noms royaux, ma trouvaille la plus heureuse a été celle du nom du roi Menès, très-rare, avec une variante unique, et de son prénom entièrement nouveau. J'ai rencontré l'un et l'autre sur les planches d'un sarcophage couvertes d'hiéroglyphes de la plus belle exécution, qui appartiennent à Clot-Bey. Le nom de Menès, qui, d'après le témoignage de Manéthon et d'Hérodote, fut le plus ancien roi d'Égypte; ce nom, d'une si vénérable antiquité, ne s'est encore vu, à ma connaissance, que sur un mur du Ramesséion, à Thèbes, et sur un collier que possède M. le docteur Abbot. Je ne vois aucune raison de regarder ce collier comme fabriqué : je le crois égyptien; mais il ne s'ensuit pas qu'il soit nécessairement contemporain du roi Menès. S'il en était ainsi, ce serait l'antiquité égyptienne dont la date remonterait le plus haut : elle pourrait atteindre six ou sept mille ans, et un travail aussi élégant, bien que très-simple dans ses procédés, reporterait l'origine des arts en Égypte à une époque terriblement reculée. Mais ce collier peut ne point être l'œuvre d'un faussaire, ce que je crois, être une pièce extrêmement curieuse, ce que j'admets, et cependant porter le nom du roi Menès sans être contemporain de ce roi : l'on voit bien sur la croix d'honneur l'effigie d'Henri IV. J'ajouterai une observation : j'ai trouvé dans la collection de Clot-Bey un scarabée recouvert d'une feuille d'or, qui porte également le cartouche de Menès; de plus, on y lit, accolés à ce nom, mais sans cartouche, les deux caractères, qui veulent dire *né de la lune*, et qu'on lit *ah-mes*, d'où le nom que les Grecs ont rendu par Amasis. Je n'examine pas si, ce qui pourrait bien être, le scarabée appartenait originairement au collier, ce qui étendrait à celui-ci les conclusions qu'on peut tirer de l'autre, et, ne m'occupant que du scarabée sur lequel on lit le nom de Menès, et un nom qui semble être celui d'Amasis, je me demande comment peut s'expliquer cette association : un des deux Amasis, soit le dernier roi de la dix-septième dynastie, soit celui qui détrôna Apriès, dernier roi légitime de la vingt-sixième, un de ces deux rois a-t-il voulu placer à côté de son nom celui du père des dynasties égyptiennes, de l'antique Menès, dont Ramsès le Grand faisait porter l'image à la tête de la procession où l'on portait les images de ses propres aïeux. Une pensée semblable se comprendrait surtout chez Amasis l'usurpateur; il serait peut-être permis de supposer que celui qui aspirait à fonder une dynastie nouvelle ait fait graver à côté de son nom le nom du fondateur de la royauté égyptienne, comme si Napoléon eût fait graver à côté du sien le nom de Charlemagne. Une circonstance viendrait à l'appui de cette supposition, c'est que le nom d'Amasis, sur le scarabée de Clot-Bey, n'est pas entouré du cartouche royal, comme si l'usurpateur n'eût pas osé s'attribuer ce signe de la royauté dans les premiers moments de son pouvoir, et quand il laissait vivre encore le souverain détrôné.

J'ai eu l'honneur de vous dire, monsieur le ministre, que, sans parler du scarabée de la collection de Clot-Bey, j'ai été assez heureux pour découvrir ce nom antique de Menès sur les planches d'un sarcophage qui étaient enfouies dans un coin obscur de la maison de Clot-Bey, et qu'il a eu l'extrême obligeance d'exhumer pour moi. Quelle a été ma joie d'y lire en très-beaux caractères le nom de Menès, avec une légère variante qui le rend encore plus semblable au nom que nous ont transmis Manéthon et les historiens grecs; car, au lieu de Menei qu'on lit au Ramesséion de Thèbes, sur le collier du docteur Abbot et sur les carabées de Clot-Bey, il y a sur la planche du sarcophage Mené, ce qui, avec l'addition du σ (s) que les Grecs ajoutent constamment aux mots égyptiens (Osiris pour Osiri, Aroeris pour Aroeri), fait tout justement Menè-s. Ici il est impossible d'admettre que le monument sur lequel se lit le nom de Menès soit contemporain de ce roi, car l'inscription du sarcophage nous apprend positivement qu'il a reçu la momie d'un personnage nommé Snebf, qui était prêtre de divers dieux, d'Osiris, de Phta, d'Anubis, de Thot et du *roi Mené*. Cette association du nom de ces dieux au nom de l'ancien roi ne permet pas de penser qu'il s'agisse ici d'un prêtre attaché au service du roi Menès, comme l'Eimai du tombeau célèbre qui est près des pyramides de Gizeh, et dont je vous entretiendrai tout à l'heure, était prêtre du roi Chéops, c'est-à-dire son chapelain ou son grand aumônier. Ici il n'en est pas ainsi, et il s'agit évidemment de ce culte des rois associés aux dieux dont les monuments offrent tant d'exemples. Mais ce qui est entièrement nouveau dans l'inscription dont je parle, c'est que le même personnage est dit, dans les mêmes termes, prêtre des mêmes dieux et d'un roi dont le cartouche (fig. IX), entièrement inconnu jusqu'ici, me parait devoir être le prénom du roi Menès. En général, il est vrai, les anciens rois n'ont pas de prénoms. Si, d'après cela, on ne voulait pas admettre que ce dernier cartouche pût renfermer le prénom de Menès, il renfermerait alors le nom de quelque roi très-ancien. Dans tous les cas, il y a là un cartouche qui paraît aujourd'hui pour la première fois, qui se rapporte à une époque probablement très-reculée, et dont je regarde la rencontre comme un des plus heureux incidents du commencement de mon voyage. M. Durand a pris lettre par lettre des empreintes de la moitié du sarcophage, et prendra le reste à notre retour au Caire.

Après cela, je ne mentionnerais pas le nom de l'un des fils de Sésostris sur une charmante statuette appartenant à Clot-Bey, et qui porte le nom d'un des vingt-trois fils de Sésostris qu'on voit au Ramesséion et dans le temple d'Ibsamboul, si l'inscription de la statuette ne déterminait à laquelle des trois femmes de Sésostris il a dû le jour en le nommant fils d'*Icenofré*, et comme, d'autre part, ce prince est le quatrième de la série du Ramesséion, cette double circonstance semble contraire à l'opinion de Rosellini, d'après laquelle *Icenofré* aurait été la dernière des épouses de Sésostris, lequel n'aurait survécu que peu d'années à ce mariage[1].

Rosellini n'a pas su le nom de ce prince, il en a transcrit deux caractères chm... exprimant par des points le reste qu'il omettait ; cependant, il me semble que ce nom propre a un sens bien clair : *Celui qui règne dans la terre de pureté* (l'Égypte). Ce sens peut être entièrement honorifique, mais il peut indiquer aussi que le prince fut associé par son père à l'empire, ou au moins destiné à lui succéder. Il serait mort avant Sésostris sans avoir le temps d'atteindre à cette haute destinée, que son quatorzième frère, qui fut le successeur du grand monarque, accomplit sous le nom de Menephta II.

[1] Rosell. *Mon storici*, t. I, p. 272.

Une autre statuette de la collection de Clot-Bey porte le nom de celui des fils de Sésostris qui est le vingt-deuxième dans la procession du Ramesséion. Il s'appelle Thotmès. Mais, nulle mention n'étant faite ici de la mère du prince, on ne peut affirmer qu'il soit réellement question du vingt-deuxième fils de Sésostris plutôt que de tout autre fils de roi portant le nom de Thotmès.

Je mentionnerai une antiquité d'un genre différent, mais qui peut avoir son intérêt. C'est une poulie que possède M. Rousset, et qui lui a été vendue à Saccara par des gens qui disaient l'avoir trouvée dans un puits de momie. S'il était sûr que cette poulie fût antérieure à la venue des Grecs en Égypte, elle fournirait enfin l'exemple d'une *machine* employée par les anciens Égyptiens. Mais on ne peut avoir la certitude que celle-ci ne soit pas un produit de l'art grec ou romain; bien que toutes les circonstances qui ont accompagné l'acquisition soient favorables à l'antiquité de cette poulie, on est obligé de rester dans le doute et de reconnaître jusqu'à nouvel ordre que les monuments, d'accord en cela avec Diodore de Sicile, tendent à établir que les Égyptiens ne se servaient pas de machines[1].

J'ai visité l'obélisque d'Héliopolis, dont l'inscription est connue et d'une lecture facile. Le véritable intérêt d'Héliopolis, après les souvenirs que ce nom réveille en un cœur français, est dans les fouilles que l'on pourrait y faire avec de grandes chances de succès et qu'on n'y a pas encore tentées sérieusement. J'ai recueilli de la bouche de M. Linant, l'un des hommes qui connaissent le mieux l'Égypte, des renseignements précieux sur ce sujet, et je me ferai, monsieur le ministre, un devoir de vous les communiquer.

Les pyramides, dans leur état actuel, sont presque entièrement dépourvues d'inscriptions hiéroglyphiques; cependant on ne peut se dispenser d'aller visiter de près ces monuments les plus anciens, les plus grands et les plus simples qui soient sur la terre. D'ailleurs, à côté des pyramides, il y a des tombeaux très-

---

[1] Μήπω τῶν μηχανῶν εὑρημένων κατ' ἐκείνους τοὺς χρόνους. Diod. Sic, 1, 63.

anciens où les déchiffreurs d'hiéroglyphes ont quelque chose à trouver.

Et d'abord au pied de la seconde des pyramides de Gizeh, sur la tranche du terrain creusé à l'entour qui regarde la face occidentale, j'ai relevé deux courtes inscriptions qui contiennent le nom d'un *préposé aux constructions...* de Sésostris. Ce qui montre que, bien des siècles après l'érection des pyramides, à l'époque comparativement récente de Sésostris, il y a eu ici des constructions. Le temps, qui a épargné leurs aînées, les a fait disparaître, et cette double inscription est la seule trace qu'elles aient laissée.

J'ai passé quelques heures seulement dans le tombeau d'Eimaï; plusieurs des peintures qui ornent ce tombeau se trouvent dans l'ouvrage de Champollion, et Nestor L'Hôte l'a visité depuis avec soin. Je me suis borné à demander à M. Durand de copier une corbeille de fruits, parce que ces fruits, que je ne me rappelle avoir vus représentés nulle part, ressemblent à des bananes.

Mais si je n'avais pas à copier et à faire copier beaucoup dans ce tombeau, il m'a fourni la matière de deux observations qui peuvent avoir leur importance.

La première porte sur un des titres d'Eimaï. Ce titre est appliqué par Nestor L'Hôte au roi Chéops qui, dit-il, porte la qualification de roi-prêtre. (Nestor L'Hôte, *Lettres*, p. 145).

Ce titre est, en effet, sacerdotal; mais il n'est point donné au roi Chéops, il est donné au prêtre Eimaï attaché à ce roi et auquel appartient le tombeau. Il peut se transcrire *souten reh* ou *rh* et signifier royal purificateur. *Reh* ou *rh* a pour analogue en copte *radj*, laver, et *rae*, pur, être pur. On est d'autant plus autorisé à voir dans le mot égyptien *reh* qui correspond à ces expressions coptes un titre sacerdotal que les caractères hiéroglyphiques qui voulaient dire *prêtre*, étaient en général formés de signes qui exprimaient l'idée de pureté par l'idée d'ablution. Pour désigner un prêtre, tantôt on peignait un homme recevant sur les mains une onde purifiante, tantôt on plaçait un vase à côté du signe de la divinité, comme pour dire *pureté divine*.

Dans le tombeau d'Eimaï le titre de royal prêtre suit le titre de royal purificateur, et déterminerait, s'il en était besoin, le sens de celui-ci ; et tous deux sont accompagnés d'un titre civil *préposé au palais* qui, certes, ne peut convenir au roi. Tantôt ces trois noms sont suivis du nom du roi Choufou (Chéops), ce qui pourrait à la rigueur faire hésiter pour savoir si c'est lui qui est prêtre, purificateur, ou s'il s'agit d'un prêtre, purificateur attaché à sa personne, et tantôt le nom du roi est absent, auquel cas le titre ne peut être le sien, mais est, évidemment, celui d'Eimai, seul nommé, par exemple, dans cette phrase qu'on lit dans la dernière chambre du tombeau : « Le royal purificateur, le royal prêtre préposé à la grande demeure, Eimai. »

Ici l'on ne saurait douter que le titre en question ne se rapporte au possesseur du tombeau d'Eimai, et non au roi Chéops. Ce titre ne peut donc pas s'appliquer au roi, comme le pensait Nestor d'Hôte, dans une autre partie de l'inscription.

Enfin ce titre se trouve dans plusieurs des tombes qui entourent les pyramides et dans d'autres monuments anciens, précédant des noms de particuliers dans des inscriptions où il n'y a aucun nom de roi, et alors il ne peut évidemment appartenir à un roi.

L'autre observation que m'a suggérée le tombeau d'Eimai se rapporte à la série des anciens rois de l'Égypte. Outre le nom du roi dans lequel on s'accorde à reconnaître Chéops, on y lit un autre nom royal. Nestor L'Hôte a recueilli ce nom, mais il n'a pas remarqué, je crois, que celui qui le porte a été le prédécesseur immédiat de Chéops. En effet devant Eimai est assis un personnage qui est dit avoir rempli auprès de ce roi les mêmes fonctions qu'Eimai a remplies près du roi Chéops, et Eimai est dit fils de ce personnage. Cette circonstance semble établir entre les deux rois un rapport de succession immédiate.

Le tombeau appelé des *Nombres* renferme le cartouche d'un roi, que, grâce à une application très-ingénieuse du principe de l'inversion des signes employés par les Égyptiens dans leur écriture, M. Lenormant a montré avec beaucoup de vraisemblance devoir être le Chefren, auteur de la seconde pyramide. Ce tombeau ne laisse rien à faire après le travail de Nestor L'Hôte.

Nous avions ajourné à notre retour toute étude sérieuse des pyramides, classe de monuments qui vient d'acquérir un intérêt nouveau par les idées qu'elle a suggérées à M. Lepsius. Ce savant a donné une théorie entièrement nouvelle de la construction des pyramides. Selon lui, tous ces monuments ont été construits du dedans au dehors, en partant d'un noyau recouvert ensuite d'enveloppes successives, à peu près comme se forme le bois des végétaux de nos climats. Je n'ai pas encore assez étudié les pyramides pour pouvoir discuter cette opinion du savant prussien ; mais je dois vous rendre compte, monsieur le ministre, de l'impression que m'a faite la pyramide de Meidoun, appelée par les Arabes la fausse pyramide ou la pyramide menteuse (*Harem el Cadab*) qui, placée à l'extrémité sud de la ligne qui commence à la grande pyramide de Gizeh, est moins souvent visitée par les voyageurs. Nestor L'Hôte lui-même, cet habile et infatigable explorateur, s'est contenté de la voir de loin, et il est tombé à ce sujet dans une singulière erreur : trompé par l'aspect que présente du Nil la pyramide de Meidoun, il l'a prise pour *un rocher taillé* (*Lettres*, p. 151). De loin, en effet, on croirait voir un rocher taillé en degrés à son sommet[1] ; en approchant, l'illusion se dissipe et l'on voit s'élever sur une base formée par les décombres éboulés une masse quadrangulaire, dont le sommet est tronqué. Au-dessous du sommet sont deux degrés. Les deux suivants ont été arrachés et plusieurs autres doivent être cachés sous les débris. En gravissant les décombres accumulés jusqu'à une hauteur qui peut avoir trente mètres, on assiste au procédé qui a été employé pour la construction de la pyramide. On a pour ainsi dire le spectacle de son organisation intérieure, et ce spectacle est, il faut le dire, très-favorable aux idées de M. Lepsius. Ici l'on voit clairement que les parois externes du noyau intérieur, maintenant à découvert, ont été au moins en grande partie polies

---

[1] Même dans cette supposition, la forme que lui donne Nestor L'Hôte (*Lettres*, 152) n'est pas exacte et offre un degré de moins que n'en a la pyramide dans la réalité. M. Durand a pris un croquis du monument qui suffit pour donner une idée plus exacte de sa forme.

et qu'une enveloppe extérieure y a été appliquée au moyen d'un ciment qui existe encore. Maintenant deux questions se présentent : cet enveloppement s'étendait-il, comme le veut M. Lepsius, jusqu'au sommet de la pyramide de manière à lui donner l'aspect d'une pyramide ordinaire, ou a-t-elle toujours été une pyramide à degrés? Enfin, ce qui a eu lieu pour la pyramide de Meidoun a-t-il eu lieu pour toutes les autres? M. Lepsius n'a-t-il pas trop généralisé le fait de l'enveloppement successif évident ici? Quoi qu'il en soit, la savante monographie des pyramides de l'Égypte et de la Nubie, analysées, pour ainsi dire, pour la première fois, et comparées dans leur ensemble, ne peut manquer d'être instructive et de jeter un nouveau jour sur tout cet ordre de monuments.

Je n'ai pas rencontré beaucoup d'hiéroglyphes à Meidoun ; mais ceux que j'y ai trouvés m'ont semblé dignes d'attention.

Sur une pierre placée au dedans du revêtement de la face nord, on voit tracés un peu cursivement en rouge deux hiéroglyphes deux fois répétés, qui veulent dire *roi de l'Égypte inférieure*. Je ne crois pas avoir vu ce titre accompagner le nom d'un seul roi égyptien. Tous les rois des dynasties thébaines et de celles qui ont suivi, se dirent souverains des deux régions de l'Égypte. Il y a donc eu cependant des souverains de la basse Égypte seulement. Est-ce à une époque où la haute Égypte n'existait pas, ou après une séparation des deux royaumes? C'est ce qu'on ne sait pas encore. De telles questions touchent aux origines de la civilisation et de l'histoire égyptienne, elles ne pourront se résoudre que par le rapprochement d'un grand nombre de faits. Je ne crois pas que le titre de roi *de la basse Égypte*, trouvé sur une pierre de la pyramide de Meidoun, soit indifférent à la solution du problème.

J'ai profité de quelques heures de vent contraire pour voir un petit temple taillé dans le roc, près des carrières de Babeïn. On lit partout sur les murs le nom et le prénom de Ménephta II, dont sir Gardner Wilkinson a fait les noms de deux rois différents[1].

---

[1] *Mod. Egypt.*, t. II, p. 33.

Je reprocherai à ce savant et spirituel guide du voyageur en Égypte d'être tombé à Babeïn dans une autre erreur. Il a cru trouver le nom de la localité dans le signe *autel des offrandes*, deux fois répété, parce que la déesse Athor est dite *maîtresse de ces deux signes*. Mais cette légende d'Athor n'étant point accompagnée du caractère qui s'ajoute après tous les noms de lieux, il ne saurait être ici question d'une localité. Athor est dite *dame des autels d'offrande*, comme dans le même lieu elle est dite *dame du ciel*...

Sur le rocher, à côté de la porte du Spéos, est une inscription gravée en petits caractères, dont les rugosités de la pierre rendent la lecture très-difficile ; cependant, avec un peu de patience, je suis parvenu à m'assurer que l'inscription fait mention de deux personnages de l'ordre sacerdotal, et de la femme de l'un d'eux. Des deux hommes, l'un était prêtre d'Ammon, l'autre à la fois d'Ammon et de Phta. La mère était *habitante de la grande demeure d'Ammon*. On a eu soin de mentionner que la mère de cette femme, sa grand'mère, son aïeule et sa bisaïeule étaient consacrées à diverses divinités. J'ai transcrit avec assez de peine cette inscription, dédaignée par mes devanciers ; car j'attache toujours un grand prix à ce qui me fait assister aux scènes de la vie privée chez les anciens Égyptiens. Ici je vois les membres d'une famille vouée au culte d'Ammon, venant écrire pieusement leur nom sur le mur du petit temple. En présence de ces cinq générations de femmes consacrées à la Divinité, je m'imagine quelque chose de semblable aux saintes femmes de la famille d'Arnaud ou de la famille de Racine, à Port-Royal.

A *Khoum el Amar* j'ai visité des tombes qu'avait visitées Champollion. J'ai admiré le choix qu'il avait fait parmi les peintures, mais j'ai vu avec plaisir qu'on pouvait encore trouver quelque chose à copier après lui. Il ne faut pas croire que Champollion ait toujours fait prendre dans les tombeaux tout ce qui nous intéresse aujourd'hui. Quand il vint dans cette Égypte, dont il avait retrouvé la langue et l'écriture, dont il commençait à retrouver l'histoire et la chronologie, il avait tout à faire, les plus grandes choses l'attendaient. Il ne pouvait, il ne devait pas s'attacher à des détails qui ont pris, grâce à ses travaux mêmes, une importance entièrement nouvelle. Il y a donc à recueillir, là où il a passé, ce qu'il a bien fait de négliger alors, et qu'il recueillerait aujourd'hui.

Pour profiter du vent du nord, de plus en plus rare dans cette saison, nous avons héroïquement passé devant les hypogées de Beni-Hassan, où il aurait fallu s'arrêter assez longtemps, et où, du reste, Champollion doit avoir moins laissé à faire que partout ailleurs. Nous verrons au retour.

Telles sont, monsieur le ministre, les principales observations que m'a suggérées ce commencement de voyage. En outre, j'ai beaucoup copié, j'ai recueilli un assez grand nombre de matériaux pour mes recherches sur la vie domestique et sociale des anciens Égyptiens; mon Dictionnaire s'est enrichi de plusieurs mots nouveaux. M. Durand a dessiné tous les caractères qui m'offraient quelque nouveauté dans leur forme, ou qui seulement étaient remarquables par leur beauté. Si nous avons déjà trouvé tant à faire avant d'être arrivés à la région des monuments, combien nous allons trouver plus encore à travailler maintenant que nous sommes au cœur de la haute Égypte : ma seule crainte est que l'abondance des matériaux ne nous accable et que le temps ne nous manque pour en profiter.

Veuillez bien agréer, monsieur le ministre, avec l'expression de ma reconnaissance, l'hommage de mon respectueux dévouement.

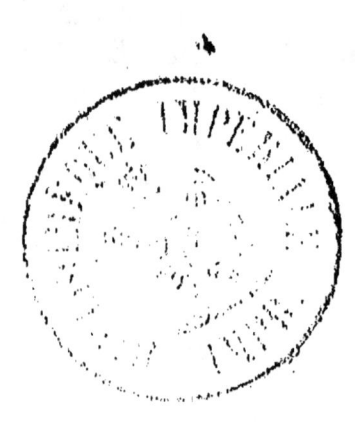

TABLE DES MATIÈRES

I. Départ de Marseille. — Arrivée à Alexandrie. 1
II. Alexandrie. 55
III. Les Pyramides. 119
IV. Le Caire ancien et moderne. 179
V. Méhémet-Ali. — Héliopolis. 236
VI. Le Nil. 284
VII. Thèbes. 356
VIII. Haute Égypte. 418
IX. Ibsamboul. — La seconde cataracte. 471
X. Des castes et de la transmission héréditaire des professions dans l'ancienne Égypte. 530
Lettre de M. Ampère à M. le ministre de l'instruction publique relativement à son voyage en Égypte. . . . 550

www.ingramcontent.com/pod-product-compliance
Lightning Source LLC
Chambersburg PA
CBHW060258230426
43663CB00009B/1506